스페인 대표팀의
비밀

결코 패하지 않는 역사적 축구팀의 탄생

MÁS... SECRETOS DE LA ROJA

스페인 대표팀의 비밀

결코 패하지 않는 역사적 축구팀의 탄생

미겔 앙헬 디아스 지음
한준, 고운이 옮김

브레인스토어

내게 삶의 가치를 가르쳐준 부모님께 바칩니다

-미겔 앙헬 디아스

제게 스페인 대표팀에 대해 가장 먼저 강렬하게 남아 있는 기억은 1992년 여름입니다. 그때 전 11살이었죠. 폴란드전의 마지막 순간에 키코가 기록한 골이 줬던 기쁨을 아직도 잊지 못합니다. 그해 열린 바르셀로나 올림픽에서 스페인이 금메달을 땄어요.

그날 이후로 어린 시절의 저는 스페인 대표 선수가 되는 것을 꿈꿨습니다. 그리고 그 꿈이 이루어졌죠. 매번 대표팀 유니폼을 입을 때마다 저는 존경과 자긍심, 국가를 대표한다는 마음, 스페인을 지켜야 한다는 책임감을 갖고 경기에 임합니다.

대표팀 선수가 된 첫 날부터, 은퇴하기 전에 꼭 스페인 대표팀과 함께 우승컵을 들어 올리겠다는 목표를 설정했습니다. 그래서 유로 2008 대회 우승은 특별한 일이었습니다. 저뿐만 아니라 동료 선수들, 무엇보다 우리의 성공에 무한한 축하를 해준 팬 여러분 모두 44년을 기다렸습니다. 아주 긴 시간을 기다렸죠. 여기에서 우리의 역사를 바꾼 모든 것이 시작됐습니다. 사실 월드컵 우승을 이룬 것이 유로 대회 우승보다 더 대단했죠.

스페인 스포츠는 우리에게 큰 만족감을 줍니다. 하지만 축구 대표팀은 늘 좌절을 맛봐왔습니다. 우승컵의 결핍과 불안감으로 사람들은 다른 종목 대표팀과 달리 축구 대표팀에 대해서는 외면해왔습니다. 스페인 축구 대표팀에 대한 이야기는 금기시되었죠. 모든 사실을 다 여러분께 밝힐 수는 없지만 스페인 대표팀 내부에서는 좋은 비화가 많이 있었습니다.

위대한 팀들은 내부에서부터 견고하다고 생각합니다. 가장 좋은 예시는 우리 농구 대표팀입니다. 항상 이기고 범접할 수 없는 수준을 보여주는 데다가 선수들끼리 항상 좋은 분위기로 잘 지내죠.

여러분께 스페인 대표팀 성공의 51%는, 절반 이상의 요인은 선수들 사이의 동료애와 좋은 관계에 있다고 말씀 드릴 수 있습니다. 우리 팀은 최고의 도전을 할 수 있는 엄청난 능력을 갖춘 선수들을 갖췄지만 이를 경기장 위에서 구현하기 위해 가장 중요했던 것은 내부에서부터 단단하게 뭉쳤던 팀 정신입니다.

우리 모든 선수들이 이 책의 제작에 관여했습니다. 이 책은 대표팀의 빼어난 호흡과 훌륭한 분위기를 잘 보여주는 이야기들로 구성되어 있습니다. 비엔나에서의 유로 우승에 도달하기까지 가장 어려웠던 순간을 어떻게 극복했는지, 우리가 가장 이상적인 상태에 이르기까지 어떻게 자연스럽게 적응했는지, 월드컵 우승은 어떻게 이뤘는지에 대한 이야기가 모두 담겨있습니다. 위대한 날, 위대한 밤, 대단했던 합숙기간이 우리 팀을 강하게 만들었습니다. 우리가 하나의 그룹으로 공존할 수 있게 한 수많은 농담과 뒷이야기, 동기 부여를 위한 열쇠와 우리가 도착한 위업에 대한 믿음의 스토리를 여러분께 소개합니다. 우리 대표 선수들이 팬 여러분에게 우리가 어떻게 지냈는지를 알려드리고 싶었습니다.

유로 2008 우승은 쉽지 않았습니다. 가치를 인정받을 만한 일이죠. 정말 오랜 시간을 기다려왔으니까요. 남아공에서 월드컵 우승을 이룬 것도 우리의 큰 열망이었습니다. 이제 우리는 월드컵 우승을 이룬 팀이라고 당당하게 말할 수 있습니다. 표현이 다소 건방지게 들렸다면 죄송합니다. 운이 따르기도 했죠. 남아공 원정을 떠나기 전에 선수들은 신중하고 절제할 것을 요구받았습니다. 아주 어려운 목표였기 때문이죠. 많은 요소가 영향을 끼치는 대회인데다 강박관념에 사로잡히는 것은 금기였습니다.

오직 단 한 팀만이 우승한 뒤에 다시금 성공의 맛을 볼 수 있었습니다. 모두가 우리가 할 수 있다고 생각했고, 그날 우리도 사람들과 마찬가지로 생각했습니다. 2010년 7월 11일, 스페인 축구는 모든 기대를 뛰어넘었습니다.

지금에 와서 우리는 유로와 월드컵을 2년 사이에 우승하는 것이 그리 어렵다고 생각하지 않고 있습니다. 오직 독일, 프랑스, 스페인만이 이룬 업적입니다. 하지만 전 이 팀이 더 좋은 경기력을 보일 수 있다고 생각합니다. 전 자만해서도 비관해서도 안 된다고 생각합니다. 우리는 우리가 세계 축구계의 '공공의 적'이라는 사실을 잘 알고 있습니다. 하지만 전 유로 2012에서 스페인이 확실하게 챔피언 자리를 지킬 수 있다고 생각합니다이 책이 스페인에서 출간된 후 스페인은 유로 2012에서 우승했다─옮긴이.

그때까지 오직 기대하는 것은 우리 최고의 강점인 좋은 분위기를 유지하는 것입니다.

이 책의 저자 미겔리토Miguelito 미겔 앙헬 디아스의 애칭는 제게 월드컵 우승을 이루면 약속을 하나 해달라고 했습니다. 전 7월 11일에 세계 챔피언이 되면 제 가족과 친구, 그리고 여러분과 함께 축하를 나누겠다고만 말했었죠. 2012년 7월 1일에도 또 한 번 그날의 파티를 재현할 수 있길 바랍니다.

이 책을 즐겁게 읽어 주세요.

여러분에게 따뜻한 포옹을 전합니다.

이케르 카시야스
스페인 대표팀 주장

책을 낸다는 것은 개인적으로 아주 기쁜 일입니다. 그 책이 다른 나라의 언어로 번역된다는 것은 더 큰 꿈이 이루어지는 것입니다. 저는 이 책《스페인 대표팀의 비밀》이 출간되도록 애써준 친구 한준에게 무한한 감사를 표합니다. 한준 기자를 만나고 '스포탈코리아'에 기고를 하게 된 지 이제 3년이 되었고, 그때부터 그와 저는 지금까지 아름다운 우정을 유지하고 있습니다. 우리가 아주 멀리 떨어져 살고 있다는 게 안타까울 뿐입니다.

한국 팬들이 세계에서 가장 중요한 리그들과 거기서 뛰는 스타 선수들에 대해서 잘 알고 있다는 게 참 놀랍습니다. 기자로서 16년 동안 일하면서 제가 선수들에게 했던 '독특한' 질문들은 대개 아시아 매체에서 보내온 것이었습니다. 가끔은 선수 본인도, 스페인에서도 화제가 되지 않은 세부적인 부분에 대해서까지 멀리서 관심을 가져주는 것에 대해 놀라기도 합니다.

한국 팬들은 축구에 대해 정말 해박합니다. 정말 놀랍습니다. 제 경험으로는, 팬들의 이해 수준만큼은 유럽 이상이라고 확신합니다. 제 기자 정신은 아시아의 영향을 받았다는 것을 고백합니다. 이유를 설명해 드리겠습니다. 저 또한 축구와 관련된 주제나 인터뷰 대상자의 겉만 살펴보는 데 만족하지 못하고, 제가 궁금한 것을 모두 알아낼 때까지 깊이 파고드는 것을 좋아하기 때문입니다. 따라서 제 생각에는 여러분의 손에 있는 이 책이 지금 온 세계의 사랑을 받고 있는 한 대표팀에 대한 여러분의 궁금증을 풀어줄 뿐만 아니라 더 깊이 있게 재발견할 수 있는 기회를 드릴 것이라고 생각합니다.

저는 2003년부터 스페인 축구 대표팀을 취재하는 특권을 누렸습니다. 처음에는 라디오 마르카에서 일했고, 2010년부터는 방송 네트워크 '카데나 코페Cadena COPE'에서 일하고 있습니다. 스페인 축구 대표팀 '라 로하La Roja 빨간색을 뜻하는 스페인어. 스페인 대표팀의 별명이다-옮긴이'가 경기를 하는 곳에 제가 있습니다. 어깨에 무선 마이크를 걸고, 청취자들에게 경기를 해설할 뿐만 아니라 경기가 끝난 뒤에는 진정한 주인공인 선수들과의 인터뷰를 생방송으로 내보냅니다. 오랜 시간 동안 함께 지냈기에 저는 그들을 잘 알고 있습니다. 물론 점점 선수들과 친해지기 힘들어지고 이야기를 나눌 시간을 얻기도 어려워지고 있지만, 지금까지는 그들과 친하다고 자부할 수 있습니다.

저는 포르투갈에서 열린 유로 2004, 오스트리아-스위스 유로 2008, 2009년 컨페더레이션스컵, 2006년 독일월드컵, 2010년 남아프리카공화국 월드컵에 특파원으로 함께했습니다. 이번 여름에는 '라 로하'가 다시 한 번 대회를 제패하리라는 꿈을 갖고, 이 훌륭한 선수들에 대하여 이야기할 것이 더 많이 생기기를 기대하면서 폴란드-우크라이나로 떠날 것입니다. 앞으로도 오랫동안 라 로하의 '그림자'로 살고 싶습니다.

이제 한국에서도 축구와 관련된 책이 많이 출판되고 있다고 들었습니다. 좋은 일입니다. 축구는 문화이며 오락이기 때문입니다. 이 책을 여러분께 권하도록 허락해주십시오. 왜냐고요? 다른 책들과 어떻게 다른지 궁금하신가요? 아주 간단합니다. 이 책은 어느 신문에도 실리지 않고 어느 텔레비전에도 나오지 않은 소중한 비밀을 얻기 위하여 제가 주인공들을 한 명 한 명, 차근차근 인터뷰한 내용을 직접 이야기하고 있기 때문입니다.

작가로서 저는 '라 로하'에 속한 50명이 넘는 증인들의 증언을 정리하고, 전개한 것뿐입니다. 선수들, 감독, 기술위원회 위원, 에이전트, 임원, 팀 닥터, 물리치료사, 물품담당자, 협회 직원. 이 모든 분들에게 기억을 되살리고, 추억을 공유해주신 것에 대하여 무한한 감사를 드립니다.

유로 2008을 제패한 지 9개월 후에, 저는 책을 한 권 써야겠다는 생각을 품었습니다. 저는 이 팀의 비밀에 대해 세세하게 이야기하고 싶었습니다. 생각을 조금 더 구체화 시키면서 컨페더레이션스컵 취재차 남아프리카공화국으로 향했습니다. 블룸폰테인 에서 모든 것이 시작되었습니다. 점심 식사 후, 저녁 식사 후, 낮잠 시간, 마사지 시간, 수다를 떨 때, 카드 놀이를 할 때, 플레이 스테이션을 할 때, 이 모든 시간이 선수들에 게 방해가 되지 않는 선에서 잠깐 이야기를 나눌 수 있는 기회였습니다. 처음에는 선 수들이 '비밀'을 이야기해 줄지도 확신할 수 없었습니다. 어떤 선수는 제게 주의를 주 고, 특별히 불편해 하기도 했습니다. "미겔, 이건 우리 문제예요. 밖에 이야기할 내용이 아닙니다."

저는 그저 이케르 카시야스가 프롤로그에서 이야기한 '이 팀은 필드 위에서보다 밖에서 더 위대합니다' 란 말이 확실한지 확인하려고 했었습니다. 컨페더레이션스컵 합숙 기간 동안 남아프리카공화국 호텔의 리셉션에 있던 소파에서 우리만의 '고해성 사'를 진행했습니다. 선수들과 세 번째 면담을 마치고 나자, 저는 이 책을 낼 수 있다 는 확신을 가질 수 있었습니다. 쓸 내용이 충분했기 때문입니다.

제 오래된 녹음기로 모든 대화를 녹음했고, 무엇보다 주인공들이 편안하다고 느낄 수 있도록 주의하려고 했습니다. 대표팀의 역사에 대하여 이야기하면서 주제를 벗어 났다가 깊이 파고들기도 했고, 좋은 이야기를 했다가 그다지 좋지 않은 이야기도 했 습니다. 선수들 사이에도 소문이 퍼져서, 물론 다른 선수들보다 이 소파에 앉기 어색 해하는 선수들도 있었지만, 모두들 저를 도와준 점에 대해서 정말 감사하게 생각하고 있습니다. "자 이제 네 차례야." 자리에서 일어설 때는 다른 선수에게 그렇게 말해주 기도 했습니다. 지금 제가 가진 유일한 의문은, 그들이 그라운드 위에서든 밖에서든, 사람으로서 더 훌륭하다는 점입니다. 대표팀의 다음 합숙은, 증언을 보충하면서 보냈습니다. 저는 모두의 이야기를 담고 싶었기에, 누구든 자신의 이야기를 할 수 있었습니다. 이 책의 주인공들은 모두 대표팀이 거둔 그 큰 성공에 참여했으며, 팬 여러분과 공유하고자 하는 이 비밀을 하나 이상 녹음했기 때문입니다.

2010년 5월 10일 《라 로하의 비밀》이 마드리드에서 출간되었습니다. 저의 친한 친구이자 동료인 에두아르도 가르시아Eduardo Garcia가 출판 기념회를 열었고, 화려한 초대손님 세 분 카시야스, 라모스Sergio Ramos, 델보스케Vicente del Bosque González 스페인 대표팀 감독가 찾아왔습니다. 에두아르도가 그들에게 저에게 질문을 하라고 부탁했습니다. 카시야스의 차례가 되었을 때 그가 제게 일격을 가했습니다.

"우리가 월드컵에서 우승하면, 그 얘기도 써야겠네요, 안 그래요, 미겔?"

"캡틴께서 말씀하시는데 분부대로 해야지요."

이 책이 그때는 미완성이라는 것을, 주장 카시야스가 우리에게 확실히 알려준 것입니다. 두 달 하고 하루가 지난 뒤에, 저는 요하네스버그의 사커 시티축구 경기장에서 이케르가 월드컵을 들어올리는 것을 볼 수 있었습니다. 저는 그 현장에 함께 하는 영광을 누렸고, 이 모든 것을 이야기해야겠다고 마음속으로 다짐했습니다.

남아프리카공화국에서 돌아오자마자 작업을 시작하여 이 책의 초판본에 내용을 보태어 완성해야 했습니다. 세계를 제패한 생생한 느낌과 그 감격을 더 깊이 있게 전달하기 위해 다음 합숙에서 주인공들을 다시 인터뷰했습니다. 소름이 돋을 만큼 감동적인 고백이 많았습니다. 합숙 기간의 일화들 또한, 가치를 매길 수 없을 만큼 소중했습니다. 대표팀의 비밀은 텔레비전 다큐멘터리, 특별 프로그램, 다른 책 등으로도 소개되었습니다. '라 로하'는 전에 없는 각광을 받고 있으며, 스페인 대표팀의 매력은 국경과 대륙을 가로질렀습니다. 스페인 축구협회로 세계 각국에서 이들과 대전하고 싶다는 제안이 쇄도합니다. 그들의 가치가 드라마틱하게 상승했습니다.

《스페인 대표팀의 비밀》은 1년 이상의 노력의 결실이며, 30시간이 넘는 녹음 파일의 요약본입니다. 저는 이 책이 우리 대표팀을 한 층 더 높게 평가하는 계기가 되었으면 합니다. 축구를 예쁘게 잘 해서일 뿐만 아니라, 그들이 전달하는 가치의 본보기가 되기 때문이기도 합니다. 이기는 것이 중요하지만, 겸손과 동료애, 존중을 바탕으로 이긴다면, 그 승리는 더욱 빛날 것입니다.

《스페인 대표팀의 비밀》과 함께 하면, 여러분은 카시야스, 비야, 레이나, 캅데빌라, 카소를라, 요렌테와 함께 '포차스페인판 트럼프 카드 '바라하'로 하는 카드 놀이' 한 판을 하기 위해 탁자에 앉게 됩니다. 지금까지 알려지지 않았던, 선수들이 서로에게 지어준 별명들을 알게 됩니다. 여러분은 푸욜이 자신의 노트북 앞에 앉아서 대표팀의 포라경기 결과 맞추기 내기를 진행하는 것을 상상하게 될 것입니다. 라커룸과 대표팀의 버스에서 세르히오 라모스가 틀었던 노래가 무엇인지 알게 되고, 선수들끼리 주고받은 농담도 알게 될 것입니다.

또한, 루이스 아라고네스 감독과 함께 한 합숙과 훈련이 어땠는지, 그리고 지금 델보스케 감독과는 어떤지 알 수 있을 것입니다. 감독님의 담화 내용과 문장들은 아직도 국가대표 선수들의 머릿속에서 생생합니다. 델보스케 감독이 선수들의 신뢰를 얻는 데는 오랜 시간이 걸리지 않았습니다. 그는 선임자의 훌륭한 업적을 바탕으로 조금씩 조금씩, 대표팀을 자신이 원하는 모습으로 만들어갔습니다. 그들은 다릅니다. 거의 정반대 타입이지만, 선수들이 인정하듯이 두 감독의 방법은 모두 가치가 있습니다.

제게 대표팀의 문을 열어주신 스페인 축구협회에 감사를 드립니다. 또한, 감동적인 사진으로 이 책을 더욱 풍요롭게 만들 수 있도록, 훌륭한 사진을 양도해준 카멜로 루비오 협회 사진기사와 파블로 가르시아마르카 사진기자에게도 감사를 표하고 싶습니다.

특별히 제 동반자 크리스티나 카스타네르에게 감사를 표합니다. 집에 기자가 한 명 있다는 것은 이런 모험을 하게 만들죠. 그녀는 까다로운 '편집자' 역할을 해주었습니다. 그녀의 인내, 도움, 비판 덕분에 이 책이 나올 수 있었습니다.

《스페인 대표팀의 비밀》이 결코 끝나지 않기를 바랍니다. 역사를 만든 이 선수들이 결코 승리에 지치지 않고, 뒤에 오는 선수들이 이를 이어받기를 바랍니다. 잊을 수는

없을 겁니다. 그들이 이룩한 위업을 기억하고, 그들의 일화를 공개하는 것은 항상 즐
거운 일이 될 것입니다.

미겔 앙헬 디아스

스페인 대표팀의 비밀

LAS... SECRETOS DE LA ROJA

이케르 카시야스가 비엔나에서 열린 유로 2008 대회 결승전에서 우승컵을 들어올리고 있다.

: "바야스는
죽고 싶은 기분이
들 거야"

"자, 여러분, 내가 지시한 대로만 하면 우리는 이깁니다."

2008년 6월 29일 오후, 루이스 아라고네스 감독Luis Aragonés이 작전 지시를 시작했다. 공식 경기뿐만 아니라 친선 경기에서도 자주 하는 말이었지만, 이번에는 조금 더 긴장한 얼굴이었다. 현장에 있던 이들은 이 순간이 그의 감독 경력 중에 가장 빛나는 순간이었다고 말한다. "그때 감독님은 우리가 이길 것을 이미 알고 있었거든요."

오랫동안 꿈꿔 온 시간이 다가오고 있었다.

그날 선수단 단장 페드로 코르테스Pedro Cortes는 아무것도 먹을 수 없었다. 너무 긴장한 나머지 구티선수단물리치료사 미겔 구티에레스, Miguel Gutierrez에게 약을 받아먹어야 할 정도였다. 단장은 자신이 기절할까 봐 겁이 날 지경이었지만 아라고네스는 친구를 달래주기는커녕 결승전 시간이 될 때까지 몇 번이나 겁쟁이라고 핀잔을 줬다.

아라고네스는 이제는 신화의 현장이 된 프라터로 가는 버스 안에서 친구 페드로에게 강한 확신을 보여줬다. 그는 스페인이 유럽 챔피언에 등극할 것이라는 데 추호의 의심도 없었다.

"걱정하지 마. 독일 선수들은 신경 쓸 것도 없어. 겁쟁이처럼 굴지 말라니까. 내가 말하잖아, 페드로. 걔들은 우승컵을 보지도 못할 거야. 내가 보장해. 우리는 곧 유럽 챔피언이 될 거야. 독일 애들은 공을 만져보고 싶으면 돈 주고 하나 사는 게 더 빠를 거다. 바야스Wallas 독일 미드필더 미하엘 발락의 이름을 아라고네스 감독이 잘못 기억한 것는 죽고 싶은 기분일 거야. 골대에 머리를 박고 싶을 거야. 경기장 밖으로 나갈 기력도 없어서 들것에 실려 나갔으면 할지도 몰라."

전장에 나선 대표팀의 외침이 에른스트 하펠 경기장의 벽을 쿵쿵 울렸다.

"이기자, 이기자, 이기자!"

이는 아라고네스 감독의 마지막 지시사항이었다. "이는 제가 지금까지 감독으로 있었던 모든 팀에서 사용했던 구호입니다. 모든 선수의 마음 속 깊이 담긴 말이죠. 축구 선수에게 제일 중요한 건 승리이니까요. 그 다음이 경기 내용이죠. 그게 현실이에요."

스물세 명의 국가대표 선수가 둥글게 둘러서서 손을 모으고 승리를 다짐했다. 아라고네스는 "결승전은 경기를 하는 게 아니다. 승리만이 있을 뿐이다"라고 강조했다.

아주 특별한 경기를 앞둔 선수들을 격려하기 위해 감독이 준비해둔 말이 또 있었다. 어릴 때 친한 친구 헤르만 콜리노German Colino에게 배운 말이었다. 그날 오후 선수들과 함께 비엔나를 산책하면서 그는 그 말을 꺼냈다. "여러분은 산토끼만 나와도 놀라 똥을 싸고 마는 루카스 그레이하운드발달된 시각 또는 후각을 이용하여 사냥에 이용되는 개—옮긴이가 되지는 마세요."

"저는 선수들에게 아주 구체적으로, 우리가 질 리가 없다는 걸 확실하게 말하고 싶었어요. 선수들에게 더 이상 부담을 주지 않기 위해서 어렸을 때 배운 말을 해준 겁니다." 아라고네스가 설명했다.

그는 선수들이 워밍업을 위해 경기장으로 나가기 전에 라커룸에서 토레스Fernando Torres를 만나 그의 눈을 주시하며 말했다. "우리가 아틀레티코 마드리드에 있을 때도 했던 말인데 기억하는지 모르겠다. 오늘 넌 두 골을 넣을 거야." 토레스는 그 순간을 분명하게 기억했다. "감독님께서 검지 손가락으로 제 이마에 성호를 그어주셨어요. 사실 그때는 감독님이 언제 있었던 경기를 말씀하시는지 정확히 기억나지 않았어요. 그 클럽 경기에서 제가 두 골을 넣었나 봐요. 그날 비엔나에선 결승전 승리를 안겨준 한 골을 넣었죠. 그 전에 시도한 헤딩슛은 골포스트에 맞았어요."

다비드 비야David Villa는 러시아와의 준결승전에서 부상을 입어 결승전에 출전할 수 없었다. 푸욜은 비야에게 약속했다. "걱정 마. 우리가 이길 거고, 포돌스키는 골을 못 넣을 거야. 넌 득점왕 자리를 지킬 수 있어." 비야는 혹시나 하는 마음에 마르체나Carlos Marchena에게 다시 한 번 당부했다. "독일 선수들을 철저하게 밀착 수비하라고 제게 말하더군요." 마르체나가 전했다.

우승컵은 라커룸 통로 끝에 있는 유리 선반 위에 늠름하게 자리잡고 있었다. 스페인 라커룸이 열리자 이케르 카시야스가 소리를 질렀다.

"우승컵 만지지마! 만지지 마!"

캅데빌라Joan Capdevila는 속으로 '어떻게 안 만질 수가 있어? 다시는 못 볼지도 모르는데……' 하고 생각했지만 캡틴의 지시를 따랐다. '주장이 말했으면 이유가 있겠지. 어디 어느 독일 선수가 실수로 만지는가 봐야겠다.'

카시야스는 레알 마드리드 동료인 메첼더에게 인사를 했다. "드디어 '티키타카tiki-taka 탁구공이 왔다 갔다 하는 것처럼 짧고 빠르게 공을 주고받는 스페인 특유의 축구스타일' 타임이 왔네." 카시야스가 말했다. 메첼더는 그 주 내내 라모스와도 몇 번 문자 메시지를 주고받았다. 그는 보통 결승 토너먼트 단계가 되면 깨끗하게 깎곤 했던 턱수염을 혹시나 하는 마음에 북실북실하게 기른 상태였다. "결승전에 올라가는 건 정말 힘든 일인데 전 두 번이나 해냈어요. 2002년 한일월드컵 브라질과의 결승전에도 출전했었거든요. 하지만 두 번 다 참패하고 말았습니다." 경기가 끝나고 나서 그는 낙심해서 수염을 깎았다.

스페인 팀은 발동이 늦게 걸렸고, 수비도 일부 불안해서 경기 초반 카시야스는 궁지에 몰렸다. "처음 15분은 독일이 위험한 상황을 만들어냈어요. 우리는 '어이쿠, 이런 게 바로 결승전이구나' 하는 눈빛을 서로 주고받았어요. 하지만 토레스의 헤딩슛이 골포스트에 맞고 튕겨 나왔을 때부터 경기 흐름이 변하기 시작했어요." 주장이 말했다.

운명의 여신은 영광의 순간으로 전반 33분을 선택했다. 차비Xavier Hernández가 토레스에게 깊숙하게 공을 찔러주었고, 토레스는 람Philipp Lahm의 돌진을 견뎌내면서 골대를 향해 공을 정확히 보냈다. 이것이 그날 저녁 스페인 사람들이 텔레비전을 통해서나 경기장에서 직접 본 결정적 장면이었다. 이 순간 주인공들은 무슨 생각을 했을까?

차비는 자신의 어시스트에 대해 이렇게 말했다. "저는 경기에서 상대팀이 어떻게 움직였는지 떠올려보는 걸 좋아합니다. 러시아와의 경기에선 세마크Sergei Semak가 제가 어딜 가든 따라왔어요. 딱 한 순간에만 그를 따돌릴 수 있었어요. 세나가 제게 공을 주었을 때, '젠장, 돌 수만 있으면 좋겠는데……' 하고 생각했죠. 그때가 제가 상황을 컨트롤할 수 있는 순간이죠. 독일과의 경기 날에는 공을 받았을 때 혼자 있었고 판단할 시간이 잠깐 있었어요. 독일 선수들이 개인 수비를 하지 않고 지역 수비를 해서 '큰일났다' 고 생각했어요. 그 골이 들어가기 전에 이니에스타Andres Iniesta에게 두 번 공을 보냈지만 골이 되지 않았거든요. 골이 된 플레이는 세나가 제게 패스해 준 공에서부터 시작됐어요. 발락과 슈바인슈타이거Bastian Schweinsteiger가 제 앞에 있었기 때문에 돌아설 공간이 있다는 것을 알았고 '이제 됐다' 고 생각했죠. 프링스Torsten Frings는 다른 쪽으로 갔는데 어딘지는 안 보였어요. 그때 토레스를 본 겁니다. 패스를 했지만 주변에 상대팀 선수가 많았어요. 토레스가 한 마리 경주마처럼 달려 골을 만들었죠."

토레스가 공을 받아 마침표를 찍었다. 아주 오랫동안 그 날을 기다렸던 나라에게 큰 선물을 안긴 것이다. "경기장이 흠뻑 젖어 있었고, 아디다스에서 새로 나온 공이 정말 빨랐어요. 공이 도착하는 지점을 잘 계산하지 못해서 공이 좀 길게 빠졌어요. 아마 람도 비슷한 생각을 했을 거예요. 공의 궤적이 예상 밖이었거든요. 공이 생각보다 빨리 와서 제 오른쪽으로 떨어졌어요. 전 람을 왼쪽에 두고 뛰기 시작했고, 람이 저를 막아섰지만 저는 뒤를 보지 않고 앞으로 나갔어요. 방향을 바꾸기로 하고 오른쪽으로 이동했습니다. 그 순간 레만Jens Lehman 독일 골키퍼이 늦게 나오는 걸 보고 공간이 있다는 것을 깨달았습니다. 골키퍼 앞까지 갈 수도 있었지만 빈 공간을 보고 공을 우선 띄웠더니, 공이 앞으로 굴러갔어요. 볼 터치에서 공에 약간 회전이 생겼고 진행 방향도 비스듬해 보여서 공이 바깥으로 나갈 줄 알았습니다. 그러면 보통 포스트바깥쪽으로 나가거든요. 하지만 잔디가 상당히 젖어 있어서 공이 미끄러지더니… 들어갔어요. 보통 UEFA유럽축구연맹나 FIFA국제축구연맹가 주최하는 이런 큰 대회에서는 경기 전에 잔디에 물을 뿌리는 걸 허용하지 않는데, 그 날은 허용을 했어요. 게다가 저녁이라 이슬 같은 것도 내린 상태였고요. 모르겠어요. 그래서인지는 몰라도 승리는 스페인의 것이었죠."

크리스토퍼 메첼더Christoph Metzelder는 공 앞에 아무도 없을 때 토레스가 보여준 활력을 칭찬했다. "보통 때라면 람이 이겼을 겁니다. 람이 공에 더 가까이 있었거든요. 하지만 토레스는 영리하게 한쪽으로는 위협하는 듯 하면서 갑자기 다른 쪽으로 움직였어요. 결국 결승전은 우리 실수 한 번으로 결정된 거죠. 그래도 스페인이 더 득점 기회가 많았던 것은 인정할 수밖에 없네요."

라디오 마르카Radio MARCA의 중계석에 있던 라울 바렐라는 청취자들에게 그 순간을 전달하기 위해서 벌떡 일어나 소리를 질렀다.

"고오오오오오오오오오올!!!!!! 스페인의 골입니다!!! 플로리Flori와 호세Jose 토레스의 부모님의 아들이 골을 넣었습니다. 이스라엘Israel 형을 위해, 마리 파스Mari Paz 누나를 위해, 올라야Olalla 아내를 위해, 스페인을 위해 넣었습니다. 토레스가 넣었습니다. 33분! 33분! 경기시간 33분에! 팀 닥터Genaro Borras 헤나로 보라스, 유로 2008 본선을 앞둔 5월 세상을 떠남가 33분에 우리를 도와주었습니다! 토레스가 만들어냈습니다. 1:0으로 스페인이 앞서갑니다."

2008년 6월 29일 저녁 9시 18분이었다. 스페인이 44년만의 꿈에 성큼 다가섰음을 전 세계에 알린 순간이었다. 마르셀리노가 산티아고 베르나베우에서 러시아에게 두 번째 골을 넣은 1964년 6월 21일부터 16,079일이 지난 후였다.

스페인은 경기를 잘 이끌어갔고, 선수들도 지친 기색이 없었다. "후반전에 몇 골 더 넣을 수 있었어요. 일반적인 경기에서는 시간이 더 있었으면 하는데 그날은 아니었어요." 실바가 말했다.

고작 한 골 차로 이기고 있었지만 시간은 빨리 흘렀다. "경기가 안 끝났으면 했어요. 그 순간을 정말 즐겼거든요. 마지막 몇 분에도 기회가 계속 왔어요." 알론소가 분명하게 말했다.

독일 선수들은 반대 입장에서 같은 느낌을 받았다. "지고 있는 팀이 이기는 팀을 압박하고 밀어붙이는 보통의 1:0 경기와는 달랐어요. 계속 공격을 시도했지만 방법을 못 찾았어요. 스페인이 1:0을 편안하게 지킨 거죠. 압박도 잘 되지 않았고, 기회를 만들지도 스페인을 괴롭히지도 못했어요." 메첼더가 인정했다.

"마지막 몇 분 동안은 전광판을 볼 시간도 없었습니다. 누군가 순식간에 밀고 들어와서 위기에 처할까봐 겁이 났거든요. 종료 휘슬이 울렸을 때, 예상을 못했던 터라 '벌써?' 하고 생각했어요." 경기가 끝나자마자 평소 습관대로 카시야스부터 껴안았던 마르체나가 말했다.

그날 저녁 벤치에는 평소에 거기 앉아 있을 일이 별로 없는 사람이 한 명 앉아 있었다. 다비드 비야였다. 레이나Pepe Reina가 그의 옆자리에서 결승전을 지켜봤다. "견디기 정말 힘들었을 거예요. 벤치에 앉아 경기를 보는 것이 익숙하지 않다는 게 느껴졌습니다. 불안하게 자리에서 들썩들썩거렸어요. 경기 내내 불평불만이었죠. 어찌나 법석을 떨던지. 경기가 끝나자마자 미친 사람처럼 방방 뛰기 시작해서 도저히 말릴 수가 없었어요."

"도저히 자제할 수가 없었어요. 게다가 햄스트링 부상은 아프지 않았거든요. 그래서 시상식에도 참가하고 같이 축하할 수 있었죠. 결승전을 벤치에서 보자니 제가 뛰는 것보다 훨씬 긴장되는 것 같았어요. 토레스가 골을 넣을 때까지요. 후반전은 차분하게 볼 수 있었어요. 그때부턴 경기 흐름이 반복되는 것 같았거든요." 비야가 덧붙였다.

"레이나, 비야, 차비와 저는 경기 끝날 때까지 긴장을 풀 수가 없었어요. 반칙을 주지 않는다고 심판에 대해 불평을 해댔죠." 파브레가스가 기억했다.

로베르토 로세티Roberto Rossetti는 2003년 아랍 에미리트에서 열린 U-20 월드컵 결승전 주심이었다. "그때 브라질이 우리를 1:0으로 이겼어요. 그 이탈리아인 주심이 경기 시작 3분 만에 메이를 퇴장시켰죠." 그 대회에서 감독이었고, 아라고네스팀에서는 수석 코치인 아르만도 우파르테Armando Ufarte가 당시 상황을 기억했다. 이날 밤 그때와 주심 및 경기결과는 같았지만, 이번에는 스페인의 승리였다.

경기 종료를 알리는 호각소리가 나자마자, 공은 그 즉시 영원한 주인의 품에 안겼다. "공을 어디다 던질 수도 없었으니까요. 집어서 제 유니폼셔츠 속에다 넣었죠. 지금도 그 공 집에 잘 모셔두고 있습니다." 라모스가 자랑했다.

공을 보물처럼 가방에 담아 집으로 가져간 선수는 라모스뿐만이 아니었다. "이탈리아와 경기하던 날, 공 하나를 갖고 가야겠다고 이미 생각을 했어요. 하지만 승부차기 때문에 흥분해서 잊어버리고 말았어요. 러시아와의 준결승전 공은 제가 갖고 있어요. 카시야스가 골문 앞에서 공을 쳐냈을 때 심판이 종료 휘슬을 불어서 저는 벤치에서 공을 가지러 달려나갔죠. 그때부터 동료들이 질투를 했어요. 결승전에서도 준비를 딱 하고 있다가 잡아챘습니다. 전 이 공 두 개를 유리진열장에 잘 보관하고 있어요. 달콤한 기억을 평생 보관해야죠." 아르벨로아Alvaro Arbeloa가 회상했다.

아라고네스는 피지컬 트레이너 헤수스 파레데스Jesus Paredes와 팀 물품 담당자인 고참 펠릭스 마르틴Feliz Martin과 깊은 포옹을 했다. "감독님이 우리에게 '이번에는 해냈습니다' 라고 말하셨어요. 정말 기분 좋은 포옹이었습니다. 지금까지 우리가 했던 모든 일에 대한 인정과 감사였죠." 펠릭스 마르틴이 말했다.

감격스러운 순간이었다. 이니에스타는 눈물을 멈출 수 없었던 것이 전혀 부끄럽지 않았다. "눈물이 뚝뚝 떨어졌어요. 1984년 프랑스와의 결승전에서 지는 모습을 텔레비전에서 봤거든요. 바로 그 무대에서, 제 자신이 동료들과 함께 해냈다는 것은 정말 대단한 기분이었어요."

경기 후 파브레가스Cesc Fabregas는 아스널Arsenal FC 잉글랜드 축구팀 동료인 레만과 마주 쳤지만 분위기가 어색했다. "정중한 태도로 그에게 손을 내밀었어요. 예전에 레만이 제가 아무 우승컵도 따지 못했다고 몇 번씩이나 놀렸던 게 기억이 나서 저도 농담을 하고 싶었지만 적절한 때가 아닌 것 같아서 참았어요. 그래서 한 달 후에 전화 통화할 때 조금 놀려줬어요."

메첼더는 스페인 선수들과 친했던 덕분에 보물 하나를 챙겨갈 수 있었다. 카시야스의 유니폼이었다. "결승전 경기를 할 때마다 전 상대팀 선수와 유니폼을 교환해요. 집에 스무 개나 있지만, 카시야스 것은 특별합니다."

아라고네스는 잔디 위에서 선수들에게 헹가래를 받았다. "감독님이 지금까지 참아오신 것, 우리에게 주신 모든 것에 대한 감사의 표현이었습니다." 푸욜이 말했다. 아라고네스는 국가대표팀 감독으로서 목표를 이뤘다. "제가 별로 기뻐하지 않는 것처럼 보였겠지만 전 정말 행복했습니다. 저는 제 속마음을 겉으로 잘 표현하는 사람이 아닐 뿐이에요." 아라고네스가 말했다.

몇몇은 약속해 둔 것을 실행하기 위해 라커룸으로 뛰어 들어갔다. 마르코스 세나Marcos Senna는 비야레알Villareal CF 스페인 축구팀의 깃발을 몸에 두르고 잔디로 다시 뛰어나왔다. "페르난도 로이그Fernando Roig 비야레알 회장와 약속했어요." 후아니토Juanito는 레알 베티스Real Betis 스페인 축구팀의 백 주년을 기념하기 위해 팬에게 빌려 온 게 있었다. "팔롭Andres Palop이 못 보게 하려고 숨겨서 왔어요. 마르체나, 알비올Raul Albiol과 저만 하고 싶었거든요. 그런데 눈에 레이저라도 달렸는지 들켜버렸어요. 쫓아오길래 바닥에 하나 던져줬더니 하나 집어서는, 사진에 찍히려고 목에 걸었더라고요. 우리는 미처 걸치지도 못했는데."

토레스는 수천 명의 스페인 사람들이 승리를 자축하고 있는 관중석에서 눈을 떼지 못했다. "스페인의 다른 종목 선수들이 선수권대회나 각종 대회에서 우승할 때마다 언젠가는 우리도 해낼 수 있을 거라고 생각했어요. 우린 마침내 우승컵을 들어올렸고, 경기장으로 내려가 축하했죠. 이번은 우리 차례였어요." 라모스는 흰 티셔츠에 요절한 친구 안토니오 푸에르타Antonio Puerta 경기 도중 심장 마비로 사망한 세비야 수비수—옮긴이의 사진을 새겨 입고 나왔고, 레이나는 코르도바Cordoba 스페인 남부 도시의 목도리를 둘렀다.

가장 중요했던 것은 팔롭이 루이스 미겔 아르코나다Luis Miguel Arconada에게 바친 경의일 것이다. 발렌시아 출신의 팔롭은 유년 시절의 우상이었던 아르코나다에 대한 존경을 표시하기로 마음먹었지만 비밀에 부쳤다. 골키퍼 코치였던 호세 마누엘 오초토레나Jose Manuel Ochotorena만이 그 계획을 알고 있었다. "팔롭이 결승전 며칠 전에 제게 이야기했어요. 유로 대회에서 큰 업적을 남겼지만 프랑스와의 결승전에서 한 실수 때문에 빛을 잃고 말았던 선수를 기리는 데 매우 독창적이고 놀라운 방법이었어요."

팔롭은 아르코나다 골키퍼가 80년대에 입던 초록색과 검은색이 섞인 유니폼 상의를 자신의 가방에서 꺼냈다. 이는 나중에 아디다스가 2010년 남아프리카공화국 월드컵에서 이케르 카시야스를 위해 만든 유니폼에 영감을 주었다. 팔롭은 이 옷을 입고 잔디 위에서 벌어지고 있던 축제의 현장으로 다시 뛰어갔다.

"어느 날 한 기자와 이야기하던 중에 아르코나다가 제 우상이었다고 이야기했더니 자신도 그의 열혈 팬이었다고 이야기하더라고요. 경의를 표하고 싶은데 언제 어떻게 해야 될지 모르겠다고 말했죠. 유로 준결승전 전날 밤에, 우승 후가 최적의 순간이라는 생각이 들어서 그 기자에게 반드시 돌려줄 테니 아르코나다의 당시 유니폼을 빌려달라고 했고 그도 승낙을 하고, 결승전을 보기 위해 비엔나로 오는 측근 편으로 보내줬습니다. 동료들은 그걸 보고는 이게 뭐냐고 물었죠."

필드 위에서 수없이 포옹하고, 입 맞추고, 눈물을 흘리고, 달리고, 사진을 찍고 나자 메달을 받고 우승컵을 들어올리기 위해서 특별석에 오르는 시간이 다가왔다. 거기서 미셸 플라티니Michel Platini가 기다리고 있었다. 흥미롭게도 그는 24년 전 파르크 데 프랭스 경기장에서 스페인과의 경기에서 결승골을 넣어서 스페인의 두 번째 대륙선수권 제패 기회를 빼앗은 선수였다. 실바, 토레스, 알비올, 구이사Dani Güiza, 페르난도 나바로Fernando Navarro는 메달을 받기 전에 우승컵을 만져볼 수 있었다. 이젠 미신 따위는 상관없었다. 이니에스타도 이를 막지 않았고, 우승컵에 키스했다. 마르체나는 UEFA 회장에게 24년 전 스페인의 복수를 개인적으로 한 셈이 되었다. "특별석으로 올라가서 메달을 받을 때 플라티니를 저도 모르게 한 대 쳤어요. 얼굴을요. 그러려던 건 아닌데 저도 모르게 손이 올라갔어요. 회장님은 웃으면서 제게 축하한다고 하셨어요.” 알비올은 웃으며 이 일화를 듣더니 농담을 덧붙였다. “마르체나는 엄청 과격해요. 회장님을 잔디에다 던져버리지 않은 게 이상할 정도예요.”

카시야스는 마지막으로 메달을 받고 제일 먼저 우승컵을 들어올렸다. 그는 경기 전에 아무도 절대 우승컵에 스치지도 말라고 경고했다. 주장은 책임이 막중하지만 동시에 다른 선수들보다 눈에 띄며 역사에 남는 특권을 가진다. 카시야스의 동료 스물두 명은 본부에 설치된 거대한 칸막이 앞에서 안절부절못하며 그를 기다렸다. 카시야스는 플라티니와 농담을 주고 받았다. “운명이 뭔지 삶이 뭔지 참 신기합니다. 24년 전에 내가 스페인 골키퍼를 향해 차 넣은 한 골 때문에 스페인이 우승 문턱에서 무너졌는

세르히오 라모스가 마드리드에 모인 팬들 앞에 우승컵을 선보이고 있다.

데, 오늘은 스페인 골키퍼에게 그 우승컵을 주네요. 마침 그가 주장이라서요." 플라티니가 스페인어와 이탈리아어를 섞어서 말했다.

그가 우승컵을 이케르 카시야스에게 건네주었고, 카시야스는 우승컵을 두 손으로 들어올렸다. 눈을 감고 온 힘을 다해 소리를 질렀다. "지금도 그때를 생각하면 머리털이 쭈뼛 서는 것 같아요. 그 순간 제 머릿속에서는 그 동안 스페인 축구가 겪은 그 모든 고통이, 아주 오랜 시간을 견딘 뒤에 비로소 이 우승컵을 들 수 있게 되었다는 엄청난 기쁨과 뒤엉켰어요. 정말 격렬한 감정이었어요. 제 속에서 터져 나온 함성은 아마 그 모든 것이 함께 분출된 것일 거예요. 아주 오랫동안 우리가 짊어지고 있었던 것을 떨쳐내는 함성이었어요." 카시야스가 고백했다. 그 어떤 배우도 이 순간의 그 폭발적인 감정을 되살려낼 수 없을 것이다. 경기장에서 결승전을 본 모든 스페인 사람들은 죽을 때까지 머릿속에서 그 순간이 결코 지워지지 않도록 새겨두었을 것이고, 상당수가 그 순간을 휴대폰 배경화면으로 설정하면서 집으로 돌아갔을 것이다. 다음 날 회

사에 가서는 컴퓨터 배경화면도 바꿨을 것이다.

"카시야스가 우승컵을 들어올릴 때 정말 자랑스러웠습니다." 알비올이 말했다. "네가 카메라 렌즈를 쳐다봐서 깜짝 놀랐다." 레이나가 덧붙였다. "그 순간이 절대 끝나지 않았으면 했었죠." 구이사가 말했다.

선수들 모두가 우승컵을 만지작거리고 껴안고 치켜들고 뽀뽀를 해댔다. 역사를 새로 쓴 자랑스러운 순간이었다. "우승컵을 마르체나와 함께 내렸다가 다시 들어올릴 때 얼굴을 정통으로 맞았어요. 저는 이젠 그거 다시는 안 만질 거라고 마르체나에게 말했죠." 실바가 기억했다.

'다들 우승컵이랑 바람이라도 난 것 같네. 우승컵이 팜므 파탈 같으니.' 캅데빌라는 생각했다. 그는 아내, 부모님, 여동생, 조카, 장인, 장모님을 찾기 위해 관중석을 살펴보았다. 그때서야 그는 왼손에 결혼반지를 낀 채 결승전을 뛰었다는 사실을 깨달았다. 라커룸에서 빼놓는 것을 잊어버렸는데 로세티 주심이나 팀 관계자들도 보지를 못해서 반지를 낀 채로 경기를 할 수 있었던 것이다. 우연찮게도 2008년 6월 29일은 그의 첫 번째 결혼기념일이었다. 조안 캅데빌라가 그 생각에 몰두하고 있을 때 어떤 사람이 찾아와서는 성가시게 딱 붙어서 떨어지지 않았다. 캅데빌라는 결국 그와 함께 갈 수밖에 없었다. UEFA에서 각 팀마다 두 명의 선수를 뽑아서 하는 도핑테스트 담당자였던 것이다. "제가 그날 부모님과 찍은 사진에 그 사람이 전부 등장해요. 제발 조금만 내버려 두라고 말했죠. 이제 막 유럽 챔피언이 되어 기념해서 좀 즐기려는데…… 하지만 방법이 없었어요."

마르체나의 가족들도 관중석에 와 있었다. 플라티니에게 메달을 받아서 가족에게 건네줬다. "제 딸이 정말 어려서 아무것도 이해를 못했어요. 메달을 보더니 입에 넣고 깨물기 시작했어요. 아휴! 정말 힘들었어요. 자꾸 물어뜯으려고 해서……"

축하는 이제 시작에 불과했다. 선수들이 루이스 아라고네스 감독을 헹가래친 다음, 파티는 곧 잔디에서 라커룸으로 이어졌다. 샴페인과 맥주가 주인공이 되었다. 평정을 유지하는 게 힘들었지만, 왕실에서 곧 방문할 것이라는 연락이 왔다. "땀을 흘린 데다가 머리도 엉켰는데, 웃통도 벗고 있다고 생각해보세요. 조금이라도 매무새를 정돈하려고 했지만 쉽지 않을 때도 있죠. 우리나라의 국왕이 나를 축하해주러 온다는 것은 정말 특별한 일이잖아요." 페르난도 나바로가 말했다.

소란스러운 잔치 도중에 갑자기 조용해졌다. 후안 카를로스Juan Carlos 국왕이 한 선수 한 선수와 눈을 맞추면서 축하해주었다. 에피소드도 있었다. "핸드폰 화면을 보면서 메시지에 답을 쓰고 있던 중이었는데 갑자기 주변이 확 조용해지는 거예요. 고개를 들었더니 국왕께서 제 앞에 서서 제가 문자를 다 보내길 기다리고 계셨던 거죠. 얼마나 창피하던지! 하지만 진짜 몰랐어요. 재빨리 일어나서 죄송하다고 말했죠. 주변에서는 웃음이 터졌죠. 정말 재미있었어요." 팔롭이 슬며시 웃으며 기억했다. 캅데빌라와 레이나도 국왕과 인사를 하고 싶었지만, 우승팀에도 예외는 없는 도핑 테스트에 걸린 불운 때문에 그럴 수 없었다.

이 라커룸에 들어가고 싶다고 해서 모두 들어갈 수는 없었다. 아르코나다는 팔롭에게 그가 표현한 경의에 대해 개인적으로 감사를 표하고 싶었지만 경호원들이 막아서서 들어갈 수가 없었다. "전 그 분이 특별석에서 경기를 직접 보신 줄은 몰랐어요. 며칠 후에 저에게 감사를 표하기 위해 전화를 하셔서는 그 이야기를 하셨습니다. 플라티니가 그를 초청했더군요. 저는 그 경의가 그 분께 드릴 수 있는 최소한의 것이며, 당신은 언제나 저의 우상이었다고 말했습니다. 제가 이 트로피를 어떻게든 그 분과 연결되도록 한 것이었으면 좋겠습니다. 당시에 그 분도 이 우승컵을 들어올릴 자격이 충분했으니까요."

샴페인 효과가 나타나기 시작했다. 모두들 속이 비어 있었기에 빈 속에 먹은 알코올이 문제였다. "라커룸 안은 난리가 났죠. 열기가 가득했고 다들 샴페인을 마시기 시작했어요. 아주 빨리 취했고 이제 그만 마셔야겠다고 생각했지만 이미 늦었어요. 언론과 인터뷰를 했는데 다음 날에는 무슨 말을 했는지 기억이 안 났어요. 원래 기자 한 명이 있었는데 나중에는 네 명으로 보였어요. 헛소리를 한 것 같진 않지만 확신은 못해요.” 마르코스 세나가 웃으며 말했다. “라커룸에 들어갔을 때 이미 사과주 주점 냄새가 났다니까요.” 기자회견을 치르고 나서 아라고네스 감독과 함께 미뤄두었던 파티를 열었던 국가대표팀의 언론 담당자 팔로마 안토란스가 말했다.

선수들은 텔레비전 카메라와 기자들 앞에서 처음으로 인터뷰를 한 후에, 샤워를 하고 유럽 챔피언이 된 소감을 스페인 전역에 알리고 나서 버스에 탔다. 경기 전에 주장단은 노이슈티프트Neustift 오스트리아 인스부르크 인근의 소도시로 돌아가서 저녁을 먹고 거기서 하루 묵는 것이 좋겠다고 결정을 했다. 그 호텔에서 8강전까지 편하게 지냈던 터였다.

비엔나에서 인스부르크까지 가는 비행기 안에서 페페 레이나는 첫 번째 쇼를 시작했다. 스물네 시간 후에 스페인 전국을 열광하게 한 바로 그 리사이틀이었다. 자신이 전문 진행자인 것처럼 큰 소리로 동료들 이름을 독창적인 설명과 함께 하나하나 호명했다. 동승했던 간부는 “콜론 광장에서 했던 공연과 비슷했지만 더 적나라했죠. 비행기 안에는 우리밖에 없었기 때문에 레이나는 거침없이 내뱉었어요. 실제 했던 말을 공개석상에서 다 할 수가 없어서 좀 걸러낸 거예요”라고 말했다.

그 와중에 경기 중에도 느끼지 못했던 두려움이 갑자기 비행기 안에 가득 찼다. 착륙을 위해 하강하고 있던 비행기가 고도를 회복하기 위해 급작스럽게 상승했던 것이다. 승객 중에서는 알아채지 못한 사람도 있었다. 비행기는 이미 착륙을 두 번이나 시도했지만 실패한 상황이었다. “새벽 두 시가 조금 넘었을 거예요. 상황이 안 좋았죠. 나중에 무슨 일이었냐고 물었더니 인스부르크 공항이 유럽에서 가장 위험한 공항이라고 하더군요. 이 공항에 착륙하려면 기장은 그 전에 반드시 영국에서 모의착륙 연습을 해야 한답니다. 활주로가 산으로 둘러싸인 계곡에 있어서 접근이 매우 위험한 거죠. 사실은 인스부르크 사람들도 뮌헨에 내려서 차를 타고 들어오는 것을 선호한대요.” 페드로 코르테스가 말했다.

“인스부르크로 가는 비행기에서 어떻게 왔는지 기억도 안 나요. 전부 다 서 있었고

엘 니뇨가 스페인의 유로 2008 대회 우승을 이끈 골을 기록한 뒤
골 세리머니를 펼치고 있다.

오스트리아와 스위스에서
공동 개최된 유로 2008 대회
결승전의 두 팀

토레스가 레만을 통과시키는
마법 같은 골을 성공시켰다.

결승전에서 하나가 된
스페인 선수들

독일과의 유로 2008 대회 결승전 선발 선수 기념 사진

세르히오 라모스가 마드리드에 모인 팬들 앞에 우승컵을 선보이고 있다.

이케르 카시야스가 동료 선수들의 도움 속에 우승컵을
들어올리기 위해 단상에 오르고 있다.

이케르 카시야스가 비엔나에서 열린 유로 2008 대회
결승전에서 우승컵을 들어올리고 있다.

구이사가 유로 2008 대회 그리스전에서 득점한 뒤
팬들과 함께 골을 자축하고 있다.

독일전이 끝난 뒤 선수들이 아라고네스 감독의 헹가래를 치고 있다.

페르난도 토레스가
사진 기자들에게
둘러싸여 우승컵을
머리 위로 들어올
렸다.

카시야스가 콜론
광장에서 챔피언
기념 기차놀이의
선두로 나섰다.

스페인 대표팀이 비엔나의 에렌스트 하펠 경기장 잔디 위에서
우승 기념 단체사진을 찍고 있다.

푸욜, 캅데빌라, 카소를라와 알비올이 피에스타를 즐기고 있다.

차비, 세스크,푸욜, 팀닥터 히메네스가 우승을 자축하고 있다.

노래 부르고 쿵쿵 뛰고. 승무원들이 앉으라고 해서 우리가 말했죠. '어떻게 앉아 있을 수가 있어요? 유로에서 막 우승했는데……' 기장은 우리가 앉지 않으면 착륙할 수가 없다고 경고했어요. 비가 많이 왔고 안개도 가득해서 착륙하는 데 거의 한 시간이나 걸렸죠. 아무것도 보이지가 않았어요." 카소를라Santi Cazorla가 말했다.

중부 유럽 사람들에게 밤샘은 익숙하지 않지만, 챔피언에게 축하를 보내기 위해 오스트리아 사람들이 작은 스페인 국기를 들고 공항에 많이 와 있었다. 호텔 직원들도 대표팀을 기다리고 있다가 버스가 호텔 정문 앞에 서자 큰 박수로 맞아주었다. 선수들은 사복으로 갈아입고 새벽 4시에야 저녁을 먹고는, 파티를 마무리하기 위해 클럽으로 출발했다. 아라고네스 감독은 그때 바에 올라가서 춤을 춤으로써, 기력이 떨어진 게 아니냐 하는 세간의 의심을 날려버렸다.

스태프 중 세 명은 우승하면 하기로 했던 공약을 새벽부터 실천했다. 헤수스 파레데스피지컬 트레이너, 세사르 멘디온도Cesar Mendiondo, 앙헬 페레스Angel Perez 경기장 스태프는 몇 시간 전에 딴 유로 우승컵의 실루엣을 등에 그려 넣었다. "몇 시간 사이 이탈자가 생길까봐 마드리드에서 하지 않고 오스트리아에서 했죠." 그들 중 한 명이 말했다. 스페인 축구 대표팀의 UEFA 에이전트인 갈리시아 출신 이민자 마르코 오테로Marco Otero는 현지의 타투 전문가를 연결해주었을 뿐만 아니라, 자신도 네 번째로 같은 문신을 받았다.

다크 서클, 쉰 목소리, 나아가 아예 목소리가 나오지 않는 증세가 이 탐험대의 여행 동반자가 되었다. 대부분이 한숨도 자지 않고 다음 날을 맞았다. 2008년 6월 30일 저녁 5시 10분, 특별 항공사인 '밀라그로스 디아스Milagros Diaz' 항공기가 인스부르크 공항을 이륙하여 마드리드를 향했다. 선수들은 마치 아직 결승전이 끝나지 않은 것처럼, 제각각 자신의 이름과 등번호가 적힌 유니폼으로 갈아입었다. 모두들 피곤에 절어 있었다. 35일 동안이나 합숙했기에 얼른 집에 돌아가고 싶기도 했지만 가장 좋은 것이 아직 남아 있었다. 마드리드의 거리에서 대표팀을 기다리고 있는 수천 수만 명의 사람들과 우승을 축하하는 일이었다.

비행의 초반 절반 정도는 차분했다. "그때가 주심이 종료 휘슬을 분 순간부터 우리가 사르수엘라 궁전에서 나올 때까지, 유일하게 차분했던 시간입니다." 물리치료사 페르난도 갈란Fernando Galan이 인정했다.

자신들도 나름대로 새 역사를 이룩했다고 생각한 몇몇 기자들은 허가를 얻어내서 비행기 앞에 탑승하여 우승컵과 사진을 찍고 비엔나의 영웅들에게 사인을 받는 영광을 누렸다. 유니폼, 포스터, 사진…… 시간이 흐른 뒤 그의 자녀와 손자 손녀에게 그날 밤 에른스트 하펠 경기장에서 있었던 일을 이야기할 때 이 모든 것은 값을 매길 수 없을 만큼 귀한 것이 될 것이다. 선수들은 이를 잘 참고 응해주었다.

원정대가 스페인 영공으로 진입했을 때, 비행기 앞쪽에서 시를 읽는 소리 같은 것이 들려오기 시작했다. 몇몇 선수들이 훈련 중이나 합숙 기간 동안 아라고네스 감독이 셀 수 없이 반복했던 문장들을 합창하는 소리였다. "대회 내내 선수들이 그러고 있었다는 것을 그때 처음 알았어요. 제 말을 그렇게 깊이 새기고 있는지 몰랐기에 무척 감동 받았습니다." 아라고네스가 말했다. 레이나 또한 그 순간을 감동적인 순간으로 꼽았다. "선수들과 감독님 사이에 가장 순수한 교감이 오갔던 시간이에요. 그때를 생각하면 거의 눈물이 날 것 같아요. 유로 대회 기간을 통틀어 가장 좋은 시간이었거든요. 우리는 감독님의 표현이나 격언들을 다시 읊기 시작했어요. 모두들 기억하고 있어서 같이 노래 부르듯 외쳤어요. 감독님은 저보다 일곱 줄 앞에 앉아 계셨는데 감독님이 이를 듣고는 웃으셨던 기억이 납니다. 감독님은 작은 탁자에 기대서 가끔씩 돌아보셨는데 배꼽을 쥐고 웃고 계셨어요."

아라고네스 감독은 기분이 좋았지만 짐짓 카리스마 있는 얼굴을 하고 선수들을 돌아보더니 말했다. "그거 좀 안 할 수 없나? 그래도 웃어야지 어쩌겠어. 나쁜 놈들 같으니…… 전부 다 기억하고 있다니."

레이나는 비야, 사비 알론소와 함께 아라고네스 감독의 말버릇을 읊기 시작했다.

이 두 공격수 또한 감독이 훈련 중에 알려준 것들을 많이 기억하고 있었다. "감독님은 그날 웃느라 뒤로 넘어갈 지경이었어요. 의식적으로 그 문장들을 반복해서 우리에게 각인시키려고 하신 것 같진 않아요. 우리가 그걸 기억해서 읊었더니 뒤를 돌아보시고 는 우리가 새로운 걸 말할 때마다 '못된 놈들! 이 나쁜 놈들이 다 기억하고 있어!' 하고 소리치셨죠." 알론소가 기억했다.

아마 아라고네스를 가장 감동시킨 구절은 이것이었을 것이다. "감독님이 안 계시면, 우리도 돌아오지 않겠습니다." 하지만 페네르바체Fenerbaches SK 터키 축구팀가 아라고네스 를 기다리고 있었고, 결정을 번복할 수는 없었다. "제가 계속 머무르길 바라는 선수들에 게 정말 진심으로 고마웠습니다. 하지만 결정을 바꿀 수는 없었어요. 전 이미 대회 결과 가 어떻게 되든 가겠다고 그들에게 말해두었거든요. 그리고 아무도 저한테 대표팀을 계 속 맡아달라고 하지 않았고, 협회도 이미 새 감독을 정해두었습니다." 아라고네스가 명 확히 했다.

레이나가 스페인으로 돌아오는 비행기 안에서 특유의 리사이틀로 분위기를 띄우고 있다.

비행기에 실은 맥주가 바닥이 나는 중이라 좋은 술 한 모금으로 목을 축이기가 점점 힘들어졌다. 푸욜은 자전거에다 술을 싣고 팔던 술장수처럼 비행기 뒷편에서 맥주 캔을 부지런히 날라 동료들에게 나눠줘야 했다. "자, 보세요. 경기할 때나 밖에서나 제가 이걸 나눠줘요." 돌아오는 길에 한 기자에게 말했다.

아라고네스에 대한 존경을 표현하고 나서, 레이나는 다시 한 번 리사이틀을 시작했다. 그 유명한 "카마레로식당 종업원, 웨이터라는 뜻"로 시작했다. 오른쪽으로 한 접시, 왼쪽으로 한 접시를 외치면서 원정대가 좋아하는 단어 놀이를 했다. 레이나는 자신의 결혼식에서도 이렇게 하객들을 즐겁게 해주었다. 이러고도 만족하지 못한 그는 다시 한 번 동료들의 등번호와 이름에다 별명이나 농담, 우스갯소리를 덧붙여 큰 소리로 외쳤다. 2008년 6월 30일 저녁 8시 마드리드에 착륙한 그 비행 중에 가장 열광적인 순간이었다. "정말 자연스럽게 말이 나왔어요. 족집게처럼 콕콕 집어냈죠. 우리는 악동 같은 면이 있어서, 그냥 제 속에서 술술 나오더라구요. 동료들 한 명 한 명을 기억해내면서 말했죠." 레이나가 말했다.

마드리드에 발을 딛자마자 선수들은 그들이 이룬 업적을 다시 한 번 깨닫게 되었다. 지붕이 열린 버스가 그들을 태워 마드리드의 심장부 콜론 광장으로 데려가려고 기다리고 있었다. 1984년, 대표팀이 파리에서 유로 대회 준우승을 하고 바라하스 공항에 도착했을 때의 팀원 중에서 딱 한 명이 아직도 대표팀에서 일하고 있다. "그때도 공항의 입국장이 환영인파로 가득했어요. 하지만 이번엔 정말 열광적이었어요. 사람들이 우리한테 손을 흔들기 위해 자신의 차 지붕과 보닛 위에 올라가서 뛰는 모습은 결코 잊을 수 없을 겁니다. 차가 찌그러지든 말든 관심도 없었어요. 그 장면은 머릿속에 사진처럼 남을 거예요." 물품 담당자 펠릭스가 말했다. 선수들은 아이처럼 신나게 즐겼다.

"기대도 못했어요. 뭘 축하하기 위해 버스 지붕에 올라간 건 그때가 처음이었거든요. 언젠가는 꼭 해보고 싶었어요. 아스널에서 우승을 딱 한 번 한 적이 있는데, 그때는 축하행사를 하지 않았어요. 마치자마자 모두 휴가를 떠났거든요. 정말 잊을 수 없는 기억이에요. 구이사와 나란히 난간에 기대 축제를 즐겼어요. 난간에 바짝 붙어서요." 파브레가스가 회상했다.

"친구들이나 가족들, 인터넷에서 많은 사람들이 말해줬지만 우리는 스페인이 그렇게 한 마음으로 기뻐한 줄은 몰랐어요. 마드리드에서 정말 신나게 즐겼어요. 꿈인가 생시인가 했어요. 차들은 꽉 막혀 있었고, 사람들은 버스 정류장 지붕에 올라가 있었어요. 거리를 메운 사람들의 얼굴은 행복으로 가득했어요. 그 생각을 하면 지금도 머리털이 곤두서는 느낌이에요." 아르벨로아가 덧붙였다.

선수들을 실은 버스가 행사를 위해 만든 거대한 무대 앞에 멈춰 섰을 때 열광은 절정에 달했다. 챔피언들은 죽을 때까지 잊을 수 없는 물 폭탄 세례를 받았다. 최절정의 순간, 두말할 것도 없이 다시 페페 레이나가 주인공이 되었다. 동료들이 레이나를 떠밀었고, 그는 다시 한 번 앞으로 나가서 이번에는 온 국민 앞이었다 협회와 TV채널 '콰트로' 가 세운 무대 위에서 그 멋진 쇼를 보여주었다. "동료들을 위해 준비한 시간이었어요. 그들이 원했으니까요. 나쁜 의도는 전혀 없었어요. 제 애정과 존경을 듬뿍 담아서, 사람들이 동료 개개인을 조금이라도 더 알았으면 하는 마음에 했던 거죠. 5분에서 10분 정도였어요. 엄청난 사람들이 광장에 모여 있었지만 저한테는 앞의 여섯 줄밖에 보이지 않았어요."

"여러분께 오스트리아와 스위스에서 역사를 만든 남자 스물세 명에 대해서 상세히 알려드리겠습니다.

등번호 1번, 위대한 손, 8강전에서 승부차기 두 개 선방! 이 꿈을 가능하게 만든 남자, 이케르…… 카시야스

2번, 멋진 크리오요 초리소 소시지, 순대의 일종, 세상에서 제일 키 큰 소시지, 라울…… 알비올.

3번, 베소스에서 온 용감한 멧돼지 새끼, 페르난도…… 나바로.

4번, 페널티영역의 진짜 지배자, 수비 사령관, 카를로스…… 마르체나.

5번, 우리의 타잔, 솔방울을 먹는 사나이. 절대자 카를라스…… 푸욜Carles Puyol.

6번, 태양과 싸우던 사나이, 해와 사이가 좋지 않은 남자, 안드레스…… 이니에스타.

7번, 출전하기만 하면 득점왕이라서 스페인의 7번! 엘 구아헤청년, 소년이라는 뜻…… 비야.

8번, 험프리보가트, 무슨 험프리 보가트? 멋지고 순수한 펠로포, 차비…… 에르난데스.

9번, 엘 니뇨, 아, 내 새끼! 스페인의 아들, 페르난도…… 토레스.

10번, 진정한…… 허당. 아무것도 모르는 천둥벌거숭이, 세스크…… 파브레가스.

11번, 정말 진정한 가린샤, 네, 그 가린샤 말이에요. 위대한 조안…… 캅데빌라.

12번, 다른 데 쓸 데가 없어서 생략됐던 사나이. 엄청 조그맣네, 유스팀이니? 산티…… 카소를라.

13번, 진정한 안드레스. 아이구, 500유로의 벌금을 탕감해 준 내 친구, 안드레스…… 팔롭.

14번, 요한 크루이프의 아들인가? 위대한 사비…… 알론소.

15번, 지금은 영원한 평화 속에 쉬고 있는 친애하는 안토니오 푸에르타에게 우승을 바친 신화적인 남자, 세르히오…… 라모스.

16번, 내 귀여운 집시, 멋쟁이 팔레테플라멩코 가수, 멋진 세르히오…… 가르시아Sergio Garcia.

17번, 17번이 누구야? 젠장. 근사한 집시, 훌륭한, 로돌포 치킬리쿠아트레스페인에서 유명한 코메디 캐릭터, 구이사. 앗, 구이사 어디 있어? 집시…… 구이사.

등에다 18번 적은 사람. 아, 세상에서 두 번째로 띨띨한 허당. 역시 아무것도 모르는 알바로…… 아르벨로아.

19번, 삼바, 스페인의 브라질 삼바, 진정한 고추, 마르코스…… 세나.

등에다 20번 붙이고 있는 사람, 세상에, 앗 뜨거라! 누가 20번이야? 20번은, 가늘지만 맛이 기가 막힌…… 후아니토.

21번, 조그맣고 애기 같네! 키는 150밖에 안 되지만 상대를 괴롭힐수 있는, 위대한 다비드…… 실바.

22번, 디에고 아르만도 마라도나, 이 남자는 진정한 별입니다. 올레! 디에고-올레, 디에골레, 멋진 남자 루벤…… 데 라 레드Ruben De La Red.

그리고 마지막으로 23번, 여러분 모두와 진심으로 함께 하는, 지금 여기 있는 겸손한 진행자, 페페…… 레이나."

레이나가 다시 그 잊지 못할 순간을 이어가려고 할 때 청중들이 모두 챔피언의 노래를 부르자고 소리쳤다. "우리 팀은 이 거대한 태양 같은 존재가 없었다면 아무것도 할 수 없었을 겁니다. 신적인 존재, 신화가 된 사나이, 모든 어려움을 이겨내고 이 모든 것을 이뤄낸, 위대한 감독, 돈 루이스…… 아라고네스."

페페는 자신이 진행했던 그 장면을 비디오로 봤다고 인정했다. "집에서 두 번 이상 봤어요." 웃으면서 말했다. "하지만 그런 걸 다시 하기는 어려울 거 같아요. 준비한 게 아니었거든요. 동료들이 비행기에서 했던 걸 반복하라고 해서 그렇게 했을 뿐이에요." 사비 알론소는 리버풀에서 세 시즌을 함께 보냈기 때문에 레이나를 잘 아는 편이다. "전 놀랍지도 않았어요. 작은 모임에서 하는 걸 봤거든요. 어떤 상황인지에 따라 어떤 말이 튀어나오는지가 다른 거죠. 1번부터 23번까지 하나도 틀리지 않고 했던 게 놀라웠어요. 코멘트 대부분은 우리가 대회 기간 중에 해왔던 이야기에요. 사실……, 저에 대한 부분도 뭐 별로 정성스럽게 만든 건 아니잖아요."

또 다른 인상적인 기억은, 차비가 레이나의 요청에 따라 군중 앞에서 마이크를 잡았던 것이다. "우리 팀은 우승할 만한 팀입니다. 우리는 똘똘 뭉쳐 있었기 때문에, 또한 최고의 감독이 있었기 때문에, 또 훌륭한 기술 스태프 및 도와주시는 분들이 있었기 때문입니다. 자 그러니까, 스페인 만세Viva España!" 그는 동료들의 웃음소리 속에서 말을 마쳤다.

유로 대회 최우수선수로 뽑힌 차비는 그 순간을 애정을 담아 회상했다. "이 '스페인 만세'때문에 계속 이러쿵저러쿵 말이 많았어요. 스페인은 제게 많은 것을 줬어요. 무슨 대답을 원하는 건지 모르겠네요. 다른 이야기는 할 게 없어요. 제가 그 말을 한 걸 이해할 수 없는 사람도 있겠죠. 그럴 수 있다고 생각해요. 급진적인 카탈루냐주의 자가 있는 것도 잘 알고 있습니다. 저를 맹비난하는 공개토론도 많았는데, 제가 바로 휴가를 가서 다행이죠. 이후에 바르셀로나 팀의 프리시즌 훈련 첫날, 그 말을 다시 한 번 농담 삼아 했는데 모든 신문에 실리더군요……. 전 정치에 대해서는 특정한 의견 이 없어요. 그냥 평범한 시민이죠. 농담도 잘하고, 겉보기와는 달리 두루두루 친해요"

그와 아주 친밀한 페르난도 나바로는 차비의 발언이 자연스럽다고 생각했다. "보통 때는 그런 말을 하지 않을 거예요. 그는 가슴 깊이 자신이 카탈루냐인이며 또한 스페 인 사람이라고 느끼거든요. 왜 그렇게 느끼냐고 묻는 건 이상해요. 우리는 유로 우승 컵을 땄고 이게 중요한 일이죠. 그래서 그 말이 자연스럽게 나온 겁니다. 항상 그는 웃 으면서 그 일을 떠올려요. 모든 사람들이 차비가 어떤 사람인지 알잖아요. 그는 정말 멋진 사람이죠. 기본적으로 스페인 대표팀으로 뛰는 것을 자랑스러워합니다"

안타깝게도 푸욜은 화장실에 다녀오느라 팀 동료의 그 말을 듣지를 못했다. "축하 행사 자리였잖아요. 카탈루냐 사람이 '스페인 만세'를 외쳐서 아마 온 국민이 재미있 어 했을 겁니다"

팀을 위해 노력한 대표팀 구성원 개개인의 수고를 기억하는 플래카드가 내걸렸다. "헤나로, 당신 덕분입니다." 많은 사람들이 대표팀을 도와주었기 때문에 우승할 수 있 었다.

결승전이 끝난 뒤 24시간이 흘렀지만 선수들은 그때까지도 파티 중이었다. 콜론 광 장에서 마드리드 외곽의 유명한 클럽인 부다 바Bar까지 이동하면서 축제는 계속되었 다. 선수들의 측근과 친구들은 바에 들어가기 위해 암호를 대야 했는데, 암호는 '루카 스 그레이하운드'였다. 몸은 휴식을 원했지만 그들은 참아냈다.

저녁을 먹는 동안에도 레이나는 계속 동료들의 축하를 받았다. 단숨에 스페인 전역을 사로잡았기 때문이었다. 하지만 그는 몇 달 전에 돌아가신 할아버지 미겔 생각에 눈물을 참을 수 없었다. 어렸을 때 늘 함께 운동을 했던 그의 할아버지가 하늘에서 그 장면을 보았으면 좋겠다고 생각했다.

모두에게 잊을 수 없는 밤이었다. 다음 날 정부청사가 있는 몽클로아와 사르수엘라 궁전에서 있을 공식 리셉션 때문에 일찍 일어나야 했던 것이 가장 힘든 점이었다. 선수들 모두에게 쉽지 않았다. 대표팀 매니저 실비아 도르스츠네로바Silvia Dorschnerova가 객실마다 전화를 걸어서 선수들을 침대에서 나오게 해야 했다. 솜씨가 대단했다. 정해진 시간에 나오지 않은 선수들에게 "전부 다 버스에 탔어요. 당신만 빼고……"라고 말한 것이다. "겨우 두 시간밖에 못 잤는데 실비아 전화를 받고 깜짝 놀라서 최대한 빨리 옷을 입고 뛰어 내려갔죠. 버스에 타고 난 뒤에야 아직 열 명이나 안 온 걸 알았어요." 세나가 말했다.

세나에 따르면 서두르는 바람에 몇몇은 곤란을 겪기도 했다고 한다. "물리치료사 한 명은 맨발로 뛰어 나왔어요. 정신없이 가방을 둘러매고 와서는 버스 짐칸에 가방을 넣는 거예요. 그래서 제가 '우리는 지금 국왕 전하 뵈러 가는데 가방 들고 어디 가요?' 하고 물었죠." 가방 주인은 후안 카를로스 에란스Juan Carlos Herranz였다. "우리는 거의 비몽사몽이어서 옷 입을 시간도 정신도 없었어요. 신발이 들어 있는 가방을 들고 일단 뛰어 내려간 거죠. 그를 보고 마르코스와 저는 웃음이 터지고 말았어요." 협회의 다른 물리치료사 라울 구티에레스Raul Gutierrez가 말했다.

다비드 실바는 위장염 때문에 함께 가지 못했다. "제 몸이 더 이상 버티지를 못했어요. 경기의 긴장 이후에 거의 이틀을 한숨도 못 잤고, 음식은 정말 조금, 제대로 먹지도 못하고 술만 마셨으니……. 리셉션에 가지 못하는 게 정말 서운했어요. 우승의 기쁨을 최대한 즐길 수 있는 순간인데 말이죠. 내년 여름에도 우리가 이런 축하행사를 다시 한 번 할 수 있었으면 좋겠네요. 아무리 아파도 끝까지 함께 할 수 있게요."

이번 이동은 예전과 비교하면 볼 게 없었다. "정말 쥐 죽은 듯이 조용했어요. 전 목소리가 나오지도 않았는데 저만 그런 게 아니었어요." 구이사가 기억했다. "어떻게 몽클로아에 갔는지는 기억이 전혀 안 나요. 푸욜처럼 목에서 한 마디도 안 나오는 사람도 있었어요. 제가 그에게 '나참, 푸이puyi '푸욜'의 애칭, 대체 뭘 어쨌기에 목소리도 안 나오는 거야?'라고 물었죠." 리셉션이 진행되는 동안 호세 루이스 로드리게스 사파테로 총리의 주목을 받았던 차비가 덧붙였다. "전 총리님과 이야기를 많이 했어요. 정말 친근하고 좋은 분이에요. 바르셀로나 팀의 팬이고요. 음식을 나르던 직원까지 총리님에게 농담을 하더라구요. 저는 '와, 정말 친하게 지내시는구나' 하고 놀랐어요." 세르히오 라모스 또한 차비가 받은 인상에 동의했다. "총리님은 월드컵 전에 우리를 격려해주시기 위해 라스 로사스Las Rozas 마드리드 근교 소도시에 방문하셨어요. 정말 반듯하고 소탈한 분이었어요. 우리에게 용기를 주셨죠. 국왕 전하와는 달리 바르셀로나 팬이시긴 하지만."

그들은 멋진 휴가를 즐길 자격이 충분했다. 휴가 전 그들의 마지막 행선지는, 36시간 전 경기가 끝났을 때 에른스트 하펠 경기장에서 그들이 거둔 성공에 대해 이미 직접 축하했던 국왕이 기다리고 있는 사르수엘라 궁전이었다. 역사적인 순간이었지만 선수들은 너무 지친 상태였다. "정말 너무 피곤해서 쉬어야 하는 상태였기에 제대로 치르질 못했어요. 그래서 기념 촬영을 할 때도 제가 많이 보이지 않도록 뒤로 숨었어요." 세르히오 가르시아가 말했다.

"국왕 전하를 뵈러 갔을 때 정말 볼 만했어요. 얼굴은 다 엉망진창을 해서는 저는 목소리가 거의 나오지 않았어요. 노래를 부르거나 소리를 칠 수는 없을 정도였죠. 국왕 전하와 악수를 해야 했을 때 '목소리가 안 나와요?' 하고 물으셨죠. 그래서 전 '예. 목소리를 부다 바에 두고 오는 바람에' 하고 대답했어요. 우스운 상황이었죠. 감독님은 국왕께 '뭔가 해결해주셔야 될 게 있다'고 말했는데 무슨 말씀을 하시는지는 자세히 듣지 못했어요." 카소를라가 말했다.

몇 시간 전만 해도 모두들 만지고 키스하고 싶어했던 우승컵은, 갑자기 뒷전으로 밀려났다. "아, 우리가 갖고 온 거? 음, 나는 기억이 안 나는데……." 이니에스타가 농담을 했다. "누구한테 준 것 같은데" 캅데빌라가 웃으며 말했다. "그게 꽤 무거워서 번갈아 가면서 들고 왔어요. 뭘 갖고 돌아오는 게 습관이 안 되어 있다 보니. 우승컵을 국왕 전하께 보여드리자 그걸 집어 들고는 '어휴, 술 냄새' 하셨죠." 라모스가 고백했다.

후안 카를로스 국왕은 다시 한 번 아라고네스에게 "헹가래를 쳐드리고 싶은데 모포가 없네요"라며 축하를 건넸다. 아라고네스는 국왕과 따로 한동안 이야기를 나누었다. "제 기억에는 감독님이 국왕 전하께 '언제 제 일은 해결해주실 건가요?' 하고 물어보셨던 것 같아요." 알비올이 말했다. 선수들에게는 감독이 왕과 이야기를 나누는 모습을 보는 게 재미있었다. 하지만 대부분은 그가 왕과 무슨 말을 했는지 정확하게는 몰랐다. "후안 카를로스 국왕 전하는 저와 동갑이고 저는 그 분이 왕자였을 때부터 알고 지냈어요. 전 높임말을 쓰고 싶지만 가까이 있을 때는 반말을 쓰라고 하셨어요. 국왕과 저는 1978년에 메리토 데포르티보Merito Deportivo 체육훈장의 메달을 받았을 때부터 주고받았던 농담도 있어요. 그들이 헨토Paco Gento 유로 1964 대회 우승을 이끈 스페인 축구선수에게 비단장식 띠와 '탁월한 선수'의 경칭을 줬을 때 제가 국왕에게 말했죠. '헨토가 비단 띠 대신 매달 70만 페세타를 주면 훨씬 좋겠대요' 그랬더니 국왕은 '예, 예 맞아요. 그런데 그는 비단 띠도 챙겨가던데요' 하고 답하셨어요."

차비는 선수들이 높은 사람들과 이야기하는 데 익숙하지 않은 데다 체력도 고갈되어서 아슬아슬한 상황도 있었다며 즐거운 표정으로 이야기했다. "몇 번씩 국왕 전하가 우리 근처에 오셨는데 제 눈에는 자꾸 마르코스 세나처럼 보였어요. 그가 '와서 엄호를 하게!' 라고 하는 거 같았어요. 한쪽에서는 세르히오 가르시아가 레티시아 왕세자비와 이야기하고 있기에 가봤더니 왕세자비가 저한테 '오셔서 다행이에요. 자꾸 저한테 이렇게 말하는데요' 하시는 겁니다. 들어보니 왕세자비한테 '예, 국왕 전하.' 이러더라고요. 제가 '너 지금 무슨 소리 하는 거야?' 하고 물었죠." 알론소도 그 때 동료들이 거의 제 정신이 아닌 상태로 돌아다니던 것을 기억했다. "국왕 전하께서 세르히오 가르시아한테 무슨 이야기를 하셨는데 그 순간 세르히오는 목소리가 전혀 나오지 않아서 쩔쩔 매며 대답을 하지 못했어요. 얼마나 우스웠는지 몰라요. 나중에 들어보니 정작 그가 하고 싶었던 말은 목소리가 안 나온다는 말이었대요.”

그러는 동안 소피아 왕비는 유로 우승의 또 다른 주인공들 옆을 떠나지 않았다. “우리를 만난 게 처음이 아니었는데도 계속 우리에게 주의를 기울여 주셨어요. 항상 우리가 뒤에 숨어서 팀을 돕고 있는 것을 알아주신 거죠.” 이 완벽한 대표팀에서 물품 담당자로 일했던 펠리스, 헤수스, 다미안이 말했다.

오전이 다 지나고, 버스가 대표팀을 호텔에 모시고 가기 위해 시동을 걸었다. 어떤 이는 벌써 우승컵을 그리워했다. “우리는 우승컵을 초원에 버려두고 왔어요. 만질 만큼 만졌거든요.” 캅데빌라가 결론을 내렸다.

헤어질 시간이 되었다. 바라하스 호텔의 홀에서 그들은 뜨거운 포옹과 볼 키스를 나누고, 눈물을 흘렸다. 이제는 사진기도, 사진기자도 없었다. 단장 페드로 코르테스는 인상적인 해단사를 남겼다.

“술을 많이 마셔서 모두들 뽀뽀쟁이가 되었네요. 저는 나이도 많고 손자도 많은 사람이라 울지 않으려고 했는데 도저히 그럴 수가 없었습니다. 한 명이 집을 떠나면 전부 다 울어대는 ‘그란 에르마노 '빅 브라더' 라는 뜻. CCTV로 출연자의 생활을 24시간 찍어 보여주는 스페인의 인기 리얼리티 프로그램' 를 비웃었는데, 보세요. 다들 울고 있네요. 우리가 함께 하는 동안 일어났던 모든 일을 죽을 때까지 하나도 잊지 못할 겁니다. 오늘은 루이스 아라고네스의 마지막 날이네요. 많은 선수들이 슬퍼했습니다. 이 위대한 성공이 일단락됩니다. 마무리할 때 여러분께 늘 이야기하죠. “자, 좋습니다. 여러분. 한 달 후에 다시 만납시다.”

： 어디서부터
시작된
걸까?

지금은 이상하게 들리겠지만 스페인 축구 대표팀은 2006년에 넉 달이 조금 넘는 기간 동안 치른 다섯 경기에서 세 번이나 지고 한 경기만 겨우 이겼다. 독일월드컵 16강에서 프랑스에게 3:1로 지고, 아이슬란드와의 친선경기에서 0:0으로 비겼다. 홈에서 치른 리히텐슈타인과의 경기에서는 4:0으로 이겼지만, 북아일랜드에게 3:2로 지고 스웨덴에게 2:0으로 지고 말았다. 요즘엔 이런 결과를 얻을 확률이 매우 낮지만, 스페인이 오랜 침묵을 깨고 유로와 월드컵을 정복하기까지 멀고 험한 길을 걸어야 했던 것은 분명하다.

독일 월드컵 조별 경기 성적은 좋았다. 우크라이나 4:0, 튀니지 3:1, 사우디아라비아 1:0를 차례로 이긴 스페인은 16강에서 프랑스를 만났다. 그리고 그날로 짐을 싸야 했다. 2006년 6월 27일, 하노버였다. 다비드 비야가 페널티킥으로 골을 넣었지만, 프랑크 리베리, 파트리크 비에라, 지네딘 지단이 맞받아쳤다. 그때까지 2년 동안 25경기 무패 행진을 벌이던 스페인 축구 대표팀은 그렇게 탈락하고 말았다.

"우리는 그 경기 전까지는 단 한 경기도 망치지 않았어요. 조별리그 세 경기는 잘했지만 프랑스와 한 날은 아니었죠. 모두들 운이 없었어요. 우리가 이길 수도 있었어요. 프랑스팀의 상황은 좋지 않았고 16강에도 겨우 올라왔었거든요. 먼저 골을 넣고 앞서 가기 시작했지만 한 순간도 경기를 지배하지 못했고, 프랑스가 우리보다 잘 한다는 생각이 들었어요." 비야가 말했다.

"목표를 이루지 못해서 괴로웠어요. 적어도 8강에는 진출해서 그 이상을 노려야 했으니까요. 프랑스가 기회를 앗아가 버렸죠." 차비가 말했다.

프랑스가 준우승을 했지만 별로 위로가 되지 않았다.

"월드컵 기간 동안 예감이 정말 좋았어요. 좋은 성적을 거둘 수 있을 거라고 생각했어요. 초반 결과도 좋았고요. 이런 꿈에 부풀었다가 빈 손으로 귀국한다는 게 정말 힘들었어요. 우리 팀만의 장점도 있었지만 좋은 성적을 거두려면 좀더 성장해야 했나 봅니다." 사비 알론소의 의견이다.

"우리가 품었던 큰 꿈을 생각하면 월드컵에서 그렇게 일찍 떨어진 건 씁쓸한 일이었죠. 대표팀은 아주 젊은 팀이었어요. 제 생각에는 그때까지는 팀으로서 최대치까지 성장하지 못한 상태가 아니었나 해요." 라모스가 덧붙였다.

"언론은 프랑스를 과소평가했어요. 별로 힘들이지 않고 이길 수 있을 거라고 봤지만 뚜껑을 열어보니 그게 아니었죠. 배운 점이 많았고 변화의 계기가 되었습니다. 프랑스는 아주 노련한 팀이었고, 우리는 그때까지 미숙한 점이 있는 젊은 팀이었죠. 예를 들면 그때는 토레스와 파브레가스도 이번 유로대회에서 보여준 그런 중요한 역할을 해본 적이 없는 상태였어요." 후아니토가 말했다.

유로 대회 기간 동안, 아라고네스도 월드컵 성적에 대해 비슷한 생각을 했기에 선수들을 탓하지 않았다. "월드컵은 공정했는데도 불구하고 프랑스가 이긴 것에 대해서 의심을 품는 사람이 있었습니다. 우리가 16강만 통과했더라도 성공적이었다고 말할 수 있을 겁니다."

아라고네스는 독일 월드컵 출전을 위한 대표팀 소집 명단을 발표하던 날 라디오 마르카에서 준결승에 진출하지 못한다면 감독직을 내려놓겠다고 밝혔다. 그는 탈락 다음 날에도 이에 대해서 확실하게 결정하지 못했다. "전 계속하고 싶은 생각이 있습니다만, 축구협회와 국민 여러분께서 정하시는 대로 따르겠습니다. 우리는 목표를 향해 이제 막 출발했습니다. 하지만 제가 떠나야 한다면 떠나겠습니다."

프랑스에 져서 탈락한 후, 그는 TV채널 '라 섹스타La Sexta'에서 그의 뜻을 분명히 밝혔다. "말실수를 한 건 사실이지만, 그 문장 때문에 감독을 그만두게 될 것 같지는 않습니다." 6월 30일 스페인축구협회는 사무총장 호르헤 페레스Jorge Perez의 기자회견에서 루이스 아라고네스 감독이 스페인 대표팀 감독과 협회 기술고문을 계속 맡을 것이라고 밝혔다.

"아라고네스 감독은 원하지 않았지만, 우리가 계속 감독직을 맡아달라고 부탁했습니다. 지금 그는 위대한 작업을 하고 있기 때문입니다. 또한 우리는 그에게 기술자문도 계속 받기를 바랍니다." 페레스가 밝혔다.

"제가 떠나겠다고 말을 하긴 했지만 깊은 속마음은 계속하고 싶었어요. 대표팀 생활이 즐거웠거든요. 협회는 저와 함께 대표팀을 꾸려가는 것이 만족스럽다고 말했습니다. 그렇게 말한 걸 후회하지는 않아요. 다시 그 순간으로 돌아간다고 해도 그렇게 말할 것 같습니다. 혹시 제가 실수했다고 말씀하시고 싶으시다면, 예, 제 실수가 맞습니다. 하지만 그 순간에는 그렇게 말해야 했습니다." 그날 아라고네스 감독이 확실한 어조로 말했다.

스페인에게는 팀을 추스를 시간이 없었다. 바로 오스트리아-스위스에서 개최되는 유로 2008 진출을 위한 예선에 돌입해야 했다. 덴마크, 스웨덴, 북아일랜드, 리히텐슈타인, 라트비아와 한 조였다. 조 1위와 2위가 본선에 바로 진출할 수 있었다.

첫 번째 경기에서 스페인이 바다호스스페인 서남부 포르투갈과의 국경에 인접한 도시에서 리히텐슈타인을 이기는 데는 아무 문제가 없었다. 벨파스트에서 첫 번째 난관에 부딪쳤다. 2006년 9월 6일, 모두의 예상을 뒤엎고 북아일랜드가 스페인을 3:2로 격파했다. "제대로 되는 게 하나도 없었어요. 그때는 정말 우리에게 유리한 건 하나도 없는 것 같았고, 경기를 통째로 놓치고 말았습니다." 그날 퇴장 당했던 알론소가 말했다. 예상하지 못했던, 부끄럽고 고통스러운 패배였다.

아라고네스 감독은 벨파스트에서 돌아온 뒤 자신의 거취에 대해 말하기 위해 축구협회 회장 앙헬 마리아 비야르Angel Maria Villar를 찾아갔다. 9월 11일이었다. "제 입장을 알려드리려고 왔어요. 모두 바라시는 그대로입니다." 그날 아침 그를 둘러싼 기자들에게 단도직입적으로 말했다. 하지만 협회 회장은 이를 받아들이지 않았고 아라고네스는 계속 팀을 맡게 되었다.

"사의를 받아들이지 않았을 뿐만 아니라 펄쩍 뛰며 안 된다고 했습니다." 협회 회장은 그날 라디오 마르카에서 말했다.

"저는 제 임기 동안 항상 국가대표팀 감독을 지키는 데 애를 썼고, 어려운 순간에 그 분들도 제게 의지했던 것 같습니다. 그를 설득하기가 어려웠냐고요? 루이스 아라고네스는 참 좋은 분입니다. 제가 공을 들였죠." 비야르가 분명하게 말했다.

아라고네스는 다음 경기인 스웨덴과의 경기에서 처음으로 라울을 소집하지 않았다. 호아킨도 마찬가지였다. 호아킨은 푼토 라디오Punto Radio에서 "대표팀은 엉망입니다"라고 말했다. 이후 기자회견에서 뉘앙스가 제대로 표현되지 못했다며 아라고네스에게 용서를 구했다.

스페인은 조에서 가장 강한 상대인 스웨덴을 스톡홀름에서 만났고, 스코어는 2:0, 또 지고 말았다. 2006년 11월 7일이었다. 그날에는 대소동이 일어났다. 스페인으로 돌아오기 전에 공항에서 15분도 되지 않는 기자회견이 세 차례나 급조되었다. 주장 이케르 카시야스, 그 어느 때보다 첨예한 논쟁의 중심이 된 아라고네스, 감독의 사의를 받아들이지 않아서 이 위험을 초래한 축구협회장 비야르가 기자들에게 붙들렸다.

"경기 전에 말씀 드렸듯이 무슨 일이 생기든 아라고네스는 감독직을 계속 수행할 것입니다." 비야르가 말했다.

"축구협회 회장님의 말씀에 감사드립니다. 이 말은 전에도 제게 하신 말이고, 그 말로 충분합니다. 이미 두 번 사의를 표했고, 이제 저는 다시는 그 말을 하지 않겠습니다. 선수들 역시 저와 함께 합니다." 아라고네스도 단언했다.

"오늘은 질 수도 있는 날이었습니다. 아일랜드전 패배가 문제였죠. 선수들은 감독님과 함께 합니다. 팬 여러분의 성원을 부탁드립니다. 아직 승점 27점이 남아 있습니다. 우리는 본선에 진출할 수 있습니다." 라울이 소집되지 않아 카시야스가 주장으로 데뷔한 날이었다. 갑작스럽게 큰 주목을 받게 된 그가 이렇게 발언을 마무리했다.

다른 선수들은 탑승구 근처에 앉아 걱정스러운 표정으로 그들을 기다렸다.

"슬픈 순간이었어요. 감독님은 우리들한테 정말 많은 걸 주셨거든요. 우리는 감독님을 정말 좋아했습니다. 어쩌면 월드컵에서 겪은 좌절 때문에 축 처져 있던 우리가 그때부터 깨어나기 시작했는지도 모르겠어요. 다시 의욕이 솟았어요." 파브레가스가 그때를 떠올렸다.

"아마 프랑스에게 져서 탈락한 충격에서 그때까지 헤어 나오지 못했던 것 같아요. 상당수 선수들에게 첫 번째 월드컵이었고요. 자꾸만 그 생각만 떠오르다 보니 유로 예선 시작이 정말 안 좋았죠." 사비 알론소가 덧붙였다.

"가끔은 안 좋은 일에도 장점이 있게 마련이잖아요. 월드컵에서 탈락하고 유로 예선 초반 안 좋은 성적을 거둔 것이 전화위복이 되었어요. 새로운 선수들이 등장하기 시작했고 이 선수들이 더 큰 활약을 보이면서 새로운 사이클이 열렸습니다." 이니에스타가 인정했다.

이는 라커룸에서의 분열을 가져오기는커녕 정반대로 팀이 감독을 중심으로 찰떡같이 뭉치게 했다. "아일랜드와 스웨덴에게 지고 나서 감독님에게 폭풍이 몰아쳤어요. 이 때문에 선수들은 더 단합하기 시작했고, 스스로에게 말했죠. 어디까지 가든 끝까지 감독님과 함께 죽자." 이것이 팀을 인간적으로 똘똘 뭉치게 한 첫 번째 계기였다.

사실 선수들은 아라고네스를 위기를 극복하는 데 매우 뛰어난 전략가라고 생각한다. "많은 사람들이 팀을 완전히 바꾸길 원했지만 감독님께서 계속 우리를 불러주셨어요. 그때마다 우리에 대한 신뢰를 보여주신 거죠. 이기고 있을 때 신뢰를 받는 건 당연한 거죠. 하지만 상황이 최악일 때 나를 믿어주는 것은 정말 큰 힘이 됩니다." 비야가 말했다.

4일 후, 스페인은 무르시아스페인 남동쪽의 도시에서 아르헨티나와 친선경기를 가졌다. 이 경기는 누에바 콘도미나 경기장에서 펼쳐졌다. 분위기는 거의 전쟁을 방불케 했다.

"그땐 상황이 최악이었어요. 경기 전날 트레이닝 중에 사람들이 몰려와서 쏘아붙였어요. 팬들이나 언론 전부 마찬가지였어요. 트레이닝을 하기도 싫을 정도였죠. 우리끼리 '악, 우리를 욕하러 온다'고 말했고, 정말 다가와서 비난을 해댔어요." 차비가 말했다.

"이기지 못하면 거의 재앙이 닥칩니다. 몽둥이를 들고 휘둘러 대서, 꼼짝없이 두들겨 맞는 수준이에요. 대부분 감독님을 비난하죠. 선수들 모두 그건 불공평하다고 생각했어요. 우리는 더 열심히 했고, 감독님을 중심으로 더 뭉쳤죠."

선수들은 대중매체가 루이스 아라고네스 감독을 제물로 삼아 맹렬히 비난하는 것이 유별나다고 생각했다. "언론은 한계를 넘었어요. 모욕에 가까운 인신공격도 서슴지 않았어요. 소송을 걸어도 될 정도였어요. 그렇게 모욕하고 예의 없이 굴던 사람들이 나중에는 환호를 보낸다는 게 아이러니하죠. 놀라운 일도 아니지만 그때는 분명히 공정하지 못했어요. 하지만 우리 모두는 우리가 누군지, 어디서 왔는지 알고 있었어요. 이게 우리 머릿속에서 우리를 이끌었어요." 레이나가 말했다.

이런 단결심이 생기기 시작한 어떤 순간이나 모임 같은 특정한 출발점을 찾는 일은 쉽지 않다. 여러 상황이 누적되면서 선수들이 감독을 중심으로 더욱 뭉치게 되었고, 현재 대표팀이 처한 상황에 그의 잘못은 없다는 것을 알게 되었다.

"무의식적이었어요. 바깥에서 어떤 가족에게 공격이 들어오면 '자, 사람들이 우리를 비난하니까 우린 더욱 더 뭉치자'라는 말을 굳이 할 필요도 없이 자연스럽게 서로 감싸주게 되잖아요. 감독님이 나를 신뢰하고, 호감이 가는 분이고 많은 어려움에도 정면으로 돌파하며 팀을 결속하면서 적합한 규율과 훈련방식으로 팀을 이끈다면 당연히 감독님과 함께 하게 되죠. 아마도 지금 이렇게 좋은 일이 있으려고 그때 그 고생을 해야 했던 것 같네요." 차비가 말했다.

"감독님은 우리에게 협력과 상호보완을 강조하셨어요. 저절로 협력이 됐던 것 같아요. 감독님은 정말 다정하시고 우리에게 아주 중요한 분이셨죠. 할아버지 같았어요. 우리는 항상 감독님 편이었어요. 항상 우리를 보살펴주시고 진심으로 대하셨죠. 우리는 감독님께 우리가 감독님과 함께 한다는 말을 할 필요가 전혀 없었어요. 이미 알고 계셨거든요. 팀은 내면의 깊은 확신을 갖고 감독님을 따랐고 감독님도 그걸 잘 알고 계셨죠. 우리가 감독님을 위해 할 수 있는 최소한의 표현이었어요. 잘 생각해 보면 예선에서 두 경기를 진 것에 불과했습니다." 레이나가 말했다.

아라고네스는 선수들을 등에 업고 도움을 요청하지는 않을 것이라고 확언했다. "감독으로 일하는 동안 한 번도 선수들의 덕을 보려고 하지 않았습니다." 사비 알론소가 아라고네스의 말을 뒷받침했다. "감독님은 항상 자신은 품이 넓고 튼튼하니 걱정 말라고 하셨죠. 하지만 마음고생이 심하시다는 걸 느낄 수 있었어요. 그래서 우리는 자연스럽게 감독님과 끝까지 가기로 한 겁니다."

스페인은 아르헨티나를 2:1로 이겼다. 친선경기였지만 자신감을 회복하는 데 중요한 계기가 되었고, 그들의 앞길에 드리웠던 먹구름을 없애주었다. "아르헨티나와의 경기가 중요한 전환점이 되었어요. 그 동안의 성적 때문에 감독님이 정말 고생을 많이 하셨어요. 저희도 힘들었고요. 그날은 정말 자랑스럽고 용기가 샘솟는 날이었어요. 정말 뜻깊은 승리였어요." 리버풀의 골키퍼 레이나가 말했다.

스페인 대표팀은 예선 세 경기에서 승점을 3점밖에 못 딴 채, 카디스_{스페인 남부 안달루시아 지방의 휴양 도시}에서 치른 루마니아와의 친선경기로 2006년을 마무리했다. "그 경기는 최악이었어요. 제가 대표팀에서 뛴 것 중에 제일 못한 날이었죠. 공을 정말 많이 놓쳤어요. 감독님이 저를 한동안 대표로 선발하지 않을 이유를 드린 거죠." 마르코스 세나가 터놓고 말했다. 이 경기는 다비드 실바의 스페인 국가대표팀 데뷔전이기도 했다. 데뷔전으로 삼기에는 좋지 않은 날이었다. 이날 이후 스페인은 2년 반 뒤인 2009년 6월 컨페더레이션스컵 미국과의 준결승에서 지기까지 단 한 번도 패배하지 않았다고는 해도, 그날은 0:1로 또 졌기 때문이었다.

대표팀은 2007년을 친선경기로 열었다. 올드 트라포드에서 잉글랜드와 만난 것이다. 스페인은 이니에스타의 골로 강팀을 상대로 중요한 승리를 거뒀다. 진짜 중요한 경기는 3월에 있었다. 유로 2008 예선 네 번째 경기를 위해 덴마크가 산티아고 베르나베우를 방문했다. 또 한 번 실수를 한다면 예선 통과가 위험해질 수 있는 중요한 경기였다. 아라고네스가 자주 썼던 표현처럼 '수단과 방법을 가리지 않고' 이겨야 했다.

스페인은 비야와 모리엔테스Fernando Morientes의 골로 2:1로 이겼다. 선수들은 그 어려운 상황을 이렇게 벗어났다. "훈련 중에 우리는 긴장을 했지만, 우리만 그랬지 감독님은 긴장을 안 하신 것 같았고 평소처럼 우리를 믿어주셨어요. 이번에도 진다면 상황이 정말 최악이 될 거라는 것을 다들 알고 있었습니다. 20분경에 니클라스 옌센이 퇴장을 당했는데도 불구하고 경기 막판 20분간은 덴마크가 우리보다 더 잘했어요. 반드시 이겨서 본선에 진출할 가능성을 마련해야 한다는 열망이 정말 강했기에 이길 수 있었어요. 그날은 감독님이 화가 많이 나셨어요. 우리가 너무 어렵게 이겼거든요." 비야가 회상했다. "극도로 긴장된 상태였습니다. 긴장됐지만 승리에 대한 갈망이 정말 강했기에 이길 수 있었지 않았나 합니다. 축구를 할 때 그렇게 심하게 긴장하면 안 되거든요. 늘 맞서 싸워 이겨야 하니까요." 승리한 직후 아라고네스가 말했다.

대표팀은 아주 조금씩 난관을 극복해 나갔지만 그때까지도 스웨덴과는 승점 6점 차, 아일랜드와는 3점, 덴마크에는 1점 뒤지는 조 4위에 머물러 있었다. 4일 후, 마요르카본토 동쪽 지중해 상에 있는 스페인의 섬의 손 모익스 경기장에서 아일랜드를 다시 만나 승리했다. 아일랜드의 골문을 열기는 매우 힘들었지만 후반전에 터진 이니에스타의 골로 승리를 거뒀다. 유월에는 리히텐슈타인과 라트비아를 차례로 정복했다. 두 나라를 모두 2:0으로 이겼다. 상황은 나아졌다. 일곱 경기에서 승점 21점 중 15점을 얻어서 오스트리아-스위스로 갈 수 있는 티켓 획득에 근접했다.

8월에는 살로니카에서 그리스와 친선경기를 했다. 경기를 치른 파오크 팀의 툼바 경기장의 잔디 상태가 최악이라 경기 전날에 훈련도 하지 못했다. 스페인은 전반전에는 0:2로 끌려갔지만, 후반전에 이를 회복하고 결국 3:2로 이겼다.

순풍에 돛 단 듯 모든 것이 잘 해결되었고 대표팀은 벌써 6연승 가도를 달렸다. 하지만 루이스 아라고네스 감독을 향한 비난의 화살은 좀처럼 그칠 줄을 몰랐다. 9월 레이캬비크에서 열린 아이슬란드와의 경기에서 1:1로 비겼기 때문이었다. "우리는 열심히 뛰었고, 우리에게 가장 좋은 방식이라고 생각한 대로 했지만, 감독님이 지시한 대로 다 하지는 못했어요." 경기 후 카시야스가 말했다. 하지만 다행히 같은 조의 다른 팀들 경기 결과가 스페인에 유리했다. 덴마크와 스웨덴이 비겼고 아일랜드가 라트비아에게 졌다. 스페인은 1위 스웨덴과 승점 3점 차이인 2위로 뛰어올랐다.

그런데도 비판이 다시 고개를 들기 시작했고 사람들은 아라고네스에게 언론 앞에서 대담한 결단을 내리기를 강요했다. 4일 후 오비에도스페인 북부 아스투리아스 지방의 도시에

레이나가 팬들 앞에서 열린 우승 축하연에서 화려한 입담을 뽐내고 있다.

서 스페인은 라트비아와 만났다. 아라고네스는 카를로스 타르티에레 경기장에서의 훈련을 철저한 비공개로 진행했다. 아스투리아스 지방의 팬들은 그들의 스타를 볼 수가 없었다. "외국에서 훈련하는 느낌이 들었어요. 우리를 모욕하는 극단적인 분위기가 느껴졌어요. 마음이 편하지는 않았지만 우리를 보호하기 위해서 감독님은 주변을 통제해서 외부의 비난을 차단했어요." 후아니토가 기억했다.

이에 더해, 아라고네스는 코칭스태프에게도 경기 전후에 절대 기자를 만나지 말 것을 주문했고, 대표팀 선수 소집은 앞으로 오직 협회 홈페이지를 통해서만 발표하기로 정했다. "경기를 앞두고 오비에도에 도착해 합숙할 때도 호텔에 많은 사람이 몰려왔어요. 정말 최악이었어요. 왜들 그러는지 이해할 수가 없었고 신경이 쓰였죠. 화가 났어요. 무슨 시장통 같았어요." 마르체나가 말했다.

스페인은 라트비아를 2:0으로 이겼고 아라고네스와 선수들은 언론 취재를 거부했다. 경기가 끝난 뒤에도 아라고네스는 아무런 발표를 하지 않을 예정이었는데도, 그가 이미 거취를 결정하고 발표했다는 루머가 떠돌았다. 선수들은 감독과 협력하여, 쓸데없는 억측이 생기지 않도록 카메라와 마이크를 피하며 한 명씩 라커룸을 빠져나갔다. 카시야스, 알벨다, 호아킨만이 미디어 앞에서 이야기를 좀 했다. 나머지 선수들은 평소와는 달리 그 길을 지나쳤다.

물론 시간이 지나서 돌아보면 그날의 그런 행동은 일종의 복수였다고 레이나가 인정했다. "언론의 잘못으로 지나친 야유와 빈정거림을 들었어야 했기 때문에 그랬던 거예요. 명백한 잘못이었고, 짚고 넘어갈 필요가 있어요. 지금은 모든 게 잘 풀리고 있기 때문에 차분하게 이 이야기를 하기가 더 좋네요."

스페인축구협회 회장 앙헬 마리아 비야르는 다음 날 그때까지 일어난 모든 일들을 분석하기 위하여 아라고네스 감독과 만났다. 아라고네스 감독은 코칭스태프, 선수 몇몇과 함께 비행기 대신 차편으로 마드리드로 돌아왔다. 언론과의 접촉을 피하기 위해서였다.

이런 복잡한 상황 속에서 스페인은 2007년 10월 13일 덴마크의 오르후스에서 덴마크 대표팀을 만났다. 한 번만 져도 2위 자리가 위험해져 본선 진출을 장담할 수 없는 상황이었다. 2004년 포르투갈에서 개최된 유로 2004 예선에서도 노르웨이를 이겨야만 진출할 수 있었고, 2006년 독일 월드컵 출전을 위해서도 슬로바키아를 반드시 이겨야 했다. 행운은 이번에도 우리에게 손을 뻗지 않았다. 비야는 리그 경기에서 부상을 입었고, 토레스는 경기를 앞둔 훈련에서 부상을 입었다. 그래서 아라고네스는 새로운 전술을 쓸 수밖에 없었다. 네 명의 미드필더와 효율이 높은 단 한 명의 공격수를 출전시켰다. 타무도Raul Tamudo, 세르히오 라모스, 리에라Albert Riera가 3 : 1로 끝난 그 경기에서 골을 넣었다.

스페인은 공을 터치하며 이쪽저쪽으로 움직였다. 세르히오 라모스의 골은 예술작품에 가까웠다. 이날 팀이 보여준 아름다운 플레이의 정점이었다. 스물일곱 번의 패스를 연속으로 이어가는 동안 덴마크 선수들은 전혀 골을 건드리지도 못했다. 25초 동안 알벨다를 제외한 모든 필드 플레이어가 골을 터치하기도 했다. 차비가 타무도에게 공을 보냈고, 무리와 떨어져 서 있는 세르히오 라모스를 본 타무도는 라모스가 중앙 공격수로서의 능력을 발휘할 수 있도록 바로 연결해주었다.

최근의 스페인 축구 역사에서 전환점이 된 경기, 즉 한 경기를 기준으로 전과 후가 확연히 차이가 나는 변곡점이 된 경기를 꼽는다면, 국가대표팀 선수 상당수가 이 덴마크와의 경기를 선택할 것이다. "그때는 정말, 말 그대로 우리를 믿어주는 사람들은 아무도 없었습니다. 모두들 우리의 반대편에 서 있었고, 만약 그 경기에서 진다면 우리는 유로 대회 본선에 진출할 수 없었어요. 우리는 죽을힘을 다해 이겨야 했어요. 사방에서 언론들이 몽둥이찜질을 해댔죠. 우리는 스스로를 다독거렸어요. '이건 우리 시간이다. 이것이 우리가 직면한 현실이고, 전진할 것인지 탈락하고 말 것인지가 결정된다.' 그것이 핵심이었어요." 캄데빌라가 시인했다.

결과도 정말 중요했지만, 대표 선수들에게 이보다 더 중요한 것은 '어떻게 이기는

가' 였다. 라모스의 골이 출발점이었다. "그때부터 우리가 유로 2008에서 좋은 성적을 거둘 수 있을 거라고 믿기 시작했어요. 몇몇 경기 때문에 약간 의기소침한 상태였지만 그때 다시 한 번 스스로를 믿게 됐고 우승도 할 수 있다는 믿음을 갖게 되었습니다. 단단하고 깔끔하면서, 젊은 선수와 베테랑이 조화를 이룬 팀이 구축되기 시작했고, 이후의 성적이 이를 증명했습니다." 라모스가 말했다. 실바는 그날 벤치에 있었고 그 경기에 뛰지 못했지만 라모스의 경기를 보며 무척 기뻤다. "사람들이 라모스를 많이 비난했어요. 심지어는 스페인이 이기려면 라모스를 쓰지 말아야 한다고 할 정도였어요. 그날 그는 그 멋진 골로 많은 사람들의 입을 틀어막았죠."

그날 스페인의 출전선수는 카시야스, 라모스, 마르체나, 알비올, 캅데빌라, 알벨다_{파블로, 64분}, 호아킨_{리에라, 69분}, 파브레가스_{루이스 가르시아, 79분}, 차비, 이니에스타, 타무도였다. "오르후스에서의 승리와 라모스의 골은 상징적이었어요. 그날 팀의 중요한 개성을 증명해 보였고, 멋진 축구로 중요한 경기에서 승리했어요. 그때가 정말로 우리가 어디서 경기하든 잘할 수 있다고 믿기 시작하게 된 순간이에요." 레이나가 덧붙였다.

스페인 대표팀은 이런 플레이 방식이 팀에 가장 어울리는 스타일이라는 것을 갑자기 알게 되었다. "스페인 대표팀에는 항상 재능 있는 선수들이 넘쳤어요. 특히 공격형 미드필더가 많죠. 하지만 성적은 이런 '토케_{Toque, 터치}'의 축구와 함께 가지 않았어요. 덴마크와의 경기가 특별히 기억에 남아요. 전반적으로 경기를 잘 진행했고, 플레이를 아주 잘했고 아름다운 골을 넣었으니까요. 우리가 플레이하고 싶다고 생각한 그대로 된 거죠. 공을 소유하고, 독창적으로 다루는 것이었어요." 마르체나가 말했다.

이 경기는 파브레가스처럼 그 순간에 함께 하지 않았던 선수들에게도 중요한 의미가 있었다. "그 골은 아주 강력한 전환점이 되었어요. 드디어 입장이 뒤바뀐 거죠. 중요한 건 승리였지만 어떻게 이기느냐가 더 중요했는데, 경기 내용도 무척 좋았으니까요. 경기장의 상태도 좋지 않았고 아주 추웠는데도요." 라울 타무도는 2년 동안 대표팀에 뽑히지 못했었다. 그날_{RCD에스파뇰} 동료 세 명과 함께 출전했다 그의 국가대표팀 다섯 번째 골을 넣었는데, 흥미롭게도 예전의 네 골과 마찬가지로 헤딩골이었다. "앞으로도 우리가 이렇게 경기할 수 있으면 좋겠습니다." 경기가 끝난 뒤 말했다. 알베르트 리에라는 국가대표팀 데뷔전에서 골을 기록했다. "우리는 아주 오랫동안 그 경기를 승패의 차원을 넘어 준비했습니다. 경기를 매우 잘 했다고 생각합니다." 그가 말했다.

아주 중요한 경기였음에도 불구하고 아라고네스는 신예 라울 알비올을 수비의 축으로 두었다. 그 또한 그 경기가 대표팀 데뷔전이었다. "대표팀의 일원으로 소집된 것만으로 해도 저에겐 매우 중요한 진전이었는데 출전까지 한다고 생각해보세요. 상당히 긴장했던 건 인정해요. 하지만 경기가 시작하자마자 우리 팀이 경기를 지배했기에 저도 금방 진정할 수 있었습니다. 하프타임에 2:0이었지만 쉽지는 않았어요."

팀은 아주 중요한 정신적인 전투에서도 승리했다. 여러 가지 이유로 오르후스에 오지 못한 선수들도 이 중요한 경기 이후 다음 번 합숙 때 동료들이 뭔가 달라졌다는 것을 발견했다.

"덴마크 원정을 성공적으로 마친 후에 여러 모로 많이 진정되었어요. 적어도 2위를 확보했기에 본신 진출도 유력했어요. 우리를 전과는 다른 시선으로 보는 게 느껴졌습니다." 비야가 말했다.

"대표팀 내부의 활력, 낙관론, 자신감이 전과 달라졌어요. 정말 중요한 승리였고 팀이 스스로를 믿을 수 있게 되었죠. 자부심이 생겼죠." 경고 누적으로 이 경기에 출전하지 못했던 사비 알론소가 덧붙였다.

이제 스페인은 조 1위를 노리기 시작했다. 본선 진출을 위한 예선 마지막 두 경기는 홈 경기였다. 산티아고 베르나베우에서 스웨덴과 만나고 라스 팔마스^{대서양에 위치한 스페인의 섬}에서 북아일랜드와 경기를 할 예정이었다. 아일랜드에게만 이겨도 본선 진출은 가능했지만, 두 경기를 모두 이기면 스페인은 조 1위로 본선에 진출할 수 있었다. 압박, 책임감, 불안이 가득했던 얼굴에 안정감과 미소, 자신감이 배어났다.

스웨덴과의 경기에서 스페인은 실수 없이 탁월하고 조직적인 플레이로 우위를 점하며 3:0으로 승리했고, 이 승리로 조 1위에 등극했다. 마지막 경기에서도 북아일랜드를 1:0으로 이겨서, 예선 초반 두 나라에게 당한 패배를 설욕했다. 스페인은 12경기에서 승점 28점을 얻어 조 1위를 차지했다. 후반 7경기에서는 오직 2점만 놓쳤을 뿐이다. 선수들은 경기 후 클럽으로 자리를 옮겨 이 훌륭한 결과를 축하하는 의미에서 감독을 헹가래쳤다. "기념으로 한잔 할까 해서 나갔는데 선수들을 우연히 만났어요. 거기 있는지 몰랐는데. 어려운 시절을 함께 보냈던 그들과 함께 본선 진출을 축하하는 자리였죠." 아라고네스가 말했다. 스페인은 2007년 진행된 유로 예선에서 가장 우수한 성적을 거둔 팀이었다. 10승 2무를 기록했고, 포르투갈과 더불어 무패 기록을 남겼다.

2008년에는 오스트리아로 가기 전에 유로 2008 본선에 대비해 네 경기를 치렀다. 네 경기 모두 국내에서 치렀고, 모두 승리했다. 2월에 말라가에서 프랑스를 1:0으로 이겼고 3월에는 엘체에서 이탈리아를 1:0으로, 5월에 우엘바에서 페루를 2:1로, 오스트리아로 출국하기 전날 산탄데르에서 미국을 1:0으로 이겼다.

"경기를 잘하는 것보다 승리가 더 중요합니다. 승리가 안정감을 줍니다. 유감스럽게도 그게 축구입니다. 경기를 잘하든 못하든 이기는 게 중요합니다." 아라고네스가 말했다.

"경기를 이기면서 전진하는 것이 핵심이에요. 자신감이 점점 커졌고 우리가 잘 하고 있다는 걸 알게 됐어요. 프랑스를 이기고, 이탈리아를 이기고, 그렇게 점점 승리를 축적해가면서 스스로가 좋은 선수이고 대표팀 선수가 될 자격이 있다는 자부심을 갖게 되었죠." 파브레가스가 말했다.

"조금씩 유로 대회를 향해 나아가고 있었어요. 중요한 친선경기를 이기고, 좋은 결과를 얻으면서요. 무엇보다도 이탈리아를 이긴 것은 유로에서 우승할 수도 있다는 가능성을 좀더 분명히 보여준 셈이죠."

쉬운 경기는 없었다. 미국에게 이기기는 했지만, 당시는 벌써 16경기 무패행진14승 2무 중이었기에 엘 사르디네로 경기장을 찾은 관중들은 경기 내용에 실망하여 야유를 보냈다.

"우리를 비난하는 사람들이 거기까지 나타났죠. 우리를 화나게 하고 일부러 성질을 건드렸어요. 그때까지 우리를 야유하다니 정말 기분이 더러웠어요! 우리끼리 투덜거렸죠." 레이나가 말했다.

"나와 내 동료들을 의심하는 것을 느끼면 한 편으로는 더 강해지기도 하거든요. 아마 그 때도 그러지 않았을까요? 우리가 좋은 선수들을 보유하고 있는 것은 확실했기에 시기가 빠르든 늦든 그 재능을 끌어내야 했죠. 어느 날 팀은 다시 태어났고 자신감을 갖고 임해서 드디어 유로 2008을 제패하게 되었습니다." 푸욜이 말했다.

아라고네스는 국가대표팀 감독을 맡은 4년 동안 58명의 선수를 대표팀에 불렀고, 그 중에 32명은 국가대표팀에 처음으로 승선하는 신인이었다. 유로를 앞두고 가졌던 네 번의 친선경기에서 데뷔한 선수 중에 아르벨로아이탈리아전, 데 라 레드, 카소를라, 세르히오 가르시아페루전, 페르난도 나바로미국전 총 5명이 오스트리아에서 열린 유로 2008 본선 무대를 밟는 영광을 얻었다. 그 외에도 실바, 구이사, 알비올, 팔롭 등 네 명의 선수가 예선 막바지에 발탁된 선수였다.

2008년 6월 5일, 유로 2008 무대에 등장하기 5일 전 스페인 대표팀은 산탄데르에서 인스부르크로 날아가, 거기서 '무슨 일이 생기든, 스페인은 영원하다' 라는 대표팀 버스의 슬로건을 읊으며 버스로 오스트리아의 한 지방인 노이슈티프트로 이동했다. 그 잊을 수 없는 도시의 주민들은 시장 피터 쉰헤어와 함께 시청 앞에서 스페인 대표 선수단을 맞았다. 아이들 몇몇이 선수단에게 테레사 라발의 '베오, 베오'를 불러주었다. 영광스러운 순간이 라 로하스페인 국가대표팀의 애칭를 기다리고 있었다.

: 스컹크,
펠로포,
바이러스

훈련이 없는 오후, 라스 로사스 훈련장. 비센테 델보스케 감독은 훈련 내용에 만족하고 선수들에게 휴식을 몇 시간 줬다. 선수들은 훈련장 근처의 쇼핑센터에 있는 극장에 가기로 했다. 선수단 이동 책임자인 안토니오 리모네스Antonio Limones가 그들을 신속하게 극장 앞에 내려주었다. 영화 네 편이 상영 중이었다. 소집된 선수 스물두 명 중에서 한 명만 물리치료를 받기 위해 숙소에 남았고, 나머지 스물한 명 중에서 열아홉 명은 코미디 영화 '조한'을 보았다. 마르코스 세나는 우연히 이렇게 된 게 아니라는 생각이 들었다. "우리는 한 줄에 쭉 앉았는데 그게 저도 신기했어요. 제 생각에는 영화를 보는 자체보다 우리가 함께 한다는 데 더 의미를 둔 것 같아요."

이는 월드컵을 앞두고 대표팀 내부 분위기가 어떤지를 보여주는 증거였다. 선수들은 축구팀을 넘어서서, 친한 친구가 되었다. 선수들 대부분은 합숙 훈련을 여러 번 거치면서 아침을 같이 먹고 수다를 떨고 훈련을 하고 미니게임도 뛰며, 비밀 얘기도 하고 농담도 주고받는 사이가 되었다.

이렇게 친하게 지내다 보니 서로에 대한 신뢰도 커지고 선수들 사이의 우정도 깊어져서, 쉬는 날에도 함께 식사를 하는 일도 흔했다. 가족을 동반하기도 했다. "이 정도면 선수들이 정말 친밀하다는 걸 알 수 있죠. 선수들 모두 그랬어요. 여가 시간도 함께 보냈죠." 물리치료사 라울 마르티네스가 말했다.

라울과 그의 동료인 페르난도, 후안 카를로스는 푸욜이 유로 2008 때 만든 초밥팀 멤버였다. 그들은 일본 음식을 정말 좋아했다. 경기가 없을 때는, 호르헤 칸델Jorge Candel 박사가 만든 엄격한 식단에서 벗어나 새로운 것을 먹고 싶다는 열망을 공유했다. 가끔은 차비, 세스크, 이니에스타, 알론소가 합류하기도 했지만 조건이 있었다. "저도 일본 음식을 좋아하지만 푸욜은 환자 수준이에요. 전 가끔 그에게 갈비 먹으러 가자고 하지만 막무가내예요. 본인도 어쩔 수 없나 봐요." 차비가 말했다.

호텔 식당에서는 매일같이 차비와 푸욜을 볼 수 있었다. 유로 2008 때 팀은 식사 테이블을 네 팀으로 나누었는데 이니에스타, 파브레가스, 페르난도 나바로, 세르히오 가르시아가 그들과 한 팀이었다. 파브레가스는 거의 매번 자신이 원하는 디저트를 먹을 수가 없었다. "세스크는 딸기맛 악티멜 요구르트를 정말 좋아하거든요. 그래서 우리는 세스크가 못 먹도록 재빨리 다 집어갔어요. 먹고 싶어서 동동거리게 말이죠. 결국엔 불쌍해서 줬어요." 푸욜이 실토했다.

팀 동료들은 푸욜을 '푸이' 라는 애칭으로 부른다. 그는 몇몇 대표 선수들에게는 큰 형과 같은 존재다. "모든 면에서 절 도와줍니다. 안 그래 보일지 모르지만 정말 잘해주고 대하기 편해요. 이렇게 믿을 만한 선수가 있다는 게 팀에 큰 보탬이 됩니다." 파브레가스가 말했다. "인간적으로 아주 좋은 사람이에요. 푸이는 솔직하고 편안한 성격입니다. 처음부터 맘이 통했어요. 다양한 상황에 대처하는 능력을 가르쳐줬죠. 전 항상 그에게 감사하는 마음을 갖고 있습니다." 피케도 덧붙였다.

푸욜은 자신의 풍부한 경험이 몇몇 선수들에게 도움이 될 거라는 건 인정했지만, 동료들을 이끄는 리더의 위치에 있고 싶어 하지는 않았다. "제가 할 수 있는 한 후배들을 도와주려고 합니다. 그게 인생의 법칙이니까요. 선배의 도움을 받으며 발전할 수 있죠. 하지만 우리 대표팀은 모두가 함께 팀을 이끌고 있어요. 리더가 있다면 카시야스죠."

카시야스 역시 다른 베테랑 선수들과 책임을 나눠지고 있다고 말한다. "제가 대표팀 경력이 많아 주장이 되었지만, 대표팀에는 푸욜, 차비, 토레스, 알론소처럼 저만큼이나 경험이 풍부한 선수가 많아요. 우리는 우리가 배운 것들을 후배들에게 전달하고 있어요. 대표팀은 믿을 수 없을 만큼 멋진 특별한 시간을 보내고 있고, 여기 있는 것 자체가 특권이에요. 분위기도 매우 좋고, 다른 팀들이 부러워할 만큼 조화로워요."

축구에서 주전 골키퍼와 후보 골키퍼의 사이가 좋은 경우는 찾기 어렵다. 골문의 주인은 한 명이기 때문에 보통 질투와 불안으로 인해서 사이가 틀어지곤 한다. 하지만 2005년부터 쭉 대표팀에서 함께 해 온 카시야스와 레이나는 다르다. "발렌시아에서 본 카니사레스와 팔롭 사이의 라이벌 의식에 익숙했기에 이 둘이 매우 친해서 정말 놀랐습니다. 자랑할 만해요. 레이나가 후보 골키퍼로 만족하는 건 아니겠지만, 이케르와 페페 사이의 존중은 아주 견고합니다." 아라고네스 감독 시절부터 지금까지 골키퍼 코치를 맡고 있는 호세 마누엘 오초토레나 코치가 말했다.

두 골키퍼 사이에 큰 마찰이 있을 때는 포차 게임을 할 때나 훈련 막바지에 페널티 게임을 할 때뿐이다. 오초토레나 코치가 중단시키지 않으면 하루 종일 하고도 끝내지 않을 기세다. "어느 날은 레이나가 하도 공을 많이 차서 외전근에 통증이 오기 시작해서 제가 중단시켰어요. 선수들이 점점 더 세게 차는 겁니다. 그래서 한 게임을 킥 5회에서 3회로 줄였어요. 안 그러면 큰 일 날 것 같았어요."

세 골키퍼가 시합을 해서 승자가 한 명 나오면, 진 선수 둘은 각각 50유로씩 승자에게 줘야 했다.

"유로 기간 훈련 첫 주에는 제가 잘하지 못했어요. 하지만 조금씩 회복해서 돈을 따기 시작했죠. 페페는 페널티킥에 있어서는 전문가 수준입니다. 카시야스는 주전 골키퍼라 그런지 참여를 덜 했어요." 팔롭이 말했다.

"초반에는 페페가 더 잘했지만 제 생각에는 컨페더레이션스컵 때 비슷하게 끝났던 것 같아요." 디에고 로페스가 말했다.

"이니에스타 수준에 이르는 건 쉽지 않은 일이지만 디에고 슛도 처내기 힘들어요."

레이나가 덧붙였다.

"페페는 페널티킥을 정말 좋아해요. 마니아 수준이에요. 페페가 이기게 두면 안 돼요. 하루 종일 하자고 할 테니까요." 카시야스가 말했다.

페페 레이나는 숨어 있는 또 다른 주장이었다. 그는 선수들 사이의 끈끈한 정을 이끄는 리더십이 있고 대표팀 내부에서 중요한 구심점 역할을 했다. 카소를라가 그의 비야 레알 시절을 잘 알고 있다. "페페는 좋은 분위기를 만들어요. 쾌활하고 농담을 잘하고, 어느 시점에 농담을 하고 어느 시점에 진지하게 말해야 할지도 잘 알죠. 그의 성격 덕에 그가 이야기하면 사람들은 그의 말에 귀를 기울이게 됩니다."

레이나의 아버지 미겔 레이나Miguel Reina는 아들이 축구를 시작할 때 분명하게 말했다. "먼저 좋은 동료가 되어야 한다. 그 이후에 좋은 골키퍼든 나쁜 골키퍼든 될 수 있는 것이다." 페페는 그 교훈을 맘에 새겼다. "저는 우리가 은퇴한 뒤에도 영원히 좋은 친구로 남을 거라고 확신해요. 성격이 이래서 많은 동료들과 친하게 지내고 있죠. 제가 팀에서 중요한 사람이라는 생각이 들어서 좋아요. 사람들이 저를 신뢰할 뿐만 아니라 모든 사람들과 사이가 좋거든요."

레이나는 토레스와 비야처럼 한 자리를 놓고 경쟁하는 선수들이 더 가깝게 지낼 수 있도록 하는 데도 기여했다. "제가 거기 공헌했다는 이야기를 들으면 정말 기분이 좋아요. 그 두 선수와 가족들이 원래 정말 좋은 사람들이에요. 그들의 가족과 제 가족이 함께 유로를 즐겼거든요. 아마도 거기서 가까워진 것 같습니다. 다비드와 페르난도는 정말 멋진 선수들이에요. 제가 그들 각자와 어울렸고 결국은 둘도 아주 친해진 거죠. 이게 친구의 친구와 친해지는, 세 사람이 친해지는 방법이죠!"

비야는 사람들이 토레스와 사이가 매끄럽지 못하다고 말하는 것이 맘에 들지 않았다. "그건 바보 같은 소리에요. 우리는 21세 이하 대표팀에서 같은 날 국가대표로 데뷔했어요. 안도라와의 경기였죠. 항상 우리는 사이가 좋았어요. 겉으로 보기에는 페페 덕에 유로 기간에 더 친해진 걸로 보이겠지만요. 쉬는 날에 만나서 밥을 먹기도 해요.

제 가족, 페페 가족, 페르난도 가족, 가끔은 실바네 가족도 함께요. 제 아내인 파트리시아는 올라야가 토레스의 여자친구일 때부터 무척 친하게 지냈어요. 제 아내가 올라야 이름을 정말 좋아해서 우리 둘째 딸 이름을 올라야라고 지었을 정도예요."

유로 대회 기간 동안 레이나와 토레스는 카시야스, 아르벨로아, 데 라 레드, 다니 구이사와 같은 테이블을 썼다. "우리 식탁은 아주 조용하게 잘 먹는 식탁이었죠. 아르벨로아만 빼고. 그는 앉은 자리에서 거의 소리를 지르다시피 하면서 모든 선수와 대화를 나눴어요. 온 식당이 울리도록 이야기해서 목소리 좀 낮추라고 이야기할 정도였어요." 레이나가 말했다.

이 식탁에 동료들이 엄청나게 좋아하는 인물, '바이러스'가 있었다. "없었으면 만들어내야만 할 인물이었습니다." 선수들이 확언했다. 차비는 다른 사람들이 지금 누구를 얘기하는지 모른다는 사실에 놀랐다. "누가 바이러스인지 몰라요? 구이사예요!" 그는 외치듯이 말하면서 웃음부터 터뜨렸다. "전 그를 보고 또 보면서 혼잣말을 했죠. 이 친구 누구 닮았는데. 근데 생각이 안 나. 아, 바이러스! 〈옛날 옛적 그 남자Érase una vez el hombre〉라는 애니메이션 시리즈의 캐릭터! 그때부터 우리는 그를 '바이러스'라고 부르기 시작했어요. 구이사는 화를 내지도 않고 우리 생각이 재미있다고 웃어댔어요."

사실 요즘에는 모든 사람과 잘 지내는 것은 쉽지 않은 일이다. 하지만 구이사는 모두와 아주 잘 지냈다. 국가대표 선수 누구에게 묻든지, 질문을 받은 이는 얼굴에 미소부터 띈다. "동료들이 저를 아주 좋아한다는 걸 알아요. 하지만 제가 그들을 더 좋아하지요. 그들은 사람을 좋아할 줄 아는 멋진 친구들이죠." 항상 기분 좋은 얼굴을 하고 있는 구이사가 말했다.

"선수들 모두 중요하지만, 구이사는 재치 있는 말로 분위기를 바꿔요. 긴장을 풀기 위해 몇 마디를 던질 때 특히 눈에 띄죠. 이런 선수들이 팀에 필요하죠." 알론소가 말했다.

"어떤 그룹이든 구이사가 한 명 있어야 해요. 말을 하지 않고 있어도 좋은 기분을 전해주니까요. 말을 시작하면 더 설명할 필요도 없죠.” 세나가 말했다.

“구이사 덕에 정말 많이 웃어요. 방에 가만히 있을 때가 없어요. 어디를 가든지 다니를 만날 수 있을 겁니다. 밤에 자긴 하는 거냐고 물었을 정도예요.” 파브레가스가 덧붙였다.

구이사를 바이러스라고 이름 붙인 장본인 차비는 닮은꼴을 찾는 데 전문가라는 사실에 자부심을 느낀다. “별명은 농담을 잘 받아들이고 그 얘기를 했을 때 화를 안 낼 사람한테 지어줘야 해요.” 그의 동료들은 그가 별명 짓기에 큰 재능이 있다는 것을 인정했다. “‘펠로포’라는 별명은 이런 점에서 악의적인 건 사실이죠.” 레이나가 말했다.

펠로포는 차비의 오래된 별명이다. 자신도 그 별명을 완전히 없애지는 못했다. “바르사 칸테라Cantera 유소년 팀에서 뛰던 시절부터 제 친구 미겔 앙헬이 그렇게 불렀어요. 재미있자고 만든 거였어요.” 차비 에르난데스가 기억했다.

앙헬의 부모님은 그를 매일 아침 훈련을 위해서 미니에스타디바르셀로나 2군 팀의 홈 경기장-옮긴이로 데려다 주었다. 저녁에는 기차로 함께 집으로 돌아왔다. 나스틱, 바르셀로나, 레반테, 말라가, 베티스에서 뛴 미겔 앙헬이 운전면허증을 딸 때까지 계속 그랬다. “펠로포는 몸의 특정 부위에 난 털을 말해요, 예, 당신이 생각하는 거기 맞아요. 펠로몸에 난 털, 혹은 머리카락이라는 뜻포. ‘포’는 어디서 따온 줄 아시겠죠. 동네에서 많이 쓰는 애칭이죠. 실없는 농담 중에 나와서 지금까지 살아남았네요.” 그 별명을 만들어낸 작명가가 설명했다.

별명 짓기에 주장이라고 해서 피해갈 수는 없다. 그의 별명은 더 친밀한 느낌이고 선수들 대부분이 모른다. 그들이 청소년대표팀 멤버였을 때 차비가 카시야스에게 ‘스컹크스페인어로는 모페타 Mofeta’라는 별명을 지어줬다. “이케르도 예전에는 지금보다 막 살았고 방귀도 잘 뀌었어요. 지금은 진지하고 책임감 있는 사람이 되어 그런 건 더 이상 안 하죠.” 카시야스는 이 ‘곤란한’ 사건을 해명했다. “제가 안 뀌었어요. 무슨 일이 생기든 차비는 전부 제 탓이랬어요”라고 말하며 웃었다. 그의 평생친구들과 동료들은

'멜론_{구어에서는 어리숙한 사람이라는 뜻으로 쓰임}' 이라는 별명에 더 익숙하다. "제가 사람들을 전부 '멜론' 이라고 불렀거든요. 결국엔 그게 제 별명이 되었어요."

별명과는 별도로, 엉뚱한 행동으로 유명한 선수들이 있다. 대표팀에서 가장 건망증이 심한 사람을 꼽는다면 후보를 세 명으로 압축할 수 있다. 아르벨로아, 세스크 파브레가스, 페르난도 요렌테다. 아르벨로아는 유로를 대비한 합숙 훈련을 산뜻하게 시작하지 못했다. 리버풀에서 출발해 라스 로사스 공항에 도착한 후, 숙소까지 택시를 타고 와서 숙소의 방문을 여는 순간에야 무언가 중요한 실수를 한 것을 깨달은 것이다. "택시비를 내고 문을 열고 내렸는데 까맣게 잊어버린 거죠. 내 가방! 천만다행으로 택시 기사님과 연락을 할 수가 있어서 가방을 가져다 달라고 부탁할 수 있었어요. 하지만 이건 제 잘못만은 아니잖아요. 기사님도 제게 이야기해주지 않은 잘못이 있으니까요. 저는 기억하지 못한 잘못이고요."

아르벨로아는 자신이 엉뚱하고 바보스러운 행동을 잘 한다는 것을 인정했고, 동료들이 자신을 '띨띨이' 나 '허당' 이라고 부를 이유가 있다는 것은 인정했다. 하지만 본인만 그런 것은 아니라고 강조했다. "세스크를 빼놓지 마세요." 분명한 어조로 말했다.

차비는 다른 사람들이 알아차리지 못했을 때부터 파브레가스의 얼빠진 행동들을 알고 있었다. "그때는 21세 이하 대표팀이었는데, 세르비아에서 스페인으로 돌아가기 위해 짐을 다 꾸려서 공항으로 가는 버스에 타고 있었어요. 무슨 일이 생긴 건지 제대로 몰랐는데 버스가 계속 출발을 안 하더니 결국에는 비행기 시간을 놓쳐버렸어요. 몇 분 지나고 나니 세스크가 타는 겁니다. 그때까지 자고 있었던 거예요. 항상 그런 식입니다." 세스크는 신분증을 안 들고 다니거나 벤치에 앉아 있는데 트레이닝복 안에 유니폼을 안 입고 있기도 했다. "브뤼셀에서 토레스가 부상을 입어서 델보스케 감독님이 구이사에게 워밍업을 하라고 하셨죠. 그런데 갑자기 생각을 바꾸셔서 저보고 나가라고 하시는 거예요. 제가 속에다 유니폼을 안 입고 있다는 걸 그때서야 깨달았어요. 저 때문에 선수교체가 지연되었어요. 정말 당황스러웠어요." 파브레가스가 실토했다.

페르난도 요렌테는 허당으로 치자면 금메달 감이다. "그는 뭐든지 커요. 키도 크고 호인의 기질도 대단해요." 레이나가 말했다. 차비는, "요렌테는 진짜 허당이에요. 정말 예상과는 다르죠. 저는 그에게 너처럼 성격 좋기도 힘들지만 자꾸 그러면 안 된다고 말했어요." 요렌테는 지금도 그가 컨페더레이션스컵에서 했던 실수를 생각할 때마다 괴롭다고 말했다.

"훈련이 없는 어느 날 아침이었어요. 낮잠을 자느라고 누워 있다가 점심시간에 10분 늦게 식당으로 갔죠. 시간을 봤을 때 식은땀이 났어요."

유머감각은 캅데빌라를 이길 사람이 없다. 그가 농담을 하지 않는 게 이상하게 보일 정도이다. "제 별명을 뭐라 지어줬냐고요? 엄청 많죠. 브래드 피트, 골든볼의 사나이, 최고 멋진 선수, 지단……." 조안 캅데빌라 또한 합숙 기간 동안 팀 분위기를 좋게 만드는 선수다.

"캅데빌라는 정말 유쾌한 사람이에요." 알론소가 말했다. "캅데빌라는 제가 아직 풀지 못한 숙제예요. 몇 가지를 제시했지만 닮은 사람을 못 찾겠어요." 차비가 말했다. "진심으로, 그는 정말 멋진 사람이고 협력도 잘해요. 사람들이 더 친밀하게 지낼 수 있도록 하죠. 농담을 멈추지를 않아요. '콜론의 가린샤Garrincha 펠레와 함께 월드컵 우승을 이룬 브라질 축구 선수'라고 별명을 짓긴 했어요. 근데 그건 그의 백넘버 11 때문에 지은 거지 다른 이유는 없어요." 레이나가 말했다.

유로 2008에서 캅데빌라의 식탁 동료들은 마르코스 세나, 카소를라, 비야, 알론소였다. "마르코스와 저는 단역이었죠. 나머지 세 명이 쉴 새 없이 수다를 떨어냈거든요. 비야는 말이 너무 많아요!" 사비 알론소가 말했다.

"대표팀에서 제일 많이 먹는 사람은 두말할 것도 없이 캅데빌라예요. 그 다음이 비야고요." 세나가 밝혔다. 브라질 출신인 세나는 멋진 양복에다 디자이너 안경을 쓴 회사 중역 같은 그의 외모 때문에 뭐든 잘 헤쳐나갈 수 있었다. 슬쩍 봐서 그는 극단적으로 소심하고 신중해 보인다. "그가 선수들 전체 중에서 가장 진지한 건 사실이에요. 겉으로는 선수단에서 겉도는 것처럼 보이고 농담 같은 건 안 할 것 같죠." 차비가 말했다. 하지만 그와 늘 함께 지내는 선수는 다른 의견을 냈다. "마르코스 세나가 진지하다구요? 전혀 아니에요. 말은 많이 하지 않지만 그 때문에 얼마나 많이 웃는다고요. 그와 친해진다면 어디서부터 나오는지도 모를 이야기를 풀어놓을 거예요." 카소를라가 단언했다. 세나 스스로는 이렇게 말했다. "제가 카메라 앞에서 말을 많이 하는 타입이 아닌 건 분명하죠. 저는 아주 외향적인 사람은 아니에요."

그와 친한 카소를라도 기지가 넘치는 선수다. 그가 라커룸에 들어오면서부터 장난을 시작한다. "전 농담하는 게 너무 좋아요. 좀더 신중해야겠구나 라는 생각이 들 때까지요." 그는 비야레알에서 서로 알게 된 후부터 지금까지 캅데빌라와 단짝이다. 플레이스테이션 게임도 자주 한다. "카소를라는 항상 인터 밀란을 고르고 전 맨체스터를 골라요. 거의 항상 제가 이기죠. 전 정말 잘하니까요. 그는 하루 종일 이브라히모비치 Zlatan Ibrahimovic 스웨덴 공격수 골 타령만 해요. 그래서 그를 즐라탄이라고 부르기 시작했어요." "캅데빌라는 팀을 자주 바꿔요. 22개 팀이나 썼죠. 하지만 어느 팀과 하든 저를 이길 실력은 못 되죠. 전 항상 이브라히모비치로 밀고 들어갔고 그는 어쩔 줄 모르고 춤추는 것처럼 우왕좌왕하다가 나중에는 엄청 피곤해 했어요." 카소를라가 말했다.

캅데빌라는 아라고네스가 카소를라를 국가대표팀에 부르기 전부터, 플레이스테이션에서 항상 자신을 이기는 카소를라에게 경의를 표현하고 싶다는 생각을 했다. 2007년 11월, 베르나베우에서 스웨덴과 경기를 치르고 나서, 그는 이 스웨덴 공격수와 유니폼을 교환할 수 있었다. "비야레알로 돌아왔을 때 훈련에 앞서 그 유니폼을 카소를라에게 선물했어요. 그는 정말 좋아했어요." 캅데빌라가 말했다. "그때부터 저를 즐라탄이라고 부르기 시작했어요. 비록 캅데빌라와 함께 뛰지 못한지 오래 됐지만요." 카소를라가 말했다.

동료들은 산티 카소를라에게는 좀 잔인한 별명을 지어줬다. 난쟁이라는 별명도 있고, 오렌지색 털이 북슬북슬하고 주둥이가 튀어나온, 유명한 미국 TV시리즈의 외계인

캐릭터인 '알프'라고 부르기도 했다. 콜론 광장의 MC였던 레이나는 그에게 '알레빈유_{소년 클럽 11~12세팀을 뜻하는 스페인 축구 용어—옮긴이}'이라는 새 별명을 지어줬다. "제가 뭘 할 수 있겠어요? 키, 예전 키가 아주 작죠. 그러니 다른 적합한 별명이 없어요." 아스투리아스 출신의 카소를라가 말했다.

"카소를라는 팀을 위해 이것저것 하는 일이 많고, 익살스러운 친구죠. 동료와 잘 어울리는 선수예요. 우리 팀 선수들이 다 그렇다는 게 포인트예요. 피케가 대표팀에 발탁된 지 1년이 되었을 때 이미 평생 동안 대표였던 것처럼 자연스러웠어요. 모두들 개방적인 편이라 격 없이 금방 서로 친해져요." 세스크가 덧붙였다. "전 카소를라를 보면 품바_{라이온킹의} 캐릭터가 생각나요." 차비가 끝맺었다.

알비올은 '초리'라고 불렸다. "제가 키가 크고 말라서요. 제가 초리소 같다고 그렇게 부르던데요." 발렌시아 출신의 알비올은 유로 기간 동안 아르벨로아와 아주 친해졌고, 시간이 지나면서 '둘이 사귄다'고 할 정도가 되었다. 그들은 레알 마드리드 팀 동료로 같은 지역의 양쪽에서 뛰며 같은 동네에 산다. "2009년의 마지막 날을 같이 보냈어요. 부인끼리도 친해서 다행이죠." 아르벨로아가 말했다. 하프타임에 렌즈를 빌려줄 정도로 친하다. 아르벨로아가 전반전에 렌즈를 잃어버렸을 때였다. "경기 중에 렌즈를 잃어버린 건 난생 처음이었기 때문에 여분을 갖고 있지 않았어요. 하지만 저를 위기에서 구해줄 알비올이 거기 있었죠. 그는 저보다 디옵터가 좀 높긴 했지만, 그걸 끼든지 아니면 한쪽 눈은 거의 안 보이는 채로 뛰어야 했기에 선택은 어렵지 않았어요."

유로에서 알비올은 팔롭, 실바, 그리고 '트리아나_{세비야 지방의 지명}의 식탁'의 옛 멤버 세 명 라모스, 후아니토, 마르체나와 같이 밥을 먹었다. "샐러드에 달걀이나 양파를 넣어 먹지 못하게 했어요. 하지만 라모스가 궁리를 하더니 몰래 먹을 수 있게 해줬어요. 그는 항상 머리를 굴려서 하려던 걸 이뤄요." 후아니토와 마르체나가 말했다.

'트리아나의 식탁'은 독일 월드컵 때 생겨났다. 앞서 세 멤버에 호아킨, 레예스, 레이나, 토레스가 함께 했다. 그들은 가슴에다 스페인축구협회의 배지를 달고 다니는 것으로 표시를 했다. "페르난도 빼고는 전부 안달루시아 출신이었어요. 레이나도 반은 코르도바 사람이거든요." 라모스가 말했다. 이들의 단합은 후아니토와 호아킨이 라커룸에 갇혔던 날 위험에 빠진 적이 있었다. 정말 짓궂은 장난이었다.

"열쇠를 병에 집어넣고는 창문 안으로 던져줬어요. 하지만 그걸 꺼낼 방법이 없으니 정말 열 받았죠. 삼십 분 동안 추운 샤워실에 갇혀 있었어요. 나중에 양심의 가책을 느끼고 문을 열어주더군요. 호아킨과 저는 우리가 화났다는 걸 보여주기 위해서 그날 밤 먹을 때 배지를 안 달고 식당에 갔어요." 후아니토가 웃으면서 말했다.

"저녁에 나머지 선수들이 이마에다가 '미안해' 라고 쓰고 식당에 갔어요. 화해하는 데 최고의 방법이었죠." 라모스가 덧붙였다.

라모스는 마르체나에게 '신부님' 이라는 별명을 지어주었다. "어느 날 조언을 몇 가지 해주어서 저는 그를 '신부님' 이라고 부르기로 했어요. 처음에는 뭐 그렇게 재미있는 별명은 아니었는데 계속 부르게 됐네요." 그의 별명은 발렌시아의 라커룸까지 퍼졌다. "전 실바, 마타와 허물없이 지내요. 부상을 안 입었으면 하는 마음에 몇 가지 조언을 해준 거죠. 사이좋게 잘 지내고 있어요." 마르체나 자신도 인정했다. 호아킨은 베티스에 있을 때 후아니토에게 '노안' 이라는 별명을 지어줬다. "마르체나가 그 별명을 듣고는 삼십 분을 웃었어요."

레이나 역시 동료들이 누구를 닮았는지 잘 찾아내는 재능이 있다. 그는 물리치료사 라울과 함께 사비 알론소를 '덱스터' 라고 부른다. 이는 미국 TV 시리즈의 제목이며 배우 마이클 C. 홀이 맡은 주인공의 이름이다. 덱스터는 마이애미의 유명한 법의학자이지만 이중인격을 가진 인물로서, 시리즈 내부에서 살인자이기도 하다. "시리즈 전편을 다 녹화했거든요. 그에게 보라고 줬어요." 물리치료사 라울이 말했다.

페르난도 토레스와 다비드 비야는 레이나를 '뚱보' 라고 부르기 시작했다. 하지만 이 리버풀 골키퍼는 아스투리아스에서 돌아오면서 그의 두 번째 별명을 달고 왔는데,

이는 처음에는 그가 아니라 세르히오 가르시아의 별명이었다. 플라멩코 가수 '팔레테'와 닮았다고 해서 그렇게 불렸다. "페페가 저를 팔레테라고 부르기 시작했어요. 웃자고 지은 거라 기분이 나쁘지는 않았어요." 토레스는 이 별명을 다시 레이나에게 붙였다는 사실에 정말 재미있어 했다.

토레스는 그가 아틀레티코 마드리드에서 데뷔했을 때부터 '엘 니뇨'라고 불렸다. 하지만 몇 년 뒤 그가 머리를 삐쭉삐쭉하게 했을 때 동료들은 한동안 이름을 바꿔 불렀다. "우리는 그를 '조그만 쥐'라고 불렀어요. 우리가 플레이스테이션을 할 때 F1에서 그는 항상 스스로를 '쥐인간'이라고 불렀거든요." 후아니토가 말했다.

다비드 비야는 스포르팅 히혼 B팀 시절부터 별명이 '구아헤청년, 소년이라는 뜻'였다. "처음 저를 그렇게 부른 사람은 지금은 쿨투랄 레오네사에서 뛰는 추스 브라보였어요. 그때부터 지금까지 제 별명이네요."

스페인 대표팀 내에 여러 선수들이 키가 작다는 이유로 몇 가지 별명을 갖게 되었다. 발렌시아에서 실바를 '포니'나 '난쟁이'라고 불렀다. 라모스도 별명이 따로 있었다. "가끔은 '집시'라고 부르기도 하고, 레예스는 저를 '쿠키어린 소녀, 청소년이라는 뜻'라고 불렀어요. 안달루시아에서 많이 쓰는 표현이죠."

마타도 별명이 있다. "처음 서로 알았을 때 비야와 저는 서로를 '구아헤'라고 불렀는데, 나중에는 비야가 저를 '피초닌'이라고 불렀어요. 아스투리아스에서 아주 많이 쓰는 애칭이죠. 레이나, 라모스도 이걸 듣고는 그렇게 불렀어요."

페르난도 요렌테는 아틀레틱 빌바오에서 '플로리스'로 알려져 있다. "우리 동네에서는 금화 7 카드스페인 카드놀이 '바라하'에서 금화가 7개 그려진 카드를 '플로론'이라고 불러요. 카드 놀이를 하다가 호세바 에체베리아빌바오 지역을 대표했던 축구 선수가 저를 '플로론'이라고 부르기 시작했죠. '플로론'에서 '플로리스'가 된 거죠. 대표팀에서도 저를 그렇게 불러요."

별명이 없다고 자부할 수 있는 선수는 몇 명 안 된다. 그 영광의 얼굴은 캅데빌라차비가 지금도 그와 정말 닮은 누군가를 찾고 있다, 마르코스 세나, 디에고 로페스이다. 피케와 부스케츠처럼 팀에서 별명을 받은 선수들도 있다. 그들의 별명은 이름을 줄인 '제리' 와 '부시' 이다.

차비만 용감하게 이니에스타를 '앤드류' 라고 부른다. "이니에스타는 워낙 내성적이라 별명을 지을 수가 없어요." 알비올이 말했다.

이런 친밀한 분위기 속에서 대표팀에 새로 발탁된 선수도 팀에 쉽게 동화될 수가 있다. 유로에서는 팔롭이 그런 경우였다. 유로 본선에서 대표팀 23명 중에서 단 1분도 뛰지 못한 선수는 팔롭 혼자였다. 하지만 그는 이 경험을 최대한 즐겼다. "제가 처음 대표팀에 왔을 때 제일 놀랐던 것은 새 선수가 적응하기 쉽도록 정말 열린 분위기였다는 점이에요. 모래알처럼 각자 흩어져 있는 것 같았는데, 한 번 말이 나온 것은 전부 실현되더군요. 서로의 제안이나 아이디어에 귀를 기울이고 그 결과가 반영되곤 했어요."

유로에서부터 월드컵에 이르는 여정에서 이라올라, 카펠, 보얀, 요렌테, 피케, 부스케츠, 마타, 파블로 에르난데스, 디에고 로페스, 몬레알, 네그레도, 나바스, 하비 마르티네스, 발데스, 페드로까지 열다섯 명이 대표팀에 데뷔했다. 이 선수들 모두 이 뛰어난 축구팀의 간소함과 겸허함을 맛보았다.

"서로 아주 친해 보이는 팀이에요. 제 소속팀도 선수들끼리 무척 친하지만 대표팀은 그러기 더 어렵거든요. 아주 견고한 팀이고 아무도 주변을 외면하지 않아요." 디에고 로페스가 확언했다.

"수많은 경기에서 서로 맞서 싸웠던 카시야스, 차비, 알론소, 토레스, 이니에스타 같은 선수들이 첫날부터 하나로 똘똘 뭉치는 것을 보고 정말 놀랐어요. 이게 저한테도 자신감을 주더군요. 제가 대표팀 데뷔를 할 때 그들은 바르셀로나가 저에 대해 관심을 표명하는 것에 대해서 이야기를 했고, 차비는 그걸 가지고 저를 엄청나게 놀렸어요." 마타가 말했다.

이런 단합은 아마도 우리의 라이벌들이 생각하지도 못하는 스페인 대표팀의 숨겨 둔 무기일 것이다. 카시야스의 선방과 이니에스타의 탁월한 패스, 비야의 멋진 골과는 달리 텔레비전에 나오지는 않기 때문이다. "개인의 개성보다는 협동을 더 중요시하는 팀이에요. 유로 기간 동안 생겨난 이 분위기는 제가 어릴 때나 느꼈던 거예요. 분명한 리더는 없고, 팀 자체가 팀을 이끄는 거죠." 오초토레나가 말했다.

다른 팀과는 다른 이 특별한 친밀함이 스페인 팀의 특징이 되었다. "우리는 리저브 시절부터 친하게 지냈던 세대예요. 유로를 뿌리로 해서 더 강화되었고, 분위기는 지금 더 좋아졌죠. 우리가 전에는 잘 못 지냈다는 것은 아니지만, 지금은 정말 많은 것을 공유하는 친밀한 사이에요." 비야가 덧붙였다.

"자부심을 느껴요. 소속 클럽을 떠나서 대표팀에 합류하는 것은 신선한 공기를 쐬는 느낌이 들기도 해요. 분위기가 정말 좋고 즐겁게 운동할 수 있어요." 아르벨로아가 말했다.

"우리는 멤버들이 모두 똑같이 중요하다는 걸 잘 알아요. 경기용품 담당자도 이케르 카시야스만큼 중요해요." 레이나가 단언했다.

"대표팀 선수로서, 지금 이 팀이 제가 있었던 팀 중에 최고라고 말씀드릴 수 있어요." 푸욜이 말했다.

팀 성적이 매우 좋지만, 몇몇 선수들이 이야기하듯 대표팀은 겸손을 잃지 않는다.

"이번 대표팀의 위대함은 세계 최고 수준의 대표팀이지만 소박하고 자연스럽다는 데 있어요. 초등학교나 중학교 친구들 같아요. 대표팀에 와서 훈련하는 것을 즐기죠." 팀 닥터인 오스카르 셀라다가 말했다.

"선수들은 일할 때나 사람들을 대할 때 아주 겸손해요. 우리가 선수를 부르면 선수는 걱정해줘서 고맙다고 말해요. 그게 우리 의무인데도요. 하부 팀에서도 보통 그러지 않기 때문에 놀랍죠." 또 다른 팀 닥터인 후안 호세 코타도 덧붙였다.

스컹크, 뚱보, 쿠키, 푸이, 제리, 초리, 신부님, 띨띨이, 덱스터, 부시, 허당, 앤드류, 알

프, 펠로포, 포니, 피초닌, 구아헤, 엘 니뇨, 플로리스, 바이러스 이들은 한 마음으로 세
계 챔피언이 되기를 열망했다. 멋진 팀이었다.

아라고네스 감독은 독일 월드컵에 심리학자를 한 명 데려가기로 결정했다. 협회에 그의 조카인 안셀모 비시오소 아라고네스Anselmo Vicioso Aragones와 계약할 것을 요청한 것이다. 그의 지식이 선수들에게 큰 도움이 될 거라고 생각했기 때문이었다. 그는 매사추세츠대학교의 권위 있는 전문가 팀인 레너드 자이코프스키 교수 연구팀에서 일하고 있는 심리학자였다. 하지만 아라고네스는 유로 2008에는 심리학자를 데려가지 않았다. "꼭 필요하지는 않다는 생각이 들었습니다. 오스트리아에서는 주장단과 제가 그 역할을 했죠. 감독 생활을 하면서 그런 능력이 조금씩 생긴 게 아닌가 생각해요. 축구 팀은 항상 경쟁에서 이길 준비가 되어 있어야 하고, 선수들이 우리가 우승하고야 말겠다는 굳은 다짐과 우승할 수 있다는 자각을 가져야 합니다"라고 강조했다.

아라고네스 감독은 포르투갈에서 열린 유로 2004가 끝난 직후인 2004년 8월에 부임했다. 첫날부터 그가 강조했던 것은 하나였다. "저는 독일 월드컵에서 우리 선수들에게 했던 말을 오스트리아에서 열린 유로 대회에서도 똑같이 했어요. 저는 항상 우리 팀이 이길 수 있다고 확신합니다. 차이가 있었다면 선수들 또한 확신이 있었는지 여부겠죠. 그게 우리가 열심히 해서 바꿔야 할 문제였어요." 이번에는 그의 메시지가 선수들에게 깊이 배어들었고, 팀 내부에 퍼졌다. "라스 로사스에서 합숙을 본격적으로 시작하기 전에 마드리드에서 모였어요. 감독님은 훈련 시작 전이니까 쉬라고 하셨지만, 내심 우리가 유로를 제패할 수 있다는 자신감을 갖길 원하셨던 것 같아요. 전 감독님 말씀을 마음 속에 새겼고 요즘에도 가끔 생각이 나요. 저뿐만 아니라 동료들도 저와 비슷한 생각이었을 거라고 생각해요." 마르코스 세나가 말했다.

조금씩 조금씩, 매일 매일, 훈련할 때마다 이야기하고 또 이야기해서 아라고네스 감독은 마침내 선수들의 머리에 스페인 대표팀이 이제는 우승할 준비가 되었다는 생각을 심는 데 성공했다. 하지만 그의 이 메시지 자체보다 대표팀을 더 놀라게 한 것은 그의 설득 능력이었다. "고집스럽게 저희를 믿어주셨어요. 실전에 강하게 만들어 주셨죠." 카시야스가 말했다.

"부임 첫날부터, 감독님이 보시기에는 우리 대표팀이 세계 최고의 팀이라고 말씀하셨어요. 물론 감독이니 그렇게 말씀하셔야 했겠죠, 하지만 정말 확신에 찬 어조였어요. 감독님께서 우리에게 이런 승리자의 사고방식을 전염시키셨어요." 레이나가 말했다.

"감독님과 몇 번 이야기했던 생각이 나요. 저한테 이 팀에서 우승하기 전에는 떠나지 않겠다고 말씀하셨죠." 푸욜이 밝혔다.

"개개인을 어떤 역할로서가 아니라 단순하게 한 사람으로서 대해주셨어요. 감독님은 깊이 있는 분이시죠. 서로 아무것도 나눌 수 없는 사람이 있고, 그 반대도 있잖아요. 함께 하다 보면 많은 것을 느낄 수 있고 마음 깊이 와 닿는 사람들이 있죠. 아라고네스 감독님은 감독이 갖춰야 할 것을 모두 가진 분이에요. 주관이 뚜렷하시고, 속내를 잘 알 수 없는 분이에요." 차비가 덧붙였다.

"감독님은 우리가 승리를 쌓고 있는 걸 강조하셨어요. 우리한테 몇 번이나 말씀하셨죠. 이 팀으로 우승을 하지 못한다면 그건 감독 탓이라고요." 팔롭이 말했다.

"우승에 대해 가장 강하게 확신하는 사람이 감독님이었어요. 감독님이 우리에게 말씀하실 때마다 느꼈죠. 우리는 정말 우승할 수 있을까 의심스러웠고 확신하기가 힘들었어요. 우승을 해 본 적이 없었기 때문에 그랬던 것 같아요." 아르벨로아가 덧붙였다.

아라고네스는 선수들과 미팅을 할 때 절대 15~20분을 넘지 않으려고 했고, 상대팀의 훈련 장면이나 지난 경기 주요 장면을 보여주는 것을 좋아했다. 세사르 멘디온도와 앙헬 페레스가 글과 데이터로 정리한 정보를 맡았고, 하비에르 엔리케스Javier Enriquez가 영상을 맡았다. 이 결과물은 선수들 앞에서 상영하기 전에 우선 분석을 위해서 아라고 네스 감독에게 전달되었다. "주중에는 보통 포지션 별로 모였어요. 정보의 분량도 적 어서 선수들이 지루해 할 틈이 없었죠." 멘디온도가 말했다. 선수들은 우선 정보를 받 아서 보고, 곧 이를 잔디 위에서 실행해 보았다. 상대팀 선수들의 몸 상태까지 자세히 다룰 정도였다. 스페인 선수들은 발락이 오른쪽 쌍둥이근에 가벼운 통증이 있으며, 프 링스는 왼쪽 갈비뼈에 이상이 있다는 것을 알고 결승전에 나갔다. "상대가 우리에 대 해서 예상하는 것보다 더 먼저 예상하고 준비했어요. 정보를 너무 많이 수집해서, 개 중에는 가치가 있는지 없는지 판단하기 어려운 경계선상에 있는 것도 있고 가치가 없 는 것도 있어서 혼란만 줄지도 모르는 것도 있었어요. 공이 바깥으로 나갔을 때 밀어 붙인 선수가 누군지도 알아차릴 수 있을 만큼 팀을 철저하게 연구했어요. 왜 그랬냐고 요? 하다 보니까요. 경기 중에 실제로 있었던 일입니다." 엔리케스가 말했다.

리투아니아와의 경기 전날, 리투아니아 대표팀이 스페인과의 경기를 위해 세스나 우스키스 쌍둥이 형제 중에 한 명만 소집했다는 공식 발표가 나왔다. 두 선수 모두 양 날개에서 뛰기 때문에 아라고네스 감독은 이 정보가 리투아니아 축구협회가 걸러낸 정보가 아닌지 분명하게 알고 싶어 했다. 엔리케스가 미션을 수행하고 돌아왔다.

"두 선수 다 뜁니다. 감독님."

"확실해요?"

"제가 보장합니다. 원하시면 내기를 할 수도 있습니다만."

"흠, 좋아요. 팀 전체에 커피나 콜라 같은 음료수를 쏘는 걸로 하죠."

하비에르는 악동 같은 미소를 짓더니 종이 한 장을 꺼내서 아라고네스에게 내밀었다.

"이게 뭐예요?"

"그 선수들 사인 받아왔어요."

아라고네스가 내기에 져서 돈을 내야 했다. 엔리케스는 아이 같은 얼굴을 이용해서 그의 방식대로 용품 담당자나 팬, 기자라고 속이고는 스페인 대표팀을 위한 미션을 숨어서 해결했다. 국가대표팀 코치라는 기본 역할 이외에도 그의 심리학 지식이나 시청각자료를 통한 소통 능력은 아라고네스 감독에게 큰 도움이 되었다. 그날 오후, 이 언론에는 알려지지 않은 비디오 분석관 안드레아 피를로몇몇 선수들이 그를 닮았다고 지어준 별명 혹은 트루에바친밀한 애칭으로, 모험 정신을 뜻함는 물품 담당으로 고용된 사람 행세를 하고, 두 선수의 사인을 받기 위해 팬인 척하고는 훈련이 끝난 리투아니아의 라커룸으로 들어갔다. 자신들이 그렇게나 유명해졌다는 데 놀란 그들은 사인 요청에 응해주었다.

시간이 지나면서 스페인 팀은 한 가지 문제에 맞닥뜨렸다. "상대팀은 우리를 전부 잘 아는데, 우리는 상대를 잘 모른다는 점이죠." 각국 축구협회는 경기 한 시간 반 전에 심판에게 선수 명단을 넘기는 의무만 갖고 있다. 그래서 여기서부터 상대팀들은 스페인을 따돌리기 위한 술책을 쓰곤 했다. "공식 합숙 장소인 호텔에 도착해서는 선수들 중 절반만 체크인을 해요. 하지만 알고 보면 전부 그 호텔에 묵고 있죠. 경기 직전에 선수 명단을 보면 선수단 언론담당자가 스페인 축구협회에 보냈던 선수 명단에 없던 선수가 여럿 등장합니다." 엔리케스가 밝혔다.

베오그라드에서의 미션이 가장 어려웠다. 스페인이 훈련을 하는 동안 경찰이 경기장에 속속 도착했다. 뒤이어 훈련할 세르비아 대표팀 훈련을 철저하게 비공개로 진행하고 의심스러운 사람은 한 명도 훈련을 보지 못하게 하기 위해서였다. 하비에르는 경기장 가장자리를 둘러싼 광고판을 설치하는 스페인 방송국 직원과 연락을 했다. "저를 좀 도와주셔야겠어요. 아무 핑계나 만들어서 수단과 방법을 가리지 말고 8시에 반드시 여기 계세요. 전 호텔에 가서 옷 갈아입고 바로 올 게요."

한 시간 뒤 엔리케스는 청바지에 안경을 쓰고 현지 지식인처럼 차려 입고 코트 아래 카메라를 숨겨서 돌아왔다. 경찰은 경기장에 들어가는 과정에서 세 번이나 그가 무슨 일을 하는 사람인지 알기 위해서 서류를 요구했다. 그가 겨우 필드에 도착했을 때, 방송국 직원들은 이미 세르비아의 훈련을 볼 수 있는 완벽한 이유를 만들어두었다. "기본 패널이 하나 고장이 나서, 이걸 고칠 때까지는 절대로 경기장을 떠날 수 없다고 말해둔 거죠."

압박감도 느껴지고 걱정되는 일이어서, 간이 작은 사람은 이런 연기를 하느니 경기장을 떠나는 편이 마음이 편했을 것이다. 하비에르는 그를 들여보낸 상대의 실수를 이용하여, 다음 날 사용할 세르비아의 전략을 기록하기 위해 전화를 하는 척했다. 백 명도 넘는 경찰이 지키고 있었기에 비디오카메라를 꺼내는 것은 불가능했다. "흔히 말하길 사랑이나 전쟁에 있어서는 모든 게 중요하다고 하는데요. 전 거기다 축구도 보태고 싶네요." 아라고네스가 감독을 맡은 4년간 유로 관련 영상 60여 시간 분량을 제외하고도 거의 300시간에 가까운 비디오 분석자료경기당 열 시간 정도를 만든 엔리케스가 말했다. 이 자료들은 앞으로 다큐멘터리에 활용될 가능성이 높다.

선수들은 아라고네스가 그들에게 한 짧고 재미있는 이야기들, 특히 유로 기간의 가르침을 결코 잊을 수 없을 것이다. 루이스 아라고네스는 자신의 경험, 격언, 우스갯소리를 그들의 목표를 향한 전술적 개념과 섞어 감탄할 만한 솜씨로 선수들에게 전달했다. "우리 선수들에게 생기를 불어넣어주고, 그들이 작은 디테일 하나하나까지 상대보다 더 낫다는 확신을 주기 위해서였죠." 그가 말했다.

많은 사람들이 이에 대해 관심과 호기심을 표했다. 거기 있던 많은 사람들이 궁금해 했던 것은 이 메시지들이 즉흥적이었는지 여부였다. "전 감독님이 연설하는 법을 미리 배웠다고는 생각하지 않아요. 자신이 원하는 게 뭔지 알고 계셨고, 그보다 더 중요한, 어떻게 거기 도달하는지도 알고 계셨어요. 경기력에 대한 확신을 심어주면서 이와 동시에 일화를 들어 선수들이 경기에 대한 긴장을 풀 수 있게 하셨어요. 게다가 이야기하는 데 천부적인 재능까지 갖고 계세요." 아라고네스와 일했고 델보스케와도 일하고 있는 골키퍼 코치 호세 마누엘 오초토레나가 말했다.

경기에 뛰지 않거나 뛰기 힘든 선수까지도 아라고네스 감독의 말에 하나하나 귀를 기울였다. "저는 늘 첫 줄에 앉으려고 했어요. 감독님이 어떤 몸짓을 하고 어떻게 말하시는지, 우리가 제대로 이해했으면 하는 메시지를 어떻게 전달하시는지 보는 게 좋았어요. 제가 주전이었다면 많이 성장했을 것 같아요. 아라고네스 감독님은 선수들에게 동기부여를 하는 데 타고난 분이라, 200%의 상태로 방을 나설 수 있을 겁니다. 현대 축구에서 매우 중요한 부분이죠." 팔롭이 확언했다.

"감독님이 말하고 싶으셨던 건 이제 모든 선수들의 마음 속에 있고 우리가 이야기하기도 해요. 가끔씩 농담조로 말씀하셨지만, 모두 도움이 됩니다. 성격상 솔직하고 단도직입적으로 말하는 걸 좋아하세요. 붓질을 슥슥슥 하듯이 쉽게 말하고 난 다음 탁월한 유머감각으로 방점을 찍는 거죠. 무슨 말인지 알아듣기가 쉬워서 편했어요." 데 라 레드가 정리해서 말했다.

선수들은 감독의 모든 말에 이유가 있다는 것을 알지 못할 때도 있었다. "선수들이 한바탕 웃고 나면 기본적인 개념이 잡혀요. 선수들이 깨닫지 못한다고 해도요. 농담 하나가 핵심 포인트가 되는 거죠. 필드를 넓게 쓰기, 양 사이드를 잘 활용하기, 공을 지속적으로 소유하기, 윙백 한 명이 올라가면 다른 선수들은 올라가지 않기, 문전에서 실수하지 않기…… 구체적인 아이디어를 정확하게 가르쳐주셨죠." 엔리케스가 말했다. 엔리케스뿐만 아니라 아라고네스를 돕는 사람들 모두, 그가 선수들에게 이야기를 하기 전에 연습을 완벽하게 하는 모습을 보고 놀랐다. "감독님은 주변을 걷기도 하고, 몸짓을 하기도 하면서 준비하셨죠. 연습하기 가장 좋은 순간은 혼자 계실 때겠죠. 그 누구와도 비교할 수 없는 대단한 완벽주의자에 끈기도 있고 자기반성도 철저해요." 페레스가 말했다.

가장 빛났던 순간은 러시아와의 준결승전이 있던 날 경기 직전 미팅 시간이었다. 대표팀은 이탈리아를 이김으로써 큰 부담을 덜었고 첫 번째 경기에서 확실하게 이긴 팀을 다시 이기는 데는 큰 어려움이 없어 보였다. "이겼던 팀을 다시 만나 경기하는 것은 생각만큼 쉬운 일이 아닙니다. 단 한 문장이 가끔은 수많은 말보다 더 중요할 수 있죠. 이게 제 오랜 감독 경험에서 깨달은 것입니다. 성공과 실패는 대부분 자신이 말한 대로, 어떻게 말했느냐에 좌우됩니다." 아라고네스가 말했다.

선수들은 호텔에서 러시아와 네덜란드의 8강전을 지켜봤다. 대단한 경기였다. 특히 두 골을 넣으며 존재감을 과시한 아르샤빈의 플레이가 눈길을 사로잡았다. 하지만 루이스 아라고네스 감독은 예상 외의 이야기로 모두를 놀라게 했다.

"제일 훌륭한 선수는 아르샤빈이 아닙니다. 여러분, 파블류첸코입니다. 제가 확언합니다. 귀담아 들으세요. 러시아어를 할 줄 아는 친구가 한 명 있어서 그 친구를 러시아 팀을 염탐하라고 그들이 묵는 호텔로 보냈거든요. 그 친구가 말하길 8강전이 끝난 후 아르샤빈은 혼자 시바스 리갈 한 병을 다 마셨답니다. 우리와 경기할 때는 제대로 움직이지도 못할 겁니다."

아라고네스는 이런 방식으로, 선수들이 환한 얼굴로 아드레날린이 솟구치는 것을 느끼며 에른스트 하펠 경기장으로 들어설 수 있게 만들었다. "그 말씀이 제가 들은 것 중에 최고였어요. 우리가 호텔을 나서서 버스에 오르려고 하는 순간 우리를 찍으려고 기다리고 있던 카메라가 있었어요. 우리가 준결승전을 앞두고도 전부 농담을 하며 웃고 있다고 생각했을 거예요." 푸욜이 이야기했다.

"축구 얘기는 조금만 했어요. 사실 개그 프로그램의 1인극보다 더 재미있어요. 우리는 한 순간도 웃음을 멈출 수가 없었거든요." 사비 알론소도 덧붙였다.

"우리한테 우스갯소리만 잔뜩 하신 것 같았지만 나중에 우리가 버스에서 서로 이야기를 나누다 보니, 모두 의욕에 가득 차 있다는 걸 알게 됐어요." 비야가 말했다.

하지만 무엇보다, 아라고네스가 얻어낸 것은 선수들이 아르샤빈에만 집중하지 않고, 파블류첸코를 조심하게 한 것이었다. "거의 모든 사람들이 아르샤빈이 가장 훌륭한 선수라고 생각하고 있었지만, 저는 제가 지어낸 농담으로 선수들이 주의 깊게 보지 않은, 제가 보기에는 더 중요한 선수를 주목하게 한 것입니다. 그 선수가 우리한테 더 위험할 수 있었거든요. 이게 감독의 시선이죠. 겉보기에 화려한데 제가 보기에는 별로인 선수들이 있어요.”

이야기를 마치고 나가면서 아라고네스는 선수들이 그가 하고자 하는 말을 잘 받아들였는지 확인했다. “미팅이 끝나고 나가면서 한 선수가 이야기하는 것을 들었어요. ‘우와, 감독님 정말 대단해, 진짜.’ 그는 제가 들은 걸 몰랐어요. 그는 웬만한 일에는 놀라지도 않는 선수거든요. 그래서 제가 제대로 말했구나, 생각했죠. 사실 선수들에게 뭔가 지시하고 난 직후에는 제 말이 통했는지 아닌지 알기가 힘들어요.” 문제의 선수는 그날 교체 선수였던 사비 알론소였다.

심리학자가 다 된 아라고네스가 또 한 번, 선수들에게 딱 적당한 만큼의 긴장감을 갖고 경기에 임할 수 있도록 한 것이다. “이유는 딱히 설명하기 힘들지만, 감독님 말씀을 듣고 난 다음에 우리는 우리가 이길 수 있다는 확신을 가질 수 있었어요. 압박을 덜어주고 동기를 부여하는 데는 따를 자가 없어요. 아라고네스 감독님은 정말 최고예요.” 캅데빌라가 말했다.

“압박감을 쉽게 피할 수 있도록 우리에게 유머감각을 전염시키셨죠. 우리 스스로를 믿게 됐어요.” 레이나가 덧붙였다.

“우리에게 말씀하셨죠. ‘난 품이 매우 넓습니다. 감독은 나니까 차분하게 하세요. 여러분은 경기를 할 거고, 잘할 거고, 모든 걸 증명해 보일 겁니다. 만약 책임질 일이 생기면 여러분이 아니라 내가 책임질 겁니다.’ 문제가 있다면 자신의 책임이라고 선수들을 안정시켜서 차분한 마음으로 출전하게 해준 것은 정말 도움이 되었어요.” 차비가 말했다.

스페인은 러시아를 완벽하고 멋지게 3:0으로 이겼고, 후반전 경기 내용은 대회 기간을 통틀어 최고 수준이었다. “경기를 제대로 즐겼죠. 축구로 느낄 수 있는 최고의 기쁨이었어요.” 이니에스타가 강조했다. 러시아의 전술은 이탈리아보다 나았다. “러시아는 우리와 동등하게 플레이를 했지만 우리한테 공간을 많이 내줬어요. 이탈리아는 뒤로 들어와서 우리가 골을 만들 수가 없었죠.” 실바가 덧붙였다. 카나리아 제도 출신의 실바는 이날 밤 파브레가스의 패스를 받아 팀의 마지막 골을 넣었다두 번째 골은 구이사가 넣었다. 첫 번째 골도 실바의 작품이었다. 이니에스타가 차비에게 준 공이었다. 아라고네스는 벤치에서 경기를 즐겼다. "전 스페인 대표팀이 그날처럼 경기하는 것은 처음 봤어요"라고 말했다.

러시아 대표팀 감독인 거스 히딩크는 스페인이 보여준 멋진 축구와 골 앞에서 아무 것도 할 수 없었다. "그는 돌아서면서 우리에게 손짓을 했는데 마치 이렇게 말하는 것 같았어요. '그만하면 됐잖아. 벌써 세 골이나 넣었어.'" 물리치료사 라울 마르티네스가 기억했다. "그에게 말했죠. 오늘은 한국과의 경기처럼 되지는 않을 거예요, 아시겠죠? 그때부터 콕 박혀 있던 가시를 이제야 빼는 거죠." 그의 동료인 미겔 구티에레스가 덧붙였다.

기술팀은 스페인 대표팀이 유로 대회에서 최대치에 이르지는 못했다고 생각했다. "정신적인 균형은 환상적이었어요. 결승전이 8강전인 것처럼 생각했고, 그냥 그 전에 두 경기를 더 이긴 것뿐이라고 생각했죠. 팀은 90% 정도로 올라온 상태였고 100%는 아니었어요. 더 좋아질 수 있었던 거죠. 대단했어요." 엔리케스가 분명하게 말했다.

에른스트 하펠 경기장의 라커룸에서 결승진출을 자축하고 있을 때, UEFA 관계자가 도핑 테스트소변, 혈액 검사 때문에 선수들을 데려가기 위해 왔다. 선수들은 그를 들어올려 헹가래를 쳤다. 규칙에 따르면 도핑테스트 대상 선수는 테스트를 마치기 전에는 라커룸에 들어갈 수 없는데 그날은 너무 기뻐서 이 규칙을 어기고 만 것이다. "그 사람을 쫓아버리려는 거였죠. 제가 그를 잡아서 위로 올려버렸어요. 그는 무방비 상태였죠." 후아니토가 웃으면서 말했다.

"잊을 수가 없어요. 우리가 하도 던져 올려서 몇 번이나 천장에 닿았을 걸요. 그날 국왕 전하가 오셨다면 국왕 전하도 헹가래쳤을 겁니다." 페르난도 나바로가 농담을 던졌다.

아라고네스는 어떤 상황이 너무 심각해지는 것을 막기 위해서 우스갯소리를 잘 했다. "필드에서 워밍업을 하고 라커룸에 들어왔다가 경기를 위해 다시 나갈 때가 가장 힘들어요. 챙겨야 할 것도 많고 머릿속은 온갖 생각으로 꽉 차있죠." 캅데빌라가 말했다. 이럴 때 축구선수들은 무의식적으로 마음 속에서 어떤 예감이 드는 걸 느끼는데, 아라고네스가 나타나서 선수들의 긴장을 풀고 웃게 만드는 것이다.

"지금도 기억이 나는 게, 결승전 날 두 팀이 모두 경기장으로 나서기 위해 줄을 서 있는데 감독님이 와서는 포돌스키의 가슴을 툭 치면서 '굿 럭!' 하고 외치면서 우리 선수들과 눈짓을 나누시는 거예요. 이니에스타, 실바와 저는 웃음이 터졌죠. 독일의 뢰브 감독은 자기가 제대로 보고 있는 게 맞나 눈을 의심하면서 우리감독님과 인사를 나눴어요. 제 생각에는 그 심각한 상황을 오히려 즐길 수 있도록 다른 관점으로 보게 하신 것 같아요." 파브레가스가 말했다.

심판에게 항의해야 할 때도 있지만 대체적으로 항상 잘 지냈다. "스웨덴과의 경기 하프타임 때 몇 명이 우리 팀에 불리했던 판정에 대해 심판에게 항의를 하려고 갔어요. 모두들 그 장면이 페널티킥이었다고 항의했지만 감독님은 우리를 심판에게서 떼어놓더니, 심판을 툭툭 치면서 '베리 굿! 베리 굿!' 이러시는 겁니다. 나중에 우리에게 소리를 치셨죠. '너희들 정신이 나갔어? 후반전이 아직 남아 있는데.' 감독님은 경기 전체를 생각하고 계셨던 거죠." 오초토레나가 말했다. 그쪽에서 실수를 했더라도 권

스페인 선수들이 버스를 타고 공항에서부터 마드리드까지 퍼레이드를 펼치고 있다.

위를 존중하는 이 조화로운 태도는, 기회가 있을 때 아라고네스가 사용하는 전략을 증명해 보인다. "터키에서는 감독님이 어느 심판을 꼬집는 것도 봤어요." 구이사가 말했다. 아라고네스는 선수들이 경기 중에 심판의 이름을 부를 수 있도록 심판의 이름을 알고 들어가길 주문했다. "선수가 자신의 이름을 안다고 생각하면, 더 대우를 해주고 존중해주기 마련이죠. 선수들이 심판이 어떻게 경기를 진행하는지, 잘하는지 못하는지도 알아두도록 지도해야 하죠. 가끔은 그럴 필요가 있나 해서 관심을 안 보이는 선수도 있어요."

아라고네스 감독은 선수들이 가장 효율적인 경기를 할 때까지 멈추지 않았다. 몇몇 선수들은 어린 시절 겪었던 융통성 없고 꽉 막힌 선생님을 연상하기도 했다. 그렇지만 시간이 지나면서 감독이 왜 그랬는지 점점 알게 되었다. 그래도 모르겠다면 조별 리그 러시아와의 경기에서 유로에 데뷔한 세스크 파브레가스에게 물어보면 된다. 그는 생각의 전복이라고 할 만큼 큰 변화를 겪었다. "후반전에 출전했고, 못하지는 않았다고 생각했어요. 비야가 넣은 팀의 세 번째 골에 어시스트를 했고 네 번째 골도 넣었거든요. 게다가 오른쪽 진영에서 아주 많이 뛰고, 공격으로 올라갔다가 다시 수비로 내려오기를 반복하는 지르코프를 마크하기 위해서 바짝 따라붙어야 했어요. 선발 출전하지는 못했지만 만족했어요. 그런데 다음 날, 감독님은 숲 속에 조용한 공터를 찾더니 동료들 앞에서 저를 엄하게 질책하셨어요. 이해가 되지 않았어요. 전 20분밖에 뛰지 않았거든요. 감독님이 수용할 수 없는 문제들이 있었다고 말씀하셨어요. 예를 들면 경기 중의 태도 같은 선수들, 특히 저는 그때 감독님이 원하는 게 단합과 노력이라는 것을 알았어요. 그 날은 정말 힘들었지만 축구의 세계에서는 그렇게 긴장해야 되는 순간도 있다는 걸 인정해요." 스페인의 10번 세스크 파브레가스가 말했다.

그 경기에서 파브레가스는 후반전에 페르난도 토레스와 교체되었다. 토레스 또한 감독의 결정을 이해하지 못했다. "교체된 것이 기분이 좋지는 않았죠. 미국과 마지막 친선경기를 했던 산탄데르에서, 저한테 오스트리아에서 주전으로 뛰게 될 테니 걱정하지 말라고 말하셨거든요. 왜 저한테 그런 말을 하셨는지는 이야기 안 하셨는데, 아마 제가 막판에 치렀던 친선전 세 경기이탈리아, 페루, 미국에서 모두 하프타임에 교체되었기 때문이었던 것 같아요. 러시아한테 이기고 나서 감독님이 저한테 아무 말도 안 하셔서 별다른 중요한 변동은 생기지 않은 줄 알았죠. 하지만 언론은 그 교체에 대해서 대서특필을 했어요. 그래서 감독님이 저를 불러서 무슨 문제가 있는 건 아니라고 말씀하셨어요. '스페인은 토레스와 열 명의 선수들이야'라고 분명하게 말씀하시기까지 했어요."

아라고네스는 선수들에게 교체가 될 때 불만스러운 표정을 짓거나 실망의 제스처를 하면 안 된다고 강조했다.

"교체될 때 선수라면 언짢을 수 있죠. 하지만 감독이 못 보는 데서 화를 내야 합니다. 우선 교체가 될 만큼 잘 하지 못한 것이 아닌가 하고 자신에게 화를 내야 하고 그 후에 감독이 그래서는 안 되는데 왜 자신을 다른 선수로 교체했는지에 대해 생각해야 합니다. 각자가 성격이 다르고 사람에 따라 화를 낼 수도 있지만, 감독이 보기에는 마찬가지입니다. 경쟁이 시작되기 전부터 선수들에게 분명히 이야기해두었죠. 그래서 페르난도도 교체되고 난 뒤 저에게서 멀리 떨어져 앉은 거죠."

아라고네스 감독은 세르히오 라모스와도 안 맞는 부분이 있었다. 이탈리아와의 8강전 이틀 뒤에 아라고네스와 라모스는 다른 선수들과 언론이 보는 앞에서 언쟁을 했다. 감독은 라모스가 경기 중에 공격 가담을 해야 할지 말아야 할지 잘 모를 때가 있다고 말한 것이 맘에 들지 않았다. 아라고네스는 공개적으로 싫은 티를 냈고, 그 때문에 라모스는 얼굴이 확 붉어졌다.

"가벼운 언쟁이 있긴 했지만 감독님께 정말 감사하게 생각해요. 감독님은 저를 잘 아시기 때문에 제가 반발하게끔 하신 거예요. 제가 그 말을 모두 듣는 데서 공개적으로 하지 않고 라커룸에서 감독님께 개인적으로 이야기했으면 좋았을 거예요. 하지만 중요한 것은 결국에는 '세르히오 라모스'의 최대치를 끌어낼 수 있었던 거죠. 오스트리아에서 좀 힘들었어요. 첫 번째 경기에서 제 플레이가 기대에 못 미쳐서 비판을 정말 많이 받았거든요. 하지만 대회 막판에는 제가 하고 싶었던 대로 잘 할 수 있었어요. 제 반발을 끌어내기 위해 하신 거라면, 효과가 완벽했어요.”

주장단의 일원인 차비 또한 그 일의 긍정적인 측면을 발견했다. “모두에게 잘 된 일 같아요. 감독님과 라모스가 직접 언쟁을 했기 때문에 문제가 복잡해지지 않고 바로 해결되었으니까요.”

아라고네스는 선수들에게 합숙 분위기에 지장을 줄 수 있는 행동은 자제하라고 요구했다. 스웨덴과의 경기를 앞둔 어느 날 한 지방지 표지에 훈련이 없었던 날 저녁 라모스가 술을 마시는 듯한 사진이 나왔다. 아라고네스는 이를 중요하게 생각하지는 않았지만, 매스컴에 오르내리지 않도록 더 주의해주길 부탁했다. “내일 저녁에 너랑 같이 나가려면 사람들이 알아보지 못하도록 가발을 써야 할 거다. 그러면 아무 문제없을 거야.”

아라고네스가 모든 것이 정확히 원하는 대로 되도록 아주 작은 부분까지 신경 쓰고 있다는 것을 코칭스태프들은 알고 있었다. “저는 그가 팀과 선수들을 의심하는 것을 본 적이 없어요. 긴 합숙 기간 내내 그랬다는 게 놀라울 따름이죠. 그 대단한 활력이 참 신기했어요. 제일 먼저 일어나서 아침을 먹으러 내려오고 제일 늦게 자리를 뜹니다. 사실 거의 잠을 안 자면서도 언제나 완벽하게 일을 하죠. 매우 침착하고 단호하고, 머릿속에서 그림을 다 그려놓아요. 훈련에 집중해야 할 때 선수들이 완전히 고립되게 하려면 선수 가족들을 어디에 머무르게 하는 것이 좋은지도 챙길 정도예요.” 오초토레나가 말했다.

“아라고네스는 우리나라에서 축구에 대해 제대로 아는 몇 안 되는 사람이죠. 지식이 아주 풍부한 데다가 선수들을 독려하는 데는 따를 자가 없죠. 여기다 우리가 갖고 있는 상대팀에 대한 정보를 전달하면, 전략은 완벽해지는 겁니다.” 수석코치인 아르만도 우파르테가 말했다.

아라고네스는 선수들이 감독의 견해에 참여한다는 느낌을 주었다. "저는 본인이 부른 선수들과, 자신이 대표팀을 이끌어 가고 있는 방향에 대한 감독님의 확신에 놀랐어요. 헤수스 파레데스피지컬 트레이너와 그의 오른 팔 우파르테에게 일을 많이 일임했고, 우리 모두가 중요하다고 느끼도록 해주셨어요. 감독님은 본인이 데리고 있는 마흔 명 팀원 모두가 활동적으로 참여하기를 바라셨어요. 그게 바로 훌륭한 축구선수가 많은 팀에게 필요한 마지막 한 수라고 생각해요." 페르난도 나바로가 말했다.

아라고네스는 퇴근 시간이 없었다. "저는 보통 때도 잠을 조금 자는 편인데 합숙 중에는 더 조금 자요. 하루에 서너 시간이요. 방으로 돌아오고 나서도 몇 시간 더 일하죠." 결승전 날 아침 8시, 멘디온도와 페레스는 이미 아침을 먹은 아라고네스에게 독일에 대해 정리해둔 정보를 설명할 생각으로 호텔의 홀로 내려갔다.

"감독님, 잠깐 드릴 말씀이 있습니다."
"무슨 얘긴데요?" 감독이 물었다.
"독일에 대해서요……."
"독일에 대해서요? 우리가 독일 이길 거예요. 이미 다 파악했어요."

둘은 놀라서 아무 말도 못했다. "절대적인 확신이 느껴졌어요. 말도 없이 같은 자세로 두 시간 동안 앉아 계셨어요. 우리가 준비한 건 전부 속속들이 알고 계셨어요." 멘디온도가 말했다. 그는 포수엘로에 있는 맥주집 '라 로하'에 있는 칠판에다 아라고네스가 전술을 그렸던 것을 기억하고 있다. 페드로 코르테스도 덧붙였다. "어느 날 밤을 새고 아침 여섯 시에 바에 가서 뭘 좀 먹으려고 하면, 홀에서 아라고네스가 이미 네 번이나 본 비디오를 또 보는 모습을 보게 되는 거죠. 감독도 아닌 선수일 때도 그랬을 겁니다. 그는 하루에 24시간 축구 속에서 살아요." 후아니토는 잠을 덜 자고 시간을 더 잘 활용할 수 있는 비결을 알고 싶어 했다. "아프지 않게 몸 상태를 유지하려면 뭐든 자발적으로 해야 한다고 말씀하셨어요. 그렇게 조금 자도 괜찮다고 몸을 속이는 거죠."

아라고네스는 모든 것에 주의를 기울이고, 아주 작은 것도 놓치지 않으려고 했다. "선수들이 방향을 잃지 않도록 지속적으로 살펴야 했어요. 선수들이 방에서 어떻게 내려오는지 보기 위해서 제가 제일 먼저 일어났어요. 선수들이 아침을 먹으러 내려올 때의 행동이 저한테는 중요했어요. 마찬가지로 선수들이 다 떠나고 난 뒤에 식당을 나섰죠. 그들이 어디 가는지, 어디에 있는지, 어디서 훈련을 하는지……. 이 모든 게 중요한 일이고 시간이 많이 들었죠."

아라고네스는 주전, 교체선수, 그보다 기회가 더 적은 선수들도 만족시킬 수 있는 능력이 있었다. "개인적으로 정말 따뜻하게 잘 해주셨어요. 뛰지 못하는 선수뿐만 아니라 모든 선수에게요. 농담을 건네고, 선수들의 긴장을 풀어주고, 항상 장점을 봐주셨고요. 그렇게 경험이 많고 경력도 훌륭하며 지위도 있어서, 쌀쌀맞을 수도 있는 분이 그와는 정반대라는 게 정말 놀라웠어요. 아주 겸손하고 친근한 분이에요." 나바로가 말했다.

"저는 감독님 밑에서 주전으로 뛰기도 하고 교체로 뛰기도 했는데요, 경기를 잘 했는지 못했는지에 대해서는 잘 이야기하지 않으세요. 감독님은 항상 선수를 보호해주시기 때문에 선수는 더 힘을 내서 잘 할 수 있어요. 감독님의 스타일이 있어요. 하지만 그 무엇보다도 선수들이 가지고 있는 잠재력을 끌어내는 재주가 있으시죠." 마르체나가 말했다.

스웨덴 전에서 막판에 터진 비야의 골은 가치가 두 배였다. 첫 번째는 산술적인 가치다. 조별리그 세 번째 경기 결과와 무관하게 스페인의 8강 진출이 확정되었다. 두 번째는 심리적인 가치였다. 승점 6점을 얻었기에, 그리스와의 경기에서는 아라고네스가 앞의 두 경기에 주전으로 출전하지 못했던 선수들에게 기회를 줄 수 있게 되었다. "그들이 중요한 선수라는 것을 증명하기 위해서는 실력을 보여줄 기회를 줘야 하고, 기회를 준 첫 날에는 확실히 믿어줘야 합니다. 벤치에 있는 선수들이 주전으로 뛰는 선수들만큼이나 훌륭한 선수라는 것을 사람들에게 보여주기 위한 중요한 기회죠. 그래서 저는 항상 선수교체 카드를 전부 다 사용합니다. 이것이 성공의 비결이죠.”

그리스와의 경기에 출전할 선수를 선정하는 것은 팀에 좋은 효과를 가져왔다. “스웨덴과 비겼다면 아마도 감독님은 그렇게 선수를 많이 바꿀 수 없었을 거예요. 그 골 덕분에 제 동료들이 그 경기를 즐길 수 있게 되었죠. 그 경기에서도 이겼고요.” 비야가 말했다.

“감독님은 영리한 분이시라 의욕이 넘치고 꿈도 많은 젊은 선수들을 많이 데려오셨어요. 출전시간이 30분만 주어지더라도 우리가 최선을 다할 것을 아셨고 실제로도 그랬죠. 대표팀은 그리스와의 경기에 설레는 마음을 안고 출전했고, 선수들 모두가 똘똘 뭉쳐 있다는 것을 증명하며 승리했어요. 우리도 중요한 선수라는 생각이 들었죠. 감독님이 한 사람에게 30분을 주면, 이를 충분히 활용해서 한 골을 넣고 패스도 하는 거죠. 계속 이긴다는 게 큰 동기부여가 됐어요.” 알비올이 말했다.

“모두 협력했어요. 열한 명이 조직적으로 움직였죠. 경기가 정말 잘 풀렸기 때문에 논리적으로 교체를 안 하는 게 맞죠. 선수들 각자 자기 역할을 잘 해낸 점도 큰 도움이 됐어요. 뭉쳐서 더 강해진 거죠.” 사비 알론소가 설명했다.

팀 전체 미팅 외에도, 아라고네스 감독과 코칭스태프 일부는 비디오나 다른 형태의 자료를 분석하고 동기를 부여하기 위해서 몇몇 선수들과 개인적으로 혹은 비밀스럽게 따로 만나기도 했다. 다른 선수들이 불안해하거나 팀 내부의 분열이 생기는 일이 없도록 나머지 선수들은 모르게 했다.

하지만 아라고네스 감독이 특별히 좋아한 선수들이 있었다는 것을 부인할 수는 없다. “라울Raul Gonzalez 전 스페인 대표팀 주장이 대표팀을 떠난 후부터 감독님께서 저를 더 많이 찾으셨어요. 제가 사람들과 더 많이 이야기하고, 큰 책임감을 갖기를 바라셨어요. 저는 단 한 번도 다른 선수보다 위에 있고 싶다고 생각한 적이 없었어요. 팀을 더 잘 이끌 수 있도록 푸욜이나 차비, 토레스 같은 경험이 많은 선수들에게 자리를 넘기고 싶기도 했어요." 카시야스가 고백했다.

"저를 매우 아끼신다는 걸 느낄 수 있었어요. 카시야스, 마르체나, 푸욜도 특별하게 생각하시는 것 같았고요. 우리가 감독님이 좋아하시는 특성을 많이 갖고 있거든요. 진지하고, 타협적이고……." 차비가 덧붙였다.

"감독님의 장점이 또 있어요. 항상 솔직하시고 또 그걸 좋아하세요. 뭐 그럭저럭 경기를 했거나, 플레이가 맘에 들었거나 안 들었거나 말이죠. 이건 중요해요. 예전에 계셨던 반 갈 감독님이 좋았던 점도, 저를 처음으로 대표팀에 발탁하시면서 자신과 함께 하면 아주 힘들 거라고 하셨던 점이에요. 속이는 것보다는 그게 낫다고 생각해요." 푸욜이 말했다.

"아라고네스 감독님의 강점은 선수들 개인보다 팀을 만드는 걸 더 중요하게 생각하신다는 점이었어요. 아무도 다른 선수보다 더 낫다고 생각하지 않게 하려고 했어요." 토레스가 말했다.

"감독님은 비판이 쏟아질 수도 있는데도 불구하고 제게 끝까지 저와 함께 할 거라고 하셨어요. 저를 잘 아시기 때문에 제게 무엇이 부족한지, 무엇을 가르쳐야 할지를 아셨어요. 그게 큰 힘이 됐어요." 마르체나가 확언했다.

하지만 아마도 아라고네스의 핵심 포인트는 적절한 순간에 필요한 말을 하는 능력이었다. "감독님은 뛰지 못한 선수와도 이야기를 많이 나누셨어요. 하루는 30분 훈련 뒤에 저를 부르셔서는 저와 같은 포지션에서 뛰었던 자신의 선수생활 일화를 이야기해주셨어요. 그 이야기는 아주 인상적이었고 큰 도움이 됐어요. 저와 이야기를 많이 하셨죠." 파브레가스가 말했다.

차비는 독일월드컵을 앞두고 시즌 내내 그를 괴롭혔던 심각한 무릎 부상 때문에 월드컵에 출전할 수 있을지 확실하게 알 수 없었다. 그 때 아라고네스 감독은 그에게 깊은 인상을 남겼다. "저한테 전화를 하셔서 말씀하셨어요. '진정해. 응, 만약 합류를 못한다면, 진정하자. 근데 사실은 난 네가 왔으면 좋겠거든.' 저는 그 전화를 받고 감독님의 솔직한 심정이 느껴졌어요. 와, 세상에. 만약 그날 훈련을 이미 마치지 않았더라면 당장 훈련하러 갔을 거예요. 결국 전 월드컵에 진출했고, 감독님은 저를 부를 수 있을 거라는 걸 아셨던 거죠.”

비야 또한, 러시아와의 경기에서 근육통을 느껴 독일과의 결승전에 진출하지 못하게 되었을 때 아라고네스와 대화를 나눴다. “감독님은 애정이 필요한 선수에게 애정을 쏟아주세요. 일이 잘 안 풀리거나 문제가 있는 선수에게 다가가시죠. 제게 오셔서 제가 큰 기여를 해서 팀이 결승전에 오른 것이니까 너무 속상해하지 말라고 말씀하셨어요. 결승전에 출전하지 못한다는 것은 불운이지만 저에게 이런 결승전의 기회가 다시 올 거라고 하셨어요.”

아라고네스와 개인적으로 친구이며 그가 발렌시아 감독이었을 때 단장이었던 페드로 코르테스는 루이스 아라고네스 감독을 이렇게 설명했다. “천재들이 다 그렇듯이, 성격이 좀 까다롭지만 사람들은 그걸 잘 몰라요. 교육을 잘 받은 사람이고, 리더십이 뛰어나 어디서든 두각을 나타내죠. 그는 모두를 하나로 만들었어요. 에이전트, 용품 담당자, 선수들……. 모두가 한 가족이 되었고 우리가 무적이라고 믿었어요.” 멘디온도는 아라고네스가 트레이닝복을 입으면 변한다고 생각한다. “축구 밖에서는 굉장히 명랑한 사람이에요. 하지만 축구를 생각할 때는 항상 집중을 하죠.”

아라고네스를 둘러싼 사람들의 이야기를 듣고 있으면, 그의 외모에서 드러나는 외적인 이미지와 내면에서 나오는 행동이 그다지 들어맞지 않는 것을 알 수 있다. 왜 인간적이고, 다정하고, 감수성이 예민하고 친근한 루이스 아라고네스는 언론의 마이크를 통하면 퉁명스럽고, 위태위태하고, 품위 없어 보이는 걸까? 하비에르 엔리케스가 그 이유를 들었다. “아라고네스는 소통을 아주 잘하는 사람이에요. 하지만 이를 증명하려고 노력하지는 않죠. 대중에게 이야기하는 것을 귀찮아하지 않고 기자에게 말하는 것도 좋아합니다. 다른 말로 하면, 애정이 담긴 말투로 말을 하지 않는 것뿐이에요. ‘공평함’이 그에게는 매우 중요하거든요” 아라고네스도 이에 대해 이야기했다. “저는 일을 할 때는 웃지 않아요. 중요한 일이니까요. 성적이 좋지 않으면 그만 둬야 하기도 하고요. 그래서 매우 진지하게 일을 하고 표정이 심각하다 보니 불친절하게 보이는 거죠. 하지만 저는 저를 백 퍼센트 믿어요."

국가대표 감독으로 일한 4년 동안, 아라고네스 감독은 스페인 국가대표팀을 이끌고 54경기를 치렀고, 38승 12무 4패를 기록했다. 숫자는 단순해서 그가 국가대표팀에 남긴 위대한 신화를 표현할 수가 없다. 이는 세르히오 라모스의 의견으로 요약할 수 있겠다. "전에는 설렘과 승리를 향한 열망을 갖고 경기장에 들어섰죠. 하지만 우리가 챔피언이 될 수 있을 거라고 확신하지는 못했어요. 하지만 지금은 확신합니다."

"이탈리아는 별로 한 게 없다고 생각했어요. 스페인은 조별리그를 승점 9점에 8득점 3 실점으로 마쳤는데, 이탈리아는 한 경기밖에 못 이겼고 승점 4점에 3득점 4실점이었 으니까요. 게다가 페널티킥 골도 있었으니." 2008년 6월 22일, 에른스트 하펠 경기장에 서 이탈리아 선수들의 슛을 막기 위해 골문으로 나섰던 이케르 카시야스는 경기 전에 이렇게 생각했다.

닷새 전 스웨덴과의 경기에 앞선 훈련을 마치고 인스부르크의 티볼리 노이 스타디 움을 떠나면서 마르코스 세나가 한 생각도 이와 비슷했다. "부폰이 후반전에 무투의 페널티킥을 막아낸 순간 거의 모두들 이제 8강에서 우리가 만날 상대가 이탈리아라 고 생각하기 시작했죠." 하지만 파란만장한 경기 끝에 이탈리아와 비긴 루마니아가 우리의 진로를 좌우하게 되었다. 루마니아가 조별리그 마지막 경기에서 이미 8강 진출을 확정한 네덜란드에게 이기면 우리는 루마니아를 만나게 될 예정이었다. 하지만 운명은 한 번 더 예상을 빗나갔다. 루마니아는 지고 이탈리아가 프랑스를 이긴 것이다.

"8강에 오른 적이 별로 없는 대표팀을 만날 기회가 있었어요. 이탈리아를 만난다고 해서 질 거라고 생각한 건 아니지만 선수들 대부분은 루마니아와 만나길 바랐어요. 이탈리아가 8강 진출을 확정했을 때는 어차피 마찬가지라고 생각했어요. '됐어, 우리 가 더 잘 하니까' 하고요." 이니에스타가 실토했다. 그는 '죽음의 조'라고 불리던 C조의 첫 경기가 시작되기 전에 아라고네스가 "이탈리아가 탈락할 거라고 생각하지 마. 올라올 거야"라고 예언했던 것을 잊어버린 모양이었다. 캅데빌라는 감독이 두세 번 반복해서 말한 것을 기억했다. "당시에는 그 말을 믿을 수가 없었어요. 결과가 눈에 보이는 것 같았거든요. 하지만 부폰이 페널티킥을 하나 막아서 동점이 되었고 우리의 8강전 상대가 눈 앞에 보였죠. 이탈리아! 아, 젠장! 이럴 수는 없어. 또 이탈리아라니. 하지만 조별리그에서 성적이 좋지 않았잖아요. 우리는 자신만만한 상태로 경기를 준비했어요. 우리가 더 잘 한다는 건 알았어요. 하지만 이탈리아는 우리에게는 없는 걸 갖고 있었죠. 우리에게 부족했던 '약간의 행운' 이요." 페르난도 나바로가 덧붙였다.

선수들뿐만 아니라 스페인 국민들도 이렇게 생각했다. 왜 항상 행운은 이탈리아에게만 오고 스페인에게는 그렇게나 잔인하고 불공평한지 알 수가 없었다. "하지만 우리가 아무리 이리저리 생각하고 허공에 대고 불만을 토로하고 벽에다 주먹질을 한들 소용이 없잖아요. 이탈리아가 우리 8강전 상대인 건 변하지 않으니까요."

하지만 스페인은 이번에는 전력이 밀린다고 생각하지는 않았다. 경기 전 훈련에서 안드레스 팔롭이 만든 찬가가 그 증거였다. "물론 이탈리아의 국가를 존중하지만 뒷부분 가사를 이렇게 수정했어요. "이-탈-리-아, 이-탈-리-아, 바람과 함께 사라지다……!"

역사적으로 볼 때 대표팀은 아주 오래 전에 거뒀던 좋은 성적을 불안감과 초조함 때문에 재현하지 못하고 있는 상태였다.

"우리가 좋은 팀이고 언젠가는 좋은 성적을 내야 한다고 생각했죠. 그 경기가 얼마나 중요한지 모두 알고 있었어요. 모든 면에서 중요했죠. 역사적으로도 중요하고, 8강이라서 중요하고, 또 이탈리아라서 중요했어요. 우리가 똑바로 정신차리고 나가면 4강에 진출할 수 있을 거라는 것을 알았어요. 그래서 가능한 한 최선의 방법으로 이탈리아에 맞섰죠. 경기에서 무승부를 거두고 승부차기에서 이겼어요. 자부심이 하늘을 찌를 듯했어요." 마르체나가 기억했다.

"경기 전에 선수들이 자신감에 충만했어요. 감독님은 작전 지시에서 우리의 승리에

한 치의 의심도 없다고 말씀하셨죠. 결승전에 진출할 거라고 믿었기 때문에 8강전은 통과할 거라고 생각한 거죠." 사비 알론소가 덧붙였다.

통계적으로 살펴보면 정말 심각했다. 스페인은 공식경기에서 무려 88년 동안 이탈리아를 이기지 못했다. 정확하게 말하면 1920년 안트베르펜 올림픽 이후부터였다. 처참한 수준이었다. 하지만 이런 역사가 이번에는 반드시 이겨야 하는 동기가 되었다. 상황을 긍정적으로 볼 수 있는 좋은 이유가 하나 더 있었다. 이탈리아 주요 선수들의 결장 소식이었다. 대회 초반에 부상을 입은 칸나바로뿐만 아니라, 피를로와 가투소가 징계 때문에 출전할 수 없었다. "경기 며칠 전에 우리한테 감독님이 말해주셨어요. 피를로가 나오지 못한다는 게 우리에겐 아주 유리했죠. 피를로는 득점을 마무리하고 이탈리아의 경기를 조율하는 선수이니까요." 캅데빌라가 말했다.

페드로 코르테스는 경기장에 이탈리아 선수들이 도착하는 모습에 충격을 받았다. "우리는 높은 탑 옆에 선 키 작은 소방관 같았어요. 암소에게 덤비는 참새들 같았죠." 하지만 공을 차기 시작하고 시간이 지나면서 스페인은 다시 자신감을 얻기 시작했다. 긴장감은 날아가고 할 수 있다는 확신이 들었다.

"경기장 안에서는 우리가 상대보다 잘 한다는 생각이 들었어요. 하지만 어떤 순간에는 우리가 불필요한 플레이를 하거나 실수를 해서 실점을 할까 봐 겁이 나기도 했습니다. 하지만 뒤에 마르체나, 푸욜, 라모스, 캅데빌라가 있기 때문에 두려울 것이 없었죠. 마음 깊은 곳에서부터 안정감이 느껴졌어요." 세스크가 덧붙였다.

"우리가 필드 전체를 장악하고 있는 것 같았고, 저는 우리가 8강을 통과할 자격이 충분하다고 생각했어요. 이탈리아 선수들이 앞에서 뛰고 있었지만 거의 보이지 않는 것 같을 정도였어요." 푸욜이 말했다.

교체 명단에 오른 선수들은 후반전부터 출전 기회를 얻었다. "이탈리아에게도 득점 기회가 몇 번 있었어요. 카모라네시의 슛을 카시야스가 왼다리로 막아내기도 했고요. 우리도 마르코스의 슛이 골포스트에 맞고 나왔고, 실바의 슛은 오프사이드였죠. 경기

세스크가 이탈리아와 8강전에서 승부차기를 성공시킨 뒤 기뻐하고 있다.

카시야스가 데로시의 슈팅을 막아냈다.

카시야스와 차비가 구이사를
위로하고 있다.

구이사가 승부차기를
실축한 뒤 비탄에
빠져있다.

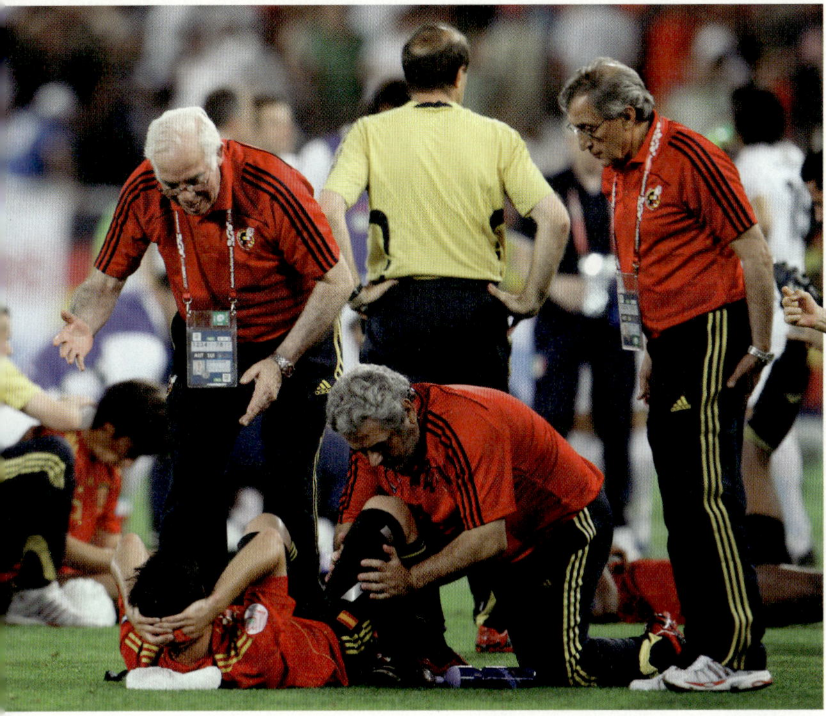

아라고네스가 이탈리아와 승부차기를
앞두고 선수들을 향해 열변을 토하고
있다.

아라고네스가 이탈리아전에 전술지시를 내리고 있다.

이케르가 이탈리아와 승부차기에서 승리한 뒤 자축하고 있다.

후아니토와 캅데빌라가 승부차기를 성공시킨
파브레가스 위로 뛰어올랐다.

세스크가 유로 2008 대회
준결승 진출을 이루고 열광하고 있다.

이케르가 이탈리아와 승부차기에서
승리한 뒤 자축하고 있다.

세스크가 유로 2008 대회
준결승 진출을 이루고 열광하고 있다.

스페인 대표팀이 비엔나의 라커룸에서 우승을 이룬 뒤 포즈를 취했다.

스페인 국왕 돈 후안 카를로스와 왕비 소피아가 엘레나 공주
앞에서 루이스 감독의 팔을 들어올리고 있다.

스페인 국왕 돈 후안 카를로스가 세심하게 아라고네스
감독의 이야기에 귀를 기울이고 있다.

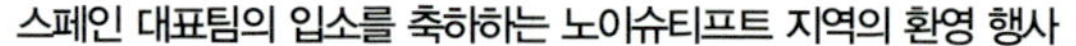

오스트리아의 산을 배경으로 훈련 중인 스페인 대표팀

스페인 대표팀의 입소를 축하하는 노이슈티프트 지역의 환영 행사

아라고네스 감독이 노이슈티프트에서 선수들과 대화를 나누고 있다.

세르히오 라모스와 아라고네스가
진지하게 대화 중이다.

루이스가 격정적인 훈련을 지휘하고 있다.

카시야스가 마드리드로 돌아가는 비행기를 타며 인스부르크의 축구팬들에게 인사하고 있다.

루이스가 선수들과 함께 '그들을 위해(A por ellos)'를 열창하고 있다. 팬들을 위한 헌정 음반을 녹음중이다.

의 주도권은 우리가 갖고 있다고 생각했어요." 카소를라가 말했다.

벤치에 있던 선수들도 비슷한 느낌이었다. 경기에 직접 뛸 수는 없었지만 스페인이 더 잘한다고 생각했다. "분명하게 말씀드릴 수 있는데, 승부차기를 하게 될 때까지 많이 긴장하지는 않았어요. 우리는 이 복권 당첨 같은 승부결정 순간에 이르기 전에 이탈리아를 떨어뜨릴 수 있다고 생각했거든요." 알비올의 의견이다.

그의 옆에 앉아 있던 아르벨로아가 제일 마음을 졸였다.

"제게는 제일 힘들었던 경기였어요. 준결승이나 결승전에 편하게 진출하지 못해서가 아니라, 이탈리아와 경기하면 경기장에 들어선 순간부터 경기 내내 긴장감이 계속되거든요. 이탈리아는 그냥 보면 아무것도 안 하는 팀 같아 보이지만, 언제나 강하니까요."

연장전에 이탈리아 선수들은 스코어를 유지하기 위해 온갖 술책을 썼다. 연장 하프타임 2분 전에 디 나탈레는 부상을 입은 척해서 시간을 끈 다음에 스페인이 역습을 할 때 이를 방해하기 위해 심판의 허락도 없이 다시 필드로 들어왔다. 스페인 관중들은 분노해서 그가 공을 잡을 때마다 사정없이 야유를 보냈다.

세나는 팀이 급격한 체력 저하를 느끼고 있다는 것을 눈치챘다. "가장 위험했던 순간은 연장 후반 시작 무렵이었어요. 쌍둥이근의 통증이 느껴지기 시작했는데 감독님은 이미 세 장의 교체카드를 다 쓰셨거든요. 제 자신에게 말했죠. 마르코스, 참아야 돼. 동료들도 체력 저하 때문에 힘들어 하는 게 보였어요. 그래서 전 미친 듯이 큰 소리로 외쳤죠. 자, 가자! 가자! 반드시 이기고 싶었어요. 연장전에서도 우리가 경기를 주도했어요. 제 슛을 부폰이 막아내지 못했는데 골 포스트를 맞고 튕겨 나온 게 정말 안타까웠어요."

스페인은 연장전 막판에도 경기를 이길 마지막 기회가 있었다. 카소를라가 왼쪽 사이드라인을 타고 슛을 하기 위해 올라왔다. 비야가 반대쪽 골포스트 앞에서 기다리고 있었다.

"비야를 못 봤어요. 공을 빼앗으려고 매우 빠른 속도로 접근한 잠브로타와 충돌하는 바람에. 산티! 산티! 하고 저를 부르는 필사적인 외침을 나중에야 들었어요."

"저를 못 본 게 정말 안타깝죠. 만약 우리가 그 연장전 마지막에 골을 넣었다고 생각해보세요." 비야가 덧붙였다.

아라고네스 감독은 경기 전날, 만약을 대비하여 미리 승부차기 순서를 정해놓았다. "무엇보다도, 누가 맨 처음 찰지는 확실히 정하셨죠." 훈련이 끝날 무렵, 모든 선수_{골키퍼도 포함하여}들에게 라커룸으로 가기 전에 페널티킥을 연습하라고 지시했다. 한 골대에서는 우파르테가 선수들의 숏을 면밀히 관찰했고, 다른 골대에서는 감독이 직접 지켜보았다. "선수들 모두 페널티킥 연습을 해야 된다고 말씀하셨어요. 선수들이 전부 다 차야 될지도 모르니까요."

심판이 경기종료를 알렸을 때, 선수들은 다시 한 번 극심한 피로감에 사로잡혔다. "자, 가자, 가, 이기러 가자고." 감독이 이렇게 다시 한 번 격려했다고 세나가 전했다. 감독이 최종 결정을 내릴 동안 선수들은 열을 식히고 마지막 남은 힘을 쥐어짜서 에너지를 회복하기 위해 노력했다.

"우리는 근육 마사지를 해주려고 선수들에게 가면서도 그보다 중요한 것은 그들을 응원하고 용기를 북돋아 주는 게 아닐까 했어요. 하지만 곧 그럴 필요가 없다는 걸 알았죠. 우리한테 이렇게 이야기하는 것 같았어요. 걱정 마세요. 우리가 이길 거니까요. 두려움이나 긴장 같은 건 전혀 보이지 않았어요. 그때 이들이 승리자라는 걸 깨달았어요. 마르코스는 완전히 체력이 바닥나서 거의 몸을 움직이기도 힘든 상태였어요. 라커룸의 침대에서 일어났을 때 거의 걷지도 못했던 게 기억납니다." 선수단의 물리치료사 라울 마르티네스와 페르난도 갈란이 말했다.

아라고네스는 비밀에 부쳤던 승부차기 순서를 공개하기 시작했다. "승부차기 순서를 미리 공개하면 부정 탄다고 말하는 사람은 아무도 없었지만요." 그는 순서를 선수들에게 알렸다.

"누가 찰 것인지는 머릿속에 있었기 때문에 적어놓을 필요는 없었죠. 우파르테와 헤수스파레데스에게 쓰게 했어요" 첫 번째 키커는 절대 실수해서는 안 된다는 집착이 있었다. "이탈리아가 먼저 찼으면 하는 마음이 있었지만 추첨 때문에 어쩔 수 없게 됐네요. 만약 우리 팀 첫 선수가 실패하면 우리는 낙심하게 되고 심리적으로 이탈리아 팀은 성공할 확률이 높습니다. 그래서 테스트에서 가장 잘 찼던 선수 세 명을 앞에 차례로 놓겠습니다. 비야, 카소를라, 세나입니다. 데 라 레드가 훈련에서 가장 잘 찼지만 오늘 경기에서 뛰지 않아서 찰 수가 없네요." 라고 말했다. 구이사와 파브레가스가 아찔한 11미터의 승부를 넘게 될 4번, 5번 키커로 선정되었다. 허버트 판델 심판 앞에서 카시야스와 부폰이 실시한 추첨 결과는 그리 나쁘지만은 않았다. 순서는 원하는 대로 되지 않았지만 스페인 관중들이 있는 쪽에서 승부차기를 할 수 있었기 때문이다.

이 독일 심판이 골대 앞에서 팔로 신호를 주었을 때 우레와 같은 박수 소리가 붉은 빛으로 물든 관중석에서부터 울려 퍼졌다. 이게 어떤 징조였을까?

마드리드와 인스부르크를 바로 잇는 특별 항공기편

선택된 선수들 중에 몇몇은 아라고네스가 자신을 고려하고 있는 줄은 생각도 못했다. 이것은 위험한 베팅이었다. 한 명 이상이 승부차기를 '한 번도' 해보지 않은 선수였다. 선수들 몇은 선택이 되지 않아 정말 다행이라고 생각했다. "저는 안도의 한숨을 내쉬었어요. 아이고 살았다, 했죠. 제 슛은 재앙 수준이거든요." 캅데빌라가 인정했다.

"감독님이 저를 부르셨어도 피하고 싶거나 하지는 않았을 거예요. 하지만 승부차기에 왔다는 사실 자체가 맘에 안 들었죠. 승부차기는 복권 같은 거잖아요. 거기까지 안 가고 이길 기회가 있었거든요." 이니에스타가 말했다.

그러는 동안 골키퍼 코치 오초토레나는 이케르 카시야스에게 다가갔다. 그날 아침, 기술 지시 막판에 승부차기를 대비하여 골키퍼 세 명과 이미 미팅을 했다.

"자신 있지, 이케르?" 코치가 그에게 물었다. "머릿속에서 오가는 생각들은 다 버리려고요. 직감에 따르겠습니다." 그가 대답했다.

주장의 이 대답은 오초토레나가 무슨 말을 더 해줄 필요가 없을 정도로 확신이 담긴 말이었다. "그는 자신이 주인공이 될 거라는 것을 확실하게 알고 있었어요." 코치가 말했다. 레이나는 그 순간 마음이 통했다고 기억했다. "조언을 할 필요가 없었어요. 저는 카시야스에게 아무 말도 하지 않았어요. 그가 자신의 스타일로 스스로 결정을 내리는 것을 좋아한다는 것을 알거든요. 카소를라와 비야는 저에게 조언을 구해서 제 의견을 전했죠. 시기는 언제가 될지 몰라도, 행운의 여신이 우리 편인 날도 있어야죠."

비야가 첫 번째 키커였다. 그는 실수 없이 깨끗하게 성공했고, 이 성공은 동료들에게 안정감을 주었다. "저한테 승부차기에서 첫 번째 순서가 제일 중요하다는 말을 한 사람은 아무도 없었어요. 아라고네스 감독님한테 처음 들었죠. 우리 모두에게 정신무장을 하라는 말씀이었던 것 같아요. 전 레이나에게 어디로 찰지 물었어요. 저한테 오른쪽 아래로 차라고 하더군요. 그렇게 차서 적중했죠. 승부차기 다음 선수들의 긴장을 크게 덜어준 셈이 되었어요." 그로소도 떨지 않았다. 그는 왼발로 카시야스의 오른쪽으로 찼다. 카시야스가 그의 의도는 읽었지만 공에 손이 닿지 않았다. 1:1이 되었다.

두 번째 키커는 경기 막판에 어떻게 경기를 했는지조차 이미 잊어버린 카소를라였다. "감독님이 저에게 페널티킥을 하라는 말씀을 하셨을 때 그때서야 정신이 번쩍 들었어요. 그 순간은 제가 축구를 해오면서 가장 압박감이 심했던 순간이에요. 훈련은 많이 했지만, 저는 리그에서도 페널티킥을 차본 적이 없었어요." 아라고네스도 이 사실을 알고 있었다. "산티는 두 발을 모두 잘 쓰는 선수죠. 저는 그를 확실하게 믿었어요."

레이나의 전언에 따르면, 산티는 어디로 찰지 이미 정해두었고, 바꿀 생각도 없었다. "생각해둔 방향이 있었는데 이를 고수할 생각이었어요. 생각을 바꿨다가 평생 후회하는 일이 생기지 않게요." 그는 골대 반대쪽에서 그를 집중해서 쳐다보고 있는 카시야스와 눈빛을 주고받고 싶지도 않았다. "저는 공을 세게 차려고 했어요. 다른 쪽을 쳐다보면 잘 못 찰 것 같았어요. 경기장에는 어머니와 여자친구, 제 동생이 와 있어서 매우 기분이 좋았어요. 승부차기 키커로 나서는 것은 좋은 경험이기도 하고요. 저는 그 장면을 텔레비전에서 몇 번이나 반복해서 봤어요." 카소를라가 말했다. 2:1이 되었다.

이번에는 행운의 여신이 등을 돌리지 않은 것 같았다. "승부차기에 나서는 선수들은 자신감에 충만해 있었어요. 아무도 떨지 않고 잘 찼어요. 비야와 카소를라의 킥을 보니 별 어려움 없이 이길 수 있을 것 같았어요. 팀은 이길 수 있는 능력과 자신감을 증명한 거죠." 알비올이 말했다.

데 로시가 이탈리아의 두 번째 키커로 나섰는데, 카시야스가 그의 의도를 맞혔다. 미드필더 데 로시는 중간 높이 오른쪽으로 공을 찼고, 카시야스가 이를 쳐냈다. "페널티킥은 복권 같은 거라, 직관을 믿는 것 말고는 방법이 없어요. 그쪽으로 차서 막아낼 수 있었던 것은 참 다행한 일이었지만, 왼쪽으로 찼다면 예상도 못했을 거예요. 상대가 찰 때까지 기다리면 인간의 한계를 뛰어넘는 순발력이 있지 않고서는 막기가 힘들어요. 선수가 다가오는 모습을 보고 어디로 찰지 대략적으로 감을 잡고, 또 세게 찰지 방향에 집중할지도 알아차리도록 해야 합니다. 레알 마드리드에서 로마와 경기를 하며 데 로시를 만난 적이 있었어요. 그때도 데 로시가 페널티킥을 찼어요. 그는 강력하게 차려고 했고 숏은 크로스바 위로 떴어요. 아마도 이번에는 안 그럴 것 같았어요. 그래서 이 부분에 유념했죠." 카시야스가 말했다.

세 번째 순서는 세나였다. 연장전 후반 초반에 쥐가 나서 경기를 마치기도 힘들 정도의 상황이었음에도 불구하고 모두들 그를 가장 믿음직하게 생각했다. "전날 페널티 킥을 연습할 때부터 공을 어디로 찰지 확실하게 정해 두었어요. 중앙 위쪽으로 차기로 했어요. 공을 놓았을 때 넣을 수 있다는 확신이 들었고 마음도 차분했어요. 골키퍼는 한쪽으로 몸을 던질 테니까 그쪽으로 오는 건 쳐내기도 쉬울 것 같았어요. 공이 위로 뜨지 않고 골문 안으로 들어간 뒤에야 제 어깨를 짓누르고 있던 부담감을 덜 수 있었어요." 3:1이 되었다.

카모라네시가 가공할 파워로 공을 골망에 꽂았다. 그는 처음으로 카시야스의 왼쪽으로 찼는데, 카시야스는 이번에도 키커의 의도를 알아차렸다. 하지만 공이 건드릴 수 없을 만큼 정확하게 날아왔다. 이탈리아가 3:2로 쫓아왔다.

구이사 차례였다. 아라고네스는 구이사에게 네 번째 키커로 결정했다고 말하자 그가 불안해 하는 것을 느꼈다. "구이사가 소속팀에서 대량 득점을 올리고 있었기에 그를 선택했어요. 통보를 할 때 표정을 보니 다른 선수들보다 자신이 없어 보였어요. 하지만 번복하고 싶지는 않았습니다." 감독이 말했다.

다른 선수들도 아라고네스처럼 구이사가 떨고 있다는 것을 느낄 수 있었다. "정말 자신감이 없어 보였어요. 모두들 그렇게 말했죠." 레이나가 말했다. 구이사는 오른발로 공을 부폰의 왼쪽으로 차 넣었는데 부폰도 그쪽으로 몸을 던져서 공을 쳐냈다. 구이사는 그 실수를 기억하는 것이 아직도 힘들다고 말했다. "여러 가지 면에서 최악의 순간이었어요. 모든 게 제 탓인 것 같아 괴로웠고 눈물이 났죠."

선수들의 머릿속에서 불안이 퍼지기 시작했다. "구이사가 실패했을 때 생각했죠. '으악! 큰일 났다! 승부차기 연장되면 나도 차야 될지도 몰라.' 저는 승부차기를 하고 싶지 않았어요. 전 한 번도 숏을 한 적이 없고 골 넣을 기회도 없거든요. 공격수들이 먼저 차겠지만, 혹시나 하는 마음이었어요." 마르체나가 말했다. "괴로웠어요. 모두들 '아, 이번 대회도 안 되는구나' 하고 생각했죠. 하지만 우리에겐 이케르 카시야스가 있었죠." 비야가 말했다. 카시야스가 그 중대한 실수 이후 웅크리고 앉아 있는 구이사를 보고는 단호한 목소리로 외쳤다. "진정해 다니! 내가 이번에 막을게!" 덕분에 구이사는 최악의 악몽에서 깨어날 수 있었다.

괜히 한 말이 아니었다. 그는 디 나탈레의 킥을 막아냈다. 그는 조금 전만 해도 스포츠정신에 위배되는 행동을 해서 스페인 관중의 야유를 받았는데, 이번에는 그의 실수 때문에 관중석이 열광의 도가니가 되었다. 그 역시 카시야스의 왼쪽으로 찼고 카시야스는 이를 잘 막아냈다. "정말 막아낼 거라고 기대하지는 않았는데, 농담이 아니었어요. 새 세상이 열리는 기분이었어요. '카시야스' 라는 이름의 신이 저를 구원해주신 거죠." 구이사가 말했다.

아라고네스는 그 절체절명의 순간에 카시야스가 보여준 용감한 모습을 칭찬했다. "실수한 선수를 격려하는 차원이었을 뿐만 아니라, 그때 그가 '걱정 마, 내가 막을게' 라고 말한 것은 책임감을 보여준 거예요. 그렇게 이야기하는 것이 자기 자신에게도 꼭 막아내겠다는 각오를 다지게 한 것인 줄은 몰랐겠죠. '더 집중해야 한다. 이미 하나 막았고 이번에 또 하나 막을 것이다' 라고 각오한 셈이죠. 페널티킥을 실패한 구이사를 위로하려던 것뿐이라고 생각하겠지만 말입니다!" 아라고네스가 말했다. 스페인은 3:2를 유지했다.

4강 진출은 파브레가스의 발에 달려 있었다. 카소를라가 그에게 다가가서 말했다. "너를 믿어. 우린 다 널 믿고 있으니까!" 그 공이 부폰이 지키고 있는 골문 안으로 들어가는가 여부에 따라 모든 게 좌우되는 순간이었다. 카시야스는 두 손을 맞잡아 머리 위에 얹고는, 다시는 저 골문 앞에 설 일이 없길 바랐다.

"카데테Cadete 스페인 15~16세 유소년 팀 시절부터 저는 경기 중에 페널티킥을 차본 적이 한 번도 없었어요. 알레빈, 인판틸13~14세 유소년 팀 시절에는 차긴 했는데, 아스날에 간

이후로는 한 번도 안 찼어요. 아마도 가장 최근에 찬 것이 16세 이하 대표팀에서였을 거예요." 세스크가 말했다. 온 나라의 기대를 짊어진 셈이었다. 실수를 한다면 평생 지고 가야 할 엄청난 십자가가 될 것이고 성공한다면 온 나라의 칭송을 받고 역사에 남을 것이다.

수많은 스페인 사람들이 눈을 질끈 감거나 텔레비전에서 등을 돌리고, 옆 사람과 끌어안기도 하고, 라디오의 볼륨을 최대로 올리고 있을 때, 그 모든 무게가 이 10번 선수의 머리 위로 내려앉았다. "그 순간이 제 커리어에서 가장 중요한 순간이라는 것을 알고 있었어요. 저는 스스로에게 말했죠. 네가 할 수 있다는 것을 증명해. 증명하라고! 이는 또한 엄청난 기회이기도 했어요. 다른 사람 생각은 하지 않았어요. 할 수가 없었죠. 오직 넣고 싶다는 생각만 했어요. 부폰을 보지는 않았어요. 저는 절대 골키퍼를 쳐다보지 않거든요. 그가 저한테 뭐라고 말했는지 몰라도 기억도 안 나요. 제가 들은 건 카시야스 목소리였어요. 저한테 소리쳤어요. '침착해! 침착해!' 하지만 그도 쳐다보지 않았어요. 오직 저한테만 집중했죠. 왼쪽으로 찰 생각이었는데 마지막 순간에, 발이 공에 닿기 5센티미터 앞에서 눈을 조금 들었더니 부폰이 제 쪽에서 봤을 때 오른쪽으로 몸을 뻗는 것을 보았어요. 그래서 좀 쉬워졌죠. 공을 찼을 때, 제발 들어가기를 바랄 뿐이었어요. 다행히도 들어갔죠."

왜 아라고네스 감독은 엄청난 비난을 받을 수도 있는데도 불구하고 페널티킥 경험이 부족한 파브레가스를 승부를 결정 짓는 마지막 키커로 정했을까? "어떤 선수가 열아홉 살에 아스날 같은 팀을 대표하는 주장이 되었다고 하면, 이것은 그가 정신적으로는 충분히 성숙했다는 뜻입니다. 그때 이미 스물여덟이나 서른두 살 수준이 된 거죠. 게다가 그는 완벽하게 균형 잡힌 선수이고, 이 골을 넣는 것은 그 자신도 보지 못했던 대표팀에서의 자신의 가치를 증명할 기회가 될 수 있었어요. 세스크는 그의 팀에서 모두들 필요로 하는 아주 이상적인 동료입니다. 제 생각에는 아직도 그는 대표팀에서는 자신을 백 퍼센트 발휘하지 못하고 있다고 생각하는 것 같아요. 팀에서는 제 실력을 발휘하지만 대표팀에서는 아마도 그렇지 않은 것 같다고 생각하는 거죠. 하지만 그건 잘못 생각하는 겁니다. 저한테 세스크는 대표팀에서 차비만큼이나 중요해요. 단지 한 포지션에 두 명을 기용할 수 없을 뿐입니다." 감독이 말했다.

승부차기는 벤치에 있던 선수들에게도 무척 긴장되는 순간이었다. "그때 만약 제가 세스크가 한 번도 승부차기를 해본 적이 없는 줄 알았으면 저는 아마 기절했을 거예요. 몰랐던 게 다행이죠." 캅데빌라가 말했다.

차비는 세스크가 경험이 없을 거라고 짐작은 했지만, 이탈리아 선수들도 실수를 할 거라고 생각했다. "저는 우리가 준결승에 진출할 수 있을 거라고 생각했고 동료들에게도 그렇게 말했어요. '확실히 우리가 간다니까!' 하지만 이탈리아 선수들이 정말 침착해 보여서 긴장이 됐어요. 혼잣말을 했죠. '믿을 수가 없어. 이탈리아 선수들 봐. 나는 이렇게 사시나무 떨 듯 떨고 있는데!' 그들은 마치 그 상황을 장악하고 있는 듯한 모습이었어요. 하지만 우리에겐 페널티킥에 숙달된 카시야스가 있죠. 승부차기에서 진 적이 없는 것 같아요. 아, 그래요. 한국한테는 졌죠."

아르벨로아는 몇 안 되는 비관론자였다. "솔직히 말해서 전 이제 짐 싸야 되겠구나 생각했어요. 동료들을 못 믿어서가 아니라, 머릿속에서 옛날 일이 생각나서요. 하지만 곧 모두들 확신에 찬 게 보여서 2분 만에 그 두려움은 떨쳐냈어요."

스페인은 수 세대 동안 넘지 못했던 극복하기 어려웠던 벽을 막 넘었다. 그리고 대표팀에게 역사적으로 많은 패배를 안겨 주었던 이탈리아도 뛰어넘었다. 사실 공식경기월드컵 세 번, 유로 2번에서 한 번도 이기지 못했었다.

축제가 시작되었다. 불안은 행복감이 되었다. 서로 껴안고 소리치며 승리를 축하했다. 동료들이 몰려와 세스크를 부둥켜안았지만, 그는 관중석에 있는 가족들을 찾으러 달려갔다. 파브레가스가 그날 들은 가장 인상적인 말은 이제 동료들의 위로를 받고 그들의 행복이 전염되어 기력을 회복하기 시작한 구이사의 목소리였다. "너 이 자식, 진부해……."

"저한테는 그때의 터질 것 같은 기쁨이 대회 기간 통틀어 가장 강렬했어요. 그 정도 였던 적은 평생 처음이었거든요. 승부차기에서 져서 짐을 싸는 게 최악인 것 같아요. 독일월드컵에서는 프랑스를 만나서 종료 8분 전에 골을 먹어서 떨어졌죠." 후아니토 가 말했다.

"저는 너무 기뻐서 순식간에 40미터를 전력 질주했어요. 태어나서 가장 빨리 뛰었 던 것 같아요." 레이나가 말했다.

이때 찍은 사진에는 마르체나가 전혀 등장하지 않는다. 그는 따로 떨어져서 다음 시합을 생각하고 싶었다. "저는 혼자 다른 쪽으로 가서 저 스스로한테 이야기했죠. 이 경기는 이제 의미가 없다. 전 그때 이미 준결승을 생각했어요. 이게 사는 방법이죠." 파브레가스는 가끔 동기부여를 하기 위해 이 승부차기 킥을 본다고 말했다. "반복해 서 보는데 볼 때마다 넣더라고요. 평생을 그랬으면 좋겠네요. 가끔은 제 친구들이 보 여줘요. 전 제 결혼식 비디오도 안 갖고 있는 사람이라서요"하고 농담을 했다.

"세스크의 페널티킥은 오르가슴 같았어요." 세나가 말했다.

"공이 들어가는 것을 본 순간 전 딴 세상에 온 듯한 느낌이었어요." 구이사가 그 순 간을 기억했다.

"4강에 진출해서 정말 다행이었죠. 구이사가 그렇게 우는 걸 보고 있자니……. 진출 한 뒤에도 계속 울었어요. 위로할 방법이 없었어요." 캅데빌라가 말했다.

남편 호세 루이스와 관중석에서 경기를 보던 마리아 델 카르멘 페르난데스는 압박 을 견디지 못하고 기절을 하고 말았다. "기절하신 게 처음이 아니었어요. 1995년 바르 셀로나와의 결승전에 제가 뛰었는데 그때도 이런 일이 있었거든요." 그의 아들 카시 야스가 말했다. 다행히 그녀는 바로 의식을 찾았고 축하에 동참할 수 있었다.

그렇게 열정적으로 뛰었는데 한 골도 넣지 못한 것은 오랜만이었다. 비야가 공을 찬 순간부터 세스크가 넣은 순간까지, 심장을 조이는 긴장이 가득했던 승부차기에 정 확히 5분 14초가 걸렸다. 에른스트 하펠 경기장에서 직접 경기를 관람하는 특권을 누린 팬들은 경기장을 떠나지 않았고 상당수는 감격에 겨운 눈물을 흘렸다. 기자석에서는 스페인 취재진 대부분이 평정을 잃고 소리를 지르고 껴안으며 탁자 사이를 뛰어다녔다. 해외 언론의 대서특필을 보며 특파원들은 눈물을 흘리기도 했다. 눈물을 숨길 날이 아니었다.

이제 별로 의미가 없는 이야기이지만, 만약 세스크가 그 페널티킥을 성공하지 못하고 이탈리아는 넣었다면 여섯 번째 키커는 세르히오 라모스가 되었을 것이다. "알고 있어요. 그렇게 끝난 게 정말 다행이죠." 안달루시아 출신의 수비수 라모스가 웃으며 말했다. 승부차기가 계속 연장이 된다면 아라고네스는 마르체나보다 카시야스를 더 앞에 내보낼 생각이었다. "수비수들은 거의 항상 결승전을 위해 아껴둡니다"라고 밝혔다.

축제는 경기장에서 끝나지 않았다. 버스는 기적적으로 인파를 뚫고 나와 호텔에 도착했다. 선수단이 모두들 창문을 있는 힘껏 두드렸고 음악이 다시 한 번 쩌렁쩌렁하게 울렸다. "그 경기가 키포인트였어요. 이제 모두 우리가 우승할 수 있다고 생각하게 되었죠." 푸욜이 말했다. 갑자기 팔롭이 개사한 이탈리아 국가가 나오기 시작했다. "전날에는 큰 인기를 끌지 못했는데, 그때 버스에서 동료들이 부르기 시작하자 감격스러웠어요. 감독님도 아주 재미있어 하시고 오초토레나 코치님과 같이 웃으셨던 기억이 나요."

환희의 한가운데에서, 협회의 언론담당국장인 팔로마 안토란스의 뺨으로 눈물이 흘러내리기 시작했다. 카시야스가 그 모습을 보고 이상해서 무슨 일이 있냐고 물었다. "이케르, 나 정말 행복해. 그런데 헤나로 생각에 눈물이 나서 멈출 수가 없어"하고 대답했다.

주장 또한 이 따뜻한 마음에 동감하고 아라고네스에게 이야기하기 위해 버스 앞쪽으로 갔다. 감독은 이 들뜬 분위기를 가라앉힐 수도 있지만 즉각 마이크를 잡고 팀 닥터를 기렸다. "저는 이 승리를 멋진 친구에게 바칩니다. 헤나로 보라스 박사입니다."

1991년부터 대표팀의 팀 닥터로 일한 헤나로는 2008년 5월 16일 암으로 세상을 떠났다. 그 마법 같은 저녁에서부터 37일 전이었다. 선수단 식구들은 모두 진심으로 그를 애도했다. 그를 기리는 마음의 우열을 따지는 것은 불공정하겠지만, 1990년부터 대표팀 물리치료사로 일한 그의 친구 미겔 구티에레스는 특히 그날 헤나로 생각이 더 많이 났다고 말했다. "승부차기를 할 때 저는 벤치에서 골대를 등지고 앉아 있었어요. 너무 긴장돼서 차마 볼 수가 없었거든요. 내내 헤나로 생각만 났어요. 아라고네스 감독은 부임 후 두 번째 경기에서부터 그에게 경기 중에 좀더 가까이 앉았으면 한다고 하셨어요. 이 잊을 수 없는 순간에 그가 우리와 함께 할 수 없었다는 게 정말 가슴 아프네요. 바르셀로나 올림픽 이후 가장 떨리는 순간이었거든요."

이 날의 승리는 스페인 대표팀의 변곡점이 되었을 뿐만 아니라, 우리의 경쟁팀에게는 우리를 다시 보게 하는 계기가 되기도 했다. 결승전에서 만날 확률이 높았던 독일 선수들은 더욱 유심히 경기를 보았다. "대본이 있었다면 경기를 잘하고 이탈리아보다 뛰어났던 스페인이 승부차기에서 져서 탈락하는 방식이 됐겠죠. 하지만 스페인은 이겼고, 호텔에서 보고 있던 우리는 스페인이 우승후보라는 걸 알게 되었어요." 크리스토퍼 메첼더가 말했다.

그날 밤 다음 장에서 이야기할 게임방에서는 의자가 날아다니고 평소보다 축하가 길어졌다. "우리가 큰 고비를 넘긴 게 사실이었어요. 유로 대회의 포인트가 될 경기였어요. 두 경기가 남아 있고 쉽지 않을 거라는 것도 알고 있었지만, 이탈리아와의 경기보다는 덜하지 않을까 생각했어요. 게다가 우리의 8강 공포증도 날렸고요." 실바가 말했다. 하지만 그 자리에는 파브레가스 같이 중요한 사람 몇몇이 빠졌다. "너무 피곤해서 얼른 자려고 알약을 하나 삼키고 침대로 갔어요." 페르난도 나바로 또한 잠은 오지 않았지만 방에 머물며 영화나 한 편 보고 싶었다. "캅데빌라의 방에서 시끄러운 소리가 들렸어요. 하지만 그들한테 무슨 말을 하겠어요. 역사적인 순간이니까 말이에요."

시간이 지나고 보니 이탈리아와의 8강전이 있었던 2008년 6월 22일 우승을 결정한 것이나 마찬가지라는 데 아무도 이의가 없다. 그날 저녁 복잡한 생각과 의심이 사라졌기 때문이다.

"전 그날 우리가 유로를 제패한 것이라고 생각해요. 그때부터 우리는 누구도 두렵지 않았어요. 누구든 이길 수 있다는 걸 알았어요." 토레스가 말했다.

"8강에서 이탈리아를 이기고 4강에 진출한 것은 우리 모두에게 큰 상이었어요." 라모스가 말했다.

"준결승전은 침착하게 임했어요. 더 긴장되고 어려웠던 건 8강이었죠. 이탈리아 팀은 훌륭한 팀이고, 자기들 덕에 우리가 우승했다고 말해요. 이후에 우리는 결승에 쉽게 진출했죠." 푸욜이 덧붙였다.

"모든 게 바뀐 날이에요. 4강 진출은 해방과도 같았어요. 우리를 짓누르던 무게를 벗었거든요. 이길 기회가 딱 한 번이었다는 걸 모두들 알고 있었어요. 결승전 날 이상으로 자축했던 것 같아요." 알론소가 말했다.

스페인 대표팀은 자신들이 우승할 자격이 있다는 것을 비로소 깨달았다. 아라고네스의 훈련에 포함된 심리 훈련의 성과가 보였다. "스페인이 월드컵이나 유로 같은 큰 대회에서 결승에 진출할 수 있겠는가 하는 의문이 있었어요. 하지만 정확히 24년 후, 이 의심이 사라졌어요. 치러야 할 시험이 남아 있기는 했지만 결국 결승에 진출할 거라는 자신이 있었어요. 그렇다면 더 필요한 건 무엇이었을까요? 사람들이 우리에게 기대하는 것을 이루지 못할 거라는 두려움은 사라졌습니다. 이날 스페인이 깨뜨린 것이 바로 그 두려움이었죠. 자기 자신을 믿으면 이길 수 있고 단계를 밟아 나갈 수 있다는 것을 알게 되었어요." 아라고네스가 마무리했다.

하지만 그날, 2008년 6월 22일에는 이들이 얻은 자신감이 새 역사를 만들 것이라고 구체적으로 생각하지는 않았다. 차비가 '좀 귀찮게 할 때도 있지만 항상 모두와 잘 지낸다' 고 말한 푸욜이 한 가지 단서를 말해주었다. "이탈리아와 경기를 하는 데도 아무도 미리 짐을 싸지 않았어요. 혹시나 떨어질까 봐 짐을 반쯤 싸놓는 선수들

을 봤거든요. 하지만 이번에는 아무도 그러지 않았죠. 우리가 이길 거라고 철썩같이

믿은 거예요."

: 422호
게임방

동료들은 그가 새로 시작한 게임에서 또 지자 일부러 호들갑을 떠는 거라고 생각했다. 하지만 그때 캅데빌라는 진심이었다. "나 이제 안 해!"하고 소리쳤다.

캅데빌라가 자발적으로 그만 두는 바람에 유로 대회 마지막 주말에는 6인조 게임 모임이 5인조가 되었다. 게임에는 보통 카시야스, 레이나, 비야, 카소를라, 세르히오 가르시아가 참여했는데, 그들은 캅데빌라가 게임에 끝까지 참가하도록 설득하려고 했다. 합숙 기간 동안 게임은 이제 습관이 되었고, 매 경기 전에 즐겼기 때문이었다. 하지만 방법이 없었다. 캅데빌라는 태도를 확실하게 유지하며 압력에 굴복하지 않고 '포차스페인 카드 '바라하' 로 하는 카드놀이' 에서 은퇴했다.

선수들은 그의 방에 매일 모여서 카드놀이를 했고 동료들은 캅데빌라에게 계속 돈을 따갔지만, 아무도 그를 동정하지 않았다. 합숙 기간 동안 캅데빌라가 돈을 얼마나 잃었기에, 좋아하는 카드놀이를 중단하겠다는 대담한 결심을 내리게 되었는지는 쉬쉬하는 분위기였다. 끝까지 게임을 즐긴 5인조 게임 모임의 한 멤버가 이를 '폭로했다.' "잃은 돈이 천 유로150만 원 정도쯤 됩니다. 전 아무 말도 안 한 겁니다……" 힘겨운 협상 후에야 캅데빌라는 이 금액 공개를 허용했다. 만약 캅데빌라의 아내인 마리아가 이 대목을 읽으면서 이 '낭비'를 비로소 알게 되었다면 그들의 무분별한 행동을 용서해주길 부탁드린다. 이 대목에서 이야기하고 넘어가야 했다고 말하고 싶다.

포차는 선수들이 훈련과 훈련 사이나 감독님과의 미팅, 마사지 등 사이의 시간을 보내는 기본적인 활동 중 하나다. 이는 카드놀이 투테의 일종으로, 상대를 이길 수 있는 강한 패를 맞히는 게임이다. 물론 '포차 시간' 은 하루 일과 중에 상당히 중요한 시간이었다. "가능한 한 가장 빨리 자리를 잡고 게임을 하기 위해서 식당에서 뛰어나왔던 날도 있었어요." 레이나가 말했다.

캅데빌라는 그의 방을 카드놀이 장소로 제공했다. 스페인 대표팀이 오스트리아에 도착한 6월 5일, 그는 방문을 열자마자 평소와는 달리 방이 엄청나게 커서 깜짝 놀랐다. "방에 처음 들어갔을 때 저는 방 배정이 잘못된 게 아닌가 생각했어요. 카시야스 방이 아닌가 생각했어요. 제 성이 카시야스하고 같은 철자로 시작해서 헷갈린 게 아닌가 생각한 거죠." 캅데빌라가 말했다. 보통은 합숙할 때 큰 방을 쓰는 특권은 대표팀 경력 순으로 주장단이 갖고 있었기 때문이었다.

그는 방에 짐을 풀기 전에 잘못 배정된 것은 아닌지 확인하고 싶었다. 그는 리셉션에 내려가 대표팀의 이동과 숙박을 담당하는 책임자 안토니오 리모네스에게 물었고, 그는 합숙 기간 동안 캅데빌라가 422호를 쓰는 것이 맞다고 확인해주었다. 확실한 대답을 들은 다음에, 그는 모든 방이 똑같은지 확인하기 위해 친한 친구 카소를라를 찾으러 갔다. 카소를라의 방은 훨씬 작았다. 카소를라는 캅데빌라의 방을 보고 깜짝 놀라 입을 쩍 벌리고는 말했다. "뭐야! 이런 방은 주장단 줘야 되는 거 아닌가. 여기서 매일 밤 포차나 해야겠다!"

다른 선수들 방은 대부분 아래층에 몰려 있었는데, 캅데빌라의 방은 한 층 위에 있었고 마르코스 세나의 방과 물리치료사들의 방과 인접해 있었다. 그 방에 선수들은 '게임방' 이라는 명칭을 붙였고, 곧 그곳은 선수단 여가의 심장부가 되었다. "왜 캅데빌라에게 그 방을 줬는지는 잘 모르겠어요. 방이 너무 커서 카시야스가 원치 않았을 수도 있고요. 리모네스에게 무슨 기준으로 방을 배정했는지 물어봐야겠어요." 비야가 농담조로 말했다.

리모네스는 대표팀 경력에 따른 서열과는 별도로 방 배치에 선수들 사이의 친밀감도 고려하곤 했다. "예를 들어 풀라티노와 멩가니토가 사이가 좋다는 걸 알면 가급적 옆방으로 배정하려고 노력하는 거죠. 하지만 대부분 좋아졌다 멀어졌다 하잖아요. 그러면 저한테 사이가 좀 변했다고 알려주죠." 그가 말했다.

하루하루 지날수록, 캅데빌라의 방에서 기숙하는 하숙생의 숫자가 증가했다. 이는 카드놀이가 친구들의 모임이 되었음을 보여준다. 실바, 나바로, 라모스, 후아니토 등 다른 선수들도 인터넷 검색을 하거나 가족과 채팅 등 연락을 하기 위해 와이파이WIFI를 이용하러 왔다. 경기가 끝난 저녁에는 게임방에 오는 것이 거의 의무에 가까웠다. 거기서 시합 내용을 세세하게 돌아보고, 다음 경기를 생각하기 시작했다.

"축구에 대해서만 이야기한 건 아니에요. 일상에 대해서, 또 자동차나 이성문제에 대해서도 이야기했어요. 긴장을 풀기에 좋았어요. 팀 동료를 넘어서 친구 같았죠. 개성이 강한 선수들이 모인 팀에는 서로를 존중하고 많이 웃고 친하게 지내는 게 중요해요." 나바로가 말했다.

"새벽 두세 시까지 시간 가는 줄 몰랐어요. 모르는 사이에 열 명이 넘게 모이곤 했죠. 저는 물론 야간 모임의 흥을 돋구기 위해 제 노트북을 들고 가서 음악을 틀었죠." 라모스가 말했다.

"저는 카이피리냐카샤사, 라임, 설탕 등을 혼합한 브라질 칵테일 담당자였어요. 보통 축구선수들은 경기가 있었던 날에는 잠이 잘 안 오거든요. 경기가 늦게 끝났을 경우에는 더더욱 그래요. 음악도 듣고, 카드놀이도 하고, 텔레비전을 보거나 컴퓨터를 하고" 후아니토가 말했다.

레이나는 이런 만남이 자발적이었으며, 이 즉흥성이 팀이 단결하는 데 매우 중요한 지점이었다고 말했다. "선수들 사이가 끈끈하다는 걸 보여주는 모습이었죠. 우리는 개인적 걱정도 많이 이야기했어요. 가족을 보지 못한 지도 오래 되다 보니 다른 선수보다 더 힘들어하는 동료도 있었죠. 좋은 것이든 나쁜 것이든 서로 돕기 위해 동료가 있는 거니까요. 그 방에서 보낸 시간들을 기억하면 입가에 미소가 번져요. 따분한 적이 거의 없었죠." 캅데빌라는 이렇게 선수들에게 둘러싸여 보낸 시간을 참 좋아했다. "장소 제공과 관련해서는 아무 문제도 없었어요. 방은 아파트 한 채 만했으니까요. 커다란 거실이 있었고 방이 세 개에 화장실이 두 개였고 다 합치면 침대가 여섯 개나 있었어요. 그래서 어디서 잘지 선택할 수 있었거든요." 하도 들락날락하고 배달도 많이 와서 방의 전자열쇠 배터리가 다 닳아 바꿔 끼워야 했을 정도였다.

카시야스, 레이나, 비야와 같은 베테랑들은 현금을 충분히 갖고 게임에 참여하기 위해서 원조를 받아야 했다. 독일월드컵에는 있었던 알벨다, 카니사레스, 파블로, 안토니오 로페스이들도 포차 멤버들이었다가 유로에는 없다는 것이 실감나는 순간이었다.

경기 날에는 밥을 먹고 나서 포차를 하는 것이 습관이 되었다. "저희에게 행운을 주는 것 같았어요. 우리 여섯 명은 항상 행운이 왔으면 하고 게임을 했죠." 카시야스가 말했다.

"늘 한 명만 잃어도 봐주지 않더라고요." 페르난도 나바로가 게임 참여를 포기하면서 말했다.

"거긴 새 멤버가 들어가지 않는 게 나아요. 연습에도 가야 되거든요. 만약에 안 가면 빈털터리로 만들거나 이틀 안에 유로 보상금을 다 빼앗길 거예요. 우승할 줄 알았다면 했을지도 모르지만요." 후아니토가 농담을 했다.

호텔 직원들은 선수들이 게임을 하며 노는 것을 재빨리 파악하고는, 부족한 것이 하나도 없도록 매우 친절하게 챙겨주었다. "처음 두 번 게임을 하고 논 다음에는, 우리가 부탁하지 않아도 되도록 아예 제빙기를 방에다 가져다 줬어요. 게임을 하는 동안 맥주도 마시고, 음악도 들었죠. 분위기가 정말 좋았어요." 비야가 말했다.

게임은 그날의 순서대로 진행했고, 누군가의 예측이 틀려 한 판이 끝나고 나면 모두들 그를 놀리느라 야단이 났다. "주도권을 쥔 사람은 비야와 카시야스, 저였어요. 나머지 선수들은 4위, 5위 자리를 두고 아옹다옹했죠." 레이나가 말했다.

신참들도 게임을 많이 했다. 특히 세르히오 가르시아는 흑자를 내고 돌아갔다. "제 생각에는 레이나와 제가 제일 많이 딴 것 같아요. 사실은 참 재미있었어요. 유로에서 얻은 소득이죠." 비야는 하면 할수록 실력은 늘게 되어 있다며, 카드놀이로 경쟁을 하는 건 나쁠 것이 없다고 말했다. "레이나, 카시야스와 저는 보통 돈을 따서 합숙을 마쳐요. 모두들 제가 제일 많이 딴다고 말해요. 하지만 제 생각에는 카시야스가 제일 많이 따는 것 같아요." 비야가 말했다. 카시야스는 비야의 의견에 동의하지 않았다. "제 생각에는 레이나인 것 같은데요. 제일 많이 땄죠. 누가 많이 따든 마찬가지이긴 하지만요."

캅데빌라는 게임이 무르익었을 때 한 선수가 공격적인 태도를 드러냈음을 공개했다. "카시야스는 지려는 순간 욕을 하면서 화를 냈어요." 비야도 한마디 덧붙였다. "카소를라는 지고 있을 때 아주 비위에 거슬리게 굴어요. 참아낼 사람이 없을 걸요." 카시야스는 자신의 행동에 대해 변명했다. "다들 투덜거리고 징징거리는 걸요. 그때는 제가 운이 너무 없어서 다 먹혀서 그랬죠. 하지만 제일 오랫동안 툴툴거리고 탄식하는 건 카소를라예요."

후아니토 같이 구경만 하는 몇몇 선수들은 게임 중에 동료들이 보이는 반응을 구경하는 것을 재미있어 했다. "비야는 성가시게 굴어요. 게임을 할 때 농담을 하는데, 재미도 없어요. 전 그 얘기들이 호아킨이 발렌시아 라커룸에서 해준 얘기라는 걸 다 알고 있거든요. 저도 호아킨이랑 이야기를 자주 하기 때문에 알아요. 거의 대부분은 이미 그에게 들은 이야기에요. 제가 좀 냉정하게 이야기하는 건 사실인데요, 하지만 비야는 아스투리아스 사람이잖아요. 호아킨은 언어의 예술가 수준이에요. 이상한 농담을 하는데 그 농담을 들으면 기분이 좋아지거든요. 호아킨한테 직접 이야기를 못 들은 다른 사람들은 비야한테 처음 듣는 거잖아요. 호아킨한테 들었으면 웃느라 기절할 거예요."

회계 담당자는 레이나였다. 그는 종이에다가 얼마나 잃고 땄는지 경기 내용을 하나

하나 기록하고 계산해야 했다. 작은 종이에 면밀하게 적어서 각각 돈을 따고 있는지 잃고 있는지를 적는 것이었다. 합숙이 끝나기 전에 빚을 청산해야 했다. "페페는 믿을 만해요. 빠뜨리지 않고 잘 해요. 하나도 빠짐없이 잘 챙기죠." 카시야스가 말했다.

"음, 저는 페페가 속임수를 쓰는지 안 쓰는지 의심이 가긴 하는데요." 캅데빌라는 반론을 제시했다.

캅데빌라는 포차를 그만 두고 나서 자유시간을 보낼 다른 방법을 찾았다. 포커가 유행을 해서 리에라, 사비 알론소, 파블로 에르난데스, 피케, 세르히오 라모스와 포커를 좀 했다. 컨페더레이션스컵에서는 레이나도 합류했다. 이번에도 운은 없었다. "어느 날 저녁에는 전화를 받느라 차비에게 저 대신 잠깐 해달라고 했어요. 전화를 끊으니까 이미 50유로를 잃었더군요……. 대재앙이었죠."

월드컵에서는 페르난도 요렌테가 그를 대신해서 포차를 했는데, 그는 스스로 자신의 포차 데뷔에 만족했다. "카소를라와 저는 다른 선수들보다 수준은 좀 낮았는데요, 우리가 할 수 있는 건 다 시도해서 대항해보려고 했어요."

마타 또한 처음 등장했다. 하지만 곧 그는 얼른 그만두는 것이 최선의 선택이라는 것을 깨달았다. "전 컨페더레이션스컵 기간 동안 포차하는 걸 구경했어요. 어느 날은 저를 부추겨서 게임에 참가하게 했는데, 그 이후로 다시는 안 해요. 그들은 저와는 수준이 달라요." 그는 루미큐브^{보드 게임의 일종으로 참가자들이 색과 숫자의 다양한 조합을 만들며 점수를 더해 감}를 하는 게 더 편했다. 마타, 마르체나, 차비, 디에고 로페스, 가끔은 부스케츠까지 세르히오 라모스의 방에 모였다. "라모스의 아이팟을 노트북에 연결해서 음악을 들으면서 루미큐브를 했죠. 더 바랄 게 없었어요." 마타가 기억했다.

포커와 루미큐브의 급습이 있었어도 포차가 없어지는 것은 아니었다. "포차는 영원합니다." 캅데빌라가 말했다. 동료들은 남아프리카공화국 월드컵 기간 동안 캅데빌라에게 다시 포차를 같이 하자고 꼬드겼다.

"캅데빌라가 엄청 보고 싶네요. 왜냐하면 그 덕분에 비야와 저는 딸들의 영성체 비용을 낼 수 있었거든요" 레이나가 농담을 했다.

"그가 그때 그만두고 컨페더레이션스컵에서는 안 한 게 천만다행이에요. 안 그랬으면 캄데빌라의 아내가 집을 나갔을 거예요." 카소를라가 덧붙였다.

"월드컵에서는 그가 다시 포차에 참가했으면 좋겠어요. 그가 없으면 게임이 예전과는 달라지거든요." 비야가 콕 찔렀다.

"보기만큼 그렇게 못하는 건 아니에요. 운이 없었을 뿐이죠. 우리가 더 잘하게끔 가르쳐줄 수도 있어요." 카시야스도 한마디 보탰다.

캄데빌라는 이를 고려해보았고, 복귀 가능성을 완전히 배제한 것은 아니었다. "전폐쇄적인 사람이 아니니까요. 하지만 저를 잘 설득해야 할 겁니다. 아니면 제가 그들에게 천 유로짜리 수표를 하나 주고는 다들 나눠 가지라고 하는 거랑 똑같죠. 뭐 월드컵에서 뛸 수만 있다면 그게 그렇게까지 큰 돈은 아니겠지만요." 웃으면서 말했다.

이 게임방은 선수들에게만 개방된 방은 아니었다. 물품담당자와 물리치료사들도 종종 그 곳을 찾았다.

"우리에겐 가깝기도 했고요, 마지막 마사지를 마치면 그 앞을 지나가게 되니 맥주 한잔 하러 들렀죠. 분위기가 아주 좋았어요. 축구팀이 아니라 무슨 가족 모임 같았죠." 물리치료사 페르난도 갈란이 말했다.

"캄데빌라의 방은 호텔에서 가장 화끈한 곳이었어요. 우리는 경기를 뛰지 않고 골을 넣지도 않지만 항상 선수들과 매우 가깝게 지냈어요. 축하 계획이나 그 외 어떤 대화 주제이든 간에 우리와 함께 상의했어요. 우리에 대한 확고한 신뢰를 느낄 수 있었죠." 갈란의 동료인 라울 마르티네스가 말했다.

어느 날은 한 선수가 다음 날 훈련을 위해 부탁할 것이 하나 있어 물품담당자 중에 가장 베테랑인 펠릭스를 불렀다. 그는 422호에 와서 부탁을 들어준 다음에 그 방에 조금 더 있기로 결정했다. "선수들을 어떻게 노나 좀 봤죠. 별 걱정이 없어 보이는 게 신기했어요. 토너먼트 기간 중에 선수들이 느끼는 압박감이 보이지 않았어요 그 방에서 마음 편하게 시간을 보내고 나가면서 이런 압박을 조금씩 잊는 것 같았어요. 지금이 어떤 상황인지 별로 관심이 없는 것 같았어요." 주변이 조용해지자 배경에 깔려 있던 잔잔한 음악이 들려왔다. 펠릭스는 선수들에게 이야기했다. "전 월드컵에 일곱 번 참가했지만 이렇게 조화로운 모습은 여러분이 처음입니다. 한 가족 같네요."

선수들 또한 펠릭스의 이 고백에 감동을 받았고, 그 말을 잊을 수가 없었다. "레알 마드리드에서도, 대표팀에서도 이런 비슷한 일조차 없었어요. 여섯 명으로 시작했지만 나중에는 거의 열네 명이 되었죠. 노이슈티프트를 떠나면서 우리가 더 똘똘 뭉친 건 분명합니다." 카시야스가 밝혔다.

"이런 게 우리를 직접적으로 경기에서 승리하게 할 수는 없겠지만, 좋은 경험이었던 건 분명해요. 이후에 훈련이나 이동 중에도 더 즐거웠어요." 비야가 덧붙였다.

물품담당자 헤수스 데 라 크루스Jesus De La Cruz는 일부 게임에 참가하도록 초청을 받는 특권을 누렸다. "어느 날 사람이 부족했을 때 선수들이 절 불렀어요. 저도 포차를 좋아하는 걸 선수들이 알고 있었거든요. 제 생각에 저는 포차에 소질이 있는 것 같아요. 합숙 기간의 지루함을 털어내기 위해 카드놀이로 시작해서 영화를 보는 걸로 끝맺곤 했어요. 전 월드컵에 두 번, 유로에 두 번 참가했는데 이런 적은 처음이었죠."

페드로 코르테스도 그 방에서 선수들과 함께 몇 시간을 보내는 행운이 있었다. 한 사람이 동시에 감독에게도 선수에게도 편하게 이야기할 수 있는 상대가 되는 일은 쉬운 일이 아니다. 하지만 입이 무겁고 공평한 성품 덕에 그는 모두의 벗이 되었다. "자주 그러지는 않지만, 한 번씩 감독이 선수들 뭐하고 있냐고 물어보면 직접 올라와서 보라고 말했어요. 제가 좋아하지 않는 행동이 보이면 주의를 주지만, 그건 그 선수와 저만의 비밀이 됩니다." 힘주어 말했다. 그는 이 합숙 기간이 꿈 속에서 사는 듯한 느낌을 주었다고 말했다. "어땠냐고요? 무슨 일이 있었냐고요? 좋은 소식뿐이었어요. 모든 게 완전하고 완벽했죠…… 30년 넘게 일했지만 그때처럼 마법 같은 순간은 없었어요. 입가에 항상 미소가 어린 상태로 즐겁게 지냈죠. 함께 더불어, 친하게 지냈어요. 차비는 카시야스를 깊이 이해했고, 카시야스는 레이나를, 레이나는 비야를, 비야는 저를, 저는 물품담당자를, 물품담당자는 팀닥터를……, 결국에는 큰 덩어리 하나만 남았죠. 스페인 축구 대표팀 '라 로하' 요"

캅데빌라의 방에서 흘러나오는 목소리, 웃음소리는 모두의 호기심을 불러일으켰다. 카드놀이는 절대 하지 않는다는 생각을 갖고 있는 팔롭도 물리치료사를 만나고 돌아가는 길에 종종 들렀다. "그 방에 그렇게 많은 사람들이 있는 게 신기했어요. 분위기가 끝내줬어요."

놀랍게도 이 방에 한 번도 오지 않거나 거의 안 들르는 선수도 있었다. 파브레가스는 경기 후에는 푹 쉬는 것을 좋아하는 타입이다. "저는 약 먹고 잠을 자요." 푸욜도 거기서 승부가 벌어지고 있다는 것을 잘 알면서도 합숙 기간 동안 한 번도 가지 않았다. "전 그런 분위기에는 자주 가지 않아요……웃음. '포라경기 결과 맞추기 내기' 만으로도 힘들어요. 유명한 방이죠. 팀이 성장하는 데 중요한 곳이에요." 이니에스타는 방에 숨어서 오스트리아에까지 갖고 온 시리즈물을 보는 것을 좋아했다. "저는 '로스트' 는 이미 봤기 때문에 '그레이 아나토미' 랑 '프리즌 프레이크' 를 가져갔어요."

경기 전날 밤은 다른 날과 달랐다. 포차를 마치고, 여섯 선수들과 방에 그때까지 남아있던 선수들은, 레이나가 덴마크 오르후스에서 중요한 경기를 앞두고 만들었던 전통인 '코코아 의식' 을 치르기 위해 레이나의 방으로 향했다. 룸서비스라고 자칭하며 코코아 한 잔을 맛보면서 그날을 마무리했다. 배가 고프면 마들렌을 곁들이기도 했다. "더 똘똘 뭉치기 위해서였어요. 그때 서로에게 행운을 빌어줬고, 다음에도 또 하기로 결정했어요. 코코아를 마시는 동안 경기에 대해 이야기하고 우리 일상에 대해서도 이야기했죠. 그렇게 서로를 더 알아갔어요."

레이나는 긴 합숙에 대비해서 용의주도하게 준비를 했다. 그는 방에호르헤 칸델 박사가 금지한 아주 맛있는 음식들을 숨겨 놓아서, 동료들에게 큰 기쁨을 주었다. "제 아내가 등심살과 하몬을 가져다 줬어요. 가끔 주방에 가서 따뜻한 빵을 집어서 뒤에 숨겨서 가져왔어요. 경기 며칠 전에 그 바게트에다가 넣어 먹는 거죠. 매일 똑같은 걸 먹는 건 지겹잖아요.”

노이슈티프트에 있는 그 쾌적한 호텔에는 캅데빌라의 방 이외에도 모임 장소로 사용된 곳이 또 있었다. 정확히 한 층 아래에 페르난도 토레스의 방이 있었는데 이곳도 선수들이 모이는 장소였다. 카드놀이보다 비디오 게임을 더 좋아하는 선수들의 아지트였다. 327호의 4인조는 플레이 스테이션으로 축구대회를 즐기는 엘 니뇨, 아르벨로아, 알비올, 데 라 레드였다. “이겼을 때 제일 허세를 부리는 사람은 데 라 레드예요.” 알비올이 말했다. 토레스가 어디선가 플레이 스테이션을 구해 와서, 거기 모여서 신나게 버튼을 누르며 즐겁게 시간을 보낸 것이다. “몇몇 가상 축구대회에 참가했어요. 다른 조건은 다 공평하게 해서요. 특별히 잘하는 사람은 없었어요. 저도 이기면 마구 으스대는 걸 좋아하는데 다른 선수들이 어쩌는지 한번 보세요. 말도 못해요.” 데 라 레드가 말했다.

컨페더레이션스컵 중에는 데 라 레드가 없었고 부스케츠, 피케, 세르히오 라모스가 합류했다. 축구게임과 F1에서 버츄얼 테니스로 중심이 이동했다. 선수들은 이 게임을 아주 좋아했다. 알비올 방에서 시합을 했는데, 마타에 따르면 그들의 고함 소리가 멀리서도 들렸다고 한다. “이건 마드리드–바르사 경기랑 비슷했어요. 대회가 시작되면 피케와 제가 라모스, 컨페더레이션스컵 때 마드리드랑 계약을 한 알비올하고 붙었죠. 아르벨로아는 그때까지는 리버풀 소속이었는데 며칠 후에 계약했고요. 누가 뭐라 그러든 저랑 제라르가 이겼어요.” 부스케츠가 자랑했다.

“제 생각에는 아르벨로아, 알비올, 부시_{부스케츠}가 제일 잘했어요. 특히 테니스요. 그 게임에서 저는 그때까지 배우는 단계였어요. 하지만 축구 게임에서는 항상 제가 1등이었습니다.” 라모스가 말했다.

아르벨로아는 비디오 게임 전통은 월드컵에서도 계속될 거라고 생각했다. “카드놀이에서는 선수들 대부분이 저희를 이겼지만 비디오 게임에서는 문제없을 거예요.”

422호는 스페인이 유럽 챔피언이 된 다음 날 새벽 가장 붐볐다. 캅데빌라는 파티가 끝난 다음 올라가서 좀 쉬려고 했다가 깜짝 놀랐다. 방에 들어가는 데 열쇠가 필요 없었던 것이다. "방문이 완전히 박살이 나 있었어요. 누가 들어가려고 했는데 문이 닫혀 있어서 몸을 던진 모양이에요. 아직도 누구 책임인지 몰라요. 이제 그 불쌍한 사람은 잊어버려야죠."

한 번도 가지는 않았다고 해도, 아라고네스 감독은 선수들 대부분이 유로 기간 동안 숨어 있던 '은신처'에 대해 자세히 알고 있었다. "전 선수들의 자유시간을 존중하고 싶어요. 전 경찰이 아니거든요"하고 분명하게 말했다. 하지만 아라고네스는 선수들이 아직까지도 모르는 비밀이 하나 있다고 말해주었다. "선수들은 자기들끼리 있는 줄 알았겠지만 선수들의 모임을 몰래 녹화해서 많이 갖고 있답니다. 하지만 저는 그걸 달라고 하지는 않았어요. 제가 언짢을 내용이 있을지도 모르니까요." 아라고네스가 실토했다.

"저는 그 미팅에서 누가 팀과 한 몸이 되고자 하는지, 누가 그렇지 않은지 깨달았습니다. 대답을 안 하는 선수도 있다는 걸 발견했어요." 이는 루이스 아라고네스 감독의 말이고, 여기서 말하는 미팅은 2006년 9월 4일 벨파스트에 있는 한 중세시대의 성에서 있었던 모임이다. 스페인 대표팀은 이틀 뒤에 있을 유로 2008 오스트리아-스위스 예선의 두 번째 경기인 북아일랜드와의 시합을 앞두고 그곳에서 합숙 중이었다.

아라고네스는 선수들에게 모임이 있음을 공고했다. 전날 밤 바라하스 호텔에서 라울과 미첼 살가도를 따로 만나 논의를 한 후였다. 코치 헤수스 파레데스도 함께 했다. 스페인은 첫 번째 경기로 리히텐슈타인을 바다호스에서 만나 4:0으로 이겼다. 감독은 이 경기를 돌아보고 선수들의 생각을 듣고 싶었다. 모임은 30분 정도 걸렸고, 여러 선수가 발언을 했다. 하루에 훈련을 이중으로 하지 않았으면 좋겠다는 선수도 있었고, 해외 원정을 갈 때 미리 마드리드에 있는 호텔에서 하루 묵어야만 하는 일정을 없앴으면 좋겠다고도 하고, 또 1분도 안 뛰는 선수가 없도록 소집 인원을 줄였으면 한다는 의견도 있었다. 감독은 대체적으로 뜻을 굽히지 않았고, 마지막 의견만 수용했다. 다음 번 선수 소집 리스트에는 스물두 명이 아니라 열여덟 명만 올랐다. 또 종전에는 두 명이 한 방을 썼는데, 이번에는 선수들이 원하는 대로 각자 방을 쓰게 해주었다. 스태프들도 놀란 결정이었다.

스페인은 윈저파크에서 난파되고 말았다. 북아일랜드에게 3:2로 진 것이다. 경기 중 0:1, 1:2로 앞서던 것도 아무 소용이 없었다. 힐리가 세 골을 넣어 스페인을 곤경에 빠뜨렸다. 아라고네스가 모든 책임을 뒤집어쓰게 되었다. "제가 역할을 다 하지 못한 것이죠. 저 혼자만의 잘못은 아닙니다만, 선수들보다는 제 잘못이 큽니다. 볼 터치는 충분했습니다. 가장 잘못이 큰 사람은 저입니다. 용서를 부탁드립니다. 하프타임 때 제가 비기는 것은 아무 소용도 없고 이겨야 한다고 말해서, 선수들이 공격에 나섰고 뒤에 공간이 더 생긴 것입니다"하고 발표했다. 고통스러운 패배 후에 늘 그랬듯이 라울Raul Gonzalez은 마이크 앞에 섰다. "오늘 경기 결과에 대해서는 무어라 드릴 말씀이 없습니다. 저희 실수로 한 경기를 헌납한 셈입니다. 감독님은 꿈을 갖고 계시고 이를 극복할 능력이 충분한 분입니다. 하지만 제가 10년 동안 대표팀에서 뛰었는데 아주, 아주 훌륭한 팀인 스페인이 이 정도였던 적은 없습니다. 수많은 나라가 우리를 앞서 가고 있네요."

그날 밤 바라하스 호텔에 도착할 때, 라울과 루이스는 감독과 주장으로서는 마지막인 대화를 나눴다. 새벽 3시도 지난 시각이었다. 다음 날 아침, 2006년 9월 7일 라울은 레알 마드리드의 훈련을 위해 발데베바스로 돌아갔다. 다시는 대표팀 유니폼을 입지 못하리라고는 상상도 못했다.

22일 후인 2006년 9월 29일, 아라고네스 감독은 다음 공식 경기를 위한 대표팀 소집 명단을 발표했다. 스톡홀름에서 열릴 덴마크와의 경기였다. 이 소집에서 지난 경기에 소집되었던 선수 6명이 떨어졌다. 하지만 그 중에서 한 선수의 탈락만이 모든 이목을 집중시켰다. "라울은 이번 경기에 참여하지 않을 겁니다. 일시적입니다. 하지만 그는 이길 줄 아는 선수이기 때문에 돌아올 것입니다. 이번 경기에 오지 않는 것에 다른 의미는 없습니다. 저는 이번 경기에 가장 적합한 선수를 부를 뿐입니다. 저는 독일월드컵 기간 동안 라울뿐만 아니라 그 어떤 선수와도 아무런 문제없이 잘 지냈습니다." 그날 아침 아라고네스가 분명하게 말했다.

살가도와 마르체나의 탈락은 부상 때문이었고아틀레티코 마드리드에서 주전 자리를 잃은 페르니아, 호아킨, 보르하 오우비냐는 기술적인 결정이었다. 벨파스트에서 있었던 미팅에 참가한 선수 중에 다시는 아라고네스에게 부름을 받지 못한 선수는 라울과 미첼 살가도, 두 명이었다. 그들은 각각 스페인 대표팀에서 A매치 102경기와 53경기를 뛰었다. 아라고네스가 라울만 탈락한 것처럼 초점을 맞추지 말라고 말했지만 불가능한 이야기였다. "라울에 대해서만 이야기하기 시작했네요. 하지만 저는 다음 번 소집 때도 그를 고려할 것입니다. 이번에 소집되지 않은 선수들이 또 있어요. 라울이 워낙 유명하고 매스컴이 주목하는 선수이기 때문이죠." 아라고네스는 카니사레스도 뽑지 않았다. 독일월드컵에 제3골키퍼로 참가했지만 다시는 소집되지 못했다.

살가도는 벨파스트에서 있었던 경기 나흘 후에 레알 마드리드에서 부상을 입었다. 왼쪽 무릎을 다쳐 2개월 동안 뛸 수 없었다. "미첼은 소집 예정이었지만 부상을 입었습니다." 스웨덴과의 경기를 위한 선수 명단을 발표한 날 아라고네스가 말했다. 갈리시아 출신의 수비수 살가도는 이 장의 처음에 언급된 루이스의 말에 대해서 돌려 말하지 않았다. "저는 그때 감독님이 말하는 선수가 저일까 아닐까 계속 궁금했어요. 부상을 입어서 시즌 내내 절룩거렸으니 확인할 수 있는 기회가 없어졌죠. 다시는 감독님의 플랜에 들어가지 못했어요."

페르니아는 그로부터 다섯 번째 소집에야 부름을 받았고2007년 8월 그리스 전, 호아킨은 네 번2007년 7월 라트비아 및 리히텐슈타인 전, 오우비냐는 두 번2006년 11월, 러시아 만에 명단에 올랐다. 스웨덴에게 지고 난 뒤에, 당시 리버풀에서 뛰고 있던 루이스 가르시아와 레알 마드리드로 임대된 상태였던 호세 안토니오 레예스는 다시는 아라고네스의 호출을 받지 못했다.

비야는 독일월드컵을 앞두고 치렀던 코트디부아르와의 친선전에서 부상으로 빠진 라울 대신 7번을 처음으로 달았다. 그날 저녁 바야돌리드에서 엘 구아헤는 한 골을 기록했다. 스웨덴과의 경기를 앞둔 훈련 전에 비야는 다시 한 번 7번을 골랐다. 라울이 없었기 때문이었다. 이는 언론의 좋은 먹잇감이 되었다. 비야가 기자회견장에 나올 때마다 언론은 그에게 논란의 여지가 있는 결정에 대해서 질문을 했다. "스페인의 7번이라고 불리는 게 좋아요. 하지만 그에 대해서 매일 질문을 받는 건 성가시네요. 라울이 우리나라에서는 아주 중요하다는 것은 알지만, 그렇게 대소동이 일어날 줄은 몰랐어요. 제가 등에 단 이 번호 때문에 내가 얻을 이득을 가늠하고 있는 것 같아요. 경기장에서의 이점 말고 다른 어떤 거요. 저는 단지, 7번이 제게 큰 기쁨을 주기 때문에 선택한 겁니다. 제가 발렌시아와 계약했을 때부터 사용한 번호입니다. 그 해 25골을 넣었죠. 게다가 제 큰 딸이 12월 7일에 태어나기도 했고요"하고 설명했다. 상황이 견디기 힘들 정도로 치닫자 어느 날 비야가 21세 이하 대표팀에서 만난 이후로 아주 친하게 지내는 친구 레이나에게 몰래 이야기했다.

"더 이상 참기가 힘들어. 21번으로 돌아갈까 생각 중이야. 그럼 이 모든 논쟁이 한번에 끝날 텐데."

"그 이유라면 그러지 마. 그럴 필요 전혀 없어."

비야가 등에 7번을 달고 두 번째 넣은 골은 페널티킥이었다. 스웨덴에게 지고 나흘 후 2006년 10월 11일에 치렀던 아르헨티나와의 친선전이었다. 스페인이 유럽을 제패하기까지 엘 구아헤는 9골을 더 넣었다. "비야와는 정말 오랫동안 친하게 지냈어요. 오스트리아에서 득점왕으로 유럽을 제패한 뒤에는 스페인의 7번이라는 부담감을 완전히 떨쳐냈죠. 전 누구보다도 그를 잘 알아요. 선수로도 매우 뛰어나지만 인간적으로는 그보다도 더 좋은 사람이기에 정말 기뻤어요." 레이나가 말했다.

아라고네스 감독은 비야의 속내를 듣고 놀랐다. "비야가 그 때문에 기분이 좋지 않았다니, 생각해보세요. 거의 2년 동안이나 그 압박을 느껴야만 했던 거네요." 대표팀 소집이 있을 때마다 똑같은 질문이 감독을 향해 날아왔다. "라울이 대표팀에 돌아올까요? 다시 믿고 부를 수 있을 만큼 충분히 잘하고 있다고 생각하지 않으시나요?" 선수들도 이 질문으로 거의 추궁 당하다시피 해서 진절머리가 날 지경이었다. "라울 같은 선수가 소집되지 않은 것이 놀라운 것이야 당연하죠. 하지만 그 얘기가 너무 반복되니 피곤하더군요. 저희는 그 사건에 대해서 할 말이 전혀 없는데 말이에요." 캅데빌라가 말했다. 상대팀에 대한 이야기나 경기 결과에 대한 말은 뒷전이었다. "라울은 잘못도 없이, 논쟁을 일으키고 분위기를 흐리는 데 이용되고 있었어요. 결국에는 체념하는 수밖에 없었죠." 마르체나가 덧붙였다.

축구 차원에서 스페인은 '라울 편'과 '아라고네스 편'으로 양분되었다. 과격한 말이 오갔다. 이 논쟁처럼 화제가 된 것도 없었다. "불편한 논쟁이었어요. 논쟁 대상이 된 사람에게도요. 언론의 완고한 태도와 여론이 우리를 몰아가고 있어요. 아라고네스에게도 라울에게도, 팀에게도 비야에게도 좋을 것이 하나도 없었어요. 전반적으로 불필요한 논쟁이었어요. 라울 없이 우리는 스웨덴과 루마니아에게 졌지만 결과는 중요한 게 아니었나 봐요. 라울이 돌아올 건지 아닌지에 대해서만 관심이 있었고 그게 화가 났어요." 레이나가 말했다.

라울은 아라고네스의 전화를 간절히 기다렸다. 그를 부르지 않기로 한 결정에 대해서 이야기를 나누기 위해서였다. "저한테 전화를 안 하시는 것이 공평한지 아닌지는 모르겠어요. 하지만 다른 방식으로 해주셨다면 더 좋았을 것 같다는 생각이 들어요. 합숙하면서 오랫동안 함께 지내고 많은 것을 공유했고, 언론을 통해 그 사실을 알게 되기 전까지는 정말 사이가 괜찮았어요. 감독님께 말씀 드렸지만, 지금은 이야기할 시기가 아니라고 대답하셨어요." 라울이 2007년 5월 3일 라디오 마르카와의 인터뷰에서 말했다.

라울 문제는 대표팀이 아라고네스 주변을 차단하게끔 만들었고, 팀을 더 강하게 뭉치게 했다. "감독님은 우리가 라울에 대해서 더 이상 이야기를 안 했으면 한다고 말씀하셨습니다. 팀에 부정적인 영향을 미칠 수 있기 때문에요. 저는 라울을 정말 좋아하고 존경하지만 그건 우리 결정이 아니었어요. 우리가 할 수 있는 건 아무것도 없었어요." 라모스가 말했다. 이 사건은 언론이 아라고네스를 무자비하게 비판했을 때와 비숫한 효과를 가져왔다. "거짓말을 하도 많이 듣다 보니 팀이 더 결속이 되었어요. 언론은 감독님을 몰아붙이려고 라울 문제를 이용한 거죠. 결국엔 우리끼리 이야기했어요. '모두 똘똘 뭉쳐서 가자.' 올드 트라포드에서 잉글랜드를 이겼을 때부터였죠. 잘 하지 못한 경기도 있었지만, 스스로를 믿기 시작했어요." 2008년 초까지 아라고네스가 매번 불렀던 선수였던 다비드 알벨다가 말했다. 그는 발렌시아의 사령탑이었던 로날드 쾨만과의 편치 않은 관계 때문에 오스트리아-스위스 유로 출전 기회를 놓치고 말았다.

아라고네스는 선수들이 도움을 주고 있다는 것을 느꼈다. "선수들이 이렇게 생각했나 봐요. '이 분 완전히 막무가내인걸. 우리가 말할 수 있는 건 당신 뜻대로 하라는 것밖에 없어' 라고요." 그가 "라울에 대한 안 좋은 감정은 전혀 없습니다"를 반복하고 다녀야 했던 시절 했던 말이다. 그는 어딜 가든 무슨 상황에서든 자신에게 쏟아지는 질문을 견뎌내야 했다. 라울을 대표팀에서 제외한 지 1년 뒤인 2007년 10월, TV 채널 '라 섹스타' 의 카메라가 라스 로사스 축구 단지 바깥에서 감독이 팬들에게 사인을 해주며 나눈 대화를 아라고네스 몰래 찍었다. 그 대화에서 아라고네스는 인내심을 잃고 폭발했다. "라울이 월드컵에 몇 번이나 나갔는지 아세요? 세 번입니다. 유로는요? 두 번이라고요." 감독은 스스로 묻고 답했다. "그가 무슨 성과를 거뒀는지 말해보세요. 언론이 하는 말에 귀를 기울이지 마세요. 여러분이 생각을 잘못하게 만들어요." 그는 이렇게 직설적인 말로 팬들을 놀라게 했다.

그러는 동안에도 라울은 대표팀 복귀라는 희망을 버리지 않았다. 2007-2008시즌 라울은 레알 마드리드에서 23골리그 18골 챔피언스리그 5골을 넣었지만, 루이스는 그에게 전화하지 않았다. "라울이 대표팀 소집 명단 발표 며칠 전부터 혹시 꿈이 이루어질까 하는 기대에 잠을 이루지 못한다는 걸 알고 있어요. 다른 사람들은 '이미 끝났나 보다' 할 수도 있겠죠. 그는 대표팀에 승선하지 못한 직후에도 대표팀을 예전과 다름없는 애정으로 지켜봐 왔고, 유로 우승을 그 누구보다 더 기뻐했어요." 페르난도 이에로가 말했다.

감독과 라울은 그의 대표팀 탈락 이후 단 두 번 마주쳤다. 취리히에서 있었던 2006

년 FIFA 갈라와, 마르카의 70주년 파티에서였다. 마르카 파티에서는 약간의 언쟁이 있었다.

2008년 3월, 대표팀은 프랑스와 친선전을 치르기 위해 말라가로 갔다. 대표팀이 마리아 삼브라노 기차역에 도착했을 때 팬들은 라울을 연호했다. 아라고네스에 따르면 이는 팬들의 자발적이고 즉흥적인 연호가 아니었고, 라울 주변 사람이 미리 준비한 것이었다. 며칠이 지난 후, 라울의 대리인인 히네스 카르바할이 선수와의 만남을 주선하기 위해 루이스 아라고네스 감독에게 연락을 해왔다. 사건은 양쪽 모두에게 불편한 분위기로 흘러가기 시작했다.

2월 21일, 감독과 라울은 축구 단지 내에서 직접 만났고, 24개 방송사와 기자 120명이 모인 가운데 기자회견을 열기로 결정했다. 월드컵 대표팀 소집 명단 발표일에도 이런 규모의 기자회견은 없었다. "논쟁과 지나친 억측은 그 누구에게도 도움이 되지 않습니다. 우리는 가능한 한 빨리 논쟁이 모두 마무리되었으면 합니다. 라울의 저에 대한 태도는 매우 훌륭했고, 저 또한 라울을 잘 대했다고 생각합니다. 우리는 무엇을 밝히기 위해 여기 있는 것이 아니라, 스페인 축구를 위해서 나왔습니다. 제가 그를 소집하지 않았던 것은 그럴 만한 컨디션이 아니었기 때문입니다." 아라고네스가 분명히 밝혔다.

"경기가 있을 때마다 지나친 추측과 사실이 아닌, 조작된 정보가 나왔던 것이 무척 고통스러웠습니다. 몇 달 동안 감독님과 이야기를 하고 싶었습니다. 어떤 일에 대해 의견이 맞을 때도 있고 맞지 않을 때도 있었지만 감독님과 제 사이에는 별다른 일이 없었습니다. 제가 원하는 것은 대표팀과 감독님, 또 제 자신을 위해서 최고의 모습을 보여주는 것뿐입니다. 제가 후회하는 것은 감독님과 더 일찍 이야기를 나누지 않았던 것뿐입니다." 라울이 덧붙였다.

이 만남은 논쟁을 잠재우는 데 도움이 되지 못했다. 이미 진정되기에는 너무 멀리 왔으며, 오히려 불을 붙인 셈이 되었다. 하지만 대표팀 선수들은 독일월드컵 주장이었던 선배의 태도에 감사했다. "어떤 의심이나 곡해도 피하고자 하는 마음이 드러난 점이 좋았어요. 그런 면에서 매우 정직하고 분명하게 말했죠." 레이나가 말했다. 어떤 매체는 이를 계기로 라울이 2008년 3월 이탈리아와의 친선경기에 소집될 것이라고 보도했지만, 아라고네스는 단호하게 자신의 뜻대로 밀고 나갔다.

5월 15일 감독은 유로 2008을 위한 최종 대표팀 명단을 발표했고, 이번에도 스물세 명 중에 라울은 없었다. 그는 대회를 텔레비전을 통해 봐야 했다. 초반 두 경기가 있을 때는 호주에서 휴가를 보내느라 경기를 볼 수 없었다. 세 번째 경기는 마드리드에서 보았고, 네 번째 경기부터는 메노르카에서 보았다. "아주 재미있게 봤고 진심으로 부러웠어요. 스페인은 최고였어요." 라울은 2008년 9월 라디오 마르카에서 이렇게 말했다.

대회 기간 카를라스 푸욜의 휴대폰에 여러 통의 축하 메시지가 도착했다. 그의 친구 라울이 보낸 메시지였다. "그에게는 불공평한 일이었을 거예요. 멤버가 될 수도 있었으니까요. 저도 약간 비슷한 경험이 있었어요. 바르셀로나에서 우리 팀 선수들에게 루이스 엔리케와 제가 내린 결정을 귀띔해야 했을 때가 있었거든요. 라울은 늘 프로다운 모습을 보여줬어요. 감독님의 결정은 그 이후였어요. 라울과 아라고네스는 모두 성숙한 사람이니 그 동안 생각했던 것을 모두 이야기했을 거예요."

독일에서와 오스트리아에서 대표팀 분위기가 어떻게 달랐는지에 대해서 이러쿵저러쿵 말이 많았다. 재미있는 것은, 독일월드컵 기간 동안 대표팀은 훈련이 끝나면 반으로 나뉘었다는 점이다. 카멘 경기장의 라커룸이 작아서 선수들은 두 군데로 나눠서 들어가야 했다. 라커룸 한 곳에서는 음악이 흘러나왔지만 다른 곳은 아니었다. 축구를 이해하는 방식이 달랐다. 유로에서는 결과가 좋았기에 팀이 뭉치는 데 더 도움이 되기도 했지만, 선수들은 분위기 자체가 달랐다고 말한다. "밤과 낮만큼이나 완전히 달랐어요. 스물세 명 모두가 만족하기는 쉽지 않은데 감독님이 유로에서 이를 해내신 거죠. 선수들이 예전보다 어린 것도 티가 났어요." 카시야스가 말했다. 노이슈티프트에서의 합숙은 특별했다. "독일에서 분위기가 안 좋았던 건 아니지만, 같은 느낌이 아니었어요. 그때는 다른 유형의 선수들이 있었죠. 위계를 중시하는 선수들이요.” 레이나가 말했다.

다비드 알벨다는 대표팀에서 베테랑 선수들과 신예 선수들 사이에 있었다. “독일월드컵 때 라커룸이 두 세대로 나뉜 건 분명한 사실이죠. 하지만 문제는 없었던 것 같아요. 전 라울, 살가도, 카니사레스와 시간을 같이 많이 보냈어요. 이전에도 같이 합숙을 많이 했었거든요. 하지만 연령별 대표팀에서 카시야스, 차비, 마르체나와도 많이 뛰었죠. 아마도 스페인의 축구선수 특성이 바뀐 것 같아요. 지금은 더 활발해요. 그렇다고 해서 프로 정신이 덜한 것도 아니죠.”

라울과 다른 세대의 대표격인 세르히오 라모스도 이 두 대회에 출전했다. “라울이 있을 때는 하나로 뭉치지 못했고 지금은 하나가 되었다고 생각하지는 않아요. 독일월드컵에서 어떻게 지냈는지에 대해서 라울뿐만 아니라 그 누구에게도 책임이 있다고 보지 않거든요. 라울은 주장으로서 우리를 대표하는 선수였고, 항상 동료들을 주의 깊게 보살폈어요. 모두들 각자의 전성기가 있고 언젠가는 대표팀을 떠나게 되겠죠. 아라고네스 감독님이 거기서 끝내신 거죠.” 사비 알론소도 비슷한 관점으로 이야기를 했다. “우리가 크게 걱정한 문제는 아니에요. 외부적인 논쟁도 컸지만 내부에서는 더했어요. 그건 저희가 관여할 수 없는 아라고네스 감독님의 결정이었어요.”

차비 에르난데스가 이 문제에 대한 선수들의 생각을 대표하는 말을 했다. “독일에서의 경험은 좋았어요. 하지만 지금이 더 조화로운 건 사실이에요.” 스페인 대표팀의 8번 차비의 의견은 문제의 핵심을 찌르는 말이었다. “축구선수는 자기중심적이기 마련이죠. 저는 이해해요. 이기기 위해서, 영광을 누리기 위해서는 말다툼을 하기도 하죠. 모두들 자신이 팀에서 중요한 선수로 대우받았으면 하지만, 기본적으로 팀을 위한 자세가 있어야 해요. 남다른 선수도 있어요. 뛰지 못할 때마다 화를 내고 상소리를 하는 성미가 까다로운 선수 말이죠. 이것도 이해는 돼요. 승부욕이 있는 선수들은 뛰고 싶어 하니까요. 분위기가 안 좋지는 않았지만, 성격이 강한 선수들이 있었던 건 사실이에요."

　차비는 독일월드컵에서 조별리그 세 번째 경기 사우디아라비아 전에 벤치에 남았던 레이나의 예를 들었다. 이론적으로 말하면 그 경기는 레이나의 몫이었다. 카시야스에 이어서 제2골키퍼로서 예선부터 모든 경기를 치러왔기 때문이었다. 하지만 아라고네스 감독은 카니사레스를 내보냈다. "레이나는 이를 받아들였어요. 그는 부드러운 성격이거든요. 그렇지 않은 사람들도 있는데 레이나는 겸손해요. 겉보기와 똑같아요." 알벨다는 선발 출전할 거라고 믿고 있는데 후보가 되는 것을 받아들이는 것은 쉽지 않다고 생각했다. "라울의 주변 환경은, 주장인 것을 떠나서 그가 모든 걸 움직이는 형태였어요. 이 역할을 그만 둔다면, 누가 하게 될까요? 제 생각엔 아무도 없어요. 반면, 지금 당장 카시야스를 대리할 수 있는 사람은 누굴까요? 다른 사람도 금방 배워서 완벽하게 할 수 있을 거예요. 저는 독일월드컵에서 교체명단에 들어 라울 옆에서 몇 경기를 봤는데요. 솔직히 말해서, 라울은 팀 내부가 아니라 팀 옆에 있는 것 같았어요."

　라울은 앞서 언급한 2007년 5월 라디오 마르카와의 인터뷰에서 자신이 선수들과 어울리지 않았다는 이야기를 단호하게 부인했다. "선수들과 아무 문제도 없었어요. 그때 거기 있었던 선수들 모두에게, 그리고 감독님에게 직접 물어보셔도 됩니다. 몇몇 사람들이나 매체의 흥미나 끌 내용입니다. 누군가가 지속하고 싶어하는, 멈출 수 없는 게임 같네요. 저는 개인적인 문제로 대표팀에서 탈락했다고는 생각하지 않습니다."

　아라고네스 감독은 2006년 월드컵의 초반 두 경기 우크라이나, 튀니지 전에서 라울을 선발로 기용하지 않았다. 튀니지 전에는 교체출전해서 한 골을 넣었다. 2연승으로 스페인 대표팀은 16강 진출을 확정했고, 조 1위를 확보했다. 세 번째 경기였던 사우디아라비아 전에 아라고네스 감독은 후보 선수로만 선발 명단을 꾸렸다. 라울도 포함이었다. 감독은 '라울이 프랑스와의 16강전에 선발 출전할 것인가?' 하는 중대한 결정을 마지막 순간까지 내리지 못했다. "감독님 생각대로 밀고 나가세요." 경기 전날 코칭스태프 일부가 그에게 조언했다. 아라고네스는 그들의 조언에 귀를 기울이지 않고 라울을 비야, 토레스와 함께 선발명단에 올렸다.

라울의 출전을 의아하게 생각하는 사람도 없었고 아무도 그의 능력을 의심하지 않았다. 남아프리카공화국 월드컵에서 스페인 축구의 최정상에 오른 선수는 차비 에르난데스였지만, 이전에 레알 마드리드의 7번이 차지했던 자리는 더 높은 곳이었다. "당시에 라울은 제가 본 선수 중에서는 스페인 축구 역사상 최고의 선수였습니다. 루이스 수아레스가 최고라고 하는 사람들도 있었지만, 저는 그렇게 생각하지 않았어요. 정말이지 모든 레벨의 선수에게 모범이 되는 사람이라고 생각했어요. 매우 뛰어난 선수였고 우승도 많이 했어요. 언제나 열심히 운동을 했죠. 멈추지 않았어요. 숨 쉴 틈도 없었어요. 정말 대단했어요. 보는 사람이 정신이 번쩍 들게 만들었죠. 그래서 사람들은 그가 '중노동을 한다' 고 말했는데, 사실이었어요. 그는 매일 매일 훈련량을 백 퍼센트 채우는 사람이었죠. 복부 운동을 하나만 더 해도 한계에 다다를 정도였어요. 정말 대단한 선수입니다." 차비가 말했다.

2008년 7월 델보스케가 부임했을 때, 많은 사람들이 라울이 대표팀에 돌아올 거라고 생각했다. 하지만 돌아오지 못했다. "라울을 대표팀에 돌아오게 하기 위해 우리가 뽑힌 거라고 말하는 건 잘못된 일입니다. 우리는 주체적인 사람들입니다. 사람들이 원하는 대로가 아니라, 팀의 약점을 바탕으로 우리가 해야 하는 일을 할 것입니다." 논쟁은 즉시 가라앉았고, 사람들은 비센테 델보스케에게는 라울의 복귀에 대해서 졸라대지 않았다. "그에 대해서 고마운 마음을 갖고 있고, 그의 복귀에 대해서도 여러 번 고려했던 것을 인정합니다. 다른 나라에서는 라울 같은 선수가 본인의 결정 없이 대표팀을 떠나게 되는 일은 있을 수 없겠지만 스페인에서는 일어났지요." 감독이 결론을 내렸다.

사실 아직도 라울 문제를 이야기하는 것은 금기시된다. 시간이 지났지만 아직도 명확히 해명되지는 않았다. 이 문제의 주인공들, 라울 자신과 아라고네스 감독만 그들 사이 무슨 일이 있었는지 정확히 알고 있지만 둘 중에 누구도 공개적으로 이에 대해 밝히지 않았다. 스페인 대표팀에서 A매치 102회 출장을 기록한 선수와 스페인 대표팀을 유럽 챔피언으로 만든 감독이 서로를 존중하는 증거가 아닐까 생각한다. 아라고네스를 만났을 때 그에게 직접 물어보았더니 벨파스트에 있었던 미팅을 참조하라고 말했다. 라울은 이 장에 포함된 증언들에 대해서 잘 알고 있지만, 이와 관련해서는 아무 말도 하지 않고 싶어 한다. 이 문제에 대한 관심은 점점 사라지고 있고 이에 대해 새로 할 말은 없다고 생각하는 것이다. 아직도 비밀은 비밀로 남아있다. 영원히 밝혀지지 않을 확률이 높다.

나이를 생각하면 몇몇 선수들의 할아버지뻘이라도 해도 과언이 아니었지만그는 일흔 번
째 생일을 한 달 앞두고 유로를 정복했다 아라고네스 감독은 모든 선수들과 애정 어린 유대를
만들었고, 이것이 결국에는 팀의 근본적인 토대가 되었다. 겉보기에는 성격이 까칠하
고 무뚝뚝해 보이기도 했지만, 알고 보면 주변 사람 모두의 마음을 얻은 사람이었다.
"푸욜과 몇 번이나 이야기했어요. 바르셀로나에서는 여러모로 상황이 아주 좋았는데
대표팀은 매우 어려운 상황이었거든요. 제대로 굴러가는 게 없었어요. 대표팀에 갈 때
는 안 좋은 상황을 각오해야 했죠. 비판이 쏟아졌으니까요 비난 받으러 가는 것이나
마찬가지였어요. 정말 최악의 상황이었죠. 하지만, 아라고네스 감독님과 함께라면 소
속팀에서 잘 되어가든 아니든 즐거운 마음으로 갈 수 있었어요. 훈련이 재미있고, 합
숙이 끝나서 대표팀을 떠나는 것이 서운할 정도였으니까요. 다음 소집이 몇 주나 남
았는지 세어 보게 됐어요." 차비 에르난데스가 말했다.

선수들이 합숙 기간을 잘 보내기 시작하면서 대표팀의 부름은 처음부터 마지막까
지 즐거운 일이 되었다. 소집이 부담스러운 상황이거나 시즌 중이라 번거로울 때에도
선수들은 이를 특권으로 생각했다. 아라고네스 감독은 합숙의 가장 큰 적인 단조로움
과 권태를 쫓아낼 수 있는 이상적인 분위기를 솜씨 좋게 만들어냈다.

그의 옆에서 일하고 그에 대해서 잘 아는 사람들은 그의 인간적인 면모를 강조했다.

"많은 사람들이 그를 잘 몰라요. 감독님도 도와주지를 않죠. 더 가까이 다가오지 못하도록 마음의 벽을 치는 경우도 많으니까요. 제가 이야기할 수 있는 것은 그가 매우 다정한 사람이라는 점이고, 선수들에 대해서 개인적으로도 잘 알고 싶어한다는 거예요. 선수들과 이야기를 많이 하기 때문에 그들을 아주 잘 알죠. 개인적으로 친밀하게 연락하는 것을 좋아하시고요. 그게 우리에게 깊은 인상으로 남았죠. 분위기를 바꾸려면 어떻게 하면 되는지를 잘 아세요. 쉬운 일이 아닌데 말이죠" 오초토레나가 말했다.

하비에르 엔리케스도 아라고네스를 제대로 알기는 쉽지 않다는 걸 인정했고, 팁 하나를 제시했다. "누가 자신과 진심으로 친해지려고 하는지 보신다는 생각이 들었어요. 그럴 필요가 있었죠. 이건 자기중심적이라거나 독재적이어서 그런 게 아니에요. 제 생각에는 감독님은 '나를 이해하려는 마음이 있는 사람이 결국에는 나를 이해하게 된다' 라고 생각하시는 것 같았어요."

아라고네스는 자신과 선수들의 관계를 부부 관계에 비유했다. "그는 얼굴을 대하고 문제를 해결했어요. 다른 사람이 중재하는 것을 허용하지 않았습니다. 제가 실제로 보고 확인한 거예요. 선수 중 누구를 공개적으로 비판하는 사람은 용서하지 않았어요. 그의 방식을 끝까지 지킨 거죠. 아라고네스가 데리고 있는 선수는 건드리지 않는 게 좋아요. 그가 용납하지 않으니까요." 페드로 코르테스가 말했다.

그는 감독으로서 사람들에게 신선한 충격을 주곤 했다. 그의 독특하고 대체할 수 없는 말들은 선수들의 마음 속에 깊이 새겨졌다. 대부분은 지난 경험에서 나온 것이었지만, 그의 기지와 특유의 재능으로 현란하게 펼쳐놓아 제자들을 사로잡은 것이다.

그는 훈련 중에는 거의 활화산 같아서 노여움을 사지 않으려면 항상 경계를 해야 했다. 누군가가 훈련에 열심히 임하지 않거나, 무모한 플레이를 했을 때는 대가를 치러야 했다. "뭔가를 새로 만들려고만 하지 말고 안에서부터 시작해. 네가 브라질 사람이니?" 카소를라를 그렇게 나무라기도 했다. 구이사가 공을 너무 자주 놓칠 때는 "자네, 축구화 나무로 만들었어? 빨리 벗어!"하고 소리쳤다. "감독님이랑 있으면 훈련할 때까지 배꼽이 빠진다니까요.” 구이사가 말했다.

새로운 표현이 시도 때도 없이 쏟아졌다. 개인적인 대화에서나 선수들 앞에서 담화를 할 때, 경기 중에 테크니컬 존에서 목이 쉬도록⋯⋯. 리스트는 끝이 없었다.

“달려, 달려, 달려! 필드 중앙에서 터치, 터치, 터치, 초콜릿 집어 들고 돈 내야지.” 미드필더들에게 볼을 계속 소유하라면서 한 말이다. 이는 아르만도 우파르테가 브라질에서 여섯 시즌 동안 선수생활을 할 때 들었던 말이었다. 선수들이 경기는 잘하고 있어서 공을 따라 뛰기만 하면 될 때 쓰는 반어적인 말이라고 한다.

“너, 그리고 너, 여기서 수비벽을 만들어! 시청에서 이미 설치해놓은 거 말고 여기 없는 걸로.” 반칙으로 상대팀이 공격을 할 때 수비수들에게 지시했다. “우리에게 하고 싶었던 말씀은 공을 막거나 빗나가게 하려면 점프를 하거나 잘 움직이라는 거였어요.” 후아니토가 회상했다.

사비 알론소는 이 문장을 기억했다. “오른쪽 윙은 왼쪽 다리가 없기 때문에 내가 다가가면, 넘어지게 되어 있어.” 반면에 레이나가 제일 재미있어 했던 것은 이것이었다. “골키퍼는 발이 말발굽 모양이야. 그래서 공이 같은 방향에서 오면 실수를 하는 거야.”

아르만도 우파르테는 선수들이 아라고네스를 믿고 따른 것을 강조했다. “아라고네스의 화법은 자신이 생각하는 것을 전달하기에 좋았어요. 그래서 선수들이 귀를 기울였죠. 축구선수도 바보가 아니기 때문에 이야기하는 사람이 아는 게 많은지 아닌지 잘 아니까요. 감독이 너무 이론적이라 실전에는 도움이 안 된다면, 선수들이 듣는 태도가 달라질 거예요. 감독이 그가 전달하고자 하는 것을 완벽하게 파악하고 있다는 것을 선수들이 알았기 때문에, 그의 말은 선수들에게 바로 영향을 미칠 수 있었죠. 물론 분명한 점이 또 하나 있죠. 좋은 선수들이 없었다면, 아무리 감독이 이야기를 잘 한다고 해도 챔피언에 오를 수는 없다는 점이에요.”

캅데빌라는 아라고네스가 이기기 위해서는 결정적인 순간에 상대팀을 타일러야 한다며 했던 조언을 이야기하면서 아주 재미있어 했다. “우리가 코너킥을 하려는 순간에 상대팀 센터 백에게 소리를 치래요. '와, 너 정말 잘한다! 지금 경기 너무 잘하는 데? 네가 세계에서 최고인 것 같아!' 그러고는 우리가 코너킥을 마무리하고 나면 '뚜루루!놀리는 소리' 라고 하라는 겁니다."

그가 선수들에게 했던 말에 관해서는 별도의 장을 할애할 만한 가치가 있을 정도다. 특이한 표현이 많았고, 축구와 관련된 이야기의 경계를 넘나든 적도 많았다.

스페인 대표팀의 일원으로 유럽을 제패한 세비야 소속의 페르난도 나바로는 처음에 대표팀에 왔을 때 아라고네스 때문에 웃음을 참느라 너무 힘들었다. 그는 발탁된 지 얼마 안 된 신참이었고 아라고네스를 매우 존경했지만, 특정한 상황에서는 평정심을 유지하는 것이 상대팀 선수를 틀어막는 것보다 더 어려웠다고 실토했다. "저는 원래 잘 웃거든요. 초반에는 감독님 말씀하실 때 미치는 줄 알았어요. 저는 앞줄에 앉았는데 웃음이 터지는 걸 참느라 얼마나 힘들었는지 몰라요. 저는 감독님의 말투가 정말 좋아요. 감독님 혼자만 이해하는 표현들을 사용하시거든요……."

"가끔은 선심들에게 별명을 지어주거나 이름을 만들어주시기도 했어요." 이니에스타가 말했다.

"어느 날 저는 감독님이 말씀 중에 '뭐 그런 것들' 이라는 표현을 몇 번 쓰는지에 대해 토레스, 레예스와 내기를 했어요. 그런데 세다가 놓쳐버려서 누가 이겼는지 알 수가 없어요." 후아니토가 말했다.

칠판도 자주 사용했다. 아라고네스는 말할 때 쉬지 않고 몸짓 손짓을 하면서 팔을 움직였다. 이는 다른 문제를 불러왔다. "말씀하실 때 꼭 한 번 이상 제스처가 꼬여요. 한 번도 안 꼬인 적은 없는 것 같아요." 푸욜이 말했다.

"세게 부딪쳤을 때는 칠판에 거의 박을 뻔 하기도 했어요. 칠판하고 저희 모두를 무찌를 기세였어요." 아르벨로아가 덧붙였다.

하지만 이게 다가 아니다. 무의식적으로, 그것도 자주 선수들의 이름을 바꿔 불렀다.

"한번은 저를 '파브리카스공장 라는 뜻' 라고 부르시더니 칠판에 그렇게 쓰기까지 하셨어요." 파브레가스가 말했다.

"한 번은 저를 '알폰소' 라고 부르시던데요." 사비 알론소도 지적했다.

"저는 '실비아' 라고 부르셨어요." 실바가 끝을 맺었다.

"브뤼셀에서는 루벤 바라하를 온갖 이상한 이름으로 부르시던 게 기억나네요. 바라하스, 피파, 피포……. 루벤이 자기 이름을 상기시켜드리니까 감독님이 '난 너를 내가 부르고 싶은 대로 부를 거야. 알겠지? 옛날에 나도 사람들이 '사파토네스'장화' 라는 뜻 라고 불렀지만 참아야 했단 말이야' 하고 대답하셨죠." 레이나가 주석을 달았다.

가장 우스웠던 일은 유로 세 번째 경기인 그리스와의 경기가 있던 날 일어났다. 선수들에게 알려야 할 기술적으로 중대한 문제가 있어서 모인 자리였다. "살가도가 앞줄에 서고 두 번째 줄에는 알벨다가 서도록." 두 선수 다 소집되지 않은 선수였다.

차비는 감독의 이런 면에 대해서 나름 조사를 해보았다. "사오십 대부터 그러셨다는군요. 그때부터 이름을 틀리곤 하셨대요."

프로젝트 스크린을 더 이상 사용하지 않기로 한 날에도 웃지 못 할 일이 벌어졌다. "정신이 없으셔서, 보드마카로 칠판에 쓰지 않고 하얀 스크린에다가 화살표를 엄청나게 그려놓으셨죠. 원까지 그렸어요." 세르히오 라모스가 웃으면서 말했다.

"그 상황이 어떻게 끝났는지는 정확하게 기억이 안 나는데요, 아마 그거 2000유로300만 원 정도는 넘을 텐데……. 게다가 그게 호텔에서 일어난 일이라 직원들이 엄청나게 고생했을 것 같네요." 후아니토가 말했다.

라울 알비올은 대표팀에 데뷔했던 날을 잊지 못할 것이다. 데뷔 자체만으로도 긴장되고 떨리는데, 상황도 별로 도움이 되지 못했다. 스페인은 오르후스에서 덴마크에게 반드시 이겨야 했다. 그렇지 않으면 유로 본선 진출이 위험해지기 때문이었다. 전원 참석한 미팅에서 예상치 못한 일이 벌어졌다. "갑자기 감독님 전화벨이 울려서 모두들 놀랐죠. 감독님은 휴대폰을 집어던지시더니 소리치셨어요. '감히 누가 지금 나한테 전화를 하는 거야!' 생각해보세요. 전 데뷔전을 앞두고 긴장해 있었고 우리 모두 중요한 경기를 앞두고 있는데 눈앞에서 휴대폰이 날아다니는 거죠. 어떻게 그 날을 잊겠어요." 알비올이 말했다.

아라고네스는 아직도 그 적절치 못한 시간에 전화를 한 사람이 누군지 모른다. "누군지 알고 싶지 않아요. 제가 끄는 것을 깜박한 게 잘못이죠. 휴대폰은 튼튼해요. 그렇게 던졌는데도 아직도 작동 잘 되거든요."

하비에르 엔리케스는 아라고네스가 이와 같은 곤란한 상황에서 빠져나오는 데 재주가 있다고 강조했다. "감독님은 쇼맨십이 있어요. 어떻게 주목을 끄는지를 아는 거죠. 소리를 지르고, 칠판과 부딪칠 것 같으면 칠판을 손으로 때리고 발로 차고 휴대폰을 던졌을 때도 사실은 선수들에게 이렇게 말하고 싶었을 거예요. '이런 일은 내게 있을 수가 없는데, 죄송합니다. 저한테 지금 중요한 것은 경기와 여러분밖에 없습니다' 하고요."

아라고네스의 유머 포인트를 잡는 것은 쉽지 않다. 농담을 하기 위해 그의 엄한 이미지를 사용하기도 했다. "엄하게 질책을 하고는, 쳐다보면서 '나 농담하는 거야, 아이쿠' 하실 수도 있어요. 물론 그러시는 동안 저희는 초주검 상태였겠죠." 캅데빌라가 말했다.

스태프 중 한 명인 세사르 멘디온도는 아라고네스 특유의 유머를 잘 알고 있다. "영국적인 냉정함이 배어 있달까. 진지하게 있다가 기대도 하지 않고 있을 때 갑자기 농담을 하는 겁니다. 선수를 존중하고 진지하게 대화를 나누면서 농담도 잘 하는 거죠."

비야는 그의 친근함과 농담을 잘하는 성격을 좋아했다. "감독이란 자리에 있는 분이 그렇게 농담을 하는 것은 쉽지 않은 일이에요. 버스에서 우스갯소리를 하면서 놀았는데 감독님은 항상 웃으면서 동참하셨죠. 저하고는 아스투리아스에 대해서 이야기를 많이 했어요. 감독님 어머니께서 칸다스에 묻히셨거든요. 저한테 한 오십 번 정도 이야기하셨어요."

고참들은 아라고네스를 이미 겪어봤기에 신참들에게 아라고네스 감독님과 함께 하려면 정신 단단히 차리라고 조언을 해주었다. 처음에는 딱딱한 의무처럼 보이지만, 사실은 도착하자마자 곤란에 빠지지 않게 하려는 것이었다. 합숙에 와서 수동적인 자세로 있으면 말문이 트이도록 가끔 아라고네스가 직접 기습적으로 말을 걸기도 했다.

차비가 아라고네스 감독의 플랜에 포함되는 데는 시간이 좀 걸렸다. 그가 부임하고 나서 초반 세 경기에는 소집되지 않았다. "저는 그때 바르셀로나에서는 아주 잘 뛰고 있었어요. 하지만 감독님은 알벨다, 바라하, 발레론, 사비 알론소를 먼저 고려하셨어요."

2004년 10월 벨기에, 리투아니아와의 경기에 대비한 소집에서 차비는 아라고네스 감독의 부름을 받았다. 차비가 인사를 하자마자, 한 마디도 나누기 전에 악수부터 했다. 그리고는 아라고네스가 느닷없이 말했다.

"전화 받을 때 '이 늙은 새끼가 왜 이제야 전화야?' 하고 생각했지?"

"그럴 리가 있나요, 감독님."

"됐어 됐어. 그렇게 생각한 거 다 알아."

2008년 5월 15일 발표된 유로 대회 출전 선수 명단에서 산티 카소를라는 세르히오 가르시아와 함께 가장 참신한 새 얼굴이었다. "운전해서 집에 가는 중에 라디오를 듣다가 알았어요. 저는 생각도 못하고 여자친구와 바하마스로 휴가를 가려고 예약도 해두었거든요. 인생이 바뀌었죠" 아스투리아스 출신의 산티 카소를라는 아라고네스와 처음으로 대화를 나누었던 이야기를 즐거운 목소리로 해주었다. 솔직하고 간단한 대화였다. "라커룸에서 저를 불러내셔서 말씀하셨죠. '지금부터 너도 대표팀의 일원이야. 다른 선수보다 자신이 못하다고 생각하지 마. 운동할 때 별 어려움이 없을 거고, 내 신뢰를 얻을 수 있을 거다. 하지만 그렇지 않으면, 내가 과감하게 네 가슴을 꽉 움켜쥘 거다.' 이 대화는 5분도 안 되었지만 기억에 남았어요. 덕분에 마음이 편해져서, 겉보기에는 어땠을지 몰라도 침착하게 출전할 수 있었죠."

아라고네스는 대표팀에 처음으로 소집된 선수가 와서 감사를 표하는 것을 싫어했다. 사라고사의 라커룸에서 발탁 소식을 알게 된 세르히오 가르시아에게 있었던 일이다. "언론에서도 카소를라와 제가 발탁될지 여부는 알 수 없다고 말했어요. 감독님이 명단을 읽을 때 카소를라 이름을 먼저 부르시기에 저는 안 됐나 보다 생각했어요. 제 이름을 부르셨을 때 저도 모르게 함성을 질렀어요. 마드리드에 도착했을 때 저를 환영해주셨고 저는 감사하다고 말씀 드렸어요. 감독님은 자신한테 감사할 것은 전혀 없다며, 제가 좋은 시즌을 보냈고 대표팀에 선발될 가치가 있기 때문에 소집한 것이라고 말씀하셨어요."

말솜씨가 남다르긴 했지만, 상대팀 선수의 이름을 바꿔 부른 적도 많았다. "가끔 이름을 기억해내지 못하신 적도 있지만 다들 누구를 이야기하시는지는 정확하게 알았어요." 유로를 앞두고 산탄데르에서 치른 미국과의 친선 경기를 준비하면서는 체룬돌로를 발음할 수가 없었다. "그 이름을 발음하지 못하셨어요. 사실 이름이 좀 어렵긴 하죠." 구이사가 말했다.

비엔나에서의 결승전을 앞둔 훈련에서 아라고네스는 모든 선수들을 모아놓고는 바야스를 특별히 조심해야 한다고 말했다.

"바야스요?"

"그래, 바야스. 아 그 친구, 이름이 뭐더라, 젠장, 주장 말이야."

"발락이에요, 감독님." 차비가 정정해주었다.

"아, 그러면 네가 똑똑하니까 독일의 7번을 어떻게 발음하는지 가르쳐 줘." 아라고네스가 웃음을 터뜨리며 말했다.

질문 속의 7번은, 아라고네스뿐만 아니라 스페인 사람이라면 누구나 발음하기 힘들어 하는 슈바인슈타이거였다. 이후 '바야스'는 수많은 말장난의 소재가 되었고, 선수들이 지은 찬가 속에 주인공이 되기도 했다. 유로 결승전을 앞둔 담화에서 아라고네스는 발락을 계속 바야스라고 불렀다. 어느 용감한 선수가 다시 한 번 이를 정정해주자, 감독은 말했다. "내가 그를 바야스라고 부르는 이유는 그러고 싶어서다"라고 상황을 마무리했다.

아라고네스의 의도는 따로 있었다. "선수들에게 웃음을 주려고 했던 거예요. 이길 수 있다는 확신을 더 명확하게 갖고 출전했으면 하는 생각이었습니다. 그날은 그 어떤 기술적인 준비보다 그게 중요하다는 걸 우리는 알고 있었죠. 안 믿는 사람도 있겠지만 저는 그의 이름이 발락이라는 것을 정확히 알고 있었어요."

아라고네스는 그의 직업 중에서 제일 맘에 들지 않는 점에 대해 이야기했다. "남들에게 지시하는 것입니다. 힘든 일인데 벌써 이 일을 한 지 삼십 년이 넘었네요." 그래서 가끔 그는 할 말이 있을 때 선수를 부르기 위해서 누구를 보내지 않고 선수들의 방에 직접 가기도 한다. 예상치 못한 방문에 선수들은 무척 놀라곤 했다. "저하고는 이야기를 많이 하셨어요." 차비가 말했다.

어느 날 저녁, 차비가 샤워를 하고 있을 때 누군가가 문을 두드렸다. 거의 12시가 다 된 시각이었다. 바르셀로나와 리버풀, 아틀레티코 마드리드에서 뛰었던 루이스 가르시아가 DVD 하나를 들고 서 있었다. "아 진짜 루초, 저리 꺼져, 영화 가져오기에 참 좋은 시간이다, 응?"

그를 돌려보내고 차비가 서둘러 수건으로 몸을 닦고 있을 때 다시 문 두드리는 소리가 났다. "야, 너 진짜 꿈에 나올까 겁난다. 루초"

문을 열었을 때 문 앞에는 아무도 없었다. 다시 문을 닫으려고 할 때 갑자기 인기척이 나더니 누군가가 홀딱 벗은 그 앞에 나타났다. 루이스 가르시아가 아니었다. "아이고 깜짝이야. 자, 얼른 팬티라도 입어. 털 한 오라기도 보고 싶지 않으니까."

"감독님이 오실 줄은 몰랐어요." 차비가 대답했다.

아라고네스는 망설이지 않고 차비의 침대에 걸터앉아 그와 이야기하면서 좋은 시간을 보냈다. "온갖 이야기를 다 했어요. 감독님은 겉보기에는 혼자 있고 싶어하시는 것처럼 보이지만, 모두들 애정이 필요하잖아요. 선수들에게 다가설 때는 축구 얘기뿐만 아니라 개인적인 이야기도 하십니다."

건망증 때문에 생기는 엉뚱한 에피소드가 많았지만, 선수들도 이에 대해 농담을 하는 것 말고는 대책이 없었다. 마르코스 세나는 그의 데뷔전을 잊을 수 없을 것이다. 독일월드컵 석 달 전에 바야돌리드에서 아주 추운 날 열렸던 코트디부아르와 친선전이었다. 후반전에 감독은 그에게 워밍업을 하라고 했다. "피지컬 트레이너랑 하지 않고 혼자 하라는 게 이상했지만 뭐 그때까지는 보통이었어요. 잠시 후에 출전하라고 부르셨어요. 저는 유니폼을 입으면서 감독님께 다가갔죠. 무슨 작전 지시가 있을까 해서요. 하지만 감독님은 경기에 완전히 집중하셔서 저한테 아무 말도 안 하셨어요. 그래서 제가 말씀 드렸죠.

"감독님, 저 부르셨죠. 어떻게 할까요?" 질문을 드렸어요.

감독님은 저를 물끄러미 쳐다보더니 대답하셨죠.

"저기 들어가서 알아서 해."

"저는 경기장에 들어가서 이리저리 뛰어 다녔어요. 아주 못하진 않았나 봐요. 이후에 월드컵에도 갔으니까요." 브라질계 스페인 선수인 세나가 농담을 했다.

아라고네스는 그에게 비야레알에서 프리킥을 차라고 권했다. 이는 보통 리켈메의 몫이었다. "저에게 '밀어내고 네가 해, 네가 하면 더 잘할 거야' 라고 말씀하셨어요."

감독의 이런 믿음이 다음 번 칼데로나에서의 합숙 기간 동안 그가 더 능동적으로 참여하는 데 도움이 되었다. 어느 날 오후 대표팀이 발렌시아 청소년 팀과 비공식 시합을 하고 있을 때였다. 반칙이 선언되자 갑자기 아라고네스가 벤치에서 용수철처럼 벌떡 일어나서 소리치기 시작했다. "감독님이 '세나! 세나! 세나가 차라고 해!' 라고 하셨죠. 하지만 전 벤치에 앉아 있었어요."

어느 훈련 중에 아라고네스가 선수들에게 긴 패스를 연습하라고 했다. 후아니토와 마르체나는 짝을 이뤄서 공을 세게 차기 시작했다.

"감독님이 지나가시는 중이었는데 제가 못 봤어요. 운이 지독하게 없어서, 제가 세게 찬 공이 감독님을 맞춘 거예요. 안경도 떨어졌죠. 감독님이 '누구야?' 하고 물으셔서 '저예요, 감독님. 죄송합니다.' 제가 답했죠. '용서는 할게. 하지만 잊지는 않을 거야 하고 말씀하셨죠." 물론 우연이겠지만, 그 경기에서 후아니토는 교체명단에도 들지 못해 관중석에서 경기를 봐야 했다.

페페 레이나, 사비 알론소, 다비드 비야는 아라고네스의 어록을 잊지 않기 위해 하나하나 수집하는 임무를 맡았다. "제가 제일 많이 기억해서 큰 역할을 맡았어요. 우리 기억 속에 영원히 남을 신화적인 문장들이에요." 리버풀의 골키퍼가 말했다. 국가대표 선수들이 오늘날 가장 많이 기억하고 있는 문장은 "나는 궁둥이를 깠다", "경기의 지배자, 공의 지배자", "나는 축구의 열쇠를 갖고 있다", "검은 것은 파랗다" 등이다. 대부분 선수로 뛰던 시절에서부터 나온 말이다.

"선수 시절에 치른 큰 경기에 대해서 이야기를 많이 해주셨어요. 오르마에체아에 대해서 말씀을 많이 하셨어요. 바르셀로나에서 뛸 때 어떻게 프리킥을 찼는지 이야기해주셨죠." 사비 알론소가 말했다.

선수들도 자발적으로 감독님과 더 친하게 지내고 싶어 했다. 모두들 그와 잘 지냈기 때문이다. "가끔 버스 안에서 우리가 노래를 하기 시작해요. '오신다, 오신다' 하고요. 감독님이 자리에서 일어나 뒤로 오셔서 우리와 이야기를 나누셨으면 해서요. 우리가 원하는 대로 오시면 모두들 박수를 쳤어요. 우리에게 재미있는 이야기를 해주시기도 하셨죠." 마르코스 세나가 말했다.

안드레스 팔롭 또한 유로가 있기 딱 1년 전 그리스와의 친선경기에서 처음으로 대표팀에 소집되었던 날을 잊지 못할 것이다. "레알 마드리드를 누르고 막 수페르코파에서 우승했을 때였어요. 쉬는 날이라 아내와 아이들과 함께 해변에 놀러 갔어요. 한 친구 집에 머물고 있었는데 오초토레나한테서 전화가 왔어요. 바로 아라고네스 감독님을 바꿔주셨죠. 어떻게 지내냐고 물으시더니, 카시야스가 부상을 입었다면서 살로니카에 가게 마드리드로 왔으면 좋겠다고 말씀하셨어요. 아라고네스 감독을 흉내 내는 사람들이 워낙 많아서, 오초토레나가 저한테 장난하는 줄 알았어요. 하지만 감독님은 진지하게 말씀하셨고, 이내 진짜 감독님이라는 걸 알게 되었죠."

아라고네스는 선수단에게만 엉뚱한 행동을 하는 것이 아니었다. 차비는 일화 하나를 잊을 수가 없다. "마드리드 팬이긴 하지만 저와 무척 친한 친구 벤지라고 있어요. 스페인 경기를 보려고 몇몇 동료들과 함께 오르후스에 왔어요. 호텔 입구에서 담배를 피우고 있는 아라고네스 감독님과 마주쳐서, '내일 어떻게 될까요, 감독님?' 하고 질문을 했죠. 감독님은 그 친구를 한참 쳐다보시더니 이렇게 대답하셨답니다. '너 내일 뛸 거야' 하고요."

아라고네스는 선수단의 몇몇 멤버들과 열두 시가 넘은 후에 종종 작은 모임을 가졌다. 참석자는 우파르테, 파레데스, 오초토레나, 테오도로 니에토_{아라고네스 감독 초기, 독일 월드컵까지 재직}, 팔로마 안토란스 등이었다. 감독은 이들과의 대화에서는 더 긴장이 풀린 상태로 대화를 나누었고 보통 때와는 다른 주제로 이야기를 했다. "젊었을 때 있었던 일을 이야기해주기도 하고, 가족 이야기도 하고 스페인 사회에 대해서, 현재에 대해서, 축구와는 전혀 관련 없는 이야기를 하기도 했어요." 언론담당관 안토란스가 말했다. 이야기하다가 시계를 보면 자신도 모르는 사이에 새벽 2시 반이 되어 있었다. 그러면 아라고네스가 말했다. "숙녀분, 갑시다. 나 이제 피곤해요……."

아침에 일어난 뒤 팔로마는 감독의 방에서 이상한 소리가 들리는 것을 깨달았다. "합숙할 때 호텔에 복도를 사이에 두고 묵기도 했는데, 저를 데려다 주고는 돌아가서 자기 방 문 여는 소리가 들렸어요. 하지만 제 생각에는 제가 끝까지 있을까 봐 데려다 주는 것 같았어요. 저 없이 남자들끼리 하고 싶은 이야기가 있나 봐요. 제가 이런 의구심이 있다고 이야기를 했더니 다시 홀에 가는 건 아니라고 부인을 하더군요."

아라고네스는 라커룸에도 큰 영향을 미쳤다. 많은 선수들이 평상시에도 아라고네스 감독을 흉내 냈던 것이다. "세르히오 라모스와 레이나가 제일 잘해요." 선수들 중에 믿을 만한 사람이 귀띔해주었다.

"감독님 흉내를 낸 것은 모두 존경심과 애정에서 우러난 것입니다." 라모스가 힘주어 말했다.

"그걸로 우리를 구박하지는 않으셨어요." 레이나가 말했다.

이와는 반대로 말하는 비디오가 발견되지 않는 한, 그들을 믿어야 할 것이다.

⠿ DJ
라모스

“오늘 잘 정리된 것 같은 당신을 보았어요.

비록 이미 아무 것도 남지 않았지만요.

제 새로운 사랑은 매일같이 당신과 닮아가고 있어요.

당신의 시선이 날 최면에 빠지게 해요.

당신의 미소가 생각나요.

내 새로운 사랑이 당신을 자꾸 닮아가요.”

아르헨티나 밴드 ‘잠바오’ 의 노래는 이렇게 시작한다. 이 노래는 유로 2008 대회 기간 내내 스페인 대표팀을 위한 노래로 연주됐다. 대표팀 선수들은 합숙 기간 내내 ‘그가 당신을 점점 닮아가요Se parece mas a ti’ 온종일 들었다. 비야레알의 탈의실에서는 마르코스 세나와 카소를라, 캅데빌라가 콜롬비아와 파나마의 민속춤인 꿈비아를 추며 여흥을 돋운다. 이 춤과 노래가 그들에게 행운을 가져다주었다. 비야레알 선수들은 프리메라 리가 준우승을 이룬 뒤 세르히오 라모스에게 이 노래도 오스트리아 원정을 위한 음악 리스트에 포함해달라고 요청했다. 안달루시아 출신의 라모스는 동료들의 부탁을 들어주었다. 2008년 여름 ‘라 로하’ 를 위해 제작한 첫 번째 음악 CD에 포함되었다. “우리는 종종 함께 노래를 들었어요. 다른 선수들도 아르헨티나 가수 곤살로 로드리게스의 노래를 좋아했거든요. 라모스에게 이 노래도 CD에 포함시켜달라고 말했죠. 굉장히 리듬감이 있고 이해하기 쉬운 곡이거든요. 우리는 그 노래를 귀담아 들었고, 승리했어요. 세르히오는 모두의 의견을 구하고 또 만족하는지 이야기를 나눴죠. 전 음악이 원기를 북돋아 주고 쌩쌩하게 해준다고 생각해요." 카소를라가 확인해주었다.

라모스의 여행 가방에는 스피커와 그의 아이팟에 노래를 옮길 수 있는 노트북이 빠진 적이 없었다.

처음에는 그가 지내는 숙소 방안에서만 사용했고 시베르 호텔에서 동료 선수들이 모일 때 흥을 돋우기 위해서만 사용했다. 하지만 아라고네스 감독은 오스트리아에서 밴드 '카피탄 카나야'의 "그들을 위해A por ellos" 녹음테이프를 가장 즐겼던 사람 중에 한 명이다. 이 놀라운 광경을 마주한 세르히오와 그의 동료들은 웃음을 멈출 수 없었다. 루이스가 머리를 흔들며 노래를 하고 있었고, 덩실덩실 춤을 추고 있었기 때문이다. 그 테마는 곧 스페인 대표팀의 승리를 위한 부적이 됐다. 나중에 콜론 광장에서 우승 파티를 위해 팬들과 다시 마주한 자리에서 다시금 연주됐다.

아라고네스는 조금씩 음악을 트는 것에 대해 허락의 범위를 늘리기 시작했다. "처음에는 많이 찬성하는 쪽이 아니었어요. 아이팟 사용을 금지해야 한다는 계획을 세우기도 했죠. 하지만 왜인지 모르겠지만 그가 생각을 바꿨어요. 그것이 적중했다고 생각해요." 마르체나가 당시를 기억했다.

라모스는 굉장히 어린 시절부터 음악과 특별한 인연을 맺었다. 그는 항상 음악을 통해 자극을 받고 동기부여를 얻었다. "세비야에서 헤수스 나바스, 헤나투, 파블로 알파로와 함께 뛸 때 이미 그런 생활 방식에 적응했어요. 호아킨 카파로스 감독은 음악 트는 것을 허용해준 첫 번째 감독이었죠. 그는 잊었을지 모르지만요. 그때부터 저는 줄곧 이런 문화를 전파하기 위해 애썼죠. 레알 마드리드에서도 대표팀에서처럼 이 문화를 정착시키려고 했어요. 카펠로 감독은 좋아하지 않았지만, 다른 감독들은 그렇게 절 나무라거나 하지 않았어요. 음악이 방해가 된다고 생각하지 않아요. 오히려 완전히 그 반대라고 생각해요. 전 음악이 모티베이션에 엄청난 도움을 준다고 생각합니다."

"당신이 투영된 눈을 바라봐요.

오늘 그의 입술에 입을 맞추고 당신을 더 생각해요.

내 침대에서 벌거벗은 그녀는 날 사랑해요."

노래가 반복된 패턴으로 진행되기 때문에 대표팀 구성원이 후렴구를 따라 부르는 데 많은 시간이 필요하지 않았다. 오스트리아에서 매번 경기장으로 향하는 길이나 훈련장에서 모두가 한 목소리로 이 노래를 합창했다. 스페인 대표팀의 버스에는 열대 지방의 리듬인 잠바오의 꿈비아도 울려 퍼졌다. "전 아직도 그 노래를 듣고 있어요. 저도 그 노래를 아이팟에 담아놨습니다. 오스트리아와 경기를 하기 위해 비엔나로 돌아왔을 때 탈의실에서 그 노래를 한 번 더 들었어요. 잊을 수 없는 추억이죠." 비야가 말했다.

의심할 바 없이, 가장 잊을 수 없는 순간 중에 하나는 유로 2008 대회 8강전에서 이탈리아를 꺾고 비엔나의 에른스트 하펠에서 호텔로 돌아오던 날이다. 웃옷을 벗은 레이나는 축하 파티의 근사한 지휘자가 되어 있었다. 모든 선수들이 노래 가사를 흥얼거렸다. 선수들은 버스 안에서 박자에 맞추어 창문을 두드리며 노래를 불렀다. 몇몇 선수들은 버스 통로에서 조촐하게나마 댄스파티를 감행하기도 했다. 계획된 파티가 아니라 즉흥적으로 벌어진 것이었다. 인터넷에는 선수들이 직접 녹화한 당시 영상이 올라와 있다. 하비에르 고메스 마타야나스가 올려놓은 것이다. 이 영상을 통해 선수들이 어떻게 노래를 불렀는지 확인할 수 있다. "그런 광란의 두드림을 버스와 트렁크가 어떻게 버텼는지 모르겠어요." 캅데빌라가 웃었다.

팀원 모두가 선곡을 좋아했고 반대 의견은 거의 없었다. 대표팀의 주역들 모두 라모스가 골라온 노래들을 늘 기억하고 있다. 레이나가 보증인으로 나섰다. "세르히오는 센스가 있어요. CD 꾸러미를 만드는 일을 했죠. 노래를 들으면 기억력도 굉장히 좋아져요. 전율도 느껴지고요."

‘신의 손La mano de Dios’ 이라는 곡은 아르헨티나 가수 로드리고 알레한드로 부에노가 불렀다. 2000년에 교통사고로 사망했는데, 축구 영웅 디에고 아르만도 마라도나를 위해 만든 곡이었다.

> “12번째 선수들이 합창했다.
> ‘마라도, 마라도’
> 그의 꿈은 별 하나를 갖는 것
> 골과 드리블 그리고 온 마을이 노래하는 것
> ‘마라도, 마라도’
> 신의 손에서 태어났다.
> ‘마라도, 마라도’
> 마을에 즐거움의 씨앗을 뿌렸고
> 그 땅에서 영광이 자랐다.”

노래가 울릴 때마다 모두들 마라도나라는 애칭으로 불리는 루벤 데 라 레드를 바라보며 손가락으로 찔러댔다. “레알 마드리드에서 함께 뛰던 시절 레예스가 절 그렇게 부르기 시작했어요. 아마 제가 어느 날 굉장히 좋은 플레이를 펼치자 그렇게 좋은 별명을 붙여준 것 같아요. 애정을 담아 부르는 별명이고, 좋은 일이라고 생각했기 때문에 신경 쓰이지 않았어요.” ‘신의 손’ 은 합숙 기간에 굉장히 많이 들은 노래 중 하나다. “우리는 웃으면서 응원가를 불렀어요. 루벤을 향해 노래했죠 우리는 그를 굉장히 사랑하거든요. 그는 환상적인 사람이에요. 하지만 계속해서 그 녀석을 찔렀는데 어떻게 참았는지 모르겠어요.” 후아니토가 말했다.

“저도 다른 이들과 마찬가지로 노래를 불렀어요. 굉장히 많은 애정을 느꼈죠. 그리고 굉장히 힘이 됐어요. 그랬었죠.” 데 라 레드 자신이 보증했다.

마치 귀신이라도 그를 따르는 듯 음악은 오스트리아에 머물던 대표팀의 하루하루, 그리고 온종일 함께 했다. 스페인 대표팀의 버스 운전수였던 오벨릭스아스테릭스에 나오는 캐릭터로 오스트리아 운전수와 굉장히 닮아서 그렇게 불렸다도 따로 부탁을 하기도 전에 미리 CD를 틀어주었다. "과정을 살펴보면 굉장히 흥미로워요. 처음엔 그저 노래를 듣기만 했는데 마지막에 가서는 모두가 다같이 노래를 부르고 있더라고요. 그리고 경기를 마치고 호텔로 돌아올 때쯤에는 모두들 방방 뛰어다니고 있죠." 푸욜이 말했다. "우리 모두 머리 속에 노래가 완전히 자리를 잡았어요. 뇌리에 노래 가사와 리듬이 새겨졌죠." 아르벨로아도 확실하게 기억하고 있었다.

"전 그 녀석들이 '운전수도 같이 부르게 하려고 노래를 하는구나' 라는 생각을 했어요. 굉장히 이해하기 쉬운 리듬인데다 입에 잘 붙는 곡이었죠. 물론 전 부를 수 없어요. 그런 면에서 좀 부족해서요." 아라고네스가 말했다.

대표팀을 위한 음악 리스트에서 다비드 비스발을 빼놓을 수 없다. 쿨레Cule 바르셀로나 팬을 뜻하는 애칭였음에도 불구하고 알메리아 지역 출신인 가수 비스발은 라모스의 친구다. 그는 리한나와 함께 'Hate that I love you' 를 부르기도 했다. 국제적으로도 평판이 높은 가수다. 그렇다고 해서 그의 노래를 모든 이들이 다 좋아하는 것은 어려운 일이었다. 그래서 디스크의 리스트가 넘어갈수록 노래에 대한 선수들의 합의는 줄어들었다. 일부 그의 동료들은 라모스와 충돌하기도 했다. "여러 가수의 노래가 계속해서 나왔어요. 수준도 떨어졌죠. 그에게 남아공 대회를 위한 디스크에는 더 많은 곡을 골라와야 할 거라고 말했어요. 분석해보면 단지 초반에 나온 노래들만 좋았죠." 라모스의 절친 후아니토가 솔직하게 털어놨다.

"나중에는 그 노래들과 우리가 동일시되는 것 같았어요. 제가 좋아하는 스타일의 노래는 아니었지 그 순간에는 참 즐거웠어요. 잘 맞았다고 할 수 있죠. 하지만 차를 타고 다닐 때나 혼자 있을 때는 듣지 않아요." 사비 알론소 역시 취향은 달랐다고 이야기했다.

다음 목록은 라모스가 만들었던 CD에 수록된 12개 리스트다.

- Por ti daría (Hanna)

- Say it right (Nelly Furtado)

- Suave (Juan Magan)

- Otra noche (Don Omar)

- Pecho a pechuga (Fulanito)

- So confused (Raghav)

- Quitemonos la ropa (Alexandre Pires)

- Because of you (Ne-Yo)

- Baby love (Nicole Scherzynger)

- Keep Bleeding (Leona Lewis)

- Rehab (Amy Winehouse)

- Ay, Dios (Franco Devita)

디스크의 스타일은 굉장히 다양했다. 넬리 푸르타도나 에이미 와인하우스처럼 국제적으로 성공한 이들의 노래도 있었지만 '가슴에서 닭가슴으로Pecho a pechuga' 처럼 닭 울음소리를 모사한 즐거운 노래도 있었다. 디스코 클럽에서 즐겨 트는 춤을 부르는 노래, 라틴 리듬이 강렬한 노래들도 빠지지 않았다. 모두에게 공통으로 즐거움이 전염됐고, 이것이 스페인 대표팀의 공동체 의식을 강화시켜주었다.

마르코스 세나와 같은 선수들은 DJ 라모스가 만든 편집 앨범을 소장할 수 있는지 대표팀 매니저 실비아 도르스츠네로바에게 물었다. 모든 것을 추억으로 남기고 싶었기 때문이다. "그 디스크 앨범이 우리를 단단하게 뭉치게 도와줬죠. 유로 대회 기간 내내 거의 매일 같이 들었어요. 세르히오는 매번 테마를 구성할 때마다 우리에게 어떤 음악을 좋아하는지 물었고, 우리는 그에게 의견을 냈어요. 여하튼 우리가 모든 노래를 전부 다 좋아했던 것은 아니지만, 노래를 듣는다는 기본적인 부분에 있어서는 모두들 완전히 적응한 채로 대회를 마쳤죠."

델보스케 감독 역시 이러한 전통을 바꾸겠다는 생각을 하지 않았다. 그리고 라커룸에서나 대표팀 버스를 타고 이동하는 시간에 선수들과 노래를 듣는 것이 불편하지 않다고 말했다. "그들다운 부분이죠. 내가 문제 삼을 부분은 아닙니다."

델보스케 감독은 시대가 변했다는 것을 받아들였다. 그가 축구선수로 뛰던 시절에는 감독들이 매우 엄격했다. "전에는 핸드폰이나 아이팟을 사용할 수 없었어요. 하지만 전 밀리안 밀리야치Milijan Milijanic 1970년대 레알 마드리드를 이끈 유고 출신 감독가 우리에게 경기 전에 했던 이야기에 어느 정도 동의합니다. '아무 말도 하지 말라, 아무 말도 하지 말라.' 우리는 의무적으로 침묵을 유지해야 했고 신문을 읽는 것도 금지됐어요. 그는 경기를 준비하기 위해 집중하는 것에는 침묵이 좋은 방법이라고 생각했죠. 하지만 전 음악을 통해서도 그런 집중력을 가질 수 있다고 생각해요. 감독이 그런 것을 방해해

유로 2008 대회에 함께 한 대표 선수들의 가족과 친지들

선 안 되죠."

　지금 스페인 대표팀에서 노래를 듣는 일은 가슴 깊숙한 곳에 뿌리를 내렸다. 대표팀 직원들은 라모스가 스피커를 잊고 빠트리고 왔을 경우에 이를 사와야 할 정도가 됐다. 세르히오는 자신이 대표팀 음악을 결정하는 '독재자' 가 되기를 바라지는 않았다. 그는 남아공 월드컵 기간 중에 다른 동료 선수들이 좋아하는 노래를 새로운 디스크에 넣자는 제안을 기꺼이 반겼다. "모두가 합숙에 합류하지 않을 때까지 우리는 어떤 음악을 넣을지 결정하지 않았어요. 요즘 굉장히 좋아하는 노래는 알레한드로 산스와 알리시아 키스가 부른 'Looking for paradise' 라는 곡입니다."

　또 다른 음악 애호가는 제라르 피케다. 그는 매번 경기 전에 커다란 헤드폰을 쓰고 노래를 듣는 일을 하는 것에 익숙해져 있다. 피케는 이렇게 제안하고 나섰다. "세르히오에게 다비드 게타의 노래를 좀 추가해달라고 말할 거예요."

　하지만 그 노래는 모든 선수들을 만족시키기에는 좀 어려울 것 같다.

: 델보스케의
  영리한
  인수인계

비센테 델보스케 감독의 아내 트리니는 그날 아침, 발코니에 스페인 국기를 걸어놓았다. 유로 2008 대회는 델보스케 가족의 집을 완전히 바꾸어 놓았다. 마드리드는 굉장히 더웠다. 그래서 비센테는 상쾌한 공기로 환기하기 위해 창문을 활짝 열기로 했다. 델보스케 감독의 이웃들은 대표팀의 결승전 경기를 즐기고 있는 와중에 누가 새로운 감독이 될지 궁금해 하고 있었다. 토레스의 골이 커다란 축제로 이어졌고 공원에서부터 수많은 폭죽 소리가 들려왔다. "스페인 전체가 정말 어마어마한 행복감을 느끼고 있었어요." 델보스케 감독은 그때를 기억하고 있다.

델보스케 감독의 가족들은 스페인이 유로 대회 우승을 차지할 경우 위험한 상황이 될 수 있다고 생각했다. "만약 우승한다면 당신에겐 더 어려운 상황이 될 거예요." 델보스케 감독은 이렇게 답했다. "반대로 이런 상황을 극복해낸다면 더 대단한 일이 되겠지."

이탈리아인 주심 로베르토 로세티가 결승전 종료 휘슬을 불었을 때 비센테 부부의 세 자녀들은 승리를 축하하기 위해 콜론 광장으로 나갔다. 델보스케 감독은 집에 남았다. 스페인이 이룬 우승의 맛을 즐기며 끊임없이 울리는 전화를 받았다. "스페인 축구는 엄청나게 오랜 시간 동안 지금과 같은 우승을 필요로 해왔고 기다려왔어요. 유로 대회 탈락이 안겨주는 우울증이 어떤 것인지 아시나요? 스페인 사람들은 굉장히 극단적이라 그런 일이 벌어질 때마다 스스로 똥이 된 것 같은 느낌을 받아요. 이런 최고의 순간에 대표팀을 맡게 된 것은 제게 엄청난 행운이라고 생각합니다." 그가 회고했다.

델보스케 감독은 그날 밤 이미 자신이 새로운 대표팀 감독이 될 것을 알고 있었다. 2007년 9월 대표팀 기술위원장으로 임명된 페르난도 이에로Fernando Hierro 전 스페인 대표 선수가 성탄 휴일 전날에 전화를 걸어왔다. "유로 대회가 끝난 뒤엔 감독님을 새로운 대표팀 사령탑으로 생각하고 있습니다. 괜찮으시다면 제가 감독님 이름을 기술위원회에 제안하려고 합니다." "그렇게 하세요." 델보스케 감독은 담담하게 수락했다.

스페인축구협회는 2007년 9월 아이슬란드 원정을 앞두고 아라고네스 감독에게 대표팀 감독직을 계속 수행할 것인지에 대해 문의했다. 그의 대답은 부정적이었다. 대표팀 합숙을 마친 다음 날, 아라고네스 감독은 스페인축구협회 사무총장 호르헤 페레스, 기술위원장 페르난도 이에로와 함께 협상 테이블에 앉았다. 루이스는 다시금 그의 미래에 대한 계획을 말했다. 스페인축구협회는 이제 그의 후임자를 찾는 일에 나서야 하는 것이 확실해졌다.

11월, 스페인은 산티아고 베르나베우에서 스웨덴을 격파하며 잔여 경기와 상관없이 산술적으로 본선 진출 티켓을 확보했다. 아라고네스 감독은 경기 후 기자회견에서 오스트리아에서 열릴 본선을 마친 뒤 대표팀 지휘봉을 내려놓겠다는 그의 의사를 공개적으로 밝혔다. "저는 유효기간이 정해진 감독입니다. 여러분 모두 아실 겁니다. 이번 대회가 끝나면 우유는 버려야 하죠. 상해서 더 이상 마실 수 없기 때문이에요. 협회는 제가 더 이상 대표팀을 맡지 않을 것이라는 사실을 전부터 알고 있었습니다."

아라고네스 감독은 그 다음 날 남아공 월드컵 예선전 조 추첨식에도 참석하지 않았다. 아라고네스는 스페인축구협회의 행보에 대한 신문 기사를 읽는 것도 좋아하지 않았다. "루이스는 유로 대회에 집중하길 바라고 있습니다. 하지만 협회는 다른 일들역시 처리해야 합니다. 또 다른 바람이 불어오고 있다는 것을 말하고 있는 겁니다." 스페인축구협회는 2008년 2월 1일, 프랑스와 친선전 계획을 밝히는 자리에서 이와 같이 말했다.

유로 2008 대회 개막이 가까워 올수록 아라고네스 감독의 발언은 점점 더 강경해졌다. 그의 말에는 모순이 되는 점도 있었다. 이탈리아와 경기를 앞둔 3월 23일, 아라고네스는 기자회견장에서 팽배한 긴장감을 보였다. "전 전 세계 어느 곳에서도 감독이 둘이나 있는 대표팀을 보지 못했어요. 가장 올바른 일은 나를 내쫓고 다른 이와 계약하는 것이죠. 하지만 나 역시 그렇게 정말로 해야 한다고 생각하지 않습니다."

루이스는 개인적으로 앙헬 마리아 비야르를 만나 그의 의견을 전했다. 그의 형편에서는 협회가 적절한 처신을 했다고 여겨졌다. "루이스는 시간이 정해져 있다는 것이 논리적이라는 것을 알고 있어요. 투명한 일이었고 정상적인 일이었습니다. 협회는 멈추지 않을 것이고 6월 30일에 새로운 대표팀 감독을 찾을 것입니다." 이에로가 말했다.

"세상에 어느 누구도 100%로 완벽하게 일을 수행한다고 말할 수는 없을 것입니다. 하지만 협회는 그렇게 해야만 했어요. 전 이런 전환이 최상의 결과를 가져올 것이라고 생각합니다." 스페인축구협회장 비야르가 덧붙였다.

아라고네스는 이 생각과 반대로 생각했다. 그는 선수들의 반응을 염려했다.

"선수들은 이렇게 말할 겁니다. '왜냐하면 우리가 알아야 하는 문제니까요!' 그리고 그들에게 전 말하겠죠. '나는 그럼 알고 있나?' 전 스페인이 포르투갈에서 열린 유로 2004 대회에서 탈락하고 나서 한 달 후에 협회에 왔습니다. 전 선수들이 이미 대표팀에 또 다른 감독이 있다는 사실을 인지하는 것을 바라지 않았어요. 선수들은 이렇게 생각할 수도 있죠. '그가 계속 감독으로 남아있지 않기 때문에 더 이상 내겐 이 사람의 생각이 중요하지 않아. 내가 대표팀에서 그와 함께 떨어져 나갈 수도 있을지 몰라.' 이렇게요."

유로 대회 도중에 아라고네스는 터키 클럽 페네르바체(Fenerbahçe 터키 축구팀)와 2년 계약에 합의했다. 호세 펠릭스 디아스 기자가 스포츠 일간지 '마르카'를 통해 공개했다.

루이스는 대표팀 합숙의 좋은 분위기를 위해 이 뉴스를 숨기려고 노력했다. 6월 17일이었다. 대표팀 감독은 선수들 앞에서 진실된 정보를 말해야 하는 상황에 처했다. "그는 우리에게 떠나겠다는 결정을 내린 것이 어쩔 수 없는 일이었다고 말했어요. 그리고 그 소식은 저희들에게 어떠한 영향도 주지 않았죠. 그리스와의 경기 전에 대화를 나눴어요. 우리에게 이해해주길 바란다고 했고 대회 마지막까지 최선의 모습을 보이겠다고 확언했죠. 우리 모두가 기대했던 모습이었습니다." 후아니토가 말했다.

아라고네스는 그의 의사소통 창구가 외부로 유출되지 않도록 뿌리를 잘랐다. 그리고 스페인축구협회 역시 새로운 감독을 구하는 계획을 진행 중이지 않느냐고 항변했다. "이제 다 끝났다. 내가 터키로 가는 것에 대해서는 더 이상 왈가왈부하지 않을 것이다. 자, 그럼 누가 나와 같이 갈 것인가?" 그는 자신의 조력자인 코칭스태프에게 물었다.

대표팀은 노이슈티프트에서 합숙 중이었다. 자유 시간이 주어진 날 아라고네스는 그의 딸과 함께 페네르바체와의 협상을 마무리했다. 세사르 멘디온도와 앙헬 페레스는 아라고네스의 프로젝트에 함께 하기로 했다. 아르만도 우파르테와 헤수스 파레데스는 제안을 받아들이지 않았다. 같은 날 다니 구이사도 터키 클럽과 계약 합의에 앞서 신체검사를 마쳤다. 6월 25일 러시아와 준결승 경기 전날 페네르바체는 아라고네스와 2년 계약에 합의했다고 공식 발표했다.

스페인축구협회는 비센테 델보스케와 그의 조력자 토니 그란데Toni Grande, 하비에르 미냐노Javier Minano와 함께 새로운 대표팀 감독으로 임명했다고 발표했다. 2008년 7월 17일이었다. 이스탄불을 연고로 하는 베식타슈 감독직에서 물러난 지 3년 반 만에 감독직으로 돌아왔다. 발표 이후 협회의 파코 히메네스Paco Jimenez, 안토니오 페르난데스Antonio Fernandez가 코칭스태프에 합류했다. 골키퍼 코치 호세 마누엘 오초토레나는 유일하게 아라고네스 체제와 마찬가지로 그의 자리를 지켰다. "제게 어떤 책임이 지워져 있는지 잘 알고 있습니다. 제게 얼마나 큰 특권이 주어졌는지에 대한 염려도 하고 있습니다." 델보스케 감독의 첫 마디였다.

그가 대표팀 지휘봉을 잡은 첫 경기는 8월 20일 코펜하겐에서 치른 덴마크와의 친선 경기였다. 스페인은 이 경기에서 3:0으로 완승을 거뒀다. 델보스케는 이 경기에서 안도니 이라올라와 디에고 카펠을 데뷔시켰다. 아모레비에타는 처음으로 대표팀에 선발됐고, 보얀을 다시 대표팀에 복귀시켰다. 유로 2008 대회에 참가한 선수들도 존중을 받았다. 오직 팔롭, 아르벨로아, 세르히오 가르시아전술적인 이유와 파브레가스, 마르체나부상만이 제외됐다.

델보스케는 선수들과의 소개 시간에 45분 동안이나 이야기를 나눴다. 새로운 대표팀 감독은 첫 발을 떼며 우려했다. 그는 무엇보다도 가능한 빨리 선수들의 신뢰를 얻으려 했다. "우리들 중 어느 누구도 서로를 속이려고 온 것도 아니고 누군가의 자리를 빼앗으러 온 것도 아닙니다. 여러분은 스페인 축구의 역사를 만든 사람들입니다. 하지만 그 자리에 남아있어선 안됩니다. 만족해서는 안돼요. 그리고 말해야 합니다. 우리는 젖먹이 어린아이에 불과하다! 새로운 도전을 위해 전진해야 한다는 마음가짐을 가져야 합니다."

델보스케, 그리고 그의 코칭스태프와 함께 일해 본 선수는 한 명뿐이었다. 바로 주장 이케르 카시야스다. 델보스케가 2003년 레알 마드리드를 떠났을 때 카시야스는 겨우 22살이었다. 코칭스태프는 대표팀 주장이 많은 면에서 변했다는 것을 알아차렸다. "그는 말하기보다는 듣는 시간이 많던 녀석이었어요. 지금은 듣기보다는 말하는 시간이 더 많아졌더군요. 예전에 카시야스는 선수단 중 한 명이었지만 지금은 팀을 이끄는 리더입니다." 델보스케가 말했다.

"이케르는 선수단의 한 명 이상입니다. 그는 다른 이들보다 더 많이 팀에 대해 걱정해요. 대표팀에서 그가 지금과 같은 위치를 얻은 것은 모두에게 귀감이 되는 행동을 해왔기 때문입니다." 토니 그란데가 덧붙였다.

"그가 그렇게 집중하는 것은 보지 못했어요. 라커룸에서 동료 선수들과 팀의 결속을 위해 모일 때면 그는 눈빛을 통해 엄청난 진중함을 전염시키죠. 게다가 경기를 하지 않을 때에도 같은 행동을 유지합니다. 게다가 팀의 공동체 의식을 높이기 위한 연결고리 역할을 굉장히 잘해내고 있습니다.” 미냐노가 마무리했다.

알바로 네그레도는 두 번째로 대표팀에 합류했을 때 주장의 위계에 대해 뼈저리게 느꼈다. 그는 대표팀 훈련장 시우다드 데 풋볼에 늦게 도착했다. “아버지와 함께 택시를 타고 라스 로사스에 갔어요. 교통체증이 심해서 꽤나 힘든 시간을 보냈죠. 전 지각 시간에 상응하는 벌금을 물어야 했어요. 그는 제 귀를 잡아당기면서 굉장히 진지하게 말했죠. ‘이봐 잘난 신참! 오고 싶은 시간에 마음대로 오는 거야? 어?’”

새 대표팀 감독은 아라고네스가 대표팀에 주입한 습관이 무엇인지 맨 첫 순간부터 모든 것에 대해 알고 싶어했다. 가능한 철저하게 무엇이 어떻게 달라졌는가를 알기 위해서다. “우유부단한 행동을 피하기 위해서 지금까지 어떤 일들을 해왔는지, 그가 했던 작업들에 대한 조사를 진행했습니다.” 델보스케 감독과 코칭스태프들은 모든 종류의 정보를 요청했다. 거기에는 선수들과의 상담도 포함되어 있었다. 델보스케의 보좌진은 훈련 방법이 어떤 것인지에 대한 모든 것을 그렇게 알아냈다. 인수인계는 부드러웠다. 비센테는 루이스의 작업에 연속성을 가져갔다. 그러면서 조금씩 스페인 대표팀을 자신의 방식으로 형성해나갔다. “과거의 족적 중 어떤 것도 지우려고 하지 않았어요. 우리는 그가 이룬 것들을 발전시키기 위해 지원했죠. 왜냐하면 현상유지에 그치는 것은 나쁘기 때문이에요. 루이스만큼이나 저도 축구를 가족처럼 여기는 사람입니다.” 델보스케가 말했다.

“아라고네스의 작업이 우리에겐 안내서가 되어 주었어요. 우리는 그가 해낸 작업의 방식에 굉장한 감사를 표합니다. 우리의 아이디어를 그 안에 녹여서 그의 작업을 연속해서 이어나갔죠. 그것이 우리에게 이롭다고 생각했어요.” 토니 그란데가 덧붙였다.

선수들이 새로운 감독에 신뢰를 가지기까지는 오랜 시간이 걸리지 않았다. “전 누

실바가 러시아와 유로 2008 대회
준결승전에서 득점하고
골 세리머니를 펼치고 있다.

세나, 마르체나, 푸욜이 독일과 결승전에서 선수들을 집중시키고 있다.

카시야스가 수비진에 호통을 치고 있다.

레이나가 동료 선수들에게 집중하라고 소리치고 있다.

피케가 볼을 컨트롤하기 위해 사투를 벌이고 있다.

마타가 체코 선수의 태클을 피해 돌파하고 있다.

세르히오 부스케츠가 이라크 선수와 볼을 다투고 있다.

세르히오 라모스가 스웨덴 선수의 거친 플레이를 피하고 있다.

1 · 알비올이 컨페더레이션스컵에서 남아공 선수 파커와 경합하고 있다. 2 · 후안 마타가 볼을 쫓고 있다.
3 · 조르디 알바가 웸블리에서 측면을 파고들고 있다. 4 · 아르벨로아가 마크를 벗어난 동료 선수를 찾고 있다.

비야와 토레스가 러시아와의 유로 2008 대회 조별리그 경기에서 골을 만든 뒤 함께 즐거워하고 있다.

다니 구이사가 카를로스 마르체나와 포옹하고 있다.

사비 알론소가 컨페더레이션스컵
남아공전에 득점한 뒤 골 세리머니를 하고 있다.

차비와 세스크가 그들이 공존할 수 있다는 것을 증명했다.

이니에스타와 차비가 경기 전에 집중하고 있다.

유로 2008 대회에 함께 한 대표 선수들의 가족과 친지들

구와도 큰 문제를 일으키지 않는 분쟁의 소지가 없는 사람이었어요. 그들은 이렇게 말할 거예요. 그분은 어떤 나쁜 일도 하실 분이 아니다. 그에 대한 거부감은 전혀 어떤 순간에도 느껴본 적이 없어요." 델보스케 감독은 확신했다. 그의 상식에 따르면 그룹을 조정하는 것은 왼손이 하는 일이다. "하지만 오른손 역시 해야 할 일이죠. 지나치게 관대해서도 너무 많은 것을 요구해도 안돼요." 그가 설명했다. 그리고 그의 축구 전술적인 지혜가 필요하다. 살라망카 출신의 델보스케는 그에게 주어진 시험을 통과하는 것에 힘을 들이지 않았다. "비센테는 자유도를 많이 주는 감독이에요. 굉장히 지적인 분이고 축구를 사랑하는 분이며 임기응변 능력이 뛰어난 분이죠. 그림자 속에서 은밀하게 일하고 장애물의 존재를 존중하는 분이죠. 그는 앞으로 나서려 하지 않지만 오히려 그것이 그를 특별하게 만듭니다. 꽤 다른 것처럼 들리지만 루이스와 굉장히 닮았어요. 두 감독 모두 좋은 축구를 하기를 바란다는 점을 공유하고 있죠." 레이나가 말했다.

델보스케의 조사 결과 독촉하고 소모시키는 것은 부정적인 결과를 낳을 것이고, 그렇게 해선 안 된다는 것이 매우 중요하다는 것을 확인했다. "그들의 신뢰를 얻기 위해 바보 같은 과장된 일을 하지 않았어요. 내 선수들이 나를 삼촌처럼 여기길 바랐죠. 라커룸에서 서로를 이해하고 부지런하길 바랐죠. 훈련을 좋아하고 능력을 갖추고 조직을 이루는 데 능숙하기를 바랐어요. 개인적으로 절 삼촌처럼 여기길 바란다는 말은 거짓말이 아닙니다. 공과 사를 지나치게 구분하는 것은 일을 복잡하게 만들 수 있어요."

골키퍼 코치 오초토레나는 아라고네스만큼이나 델보스케에 대해 완벽하게 알고 있다. 두 감독과 모두 일해본 그는 둘의 방식이 어떻게 다른지 설명해주었다. "두 감독님에 대해 이야기한다는 것이 어쩌면 예의에 어긋나는 일이 될지 모르겠네요. 루이스는 좀 더 몸과 몸으로 다가서는 타입이에요. 더 충동적이고 더 밀접하게 선수단을 대하죠. 선수들과 대화를 많이 하고, 그런 대화에 선수들이 보이는 반응이 놀라운 결과를 가져다 줘요. 비센테는 훨씬 더 신중하죠. 하지만 그 역시 개성을 가지고 있어요. 루이스의 코드는 명확하지만 비센테는 선수들이 채워 넣을 수 있는 여지를 남겨둬요. 하지만 선수들이 선을 넘는다면 그 역시 경고하죠. 루이스는 즉각적으로 그런 일을 하지만 비센테는 아마 두 번 정도는 그냥 눈감아 주곤 해요. 하지만 세 번째에는 심사숙고 끝에 불러서 주의를 줍니다. 둘은 축구를 모두 사랑해요. 축구에 완전히 빠졌고 열정으로 충만한 분들이죠. 게다가 선수들이 주인공이라고 생각하는 분들이에요. 항상 선수들을 칭찬하시는 분들이죠."

아라고네스와 개인적인 친구 사이라는 것을 숨길 수 없지만 단장 페드로 코르테스는 델보스케도 충분히 뛰어난 감독이라는 것을 인지하고 있다. "엘비스 프레슬리와 프랭크 시나트라 중에 누가 최고인가? 알 수 없는 일이죠. 비센테와 함께 했던 시간은 굉장히 좋았어요. 그는 신사고 개인적으로도 굉장히 좋은 사람이었죠. 그는 신중하고 조용하고 분별력이 있는 사람이에요. 기복이 있는 사람이 아닙니다."

인간미 넘치는 아라고네스와 부드러운 델보스케는 각자의 개성이 있기 때문에 누가 더 나은지에 대한 비교를 하는 것은 불가능하다. "단순한 비유, 겸허함, 친밀함과 평온함을 제공해주는 분이세요. 우리가 최근 만나본 분들 중 정말 엄청난 애정을 전해주신 분이에요." 마타가 보증했다.

"그는 자신이 있는 위치를 생각하면 굉장히 소탈한 분이죠. 해야 할 일만 하는 분이고 굉장히 인간적이에요." 디에고 로페스가 말을 이었다.

겉보기 때문에 혼동하는 경우가 있는 것은 확실하다. 부스케츠는 델보스케가 선수들을 꾸중하는 것은 상상할 수 없다고 말한다. "가슴으로 일하는 분이세요. 그는 아마 살면서 한 번도 화를 내본 적이 없는 사람일 거예요."

하지만 그의 조력자들은 이러한 인상이 전부가 아니라고 말한다.

"비센테 역시 자신 만의 개성을 가지고 있어요. 그도 다른 사람과 마찬가지로 화를 냅니다. 그런 일이 생겼을 때 고함을 지르지 않을 뿐이죠." 토니 그란데가 고백했다.

"분명 그도 분개할 때가 있어요. 하지만 이를 밖으로 표출하지 않을 수 있는 능력과 체계를 갖추고 계신 분이죠. 그는 어떤 일을 바로잡기 위한 최고의 순간이 그 일이 벌어진 바로 그때가 아니라는 것을 이해하고 있어요. 비센테는 그런 감정을 다른 곳에다 두고 항상 이성적으로 생각합니다. 비록 그런 일들도 자주 보는 것이 아니지만요." 미나뇨가 말했다.

경기 당일에 델보스케가 선수들에게 이야기하는 시간은 보통 12분을 넘지 않았다. "선수들은 먼저 자신이 뛰는지 아닌지를 칠판을 보고 확인합니다. 만약 뛰게 된다면 평온한 모습이지만 그렇지 못하는 선수들은 악마 같아지죠. 이런 경우 20분 이상 이야기를 하게 되면 산만해지고 다툴 수 있기 때문에 이 시간을 최소화하려고 해요." 그가 밝혔다.

감독은 적당하게 이야기하고 아주 세세한 부분을 강조하는 것이 성공적이라고 생각했다. "수년간 사람들이 저에 대해서 많이 말하지 않더라고 하더군요. 전 말을 많이 하려고 하지도, 적게 하려고 하지도 않아요. 이상적인 것은 적당한 수준으로 이야기하는 것이에요. 이야기가 시작되면 언제 시작하고 언제 끝내야 할지를 아는 것이 좋아요. 이야기가 길어지면 오류가 생깁니다. 부족하다고 느끼는 이유는 제대로 말하지 못했기 때문이에요."

선수들은 그의 간결함을 고맙게 여겼다. "지시 사항을 전달하는 것이 쉽고 집중하기도 쉽죠. 팀 전체에 차분함을 전파하는 것도 능력이에요. 그런 부분들이 굉장히 믿음직스럽죠." 파블로 에르난데스가 말했다.

파코 히메네스와 안토니오 페르난데스가 작성한 기술보고서들은 안내서가 되었다. 파블로 페냐는 상대팀의 은밀한 곳까지 조사하는 비디오 분석 책임자였다. 그는 경기 전에 선수들에게 전력 분석 비디오를 보여준다. "상대팀의 공격과 수비, 그리고 전술, 상대가 어떻게 공수전환을 하는지에 대한 내용으로 구성되어 있습니다. 상대의 어느 부분이 강하고 또 약한지에 대해 강조하죠." 토니 그란데가 보증했다.

코칭스태프가 델보스케 감독의 능력 가운데 가장 존경하는 부분은 최대치의 긴장감이 고조되는 순간에 냉정함을 유지하는 것이다. 브뤼셀에서 치른 월드컵 유럽 예선 4차전 경기에서 스페인에게 불운이 닥쳤다. 선제골을 내주고 끌려가는 상황에 전반 12분 페르난도 토레스가 부상으로 쓰러졌다. 델보스케는 구이사에게 몸을 풀라고 지시했다. 벨기에가 압박을 가했고 몇몇 선수들이 벤치로 다가와 긴급하게 선수 교체를 해야 한다고 요구했다. 측면에서 시간을 어느 정도 보낸 뒤 미나뇨가 선수 교체 투입을 준비했다. 하지만 델보스케는 피지컬 트레이너의 무릎을 만졌다. 그리고 시나리오를 수정했다. "제게 세스크를 준비시키라고 말했어요. 그 순간은 모두 엄청나게 분주했는데 비센테는 굉장히 차분할 수 있었죠. 그는 기다릴 줄 알았고, 평정심을 가지고 누구도 보이지 않았던 인내심을 보였어요. 스트레스가 극심한 순간에 생각할 수 있는 능력을 지녔죠. 제게 그는 보통 감독들, 그리고 엘리트 감독들 사이에서도 우월한 면을 갖춘 감독으로 기억에 남아 있습니다."

세스크의 투입은 스페인이 중원을 완전히 지배하도록 했다. 이니에스타는 기억에 남을 만한 플레이를 펼쳤다. 전반전이 끝나기 전에 동점골을 넣었다. 구이사는 84분이나 되어서야 투입의 기회를 잡았지만 그가 주인공이 될 수 있다는 생각을 버리지 않았다. 그는 경기의 마지막 순간 왼쪽 지역에서 문전으로 넘어온 볼을 이어받아 비야에게 헤딩 패스를 했고, 그 골이 스페인 대표팀을 승리로 이끌었다.

델보스케는 벤치에서 호들갑스러운 모습을 보이는 사람이 아니다. "감독이 테크니컬 에어리어, 기술지역축구 경기장 사이드 라인에 감독이 선수들에게 지시를 내리기 위해 자리할 수 있는 공간으로 뛰쳐나가 경기 내내 소리를 질러야 한다고들 합니다. 그렇게 하지 않으면 아무 것도 하지 않는다고 여겨지기 때문이죠. 하지만 난 경솔한 감독들이나 파울이나 코너킥 판정에 불평을 한다고 생각해요. 판정을 직접 내릴 수도 없는데 말이죠. 전 그저 경기에 집중하려고 노력하는 편입니다." 비센테는 결정을 내리기 전에 토론 과정을 거치는 것을 좋아하는 사람이다. "비센테는 경기 내내 자신의 마음에 들지 않는 부분이 생길 경우 이를 억누를 수 있는 능력이 있어요. 깊이 생각한 뒤 함께 일하는 이들에게 묻죠. 우리의 의견을 다 들어본 뒤에 결정을 내려요. 그런 점들이 팀에 대단한 힘이 됩니다." 미냐노가 덧붙였다.

감이 좋기로 유명한 델보스케는 청소년 대표팀에서 중요한 활약을 펼친 선수들, 소속팀에서 중요한 역할을 맡기 시작한 선수들, 현재 대표팀에서 좋은 플레이를 펼치고 있는 선수들을 중심으로 선발 기회를 주는 편이다. "우리는 새로운 선수들은 단계적으로 팀에 합류시켜야 한다는 것을 알고 있습니다. 21세 이하 대표팀은 굉장히 훌륭하게 구성되어 있어요. 피케와 부스케츠도 바르사에서 절대적인 선발 선수는 아닙니다. 그리고 상호간에 완전한 합의가 이루어지지 않은 선수는 데려오지 않아요. 그것이 대표팀을 구상하는 데 가장 필요한 부분이고 가장 공정한 순간이죠."

피케는 2009년 2월 잉글랜드와 친선 경기에 데뷔했다. 바르사에서 라리가 초반 22경기 중 14경기에 선발 출전한 뒤의 일이다. 부스케츠는 그로부터 2달 뒤에 이스탄불에서 열린 공식 경기에 처음 합류했다. 과르디올라 감독 체제에서 초반 28경기 중 겨우 12경기만을 선발로 나선 뒤였다. 델보스케가 애호하는 또 다른 선수는 후안 마타다. 레알 마드리드에선 둘이 함께 할 수 있는 시간이 거의 없었다. 2003년 델보스케가 팀을 떠났을 때 아스투리아 출신의 마타가 레알 마드리드 유소년팀에 영입됐다. 그가 스페인 대표팀에 데뷔한 것은 3월 터키와 베르나베우에서 치른 경기에서다. "비센테는 제게 열린 측면에서 뛰게 될 것이라고 말해줬어요. 하지만 훈련할 때나 몇몇 경기에서 저를 미드필더로 세우셨죠. 제가 두 가지 포지션을 소화할 수 있다고 보셨죠. 제게는 참 좋은 일이었어요." 마타가 말했다.

잉글랜드와의 경기 전 합숙 시간에 다니 구이사는 스포츠 외적인 일에 대한 소식을 듣게 됐다. 그는 세비야에 위치한 호텔에서 전 부인과 아들의 방문을 받았다. 다니는 식당으로 그의 아이들을 데리고 갔다. 다니는 감정이 북받쳐 올랐다. 앞으로 예정된 터키와 2연전은 가장 의심스러운 일정이었다. "6개월 동안이나 제 아들을 보지 못했어요. 그것이 옆에 있을 수 있는 유일한 방법이죠. 페르난도 이에로에게 이야기를 했고, 대표팀에 부름을 받기를 희망하고 있습니다." 구이사는 공식 명단에 오르기 3일 전에 카데나 코페와 인터뷰에서 밝혔다.

스페인 대표로 이스탄불에 서는 것은 페네르바체 소속으로 이 도시에 살고 있고, 활동하고 있는 구이사에겐 특별한 기회, 꿈같은 상황이다. 델보스케는 처음에 그를 선발하지 않을 생각이었지만 이 결정을 철회하고 그를 대표팀에 소집했다. "잘했던 것도 없지만 그렇다고 나빴던 기억도 전혀 없어요. 난 그 문제가 반향을 일으킬 것이라고 생각했어요. 그에게 나쁜 일이 될 수도 있는 거였죠. 그는 멋지고 세련된 사람이에요. 어떤 부분에 있어서는 좀 구시대적인 부분이 있지만요. 우리의 첫 반응은 '이런 사람은 다시는 없을 거야!'라는 외침이었지만 그 이후 차분히 생각해보니 '그가 대체 뭘 한 거야!'라는 말을 하게 됐죠."

페르난도 이에로는 델보스케 감독이 이처럼 특수한 경우에 이러한 문제가 되는 부분의 가치가 어떤지 알고 있고 그를 위해 재고할 수 있는 특별한 사람이라고 여겼다. "그는 오감이 아니라 10감이 있는 감독이라고 생각해요. 그의 방식에서는 심리적인 부분이 모든 것보다 6단계는 더 중요시되요. 다니는 매우 특별해요. 그의 개성이나 그가 필요로 했던 모든 애정을 선물 받았죠." 징벌이나 강요 같은 것은 델보스케 감독의 사전에는 없는 단어다. "비센테는 어떤 사람에게 벌을 내리기보단 그를 설득하기 위해 늘 대화를 시도하는 분이에요. 그런 방식을 축구에서뿐만 아니라 삶 전체의 원칙으로 삼고 계신 분이죠. 그래서 우린 다른 모든 가치를 잊고 굉장히 명확한 철학을 갖게 되었어요." 토니 그란데가 덧붙였다.

이스탄불에서 열린 터키와의 경기에서 구이사는 등번호 7번을 달고 85분에 투입됐다. 리에라에게 끝내주는 패스를 내주며 결승골을 어시스트했다. 스페인은 경기 종료 직전에 2:1 승리를 결정했다. 스페인은 순항했다. 월드컵 예선전 6경기에서 6번의 승리를 거뒀다. "이 어시스트는 제게 유로 대회에서 기록한 2골보다 더 중요했어요. 등번호 7번? 오늘은 비야가 경기장에 없었기 때문에 달았죠. 스페인에서 7번은 비야의 몫이에요. 전 대표팀에 계속해서 부름을 받을 수만 있다면 어떤 번호든 상관없습니다." 다니가 경기 후 인터뷰에서 말했다.

2009년 6월, 스페인 대표팀은 역사상 처음으로 FIFA 컨페더레이션스컵에 참가했다. 대회 종료 며칠 후에 헤수스 나바스는 그의 형제 마르코의 결혼식에 참석할 예정이었다. 신랑은 델보스케의 코칭스태프 중 한 명인 안토니오 페르난데스와 이미 예전부터 알던 사이였다. 그는 나바스 가족과 친밀한 친구였고 대회가 끝난 뒤 결혼 행사에 참석했다. 나바스와 이야기하기 위해서다. "그의 집에서 그는 확답을 줬고 대표팀에 가겠다는 의지와 믿음을 보여주었어요."

안토니오는 1999년에 나바스를 알게 됐다. 나바스가 세비야 팀에 처음 입단하던 시기였고 안토니오는 클럽의 기술 이사로 부임했던 때였다. 그때 헤수스는 겨우 14살이었고 세비야 유소년 팀의 일원으로 뛰고 있었다. 결혼식이 끝난 뒤 연회장에서 음료수를 마시며 안토니오가 그에게 물었다. "언제 우리와 함께 대표팀에 함께 할 거야?" 그때 나바스는 지금까지처럼 시선을 다른 곳으로 피하지 않았다. 안토니오는 그의 눈이 특별하게 빛나고 있다는 것을 감지했다. 그리고 지금까지 그가 세비야에서 함께하던 시절에 보지 못했던 긍정적인 에너지를 느꼈다. "당신과 그 문제에 대해 이야기하고 싶어요." 그가 답했다.

무기력하게 집에 앉아 텔레비전으로 스페인 대표팀의 성공을 바라보며 수많은 날을 눈물로 보낸 나바스는 4년간 공황장애에 대한 치료를 받았다. 헤수스는 처음으로 고향 밖으로 나갈 수 있는 위한 준비가 됐다고 느꼈다. 안토니오는 휴가의 마지막 기간을 나바스와 그의 가족들과 함께 보냈고 그가 완벽하게 회복됐음을 확인했다.

세비야 훈련에 합류한 뒤 그의 공황장애가 이젠 역사 속의 이야기라는 것을 다시금 확인했다. 이제는 아주 오래된 옛날인 2005년 여름, 헤수스는 네덜란드에서 열리는 FIFA U-20 월드컵 출전을 고대하고 있었지만 대표팀 합숙에 갈 수 없었다. 이번 여름에는 프리시즌 합숙을 아주 정상적으로 소화했다. 페르난데스는 다시 그를 찾아 여러 긍정적인 징후를 모두 봤다. 페르난도 이에로는 안달루시아 출신의 나바스에 대한 모든 단계의 정보를 면밀히 검토했다. "그의 기술이사와 감독, 그의 심리치료사와 그 자신과 이야기하고 매일 같은 메시지를 받아야 해요. '안 될 이유가 뭔가요?' 그 문제가 완전히 끝나면 결정을 내릴 겁니다. 그가 느끼는 감정들이 우리에게 악영향을 줄 가능성을 피해야 합니다."

그러는 동안에 스페인은 2009년 9월 9일 산술적으로 남아공 월드컵 본선에 갈 수 있는 티켓을 확보했다. 보스니아와 터키가 무승부를 이뤘다는 사실을 안 선수들은 아르메니아 경기장 잔디 위에서 다이빙 세레머니를 펼치며 목표 달성을 자축했다. 그럼에도 불구하고 스페인은 에스토니아를 3:0으로 제압하며 전승 행진을 이어갔다. 페드로 코르테스 단장은 델보스케가 경기 이후 여전히 진지한 모습을 잃지 않는 것에 놀랐다.

"비센테, 탈의실로 가서 선수들 좀 축하해줘요! 우리가 진 것 같이 느껴지는데 우리는 이미 본선 진출을 이뤘고 모든 경기를 이겼어요." 그가 말했다.

"우리 플레이가 그렇게 좋지 않았어, 젠장." 델보스케가 불쾌한 기색으로 대답했다.

마지막 두 경기에서 아르메니아에 2:1 승리, 보스니아에 5:2 승리를 거둔 스페인은 눈부신 성적으로 예선전의 피날레를 장식했다. 승점 30점 만점을 가득 채운 것이다. 델보스케는 비록 스페인 대표팀의 여러 순간에 행운이 따랐다는 것을 인지하면서도 만족감을 표했다. "우리는 충분히 잘했습니다. 하지만 의심스러운 부분들이 나타났어요. 대표팀이 이전보다 좋은 축구를 했든 나쁜 축구를 했든 고쳐야 하는 부분이 있습니다. 보스니아와 홈경기에는 운이 따랐어요. 승리하기 어려운 경기였고 1:0으로 간신히 이겼죠. 브뤼셀과 이스탄불에서도 우리는 마지막까지 어려운 경기를 했습니다."

마지막 두 경기까지 나바스는 텔레비전으로 지켜봤다. 2009년 10월 말, 이에로와 페르난데스는 코르도바에서 나바스와 만나 그의 완쾌 증명서를 확실하게 확인했다. 며칠 뒤 나바스는 기자회견을 열고 그가 어느 때보다 준비되어 있다고 느낀다고 밝혔

다니 구이사가 카를로스 마르체나와 포옹하고 있다.

다. "아주 오랜 시간을 기다려 왔습니다. 이제 전 외국으로 나갈 수 있는 상태가 되었습니다. 전 꿈으로 가득 차 있고 도전하고 싶어요. 대표팀 생활을 즐기고 싶습니다. 이를 해내기 위한 최적의 순간입니다. 대표팀에는 이미 잘 아는 동료들이 있습니다. 이제 감독님이 결정을 내릴 때가 됐습니다."

델보스케는 일을 진전시켜 2009년 11월 아르헨티나, 오스트리아를 상대로 한 친선 경기에 나바스를 소집했다. "헤수스가 대표팀에 오는 것이 매우 흥미롭습니다. 하지만 그의 의지와 머리에 반하는 일은 할 수 없습니다. 우리가 해야 하는 부분들은 단계를 거쳐 진행될 겁니다. 선수들 개개인이 가진 개성을 무시하지 않을 것입니다." 델보스케가 말했다.

나바스는 비센테 칼데론에서 열린 아르헨티나와 친선 경기를 통해 데뷔했다. 다음 날 그의 오랜 친구인 안토니오 페르난데스의 집에서 고기를 나눠먹으며 자축했다. 에이전트가 나바스를 보호하기 위해 비엔나로 향하는 대표팀과 동행했다. 그의 곁에 세르히오 라모스와 네그레도가 함께 했다. 안토니오는 오스트리아전에 밥을 먹고 커피를 마시며 나바스가 노력하고 있다는 것을 느꼈다. "이곳에 25일을 더 있어야 한다고 해도 아무런 문제가 없을 것 같아요!"

델보스케는 이제 그가 원하는 윙 플레이어를 얻었다. "그는 반드시 필요한 대안이라고 봅니다. 축구는 한 쪽 측면에서만 이루어지는 것이 아니에요. 짧은 패스와 긴 패스, 드리블과 첫 번째 패스, 두 번째 터치의 균형이 이루어 져야 합니다."

나바스는 델보스케가 대표팀 감독으로 부임한 이후 2년 동안 새로이 대표팀에 데뷔시킨 12명의 선수들 가운데 가장 마지막 선수다. 델보스케는 총 35명의 선수를 소집했고 경기에 나서지 못한 것은 3명뿐이었다. 아모레비에타, 페르난도 나바로, 데라레드다. 모두가 남아공에 가고자 하는 꿈을 가지고 있지만 가능한 최종 엔트리는 23명의 자리밖에 없다. "분명 어떤 선수들에게는 지독하게 느껴질 일을 해야 합니다. 제게 쿠발라가 그랬던 것처럼요. 그는 굉장히 비범한 인물이었죠. 아토사에서 사모라와 부딪혔던 일도 그랬어요. 그 부상으로 비골을 다쳐서 1978년 아르헨티나 월드컵을 몇 달 앞두고 27세의 나이로 대표팀에서 제외되고 말았죠. 논쟁도 있을 것이고 혼란도 있을 겁니다. 월드컵에 갈 수 있는 자격이 있는 선수가 23명보다 더 많기 때문이죠."

델보스케는 매우 세심한 주의를 기울이며 대표팀 선발 명단을 비밀에 붙였다. 델보스케가 감독직을 맡은 이후 그의 공식 발표가 있기 전까지 명단이 누설된 적은 없었다. "제 곁에 있는 사람들을 완전히 믿습니다. 비밀을 지키기 위해 모두가 같은 시간에 밥을 먹어요. 생각하는 시간을 가장 많이 보내고 있어요. 하지만 누군가 제게 이런 이야기를 해올 때면 매우 화가 나요. '이 녀석은 안돼, 다른 선수를 뽑아.'"

앙헬 마리아 비야르, 페르난도 이에로, 비센테 델보스케가 컨페더레이션스컵 시상식에 참석했다.

만약 스페인이 월드컵 우승을 이룬다면 델보스케는 광란의 군중을 피하기 위해 그를 구분하는 명확한 콧수염을 밀어야 할 것이다. 비센테는 다운증후군을 앓고 있는 그의 아들 알바로, 그가 가장 믿는 그의 아내 트리니와 함께 자신의 꿈을 이룬 것에 대해 행복을 나눌 것이다.

"버스를 탈 때마다 꿈꿔 왔어요. 그리고 대표팀과 함께 콜론 광장을 내달리고 싶다는 강박관념에 사로잡혀있죠. 정말 수많은 순간 요구해왔죠. 이번에야말로 전 기존의 관례를 벗어나 꿈을 현실로 만들기 위해 뛸 겁니다."

: 푸욜의
내기

남아공에서 열리는 FIFA 컨페더레이션스컵 본선을 앞두고 대표팀은 또 다른 전통을 통해 분위기가 바뀌었다. 대표팀에 자주 드나든 베테랑 선수들에겐 자연스러운 일이었지만 새로 발탁된 신참내기들은 이를 접한 뒤 놀랐다. "남아공에 도착한 첫날 밥을 먹으러 내려갔는데 제 자리에 종이가 한 장 있었어요. 행동 요령이나 훈련 계획일 것이라고 생각했는데 읽어보니 그에 대한 내용은 하나도 없었죠. 대신 대회의 모든 경기들이 각 조별로 적혀있더군요. 각 모서리마다 두 칸이 있었는데 하나는 결과를 적는 칸, 하나는 이긴 팀을 적는 칸이었죠." 후안 마타가 말했다.

스페인 대표팀은 그들만의 내기를 한다. 스페인에 있는 수많은 술집과 사무실에서 하는 것처럼 선수들도 누가 축구에 대해 더 잘 아는지 증명하기 위한 게임을 한다. 재미 삼아 조금의 돈을 걸고 경기 결과를 예상하는 내기를 하는 것이다. 이러한 전통을 처음 만든 개척자는 루이스 엔리케였다. 카를라스 푸욜이 증인이자 내기 종이를 모으는 역할을 했다. "루초루이스 엔리케의 애칭가 바르셀로나에서와 마찬가지로 대표팀에서도 결과 맞추기 내기를 주관했죠. 이 전통을 잃지 않도록 그는 제게 이를 이어받으라며 역할을 넘겨주었어요. 굉장히 재미있는 놀이인 데다 팀이 하나로 뭉치게 하는 데 있어서도 좋은 방법이라고 생각해요. 아침에 일어나면 결과에 대해 이야기를 나누고 누가 가장 많이 맞췄는지를 체크하죠."

어떤 대표팀이 최상위 2개팀에 들어 다음 라운드에 진출하고, 또 어떤 팀이 어떤 순위를 차지하게 될까? 누기 득점왕이 될까? 항상 스페인이 조 1위로 통과할 것이라는 부분에 있어서는 만장일치의 의견이 나왔지만 다른 부분에 대해 예상하고 결정하는 것에는 고민을 해야 했다. 누가 더 많은 골을 넣을까? 비야 아니면 토레스? 컨페더레이션스컵에서는 단 한 명의 선수만 빼고 조별리그에서 가장 많은 골을 넣은 선수가 누구인지 맞췄다. 비야도 토레스도 루이스 파비아누도 택하지 않은 선수가 있었다. 그는 누구였을까?

"전 기분 좋게 저 스스로가 득점왕이 될 거라고 적었습니다. 나쁜 아이디어가 아니었다고 생각해요. 초반에 많은 결과를 맞췄기 때문에 일등을 앞서나갔거든요." 다니 구이사가 고백했다.

헤레스 출신 공격수 구이사는 남아공과의 3/4위전에 두 골을 넣었지만 득점왕이 되기엔 이미 늦은 때였다.

푸욜이 예상 답안지를 모으고 돈도 걷어서 보관하는 역할을 했다. 스페인 대표 선수로 선발되고 50유로의 돈만 내면 이 내기에 참가할 수 있다. "개인으로 참가할 수도 있고 두 명이나 서너 명이 짝을 이뤄서 참가할 수도 있어요. 1위를 차지한 사람이 걸은 돈의 50%를 갖고 2위가 30%, 3위가 30%를 갖습니다. 주최 측은 후방 지원을 위해 무던히 애를 쓰고 투자하지만 수수료를 전혀 받지 않아요. 종이 묶음에 볼펜을 준비하는데다가 하루 종일 시간을 투자하고 있는데도 말이죠." 바로 그 고생 하는 주최 측, 푸욜이 웃으면서 말했다.

카시야스와 레이나는 오스트리아에서 진행된 내기에서 유일하게 두 배씩이나 돈을 걸었다. 게다가 개인플레이로 임했다. 둘은 다른 팀과 비교했을 때 완전히 실패하고 말았다.

모든 표가 채워지고 나면 바르사의 주장 푸욜이 점수 집계를 위해 이를 하나로 정리한다. 이를 통해 순위를 매기고 누가 승자가 됐는지를 밝힌다. "정말 일이 많아요 유로 대회 기간 중에 칸데빌라의 게임방에 가지 않은 것이 이상해 보이지 않는 이유죠." 밤이면 밤마다 매 경기가 끝나고 나면 푸욜은 자기 방에 틀어박혀서 순위 집계를 위해 노트북 앞에 앉아 있었다.

점차 시스템이 새로운 선수들에게 소개되었고, 선배 선수들에 의해 생겨난 내기는 점점 더 완벽한 모습을 갖추어 갔다. "루이스 엔리케와 함께 했을 때는 결승전을 포함해 대회 전체를 모두 예측하는 것이었어요. 하지만 문제가 있었죠. 만약 스페인이 대회 도중에 탈락할 경우 다들 집으로 돌아가기 때문에 누가 내기에서 이겼는지 알 수도 없고 모은 돈도 나눌 수가 없게 되는 것이죠. 그래서 우리는 단계마다 중간 정산을 하기로 했어요. 처음에는 조별리그 결과를 예측하는 거예요. 누가 1위와 2위를 차지할

이니에스타가 스페인을 세계 챔피언으로 이끈 뒤 골 세리머니를 위해 유니폼을 벗고 있다.

지, 어떤 선수가 그 시점까지 득점 1위를 차지하는지. 그 다음에 16강전과 8강전의 내기를 새롭게 나눠서 해요. 하지만 보통은 이때쯤 우리 모두 내기를 접고 돌아가곤 했죠.”

2010년 남아공 월드컵 내기도 푸욜이 담당했다. 대표팀은 이런 전통이 계속되는 것을 좋아한다. “바보처럼 보일 수도 있겠죠. 하지만 이런 오락거리가 하루하루를 더 즐겁게 지내는 데 도움이 됩니다. 최종 본선 무대는 스트레스가 심하기 때문에 경기 결과들을 예상하는 일로 머리를 쓰는 것이 가치가 있어요. 그렇지 않으면 어떤 선수들은 그 부담감을 참아내기 힘들어해요.” 아르벨로아가 말했다.

처음에는 거의 꼴찌였지만 나중에는 1위를 차지했다. 세르히오 가르시아가 오스트리아에서 진행된 유로 2008 대회 내기의 우승자가 됐다. “머리도 썼지만 조금의 운도 따랐어요. 모두들 조금씩은 망설였죠. 물론 스페인이 모든 경기에서 이길 것이라고 썼습니다. 비야가 조별리그 득점왕을 차지할 것이라고 예상했고요. 일석이조의 행운을 거머쥐었어요. 내기 1등을 한데다가 그보다 더 대단한 유로 우승을 이뤘죠. 멋진 여행이었어요. 야호!” 그가 자랑스럽게 말했다.

‘엘 구아헤’ 비야는 가르시아의 예상이 실패로 돌아가지 않게 했다. 비록 부상으로 결승전 경기를 뛰지 못했지만 4득점으로 유로 대회 득점왕을 차지했다. 세르히오 가르시아는 1,050유로를 벌었다. 시상대의 나머지 자리는 630유로를 딴 2위 데라레드, 420유로를 번 페드로 코르테스가 차지했다.

내기는 선수들만이 독점적으로 참가한 것은 아니다. 대표팀 원정단에 속한 모든 사람들이, 어떤 형태로든 대표팀과 인연을 맺고 있는 모든 이들이 참가 대상이 됐다. “감독님과 코칭스태프, 장비 담당자 의료진, 물리치료사, 대표팀 임직원, 언론 담당관, 보안 담당자 등 모두가 함께 했어요.” 오스트리아에서의 축구 내기에 참가한 사람 리스트를 훑어보다 보니 주의를 끄는 이름이 윗줄에 있었다. “페르난도 나바로가 우리를 유로 대회 중에 포함시켜주었어요.” 세 명의 추가 참가자 중 한 명인 언론 담당관 팔로마 안토란스가 고백했다.

　나머지 둘은 축구협회 보안책임자 에스더 가스콘과 매니저 실비아 도르스츠네로 바였다. 그들의 원칙은 단순했다. "스페인 결과는 항상 승리로 쓰죠. 개인적으로 피가 섞여있는 독일과 체코도 그렇고요." 실비아가 말했다.

　물리치료사들미겔 구티에레스, 라울 마르티네스, 페르난도 갈란, 후안 안토니오 에란스은 유로 대회에 '에피카시시모', 컨페더레이션스컵에 '피지오룸' 이라는 이름으로 내기에 참여했다. '로스 크랙스' 라는 이름의 팀은 의료진의 헤수스 칸델과 헤수스 히메네스였다.

　내기에 참가하지 않은 사람으로는 대회에서 가장 중요한 인물이라 할 수 있는 루이스 아라고네스 감독이 있었다. "좋아하지도 않고 하지도 않을 거요. 어떤 경기에 대해 제게 물어본다면 전 어떤 결과도 맞추지 않고 점수도 내지 않기 위해 그냥 6:0이라고 답할 겁니다." 이 일에 대해 묻자 그는 이렇게 답했다. 하지만 루이스는 진실을 말하지 않았다. 그가 뭔가 숨기고 있다는 것이 발각됐다. "루이스가 내기에 참가하지 않는다고요? 누가 그렇게 말했나요? 그는 저와 함께 내기를 했고 제게는 어떤 경기 결과도 쓰지 못하게 했어요. 제 종이를 가져가서는 결과를 다 채워다 줬죠. 한번은 제가 무승부로 적어내겠다고 했더니 격하게 반발하면서 바꾸라고 강요했어요."

　"아무 거라도 생각을 안 한다고요? 두 팀만 적어 봐요, 친구. 누가 이길 것 같냐고요, 젠장!"

　"가만히 좀 있어봐!" 그가 답했다. 참가하고 싶지 않다고 하더니.

　잠시 후 그가 와서 내게 물었다.

　"독일-크로아티아 경기에 어떻게 표기했어?"

　"무승부, 엑스 표시했죠."

　"독일이 승리한다고 쓰라고, 친구."

　"그럼 당신이 직접 해요."

"네가 해. 선수들이 나 역시 하고 있다는 걸 알리지 말고."

"그렇지만 내겐 아무런 기회도 주지 않고."

아라고네스의 파트너는 페드로 코르테스였다. 이들 콤비의 결과는 성공이었다. 유로 대회에서 3위라는 공적을 세웠다. 푸욜에게 이 같은 관계가 존재하고 있었다는 사실을 알고 있었냐고 물었다. "이런! 바로 잡아야겠네요. 동의할 수 없어요!"

루이스의 비밀을 알고 난 뒤, 카를라스는 표를 수정한 뒤 확신을 갖고 항변했다. "알고 있어요! 전 책임자고 제게는 모든 것을 알려야죠!"

유로 2008 내기의 결과는 이 장의 마지막 부분에 첨부되어 있다. 푸욜이 아라고네스의 가담을 입증했다. 감독의 참가를 알았지만 그는 다른 팀원에게 이 사실을 알리고 싶지 않았고, 그래서 순위표에는 이름을 넣지 않기로 했다.

많은 이들이 시간이 갈수록 예측을 시도한 것은 큰 실패였음을 알아갔다.

"최악으로 끝났어요. 바보같이 돈을 날렸죠. 사람들은 게임에서 운이 따르지 않았다고 말들을 하더군요." 이니에스타가 덧붙였다.

"선수들이야 말로 축구를 가장 잘 아는 사람들이라고들 하죠. 그런데 이 결과 좀 보세요." 후아니토가 인정했다.

"전 항상 출발은 좋은데 나중엔 무너져요." 세나가 밝혔다. "가장 어려운 건 1위와 2위를 구분하는 거예요. 3라운드에 이르면 더 이상 옵션이 남아있지 않죠." 단념한 비야의 말이다.

이런 유형의 내기를 보면 늘 신출내기들이 승리자가 되는 경우가 비일비재하다. 비센테 델보스케는 컨페더레이션스컵에서 빈손으로 돌아가지 않았다. 그는 상대팀 전력 분석을 담당한 비디오 분석관인 조력자 파코 히메네스와 함께 우승을 차지했다. 둘은 1,150유로를 나눠 가졌다.

"그가 제게 정말 많은 것을 줬죠. 스페인의 많은 승리, 득점왕, 두 개 조의 다양한 순위까지…… 월드컵에서도 다시 한 번 재현하고 싶네요." 델보스케가 기억했다.

축구협회의 원정 책임자인 안토니오 리모네스는 2위를 차지해 690유로를 쓸어 담았다. 차비는 3위로 460유로를 챙겼다.

델보스케는 컨페더레이션스컵에서 득점왕 칸을 채우는 것을 가장 까다로워했다. "우리 팀의 공격수들 중에 한 명의 이름만 따로 나눠서 써야 한다는 것이 불쾌했어요." 그런 이유로 비센테는 푸욜에게 그 칸을 공란으로 비워둔 채 전했다.

"감독님, 득점왕이 누가 될지 안 쓰셨어요."

"안 쓰는 것이 더 낫겠네." 그가 답했다.

"감독님 보세요. 득점왕을 포기하면 굉장히 큰 점수를 놓치게 되요. 우승에 큰 영향을 미친다고요. 정히 위험하다면 스페인 선수 말고 다른 나라 선수라도 고르세요."

"아, 그런 일은 일어나지 않을 것 같아서…… 그러면 루이스 파비아누를 쓰겠네."

그리고 적중했다. 조별리그가 끝난 뒤 브라질 골잡이가 비야, 토레스와 함께 득점 공동 1위로 나섰다. 3명 모두 3골씩을 넣었다. 그 이후 루이스 파비아누는 결승전에서 멀티골을 기록하며 득점 기록을 더 늘렸다.

하지만 푸욜도 영원할 수는 없다. 대표팀 내기의 전통에 후계자가 필요하다. 유로 2012 대회에서도 전통이 사라지지 않기 위해선 대비가 필요하다. 하지만 누가 교대하려고 할까? 해야 할 일이 굉장히 많다.

유로 2008 대회 내기 결과표 보는 법

1. 12개의 하얀색 칸은 4개조의 총 12차례 경기 결과를 예상한 것이다. 경기 결과를 맞추면 3점을 얻는다. 스코어까지 정확히 맞출 경우 3점을 더 준다.

2. 밝은 회색으로 표시된 칸은 4개조의 순위표를 맞춘 결과다. 1위를 맞추면 4점, 2위를 맞추면 2점, 3위와 4위를 맞추면 1점을 준다. 순위표를 완벽하게 맞추면 총 8을 얻게 된다.

3. 진한 회색칸은 조별리그 최다득점자를 맞춘 결과다. 적중할 경우 10점을 얻는다.

									A		B		C		D	득점왕	총점	비고
세르히오 가르시아	3	6	3	3	6	3	3	6	3	8	6	6	3	6	3	8	x	86	
데라레드	3	6	0	6	6	3	3	6	0	6	6	6	3	6	6	8	x	84	
페드로 코르테스	3	6	0	6	3	0	6	3	3	8	6	8	0	4	3	4	x	73	
산티 카소를라	3	6	0	6	3	0	0	6	3	8	3	6	3	3	3	8	x	71	· 물품담당자
다미안	0	6	6	3	0	3	3	6	0	4	3	6	3	4	6	8	x	71	· 물품담당자
펠릭스	3	3	0	6	3	0	0	6	3	4	6	6	3	4	3	8	x	68	
세나	6	3	0	3	6	0	0	6	0	4	3	6	3	3	6	8	x	67	
푸욜	3	6	0	3	6	3	0	6	0	4	6	6	3	4	3	4	x	67	
토레스	6	6	3	6	3	3	3	3	0	4	6	6	6	3	3	4		65	
에두아르도오 프로페	6	3	3	6	0	0	0	6	0	4	3	6	3	4	3	8	x	65	· 원정 담당자와 헤수스 페레데스
팔롭	6	6	3	6	3	3	3	3	0	4	3	8	3	4	3	4		62	
헤수스 바르바스	6	6	3	6	6	0	0	6	0	8	3	6	3	3	3	4		63	· 물품담당자
세사르 멘디온도	6	6	3	6	3	3	3	3	0	4	3	8	3	4	3	4		62	
에피카시모스 1	3	3	3	3	3	3	3	6	0	4	3	3	3	8	6	8		62	
에피카시모스 3	3	3	6	6	3	0	0	3	0	4	3	3	3	8	3	4	x	62	
에피카시모스 2	0	6	3	3	3	0	3	3	3	6	6	8	6	4	3	4		61	
우랑가	0	6	0	3	6	3	0	3	0	8	3	6	3	3	3	4	x	61	
후아니토	3	3	6	6	0	0	3	3	0	4	6	6	6	6	3	4		59	
하비에르 안드레스	6	6	0	3	0	3	0	6	0	3	3	8	0	0	3	8	x	59	· 아디다스

										A		B		C		D	득점왕	총점	비고
세스크	3	6	3	3	0	0	0	6	3	4	6	6	3	4	3	8		58	
비야	3	6	3	3	3	0	0	3	0	4	6	6	0	3	3	4	x	57	
알비올	3	6	0	3	3	0	3	3	0	8	3	6	3	4	3	8		56	
로렌소	3	3	3	3	6	0	3	6	3	4	3	4	3	4	0	8		56	·보안책임자
차비 펠로포	3	3	0	3	6	3	0	3	0	8	6	6	3	4	3	4		55	
아르벨로아	3	6	0	3	3	0	0	6	0	4	6	6	3	4	3	8		55	
라스 수프레마스	6	6	0	6	3	0	0	6	0	3	6	6	3	3	3	4		55	
사비 알론소	3	6	3	3	0	3	3	3	0	4	6	6	0	6	0	8		54	
이케르와 페페	3	6	6	3	3	3	3	0	0	4	6	6	0	4	3	4		54	
구이사	3	6	0	3	6	3	0	6	0	4	3	6	3	3	3	4		53	
마르세나	0	6	6	3	6	0	0	0	0	8	3	6	3	4	3	4		52	
이케르	3	6	3	3	0	3	0	3	0	3	6	8	0	4	6	4		52	
하비에르 엔리케	3	6	3	3	3	0	0	6	0	8	3	6	3	3	0	4		51	·비디오 분석관
페페 레이나	3	6	3	3	3	0	0	6	0	3	3	3	3	3	3	8		50	
마르코 오테로	3	3	0	3	0	3	0	6	0	0	0	4	3	3	3	8	x	49	·FIFA
세르히오 라모스	3	6	0	3	3	0	0	3	0	4	6	6	3	3	3	4		47	
실바	0	6	0	6	3	0	3	6	0	4	3	6	3	3	0	4		47	
로스 크락스	3	0	3	0	6	0	0	3	0	3	3	6	0	4	3	4		38	
안드레스 이니에스타	0	0	0	3	3	0	3	6	0	0	6	4	0	4	3	4		38	
페르난도 나바로	0	3	3	3	0	3	3	3	0	4	0	3	6	0	0	4		35	
칸데빌라	3	3	3	3	0	0	0	0	0	4	3	6	0	3	3	4		35	
리모네스	3	0	0	3	3	0	0	0	0	0	0	0	3	0	3	0	x	25	

2009 FIFA 컨페더레이션스컵 내기 결과표 보는 법

1. 앞의 네 개의 칸은 각조 1,2차전 경기 결과 예측 성적이다. 승무패를 적중시키면 1점, 스코어까지 적중시키면 2점을 추가로 준다.

2. 5번째와 6번째 칸은 준결승 진출팀을 맞추는 것이다. 두 팀을 모두 맞추면 2점, 둘 중 한 팀 만 맞추면 1점이다.

3. 조별리그 최다득점자를 맞추면 5점을 준다.

							득점왕	총점	최종순위	비고
비센테-파코	4	2	1	3	6	0	5	21	1	
리모네스	2	1	4	3	4	1	5	20	2	
차비	1	2	2	4	4	1	5	19	3	
에바리스토	1	2	2	1	6	1	5	18		·산타 모니카
리에라	4	1	2	3	3	0	5	18		
카를로스 로호	3	1	2	1	4	1	5	17		·아디다스
라레아	1	4	1	3	3	0	5	17		·협회 직원
로렌소	4	2	1	1	2	1	5	16		·보안책임자
디에고 로페스	2	2	2	1	4	2	5	16		
우랑가	1	2	1	3	3	1	5	16		·협회 직원
레이나	1	4	2	1	2	1	5	16		
루이스 카노	1	2	2	1	2	2	5	15		·아디다스
알비올	2	2	2	1	3	0	5	15		
피지오룸	1	2	2	1	3	1	5	15		
푸욜	1	2	2	1	3	1	5	15		
사비 알론소	1	1	2	1	4	1	5	15		
아르벨로아	1	2	2	1	4	0	5	15		

							득점왕	총점	최종순위	비고
마타	2	2	2	1	2	1	5	15		
물품담당자들	1	1	2	1	2	2	5	14		
요렌테	1	1	1	4	2	0	5	14		
비야	1	1	2	1	4	0	5	14		
토레스	2	1	2	1	3	0	5	14		
이케르	2	1	2	2	1	1	5	14		
캅데빌라	1	2	1	1	1	1	5	14		
부시	2	2	1	1	3	0	5	14		
세스크	1	2	1	4	1	0	5	14		
카르멜로	1	4	1	1	3	0	5	14		· 사진기자
피케	1	1	2	2	2	1	5	14		
실비아	1	2	2	2	2	0	5	14		
파블로 페냐	1	1	2	1	3	1	5	14		· 비디오 분석관
프란 포라스	1	2	2	1	3	0	5	14		
오초토-하비	1	2	2	1	1	1	5	13		
파블로 에르난데스	1	2	1	1	2	0	5	13		
애슈원	1	2	2	1	2	0	5	13		· 보안책임자
카소를라	1	2	1	1	3	0	5	13		
토니 그란데-안토니오	1	2	2	1	2	0	5	13		
코타	2	4	1	0	1	0	5	13		· 팀 닥터
실바	1	1	2	1	1	0	5	11		
오스카 셀라다	1	1	2	1	1	0	5	11		· 팀 닥터
구이자	4	1	4	1	1	0	0	11		

							득점왕	총점	최종순위	비고
세르히오 라모스	1	1	1	1	1	1	5	11		
에스테반	1	2	1	1	1	0	5	11		· FIFA
마르체나	1	2	1	0	1	0	5	10		
팔로마	1	11	2	0	1	0	5	10		

    푸욜이 2010년 남아공 월드컵 내기를 위해 만든 '키니엘라스페인에서 매주 전국적으로 판매 되는 축구 경기 결과 맞추기 로또'의 예시를 여러분께 공개한다.

2010 월드컵 메가톤급 내기

NOMBRE:

EMAIL

승부예측 (1x2) --〉 경기당 1점(총 48점)

날짜	팀1	팀2	
6월 11일	남아공	멕시코	
11일	우루과이	프랑스	
12일	아르헨티나	나이지리아	
12일	한국	그리스	
12일	잉글랜드	미국	
13일	알제리	슬로베니아	
13일	독일	호주	
13일	세르비아	가나	
14일	네덜란드	덴마크	
14일	일본	카메룬	
14일	이탈리아	파라과이	
15일	뉴질랜드	슬로바키아	
15일	코트디부아르	포르투갈	
15일	브라질	북한	
16일	온두라스	칠레	
16일	스페인	스위스	
16일	남아공	우루과이	
17일	프랑스	멕시코	
17일	아르헨티나	한국	
17일	그리스	나이지리아	
18일	잉글랜드	알제리	
18일	슬로베니아	미국	
18일	독일	세르비아	
19일	가나	호주	
19일	네덜란드	일본	
19일	카메룬	덴마크	
20일	이탈리아	뉴질랜드	
20일	슬로바키아	파라과이	
20일	코트디부아르	브라질	
21일	북한	포르투갈	
21일	온두라스	스페인	
21일	스위스	칠레	
22일	프랑스	남아공	
22일	멕시코	우루과이	
22일	그리스	아르헨티나	
22일	나이지리아	한국	
23일	슬로베니아	잉글랜드	
23일	미국	알제리	
23일	가나	독일	
23일	호주	세르비아	
24일	카메룬	네덜란드	
24일	덴마크	일본	
24일	슬로바키아	이탈리아	
24일	파라과이	뉴질랜드	
25일	북한	코트디부아르	
25일	포르투갈	브라질	
25일	스위스	온두라스	
25일	칠레	스페인	

토너먼트 --〉 각 8개조의 진출팀이 결정된 후 각 경기 스코어 맞추기 (총 106점)

16강	8강	4강	결승	4강	8강	16강
팀당 0점 (조별리그 결과에 포함)	팀당 2점 (총 8점)	팀당 10점 (총 20점)	팀당 25점 (총 50점)	팀당 10점 (총 20점)	팀당 2점 (총 8점)	팀당 1점 (조별리그 결과에 포함)

26/6 @ 16:00

2/7 @ 20:30

26/6 @ 20:30

27/6 @ 20:30

3/7 @ 16:00

27/6 @ 16:00

조별리그 결과 --〉 순위까지 맞추면 2점, 진출팀만 맞추면 1점
(총 48점)

Pt	A	
0	남아공	
0	멕시코	
0	우루과이	1º
0	프랑스	2º
Pt	B	
0	아르헨티나	
0	나이지리아	
0	한국	1º
0	그리스	2º
Pt	C	
0	잉글랜드	
0	미국	
0	알제리	1º
0	슬로베니아	2º
Pt	D	
0	알바니아	
0	호주	
0	세르비아	1º
0	가나	2º
Pt	E	
0	네덜란드	
0	덴마크	
0	일본	1º
0	카메룬	2º
Pt	F	
0	이탈리아	
0	파라과이	
0	뉴질랜드	1º
0	슬로바키아	2º
Pt	G	
0	코트디부아르	
0	포르투갈	
0	브라질	1º
0	북한	2º
Pt	H	
0	온두라스	
0	칠레	
0	스페인	1º
0	스위스	2º

28/6 @ 16:00

28/6 @ 20:30

2/7 @ 16:00

6/7 @ 20:30

7/7 @ 20:30

9/7 BERLIN

29/6 @ 16:00

29/6 @ 20:30

3/7 @ 20:30

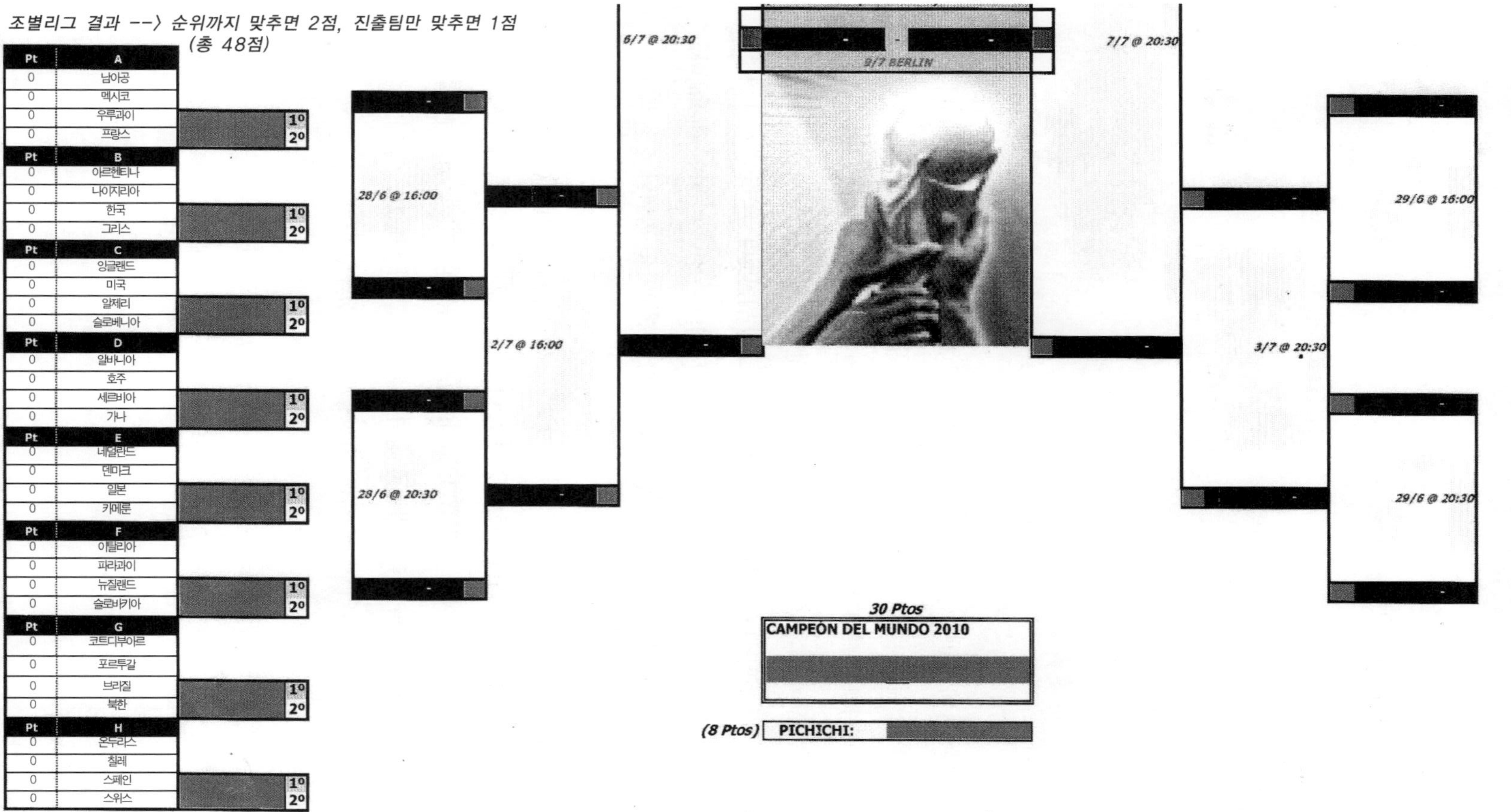

30 Ptos

CAMPEÓN DEL MUNDO 2010

(8 Ptos) PICHICHI:

승부예측	조별리그 결과	토너먼트	결과	우승팀	득점왕	Maxima Puntuación:	
48	48	106	10	30	8		250

＃ : 스페인 대표팀의
숨은
도우미

내일이면 스페인 대표팀이 남아공 월드컵 본선에서 상대할 팀이 누구인지 알게 된다. 안토니오 리모네스, 실비아 도르스츠네로바와 하비에르 미냐노는 포체프스트룸Potchefstroom으로 비행을 떠났다. 스페인 대표팀이 남아공에서 차릴 베이스캠프를 확정하기 위해서다. 선택된 곳은 요하네스버스, 더반, 프리토리아, 포트 엘리자베스, 루스텐버그의 40여 곳의 후보지 중에서 선택됐다. 영예의 주인공은 스포츠 호텔 빌리지다. "결정 순간에 가장 중요한 것은 숙소가 얼마나 화려한지가 아니었어요. 장거리 이동을 해야 하면 결국엔 아주 불편해질 수 있거든요. 최소한의 쾌적함만 유지된다면 괜찮아요." 협회의 원정 책임자 리모네스가 말했다.

선수들은 걸어서 훈련장에 갔다. "가장 유용했던 것은 이동을 위해 매일 30분 이상의 시간을 허비하지 않아도 된다는 점이었어요. 비록 공항으로 이동하는 시간은 조금 더 걸리긴 했지만요." 리모네스가 말했다. 도시에는 작은 공항이 있었는데 더반, 요하네스버스150km나 떨어져 있다와 프리토리아로 향하는 비행기를 이송해왔다. 이 지역들로 이동해야 하는 각국 대표팀의 이동을 위해 확장공사를 한 상태였다.

최신식 시설에는 20개의 운동장, 주로 럭비를 위한 것이었지만 축구 경기장으로 쉽게 변환할 수 있었다. 모든 시설이 완벽하게 구비된 헬스장과 찬물과 더운물이 모두 있는 수영장도 있었다. 숙소는 각 방마다 2개의 침대가 있는 80개의 빌라로 구성되어 있었다. 2010년 4월에 새 단장을 하고 새로 개시한 곳이었다. 이곳은 케냐 육상 대표팀 소속으로 800미터 세계 챔피언을 세 차례나 차지한 윌슨 켑케터, 아테네 올림픽 800미터와 1500미터 우승을 차지한 영국 선수 켈리 홈스가 훈련했던 곳이기도 하다. 훈련장은 현대적인 스포츠 훈련을 위해 이상적인 장소, 포체프스트룸에 설치되어 있었다.

약칭으로 '포치Potch'라고 불리는 이곳은 해발 1,400미터 위치에 있었다. 북동부에서 스포츠의 고향이라는 이름으로 알려진 '포치'는 남아프리카공화국에서 가장 미국적인 도시다.

이곳에서 23명의 선수들과 40명의 스태프가 대회 기간 31일을 지냈다. "우린 환상적인 팀이었어요. 모든 것이 완벽하게 갖춰졌죠. 우리 주위에 있던 사람들 모두 겸손하고 친근했죠. 항상 선수들을 위해주었고 그런 것들이 우리에겐 아주 중요했어요. 대단한 사람들이었고 그래서 우리 모두 그들을 사랑했죠." 차비 에르난데스가 말했다. 이들의 역할이 대표팀이 잘 기능하기 위한 열쇠였다. "없어선 안 되는 사람들이었죠. 우린 많은 시간을 함께 지냈고 그들은 우리가 경기장 위에서 열심히 한 것만큼이나 많은 도움을 줬어요. 모두들 프로였고 멋진 사람들이었죠." 사비 알론소가 덧붙였다.

남아공 월드컵은 대표팀 전담 요리사 사비에르 아르비수Xabier Arbizu에겐 다섯 번째 대회였다. "이번이 마지막 대회가 될 것 같아요. 나이를 생각해야죠." 그가 고백했다. 주방에서 하는 그의 일은 대표팀의 기반이 되는 것이었다. 하지만 그의 자유와 창조성은 시간이 갈수록 줄어들었다. 독일월드컵 대회까지 헤나로 보라스 박사는 두 가지 역할수행을 늘렸다. 외상학과 음식 메뉴 개발이다. 루이스 아라고네스 감독은 매우 사소한 것까지 신경 쓰는 사람이었다. 2006년 1월 그는 협회에 과거 발렌시아에서 일했던 적 있는 영양학 전문의 호르헤 칸델의 합류를 요청했다. 이 아이디어는 일의 분배를 가져왔다. 보라스는 부상 회복에만 집중할 수 있게 됐다.

칸델은 2006년 독일 원정을 떠나기 전에 아르비수와 함께 책상에 앉았다. 그리고 메뉴를 처음부터 끝까지 완전히 바꿨다. 그들은 아침 식사 준비에 보요 빵과 단 것을 준비하던 것을 끝내버렸다. 감자튀김과 동물지방은 실격이었다. 마가린이 치즈보다 우위에 선택됐다. 토르티야는 순수하게 달걀로만 요리했다. 우유 크림으로 만들어진 흰 소스는 크림을 분리해냈다. "일이 굉장히 쉬워졌어요. 이제는 요리가 훨씬 단순해졌어요. 더 청결해지기도 했고, 음식을 가공하는 일도 줄어들었죠." 아르비수가 밝혔다.

달걀, 양파, 오이, 피망과 올리브는 샐러드에서 자취를 감췄다. 오직 상추, 루쿨라 *rucula*, 토마토와 옥수수만 섞었다. "위에 부담이 가는 것을 피하고 영양소를 더 얻을 수 있죠." 의사의 소견이었다. 선수들은 철학과 더불어 좋은 마음으로 이런 제약을 받아들였다. "사실 칸델이 오기 전까지는 매일 같이 식당에서 음식을 먹는 것 같았어요. 유로 대회에서 세르히오 라모스와 저는 누가 더 많이 살을 빼는지 내기를 했어요. 전 80킬로그램에서 시작해서 77킬로그램이 됐죠. 아무리 먹는 것을 많이 좋아해도 살찔 방법이 없었죠." 후아니토가 말했다.

다음 단계는 선수들 사이에 뿌리 깊게 박혀있는 습관을 바꾸는 것이다. 경기력에

아라고네스가 저자 미겔 앙헬 디아스, 마르카 기자 미겔 앙헬 라라와 대화를 나누고 있다.

악영향을 끼치는 습관이다. 칸델은 식전주를 폐지했다. "대부분의 경우 선수들은 이를 억제하지 못하며 지방과 부적절한 단백질이 쌓이게 해요. 설탕이 잔뜩 함유된 음료수를 남용했죠." 방안에 있는 미니바의 사용도 통제했다. 이를 통제하지 못하면 그들의 작업이 순식간에 수포로 돌아가기 때문이다. "전 어떤 위반도 꿰뚫어볼 수 있어요. 하지만 말하는 것으로 충분하죠. 전 이행율이 이처럼 높았던 것에 놀랐어요. 그 증거로 선수들 모두가 최적의 체지방 수준을 갖추게 되었죠." 선수들은 의사에게 '배고픈 박사'라는 별명을 지어주었다.

칸델은 오스트리아에서 치른 독일과의 결승전 경기 당일에 대표 선수들이 먹었던 것을 기억한다.

아침 – 카페 라떼 또는 콜라카오스페인에서 파는 고에너지 초콜릿 드링크, 오렌지 주스, 볶은 옥수수, 시리얼, 과일, 악티멜다농에서 나온 요거트.

점심 – 스파게티올리브유와 소금, 볼로냐 소스 또는 토마토소스와 갈아낸 치즈, 2~3개의 닭가슴살과 감자 에르비도, 과일이나 가벼운 플란무설탕, 크림 없는 스페인식 푸딩.

간식 – 커피 혹은 두유 또는 크림이 제거된 우유, 구운 칠면조 가슴살 또는 요크 하몬스페인 전통 하몬의 한 종류, 크림 없는 치즈와 요구르트.

오스트리아에서의 마지막 저녁은 노이슈티프트에서 먹었다. 유로 대회를 우승하고 나서다. 원정단은 새벽 3시쯤이 되어서야 도착했다.

"그때는 완전히 자유로웠죠. 우리는 챔피언이 됐었고, 더 이상의 제약은 과한 일이었어요." 대표팀 영양팀은 마침내 선수들에게 먹을 자유를 주었다.

오스카르 셀라다는 2008년 8월 칸델과 교대했다. 그리고 그의 일을 이어받아 계속 해나갔다. "결혼식 뷔페와 같은 식사를 하던 시절은 사라졌어요." 그가 말했다. 신체 측정과 체지방 조절은 그에게도 굉장히 중요한 일로 이어졌다. 그의 작은 손가방에는 월드컵 기간 중에 선수들이 싫어했던 메뉴들이 준비되어 있었다. "지중해 음식을 우선시했어요. 긴 합숙기간 동안 우린 다양한 종류의 샐러드를 찾았죠. 고기류는 2~3개 정도 준비하고 생선을 첫 번째 접시로 준비했죠. 언제나 철판에 야채와 함께 볶아서 내놓았어요. 경기 당일에도 어떤 변화도 없었어요. 위에 부담을 줄 수 있고, 이것이 뜻밖의 사고를 야기할 수 있거든요." 남아공 원정을 떠나기 전에 말했다.

셀라다는 오랜 시간이 지난 후에 아침 식사에 크로와상을 맛볼 수 있도록 허락했다. "그들에겐 매우 매력적일 수 있는 음식이죠" 그가 농담을 했다. 하지만 그들의 즐거움은 오래가지 못했다. 곧 그 음식은 금지되었다. "월드컵 기간 중에는 뭐든 먹어 보고 싶다면 머리를 많이 써야 할 거예요." 농담이 이어졌다. 그들에게 양 조절 없이 마음껏 먹을 수 있는 음식은 샐러드와 퓨레 수프, 파스타뿐이었다. "그것들은 원하는 만큼 먹을 수 있어요." 아르비수가 강조했다. 경기 전날 식사에는 요리사가 고기 조각과 지방이 전혀 포함되지 않은 등심을 100그램이 넘지 않게 준비했다. 섬유질 섭취를 줄이기 위해 닭의 넓적다리살도 남용이 허락되지 않았다. 경기 전 저녁은 쿠바식 밥arroz a la cubana이 항상 포함됐다.

유로 대회까지 선수들은 뷔페에서 원하는 음식을 직접 골라 먹었다. 하지만 지금은 종업원들이 자리로 음식을 가져다준다. 자유시간에는 항상 델보스케와 셀라다가 선수들이 어떤 음식을 먹고 다니는지 검사한다. 자유시간에도 선수들은 호텔 밖으로 나가 햄버거나 선물 받은 음식을 먹지 못하게 했다. "쌀과 함께 섞기 위해서 렌즈콩과 이집트콩을 왕창 가져왔어요."

남아공에서 컨페더레이션스컵을 치르면서 얻은 경험은 대표팀에게 매우 긍정적인 효과를 주었다. "채소와 좋은 고기, 아귀, 질 좋은 혀가자미 등 모든 것이 다 있었어요." 그래서 아르비수는 미네랄워터와 와인만 가방에 싸오면 됐다. "컨페더레이션스컵 때에는 올리브유도 가져왔는데 이곳에도 다양한 종류로 구할 수 있더라고요. 그래서 월드컵 때는 가져오지 않기로 했죠."

원정 기간 동안 아르비수는 굉장히 즐겼다. "선수들을 위해 요리를 할 때에는 제 아이들을 위해 음식을 한다고 생각해요. 나이로 따지면 거의 같거든요." 그는 현재 대표팀에는 식사 기간에 열광하는 선수가 없다. 그는 괴짜 같은 모습의 산티아고 카니사레스를 특별한 애정을 담아 기억했다. "음식을 먹을 때 당근 주스와 오이 주스만 마셨어요. 제게 그 주스를 만들어달라고 믹서기까지 직접 가져다주더군요. 물도 와인도 마시지 않더라고요."

아르비수는 유로 2008 대회를 한 달 앞두고 세상을 떠난 그의 친구 헤나로 보라스를 그리워하고 있다. 그의 공백은 세비야에서 온 의사 헤수스 히메네스가 대체했다. 그 역시 오스트리아에서 칸델과 함께 일하기 위해 왔다. 델보스케가 새 대표팀 감독으로 임명된 후 셀라다와 콤비를 이룰 사람으로 선택됐다. 외상학을 담당할 사람으로는 셀타 비고의 의사 후안 호세 코타가 내정됐다. 그는 오랜 기간 동안 청소년 대표팀에서 일했다. 그는 동향의 선배 보라스의 뒤를 잇는 것이 쉽지 않다는 것을 알아차렸다. "대표팀 합숙 기간에 이곳에 온 뒤로 헤나로 박사와 물리치료사들과는 이야기해보지 못했어요. 그들과 이야기하는 것은 아이디어를 주죠. 좋은 의사가 될 수도 있고 나쁜 의사가 될 수도 있지만 그런 사람들과 함께 한다는 것은 대단한 선물이죠." 코타가 고백했다.

코타와 셀라다 박사는 두 가지 공통점을 가지고 있었다. 둘 다 축구 선수였다는 것코타는 골키퍼, 셀라다는 미드필더였다과 누구도 스페인 대표팀이 되지 못했다는 것이다. 그리고 걱정하고 있는 것도 같았다. 그들의 주된 걱정은 소속팀들과의 교류와 대화를 강화하는 것이다. "클럽에 대표팀 합류 전까지 선수들의 상황과 정보를 요청했어요. 우리는 어떤 면에서 괴롭고 고통스러울 수 있는지 꾸준히 연락을 취했죠. 우리는 소속 클럽에서도 이런 철학을 심고 연락을 취하며 조금씩 이루어나갔죠. 우리 목표는 감독과 이사진에 대표 소집 이전에 가능한 많은 정보를 전달하는 것이었습니다." 코타가 말했다.

이들의 작업은 코칭스태프에 매우 유용한 도움이 됐다. "가장 중요한 것은 우리의 의견이 전해지는 것이죠. 우리 의견이 가치를 인정받고 존중 받고 게다가 요구되는 것이에요." 최근까지 대표팀 물리치료사의 역할에 큰 도움을 준 셀라다가 밝혔다. "우리 일에서 가장 까다로운 것은 선수들의 신뢰를 얻는 것이죠. 그리고 그들은 이미 신뢰를 얻었고 그것이 우리에겐 굉장히 편하게 일할 수 있게 해줬어요."

미겔 구티에레스, 라울 마르티네스, 페르난도 갈란이 대표팀의 물리치료사팀을 구성했다. 그들의 근면함과 프로정신은 선수들로 하여금 자신의 전담 물리치료사를 데려올 생각을 전혀 할 수 없게 만들었다. 아라고네스는 그의 제자들에게 분명히 말했다. "내 물리치료사들이 세계 최고일세." 그들은 감사를 표했다. "루이스는 우리가 일에 착수했을 때부터 강한 믿음을 주셨어요." 마르티네스가 말했다. 그들의 역할이 빛난 가장 대표적인 예는 2009년 10월 아르메니아전이다. 페르난도 토레스가 경기를 마친 후 근육 통증을 호소해 이어질 보스니아와 경기에 배제하기로 했다. 하지만 리버풀 감독이었던 라파 베니테스는 대표팀 합류를 계속 따라가며 제니카로 이동해 대표팀의 물리치료사에게 치료를 받는 것을 선호했다.

마사지를 받기 위한 시간은 언제든 좋았다. 훈련을 마친 뒤에 탈의실에서나 시에스타스페인에는 점심 식사 시간 후 30여 분의 낮잠을 자는 문화가 있다―옮긴이의 마지막 시간, 언제든 좋았다. 저녁 먹은 뒤에도 가능하고 시간이 있을 때면 언제든 해줬다. 구티에레스는 1990년부터 대표팀에서 일했다. 그의 임무는 치료 마사지, 발 관리, 의료 서비스를 위한 장비였다. 거기에 선수들의 근육 파워 향상, 산화 방지제, 경기력 향상을 위한 비타민 조절도 그의 담당이었다. "우리는 남아공에서 하루에 50~60리터의 아이소토닉 음료의 섭취를 하루 두 차례 훈련 세션에 맞춰 계산했어요. 오스트리아에 들어가기 전주에 최고치를 줬는데 엄청나게 더웠기 때문이죠." 그가 말했다.

마르티네스는 2001년에 대표팀에 정착했다. 호세 안토니오 카마초가 감독으로 있을 때다. 3년 뒤 아라고네스가 부임했을 때 갈란과 함께 하게 됐다. 둘은 접골사였다.

특히 근육 조직 마사지에 특화된 개별 부위 마무리를 담당했다. 둘은 함께 마사지 프로그램을 구성했다. 마르티네스는 유로 대회 우승 이후 그의 절친인 카를라스 푸욜에게 선물 받은 유니폼을 엄청난 애정을 갖고 소장 중이다. 바르셀로나의 주장 푸욜은 2007년 심각한 무릎 부상을 입은 후 보살펴준 것에 대한 감사를 표하고 싶었다. 그는 남아공에서 치른 바르사에서의 친선 경기에서 시즌 아웃 됐었다. "그가 처음 저에게 불같이 화내던 모습을 잊을 수 없을 거예요. 전 심리적으로 아주 떨어진 상태였어요. 두 경기 만에 시즌 아웃 되었고, 아버지도 돌아가셨죠. 라울이 절 응원해줬고 다시 일로 돌아가기가 매우 힘들었어요." 이 세 명의 물리치료사가 선수들의 부상회복을 전문으로 하는 후안 카를로스 에란스와 본선에서 합쳤다.

스페인은 고지대가 그들의 적이 되지 않게 하기 위해 적응 기간을 가져야 했다. 오스트리아에서 전지훈련을 5월 28일부터 6월 3일까지 가졌다. 이곳은 적응이 쉬웠다. 첫 경기는 6월 16일 더반에서 스위스와 치른다. 해발고도가 겨우 500미터밖에 되지 않는 도시다. "그곳은 기후가 다른 개최지보다 습해요. 하지만 우리는 경기 전에 더 높은 지역에서 훈련을 했기 때문에 이점이 있죠. 높은 곳에서 경쟁한 뒤에 고도가 낮은 곳에서 훈련하는 것은 좋지 않아요. 산소 부족이 적혈구 생산을 자극해 비타민과 산화 방지제 같은 철분, 엽산, 비타민 B−12 등을 벌충하도록 하거든요." 셀라다 박사가 말했다.

온두라스와 두 번째 경기는 1,700미터에 위치한 요하네스버그에서 열리고 칠레와 세 번째 경기는 1,300미터에 달하는 프리토리아에서 열린다. 적당한 높이로 여겨졌다. 의료진이 가지고 있던 유일한 걱정거리는 호흡에 대한 문제가 나타나는 것이었다. "높은 곳에 올라가면 대기가 건조해져서 계절이 바뀔 때처럼 목구멍과 콧속 같은 기관지에 문제를 야기할 수 있죠. 하지만 컨페더레이션스컵 기간 동안 우리 선수들은 어떤 병에도 걸리지 않았죠." 셀라다가 덧붙였다. 또 다른 문제는 고지대에 머물면 체중 저하와 수면 부족으로 탄수화물과 단백질 섭취를 늘려야 한다는 것이다. 선수들은 스페인과 남아공의 시차가 같았기 때문에 시차로 인해 고생하지는 않았다. 협회는 백신에 대한 금액도 절약할 수 있었다. 이미 컨페더레이션스컵 대회 기간에 간염과 파상풍에 대한 면역이 생겼기 때문이다.

대표팀 용품 담당자인 안토니오 게라, 다미안 가르시아, 호아킨 레타모사도 백신을 맞았다. 이들은 거의 3,000킬로그램에 달하는 장비를 매고 혹한의 남아공을 이동해야 했다. 다미안은 세 명 중 가장 베테랑이었다. 남아공 대회는 그의 다섯 번째 월드컵이었다. 그의 일은 코칭스태프가 하루에 두 번의 훈련 세션을 모두 치를 때까지 끝나지 않았다. 장비는 가방과 트렁크 등 200여 개의 꾸러미로 나누어져 있었다. 수화물로 싣는데 한 시간이나 걸렸다. "선수별로 300여 벌의 옷을 가져갔어요. 수건, 폴로 셔츠, 긴 바지와 반바지, 유니폼…… 절반은 광고가 붙은 것이었고 나머지는 요청된 광고가 없는 것들이었다. 방한을 위한 외투도 추가해야 했죠. 레인코트와 장갑, 모자, 유니폼과 스타킹 같은 것들이요." 장비 책임자 토니가 말했다.

마케팅적인 이유로 선수단 유니폼은 2년 주기로 교체된다. 훈련 첫 날 새 유니폼을 입었다. 선수들은 훈련을 마친 뒤 장비 담당자들과 사이즈가 잘 맞는지 조정을 해야 하는지에 대해 이야기를 나눠야 한다. 시우다드 델 풋볼에 위치한 탈의실에서는 선수들마다 구별 짓기가 쉽다. 라커룸마다 선수들의 이름과 사진이 대표팀 유니폼과 함께 걸려있다. 일반적으로 이는 팀마다 모여 있다. 만약 선수 소집에 변화가 있으면 그 선수의 자리에 대체로 소집된 선수가 자리한다. "이 순서는 소집 마지막까지 존중해요. 모든 훈련과 경기, 비록 경기장과 탈의실이 바뀌어도 유지되죠." 장비 담당자가 말했다.

장비 담당자들은 세 차례 경기를 위한 옷과 세탁 사고로 인한 사고를 대비해 네 번째 옷까지 준비한다. 합숙 시 준비되는 옷은 트랙수트, 유니폼으로 축구 양말과 자신이 묵을 방에서 사용할 슬리퍼까지 구비된다. "유니폼은 보통 3일마다 한 번씩 바꿔줍니다." 토니가 말했다.

선수들은 보통 대표팀 합숙에 축구화와 정강이 보호대를 직접 챙겨온다. 전에는 시우다드 데 풋볼에 몇 쌍을 훈련 때 사용하기 위해 남겨두었다. 원정에 나설 때면 각 선수들은 3~4쌍의 축구화를 가져올 수 있다. 축구화는 큰 사이즈의 트렁크 두 개에 담는다. "트렁크 하나에 80kg정도 나가요." 장비 담당자가 말했다. 이 짐에는 축구화 유지를 위한 구두골도 빠지지 않는다.

하비에르 안드레스, 카를로스 로호와 루이스 카노는 아디다스의 대리인으로 대표팀과 방문 계약을 맺었다. 그들은 어떤 장비도 부족함이 없도록 준비한다. 각 선수들이 요청할 때, 경기마다 두 벌의 경기복과 바지, 스타킹을 원하는 만큼 준비해준다. 선수들이 상대팀과 유니폼을 바꿔 입을 수도 있고 그대로 가져갈 수도 있다. 요즘은 개인적으로 대회를 기념하기 위해 소장하는 것이 쉬워졌다. 전에는 그렇지 않았다. "프랑스에서 열린 유로84 대회에서 전 세 번째 골키퍼였어요. 마지막 경기가 끝나고 유니폼을 집으로 가져가고 싶었어요. 등번호 13번이 적혀있고 그땐 이름을 적지 않았어요. 장비담당관은 제가 무얼 바라는지 알아차리고 있었죠. 그는 제게 이것은 제 소유가 아니고 트렁크에 보관하고 빨아야 한다고 했죠." 수비사레타가 밝혔다.

실비아 도르스츠네로바는 대표팀의 매니저다. 체코 출신으로 3개 국어를 구사하고 그의 직무는 규칙과 규범을 공부하고 징계를 관리하며 경기 서류를 보관하는 일이다. 게다가 선수들의 등번호와 유니폼을 고르는 일도 맡고 있다. 대표팀 생활이 오래된 순서로 등번호를 고른다. 나중에 온 선수일수록 순서가 뒤로 밀린다. 베테랑 선수들과 이야기할 때는 문제될 것이 없다. 이미 대답을 알고 있기 때문이다. 하지만 많은 이들이 원하는 번호는 이미 주인이 있다. "12번과 13번은 누구도 원하지 않죠. 전 그들을 설득하기 위해 그 번호가 나쁘지 않고 행운을 가져다줄 것이라고 말해요. 마타에게도 그런 일이 있었죠. 그는 3경기 연속으로 등번호 13번을 달고 득점했어요." 아스투리아 출신의 마타는 그녀의 이야기에 매료되어 월드컵에 13번을 갖고 출전했다. 카소를라 역시 오스트리아에 12번을 달고 나서 좋은 기억을 보유하고 있다. "제게 행운을 줬어요. 그래서 특별한 애정을 가지고 있죠. 그 뒤엔 20번을 골랐어요."

후안 루이스 라레아, 페드로 코르테스와 루이스 우랑가는 이사회의 대리인으로 항상 대표팀과 동행한다. "우리 세 명은 두 명씩 번갈아 가면서 대표팀과 원정을 다녀요. 예상하지 못한 상황이 발생했을 때 항상 이를 처리해야 하죠. 선수와 관련된 어떤 문제든 훈련장에서 발생하면 나서야 해요." 우랑가가 말했다. "불편한 점을 최소화하고 모든 것을 쉽게 할 수 있도록 해야 하죠." 라레아가 덧붙였다. 또 다른 일은 앙헬 마리아 비야르를 수행하는 것이다. 그의 공식 활동을 돕는 일이다. 상대 협회와 외교, 점심 식사와 저녁 식사 등을 준비한다.

라레아는 이들 세 명 중에 유일하게 협회 이사를 맡고 있다. 회계담당자로 통장을 관리하고 금전 관련 협상을 관리 감독한다. 친선 경기를 치를 때 선수들은 4,000유로 정도를 받고 공식 경기의 경우 6,000유로 정도를 받는다. 대회에서 조별리그를 통과하면 금액은 더 늘어난다. 월드컵과 유로 대회 본선을 앞두고 주장단은 협회 간부들과 모여 대전료 협상을 벌였다. 처음엔 유로 대회 우승을 거둘 경우 선수 한 명당 21만 4천 유로를 받는 것으로 했다. 하지만 결국 5만 유로까지 보상금을 올렸다. UEFA는 유로 대회를 우승할 경우 스페인축구협회에 총 2,700만 유로를 지급한다. 게다가 협회는 막대한 광고 수익도 벌어들이게 된다. 23명의 챔피언은 각각 50만 유로를 22장의 수표로 나눠가졌고, 남은 액수는 대표팀에서 일하는 이들에게 분배됐다.

남아공 월드컵에서는 FIFA가 본선 참가국에 각각 100만 달러를 경비조로 지급하고 조별리그를 마친 뒤 800만 달러를 더 지급했다. 우승을 차지한 협회는 총 3,000만 달러를 벌어들이게 된다. 준우승 팀은 2,400만 달러, 준결승에 오른 팀은 2,000만 달러를 상금으로 벌어들인다.

2000년부터 스페인 대표팀이 해외 원정을 갈 때마다 로렌소 로드리게스가 안전을 위한 경비를 섰다. 안전에 대한 책임은 원정에 나서는 해당국에 귀속된다. 그는 남아공 경찰 당국과 긴밀하게 협력하며 온종일 스페인 대표팀을 보호했다. 게다가 밖으로 이동할 때면 더 많은 수의 경찰이 비상상황에 대처하기 위해 배치되었다. 월드컵 기간 중에 15만여 명의 남아공 경찰들이 완벽한 경비를 위해 투입되었다.

스페인 대표팀의 숙소 근처에는 월드컵 기간 중에 대표팀의 동정을 전하기 위한 기자들이 상주했다. 과거 심판으로 활약했던 셀리노 가르시아 레돈도가 차린 회사가 훈련장 근처에 선수들이 기자회견을 갖고 개별 인터뷰를 진행할 수 있는 부스를 위한 막사를 제작했다. 팔로마 안토란스와 수사나 바르케로, 호세 마누엘 오르다스는 대표팀 언론 담당관이다. 이들은 다수의 기자들이 요청하는 인터뷰와 취재 신청을 공평하게 처리하기 위해 애를 먹었다. "정확하게 계산하는 것이 어려웠어요. 하지만 기자들, 방송 카메라, 사진 기자들 등 매일 150여 명이 함께 왔고 월드컵기간이라 해외 기자들까지 합류해 더 많은 요청이 쇄도했죠." 언론담당 책임자 팔로마가 말했다.

취재진은 협회 커뮤니케이션 디렉터 안토니오 부스티요, 대표팀 대변인 호르헤 카레테로와 매일 같이 함께 지냈다. "우리는 처음부터 언론과 친밀한 관계를 유지하려고 노력했고, 그를 위해선 대표팀과 함께 있기보다 기자단과 함께 숙소를 쓰는 것이 낫겠다고 생각했죠." 카레테로가 말했다. 이는 정보 전달에도 용이했고 기자단과 유대감을 강화하는 것에도 도움이 됐다. 게다가 호르헤는 몇몇 국제 경기에서 기자단 축구팀의 감독으로 일하기도 했다. "우리는 덴마크와 핀란드에서 큰 점수 차로 승리했어요. 하지만 노이슈티프트에선 지역 팀을 상대로 연장전 끝에 첫 승을 거둘 수 있었죠. 남아공에서도 상대팀을 찾고 계속해서 이겨나갈 수 있었으면 좋겠어요."

리모네스는 오스트리아에서처럼 많은 일을 남아공에서는 하지 않았다. "계산해보면 유로 대회에선 선수들의 가족, 친지 등 총 600~700명의 일을 처리해야 했어요." 그가 말했다.

이번에는 거리와 날씨로 인해 방문객이 현저하게 줄었다. "전 따라오지 말 것을 조언했죠. 왜냐하면 이곳엔 할 수 있는 것이 많지 않고 거리를 거닐 수 있는 곳도 아니며 여름 날씨도 아니었거든요."

경기장의 붉은 물결을 보는 것도 쉽지 않았다. 관중석에 이토록 적은 원정 팬들이 모인 것은 처음이었다. 포르투갈, 독일, 오스트리아에서 열린 대회에선 원정 팬의 수가 폭발적이었다. 스페인축구협회는 비엔나에서 열린 유로 2008 대회 결승전 경기에 만오천 장의 입장권을 배정받았다. 반면에 남아공에서는 조별리그 경기에 800장의 입장권 요청만 들어왔다. 하지만 스페인 대표팀이 계속해서 다음 라운드에 진출하면서 수요가 늘어났다. 하지만 스페인은 혼자가 아니었다. 흥미롭게도 남아공 사람들도 스페인을 응원했다. 브라질과 더불어 스페인은 남아공 사람들이 가장 좋아하는 팀이었다.

：남아공에서
얻은
교훈

위대한 팀은 승리하는 법을 안다. 동시에 지는 법도 안다. 대부분의 선수단 라커룸은 예상치 못한 뼈아픈 패배를 겪고 나면 균열이 생기기 마련이다. 하지만 스페인 대표팀은 그렇지 않았다. 2009년 여름, 남아공에서 열린 FIFA컨페더레이션스컵은 스페인이 사상 처음으로 참가한 대회였다. 스페인은 유로 대회 우승을 통해 나머지 5개 대륙의 챔피언, 월드컵 우승팀 이탈리아, 개최국 남아공과 함께 이 대회의 참가자격을 얻었다. 하지만 아쉽게도 준결승전에서 탈락했다.

A매치 35경기 연속 무패_{무승부도 3차례뿐이었다}의 위업을 쌓아가던 스페인은 2009년 6월 24일 미국과 블룸폰타인에서 치른 경기에서 무너졌다. "감독을 하면서 가장 어려운 것은 이겼을 때와 졌을 때 어떤 행동을 해야 하는지 아는 것입니다. 거짓말처럼 들리겠지만 승리 역시 혼란을 가져다줄 수 있습니다. 패배 또한 깊은 우울증과 절망으로 이어질 수 있죠. 이럴 때 극단적이 되거나 '난 아무것도 아니야' 같은 말을 해선 안 됩니다. 선수들을 판단하는 명확한 기준이 있다면, 어떤 날은 나쁜 플레이를 할 때도 있다는 것을 알아야 해요. 악마가 되어선 안 돼죠." 델보스케가 밝혔다.

스페인은 컨페더레이션스컵 결승전에서 브라질을 만나길 꿈꿨다. 조별리그에서 3경기를 모두 승리했고 단 한 골도 내주지 않은 스페인이었다. 뉴질랜드에 5:0, 이라크에 1:0, 남아공에 2:0 승리를 거뒀다. B조 마지막 경기에서 이탈리아와 이집트는 준결승에서 스페인의 상대가 되기 위한 가능성을 모두 열어두고 있었다. 두 팀 모두 승점 3점으로 동률을 기록하고 있었다. 브라질은 6점을 얻었고 미국은 한 점도 얻지 못한 상황이었다. 하지만 미국은 이집트를 마지막 경기에서 3:0으로 꺾었고, 브라질 역시 이탈리아를 같은 점수로 꺾었다. 결국 이탈리아, 이집트, 미국이 모두 승점 3점으로 동률이 됐다. 하지만 골 득실 차에서 앞선 미국이 스페인의 준결승전 상대로 결정되었다. "우리 모두 결과에 놀랐어요. 우리는 이미 이탈리아와 이집트의 경기 비디오를 보고 정보를 준비한 상태였어요. 하지만 미국이 진출하면서 우리는 밤새도록 새로운 정보 분석을 해야 했죠. 선수들에게 정보를 전해줘야 했거든요." 코칭스태프의 전력분석관 파코 히메네스가 회고했다.

캅데빌라는 그날 밤 핸드폰으로 위협적인 메시지를 받았다. "우리를 상대하려면 조심해야 할 걸!" 메시지를 보낸 것은 비야레알에서 함께 뛴 적이 있는 미국 공격수 조지 알티도어였다. 그는 헤레스Xerez 스페인 축구팀로 임대되기 전까지 조안의 절친한 친구였다. "그 녀석이 스페인어를 잘 몰라서 메시지를 잘못 쓴 것 같아요." 경기 전 기자회견에서 캅데빌라는 농담을 던졌다.

경기는 블룸폰타인의 프리 스테이트 경기장에서 열렸다. 스페인은 11명의 선발 명단을 공개했다. 카시야스, 라모스, 푸욜, 피케, 캅데빌라, 알론소, 차비, 세스크, 리에라, 비야, 토레스. 역설적으로 캅데빌라가 마크에 실패하면서, 알티도어가 골을 기록한 미국이 27분 만에 앞서갔다. 미국은 이후 74분에 이르는 시간까지 유효 슈팅을 기록하지 못했다. 하지만 또 한 번 득점에 성공했다. 세르히오 라모스가 문전에서 놓친 볼을 뎀프시가 낚아채 2:0의 스코어를 결정했다.

스페인은 2년 가까이 29경기를 치러오면서 한 경기에서 2골이나 내준 적이 없었다. 마지막으로 2골을 허용한 것은 2007년 8월 22일 그리스에 3:2로 승리했을 때였다. 경기가 끝난 뒤 스페인 선수들은 좁은 탈의실에서 슬퍼했다. 그리고 탈락을 받아들이기 위해 노력했다. "두 명의 주장이 어떻게 반응해야 하는지, 패배를 받아들이는 법에 대해 주의를 줬어요. 선수들은 라커룸에 풀이 죽은 채 도착했죠. 결승진출이 명확한 목표였고 가까워왔었거든요. 곧바로 이케르, 차비, 푸욜이 패배가 우리에게 성장을 가져다줄 것이라고 말했어요. 더 배울 수 있게 해줄 것이고, 또 현실주의자가 되는 데 도움이 될 거라고요." 후안 마타가 밝혔다.

대표팀 감독 부임 이후 14연승을 달리던 델보스케 감독은 처음으로 패배를 경험했다. 델보스케와 그의 코칭스태프는 선수들이 큰 슬픔을 겪었음에도 굳센 모습을 보인 것에 대해 놀랐다. "가장 나쁜 악영향은 패배가 팀 자체를 파손하는 것이에요. 하지만 선수들이 승리했을 때와 다름없는 모습을 보였죠. 종종 좌절에 대한 변명으로 선수들은 긴장감을 잃고 동료 선수를 겨냥하기도 하죠. 하지만 이 팀은 그렇지 않았어요. 실망감은 팀 전체에 관한 것이었죠. 아마도 모두들 생각보다 단순하게 생각한 것 같아요. 그런 일은 벌어지지 않았어요." 하비에르 미나뇨가 덧붙였다.

받아들이기 쉬운 패배는 아니었다. "패배가 매우 고통스러웠어요. 승리에 익숙해져 있다 보면 상처가 더 커지는 법이거든요." 피케가 밝혔다. 스페인은 29차례나 슈팅을 했고 미국은 11차례 슈팅을 했다. 상대 진영에 51차례나 진입했고, 미국은 15차례에 불과했다. 볼 점유율은 67%를 기록했다. 코너킥은 17회나 됐다. 미국이 3차례 얻는 동안 말이다. "부술 수 없는 벽을 만난 것 같은 기분을 느꼈어요. 수비와의 충돌을 피하고 나면 골키퍼가 막아내거나 다른 누군가가 우리의 길을 가로막았어요." 토레스가 경기가 끝난 뒤 체념한 듯 말했다.

경기가 있었던 6월 24일 스페인의 FIFA 랭킹은 1위였고 미국은 14위를 기록하고 있었다. 모두가 스페인이 승리하지 못한 소식을 더 큰 놀라움으로 받아들였다. 하지만 어떤 선수도 상대팀을 과소평가하는 것을 받아들이지 않았다. "자만했다고요? 우리 팀의 특징은 겸손함과 근면함이에요. 패배는 우리를 아프게 했지만 언젠가는 패배하기 마련이죠. 전 그 이상으로는 생각하지 않았어요." 차비가 회고했다.

델보스케는 경기장을 떠나면서 스페인이 그렇게 나쁜 경기를 했다고 생각하지 않았다. 하지만 후반전 말미에 벌어진 일 때문에 씁쓸한 뒷맛이 남았다. "평정심, 우연한 패배였어요. 이것은 과정일 뿐이고 계속 나아가는 길이라는 것에 의심의 여지가 없었죠. 우리는 계속해서 우리 방식의 축구를 발전시켜나가야 해요." 경기가 끝난 뒤 그가 밝혔다. 팀은 시간이 흐를수록 어려워졌다. 전술 콘셉트를 버리고 조급함의 늪에 빠지는 대가를 치르며 모든 방법으로 골을 넣으려고 했다. "푸욜, 피케와 세르히오 라모스까지 전방 공격수로 나선 채 경기가 끝났어요. 그렇게 해서는 할 수 없었죠. 10분도 아니고 2분도 아니죠. 한 골이 엄청나게 오랜 시간에 걸쳐 찾아올 수도 있고, 2골이 순식간에 들어갈 수도 있어요. 전 무질서한 채로 경기가 끝난 것에 더 화가 났어요. 바르셀로나를 본보기로 삼아야 해요. 2009년 12월 클럽 월드컵에서 경기 종료 직전에 동점골을 넣었죠. 하지만 그들의 경기를 보면 전혀 흐트러짐이 없었어요."

그날 밤 선수들은 평소보다 긴 시간 동안 잠들기 위해 뒤척였다. 여행 일정표는 처음 계획한 시나리오와 다른 방향의 길을 가리켰다. 스페인은 브라질과 남아공의 루스텐버그에서 펼쳐진 두 번째 준결승전 경기에서 패배한 팀과 3-4위전 경기를 치러야 했다. 뉴질랜드와 첫 번째 경기를 치렀던 경기장이다. 선수들은 휴일을 보내면서 정신적으로 회복했다. 선수들은 힘겨운 시간을 극복해내고 프로 의식을 되찾았다. "이번 대회에 경기에 존중심을 갖고 뛸 겁니다. 우리는 이곳에 우리에게 주어진 경기를 소화하기 위해 온 것이니까요." 토레스가 말했다.

카시야스와 푸욜, 두 명의 주장은 다음 날 기자회견장에 나서 스페인 대표팀이 성숙해졌다는 것을 분명하게 보여주었다. 둘은 언론이 기자회견 대상 선수로 요청하지 않았음에도 솔선수범했다. 극단적이고 드라마틱한 인터뷰를 피하지 않았고 패배로부터 긍정적인 결론을 도출해냈다.

"이 패배가 우리를 지금보다 더 강하게 해줄 것입니다. 우리가 미국과 10차례 싸운다면 솔직히 한 번 정도는 질 수도 있는 겁니다. 그것이 어제였습니다. 남아공과 세 번째 경기에서 패배하는 것이 더 좋았을 지도 모릅니다. 하지만 지금 이 일을 거쳐 가는 것이 더 나을 겁니다. 다음 해에 있을 월드컵에서가 아니고요." 골키퍼 카시야스가 말했다.

"우리도 넘어질 수 있지만 이를 받아들일 준비가 되어 있습니다. 이 탈락이 우리를 성장시켜줄 것입니다. 지금 우리의 목표는 다시 승리하는 것입니다. 최대한 빨리 월드컵 본선 진출을 이루고 우리가 우승할 수 있다는 것을 증명하겠습니다." 수비수 푸욜이 덧붙였다.

그날 언론은 스페인 대표팀에 충분히 비판적이었다.

- **마르카** 산티아고 세구롤라 : 스페인 대표팀이 할복했다. 수비진에서 두 차례 피를 흘리는 실수를 저지르며 스페인 축구 역사상 최고의 사이클이 끝났다. 어떤 선수도 자신이 가진 최고의 모습을 보이지 못했다.

- **아스** 후안마 트루에바 : 스페인이 스타일을 잃었다. 토레스와 비야는 전방에서 또 한 번 고전했다. 스페인은 인정할 수 없는 롱볼 축구에 살해당했다. 위로가 된 것은 우리는 그런 축구를 하지 않는다는 것이다. 분노한 이유는 어제 우리가 그랬기 때문이다.

- **엘 문도 데포르티보** 마넬 브루냐 : 꿈이 깨졌다. 전방에서 비야와 토레스는 팀보다 개인 기록을 더 신경 쓰는 것 같았다. 어쨌거나 모두 끝났다.

- **스포르트** 조르디 힐 : 맙소사! 미국이 정돈되어 있었고 엄정했으며 신속했고 빨랐다. 스페인혜안을 잃어버렸다는 의견이 충분히 흘러 넘쳤다.

- **엘 문도** 오르페오 수아레스 : 눈부신 꿈과 기록이 축구계의 제3세계 미국을 상대로 좌절됐다. 헤레스 공격수의 골로 말이다. 가장 나쁜 형벌은 그들이 우리의 기록 위에 올라앉았다고 느끼는

굴욕을 당한 것이다.

- 엘 파이스호세 사마노: 축제는 끝났다. 스페인은 태도를 잃었다. 하지만 후반전에 그렇게 많은 기회를 놓치지 않았더라면 위기를 극복할 수 있는 기회가 충분히 많이 있었다.

- ABC 이그나시오 틸코: 스페인이 미국을 상대로 침몰했다. 스페인은 준결승전에서 용납할 수 없는 캅데빌라와 라모스의 실수, 그들의 신체적인 취약점과 미국의 완벽함에 당하며 그들의 자만심의 희생자가 됐다.

시에스타를 마치고 마지막 패자전을 위한 첫 번째 예비 훈련을 앞둔 델보스케 감독은 선수들을 위해 비디오 시청의 시간을 가졌다. 냉정하게, 선수들이 범한 실수들을 깊이 있게 분석했다. "아마 마지막 순간에 요렌테를 투입했어야 했는지 몰라요. 세스크와 리에라를 빼고 카소를라와 마타를 투입하는 옵션도 있었죠. 미국 공격진의 속도로 인해 당황할 수 있다는 것을 알아차려야 했습니다. 그들이 배치한 골잡이들은 우리에게 더 신체능력에 의존해야 하는 경기를 하게 했고, 그들은 역습 상황마다 위협적으로 느껴졌어요." 대표팀 감독이 인정했다. 이와 별도로 공격 상황에서 허비한 모든 기회에 대한 복습도 20분 가까이 진행됐다. 분명했던 것은 미국이 후반전 시작과 함께 스페인을 놀라게 했을 때 차비가 목표가 됐다는 점이다. "우리는 패배할 운명이었어요. 내내 우리 지역에서만 압박을 했거든요. 기회를 맞을 때마다 항상 같은 일이 벌어졌죠." 좌절한 비야가 말했다.

같은 결과가 발생하는 것을 방지하고 미래를 위한 대가를 지불했다는 것을 진단하기 위한 시간이었다. 하지만 이어서 팀은 반작용을 했다. 남아공과의 3-4위전에서 3:2로 승리를 거뒀다. 개최국이 먼저 앞서갔으나 구이사의 두 골로 스페인이 다시 주도권을 잡았다. 음펠라가 마지막 순간에 동점골을 넣었지만 연장전에 사비 알론소의 프리킥 슈팅으로 스페인이 실망스러운 대회를 마치게 됐다.

팀이 목표 달성에 실패하면 기억에 남지 않는 일들이 있는 것이 보통이다. 변명으로 들릴 수도 있다. 하지만 분명한 것은 유로 대회와 비교했을 때 스페인의 중원이 약화됐다는 것이다. 마르코스 세나가 왼쪽 다리 햄스트링 부상으로 이번 대회에 차출될 수 없었던 것이 문제였다. 안드레스 이니에스타 역시 빠졌다. 라 만차 출신의 선수는 맨체스터 유나이티드와 챔피언스리그 결승전에는 결장하지 않았다. 하지만 오른쪽 다리 근육 부상으로 이번 대회에 참가하지 못했다. 그는 "그냥 부상이었지만 치료하지 않으면 아무것도 할 수 없게 되는 부상이었어요"라고 밝혔다. 그의 대체자로 발렌시아 선수 파블로 에르난데스가 선발됐다.

오른쪽 발목 부상을 안고 있던 실바는 신체적으로 떨어진 상태로 남아공 원정에 나섰다. 사실 5경기 중 한 경기도 선발로 나서지 못했고 미국전에는 1분도 뛰지 못했다. "시간이 지나면 나아질 것이라고 생각했는데 오히려 나빠졌어요. 뛸 때마다 몸 상태가 좋지 않았고 원하던 순간에도 팀을 도울 수 없었죠" 그가 말했다. 카소를라는 오른쪽 다리 비골 골절상에서 회복되고 있는 중이었다. 그는 대회 2개월 전인 4월 초 부상을 당해 실전 경기를 뛰지 못하고 있던 상태였다. 델보스케 감독과 이에로 기술이사는 자세한 상황을 파악하기 위해 비야레알을 방문했고 그가 남아공 원정에 합류할 수 있도록 응원했다. 그는 재활에 성공했으나 가벼운 러닝 후에 부상이 재발했다. 설상가상으로 차비, 부스케츠와 푸욜은 바르셀로나에서 트레블을 달성한 시즌에 모든 경기를 다 소화하고 주행기록계가 한계치에 도달할 만큼 뛴 채로 대표팀에 합류했다. "긴 시즌을 치르고 온 선수를 아무런 불편 없이 본선 경기에서 만나는 것은 어려워요. 이런 문제들이 있었죠. 하지만 우리는 변명할 수 없습니다. 승리한 팀의 강점은 계속해서 보존되어야 하거든요, 비록 몇몇 심각한 전력 이탈이 있어도 말이죠" 미냐노가 말했다.

부상 외에도 몇몇 선수들의 불확실한 미래가 이상적인 대표팀 합숙 분위기에 영향

후안 마타가 볼을 쫓고 있다.

을 끼쳤다. 라울 알비올의 레알 마드리드 이적 소식은 미국과의 경기에서 패배한 다음 날 공식 발표됐다. 아르벨로아와 사비 알론소는 대회 몇 주 뒤에 붉은 군단 리버풀을 떠나 레알 마드리드에 입단 계약을 마무리했다. 매일 같은 발목 부위 마사지를 받으며 시간을 보낸 실바는 동료 선수들의 행로를 지켜보느라 핸드폰을 손에 쥐고 눈을 뗄 줄을 몰랐다. 하지만 선수들은 대회 기간 중에 가장 많이 신문 표지를 장식한 사람은 의심할 여지없이 다비드 비야다.

그는 레알 마드리드와 계약할 것처럼 보이기도 했고 바르셀로나 군단에 합류할 것처럼 보이기도 했다. 비야는 언론의 인터뷰 요청을 피하기 위해 매번 헤드폰을 쓰고 지나다녔지만 그것이 그에겐 매우 힘든 시간이었다는 것을 인정했다. "인터넷에 접속하는 것이 꺼려졌어요. 많은 이들이 저에 대해 말하고 제가 어디로 갈지에 대해 떠들었죠. 그래서 많은 것들이 나빠졌어요. 하지만 전 처음부터 두 배로 더 열심히 하면 된다는 생각을 갖고 잘할 수 있다고 생각했죠. 감독님, 동료들, 협회사람들은 제가 신체적으로 최상의 상태에 도달할지를 걱정했지만 실제론 정신적인 부분에서 어려움이 있었죠."

그 이후 그의 걱정은 그라운드 위에서는 영향을 주지 않았다. 비야는 아제르바이잔과 합숙 전에 치른 친선경기에서 해트트릭을 기록했고, 조별리그에서도 한 골을 넣었다. 운명은 결국 발렌시아에 남는 것으로 결정됐다. 2010년 여름, 비야와 세스크, 실바는 이적 가능성이 가장 많이 열려있었던 선수들이다. 하지만 델보스케와 코칭 스태프는 그런 일에 대해 걱정하지 않았다. 선수들 모두 월드컵에 모든 주의를 집중할 것을 믿었기 때문이다. "컨페더레이션스컵과 월드컵은 비교가 안 되는 대회입니다. 우리는 선수들이 남아공에서 모든 집중을 기울이리라 확신해요. 정말 유일하고 특별한 기회니까요." 토니 그란데가 말했다.

시간은 미국전 패배가 스페인 대표팀을 더욱 강하게 만들어주었다는 것을 입증했다. "남아공에서 돌아온 뒤 다시 고개를 높이 들었어요. 우리의 의무는 그런 실망을 뒤로하고 사람들에게 다시 꿈을 주는 것이었죠. 그리고 우리는 그 일을 해냈다고 생각해요." 카시야스가 말했다. 유로 대회 우승으로 얻은 확고함과 자신감은 나쁜 시간들을 빠르게 극복하는 데 도움이 됐다. "패배가 우리 자신을 의심하게 만들지 않았죠." 파브레가스가 덧붙였다.

델보스케 역시 잊어버릴 수 있다는 결론을 내렸다. 이는 컨페더레이션스컵을 마친 뒤 스페인이 치른 첫 경기, 2009년 8월 12일 한 여름의 중간에 치른 마케도니아와 친선경기에서 증명됐다. 전반전이 끝나고 스페인은 판데프의 골로 0:2로 뒤지고 있었다. 의구심이 다시 스페인 대표팀을 덮쳤다. 하지만 델보스케 감독이 시도한 세 명의 선수 교체가 즉각적으로 효과를 발휘했다. 스페인은 결국 3:2로 역전승을 거뒀다. 리에라, 부스케츠와 세스크가 알론소, 카소를라와 비야 대신 투입됐다. 전술적으로 정비되었고 측면을 활용했으며 인내심을 가졌고 조급함도 없었다. 토레스, 피케와 리에라의 골로 뒤집기에 성공했다. "우리의 스타일은 우리의 가장 중요한 정체성을 찾아가는 신호입니다. 우리가 오늘처럼만 한다면 어떤 것도 바꿀 필요가 없죠." 토레스가 말했다.

컨페더레이션스컵에 참가한 8개 팀 가운데 6개팀이 2010 월드컵에 진출했다. 남아공, 브라질, 스페인, 이탈리아, 미국과 뉴질랜드다. 그곳에서 1년 전에 얻은 경험은 다른 상대팀들과 비교 했을 때 어떤 문제를 맞이하게 될지에 대해 먼저 알게 됐기 때문에 조금은 유리했을 것이다. 이번에는 갑작스런 기온 변화로 놀라는 일이 없었다. 6월, 7월과 8월은 남아공에서 겨울에 해당한다. 스페인에서는 마드리드 기온이 25~30도에 이르는 때다. 라스 로사스의 시우다드 델 풋볼에서 합숙을 시작했을 때 온도가 그랬다. 포체프스트룸은 최고 온도가 10도 정도였다. 역사상 네 번째로 추운 곳에서 열리는 월드컵이었다. 벤치에서 외투를 입고 대기한 모습을 보는 것은 놀라운 일이었다.

스페인 선수들에겐 남아공 사람들의 전통적인 응원도구 부부젤라 소리를 듣는 것이 상대팀에 비해선 덜 낯설었다. 아마도 전 세계 사람들 모두가 듣기 싫어했을 소리일 것이다. TV 중계진도 그들의 목소리가 들리지 않는다고 항의했다. 데시벨이 너무 높았기 때문이다. 하지만 그보다 선수들의 불만이 더 컸다. 동료 선수들과 의사소통이 어렵고 감독의 지시를 듣기도 어려웠기 때문이다. 시청자들도 소음 때문에 고통을 호소했다. 월드컵 기간 중에 부부젤라 사용을 금지하는 것이 고려되었지만 국제축구연맹은 남아공의 축구 문화를 존중하기로 했다. "아직도 머리 속에 소리가 맴도는 것 같아요. 비록 경기장과 관중석의 거리가 떨어져 있긴 했지만요. 누가 그런 걸 선물했는지, 어떻게 구했는지 모르겠지만 정말 견디기 어려운 소리였죠." 리에라가 말했다.

본선 조 추첨 결과 스페인은 월드컵 기간 중에 루스텐버그의 로얄 바포켕 경기장이나 만가웅의 프리스테이트 경기장에서 뛰는 것을 피할 수 있게 됐다. 이미 컨페더레이션스컵에서 경험해본 곳이다. 비록 남아공은 성공적인 대회 개최를 위해 최선을 다했겠지만 몇몇 선수들에게 경기장 상태는 이상적이지 못했다. "조 추첨 결과를 듣고 나서는 마음이 평온해졌어요. 하지만 겨울인데다 비가 오고 경기장이 나쁜 상태라는 것은 우리에겐 최적의 상태가 아니죠. 스페인은 '토케터치를 뜻하는 스페인어로 볼을 다루는 전반적인 기술을 총칭한다–옮긴이'에 기반을 투고 볼을 소유하는 축구를 하는데 그런 점에서 염려가 되는 부분이 있었죠." 파코 히메네스가 말했다.

스페인이 6월 25일 프리토리아에서 칠레와 본선 3차전 경기를 앞두고 있을 때 이미 16강에 오르면 G조브라질, 포르투갈, 코트디부아르, 북한 팀 중 하나를 만나게 되는 것을 알고 있었다. 만약 스페인이 1위로 올라가더라도 같은 날 4시간 30분 전에 경기를 치르게 될 브라질이 2위로 올라올 수 있어 상대하게 되는 경우가 생긴다. 컨페더레이션컵을 통해 코칭스태프는 대진표를 예상을 하는 것이 안전하지도 추천할만하지도 않다는 것을 깨달았다.

"승리하는 것 외에 다른 방법의 축구는 이해할 수 없습니다. 상대팀을 고르려는 생각은 다음 라운드 진출을 보장할 수 없습니다." 델보스케 감독이 말했다.

"어떤 일이 벌어질지 모릅니다. 우리의 상대가 준결승전에서 남아공이 될 수도 있고 이탈리아가 될 수도 있어요. 우리는 결승을 목표로 하는 팀입니다. 유로 대회에선 누구도 이탈리아를 만나고 싶지 않았고 결국 그곳에서 우승을 차지하는 데 그 경기가 열쇠가 됐습니다. 어떤 팀을 상대하는 것이 안전한가요? 예를 들면 코트디부아르가 되면 우리가 이길 수 있고 브라질이 되면 우리가 탈락하나요? 이것은 축구이고 어떤 것도 예상할 수 없는 겁니다." 토니 그란데가 말했다.

위대한 상이 비행기 화물칸에 실려왔다. 스페인이 남아공에서 가져온 트로피다. 이는 지금 스페인축구협회 박물관에 전시되어 있다. 컨페더레이션스컵의 동메달은 작지만 컨페더레이션스컵에서의 기록이 긍정적인 역할을 했고 이듬해 월드컵 우승에 도움이 됐다. 2013년에도 브라질에서 컨페더레이션스컵이 열린다. 스페인은 2010년 월드컵 우승팀 자격으로 출전이 예정되어 있다. 폴란드와 우크라이나에서 열리는 유로 2012 대회 우승을 해도 이 대회 출전 자격을 얻을 수 있다.

: 볼의
지배자

스페인은 타이트한 경기를 펼치고 있다. 상대는 자기 진영에서 강하게 압박을 구사하고 있다. 상대를 놀라게 할 수 있는 공간이 거의 없다. 볼은 경기장 밖에서 돌아다닌다. 캅데빌라가 차비와 콤비 플레이를 펼치기 위해 전진한다. 그리고 지시한다. "펠로포! 네게 패스할 테니 내려오지도 말고 내게 다시 볼을 돌려줄 생각은 하지도 마!"

차비는 웃음을 멈출 수 없었다. 조안이 중원에서 동료를 놀리는 모습을 본 것이 처음이 아니기 때문이다. 하지만 여전히 적응하기 어려운 일이다. "웃지 않으려고 노력해요. 카메라가 찍고 있기도 하고 사람들이 보면 미쳤다고 생각할지 모르니까요. 하지만 가끔은 웃음을 참기 어려울 때가 있어요."

만약 경기 도중 스페인 대표 선수들의 대화를 들을 수 있도록 마이크를 달고 뛸 수 있다면 팬들은 크게 놀랄 것이다. 긴장감이 최고조에 오른 순간에 선수들이 엄청난 농담을 주고받고 있기 때문이다. 이런 면에서 최고는 캅데빌라다. 카소를라는 이 같은 행동이 대표팀에서뿐만 아니라 소속팀 비야레알에서도 흔한 일이라고 말했다. 그는 캅데빌라에 대해 솔직하게 털어놨다. "경기할 때 조안을 보면 친구들끼리 동네에서 공을 차고 있는 것 같은 느낌이에요. 결승전에서 뛸 때도 변함이 없죠. 천재 같은 녀석이죠. 하지만 최악이기도 해요."

동료 선수가 패스 미스를 했을 때 그는 야유를 받을 수 있는 동료를 응원해준다.

"굉장히 중요한 경기를 하고 있는 중이라고 생각해보세요. 관중석으로 볼을 차버린 거예요. 조안은 다가와서 이렇게 말할 수 있는 녀석이죠. '똥볼이구만!' 그는 그런 녀석이에요. 처음에는 적응하는 데 시간이 좀 걸렸지만 이제는 평범하게 받아들이고 있죠." 마르코스 세나가 말했다.

프리킥 상황에서도 기억할 만한 일화가 있다. 보통 프리킥 기회가 생기면 차비, 비야나 사비 알론소가 키커로 나선다. 가끔은 세나와 캄데빌라가 가담할 때도 있다. "가끔 비야와 차비가 누가 볼을 찰지 이야기를 하고 있으면 갑자기 뒤에서 캄데빌라가 소리를 치면서 다가와요. '보인다 보여! 보이다고! 젠장! 보인다니까! 나와봐! 얼른 비켜!' 확신에 찬 그의 모습을 보면 그에게 차라고 비켜주죠. 그의 슈팅이 관중석으로 날아가면 그에게 뭘 본 거냐고 놀려주죠." 세나가 말했다. 차비는 "진지하게 말하면 조안의 프리킥 실력은 그렇게 나쁘진 않아요"라고 말했다.

캄데빌라는 골과 인연이 깊었다. 피케와 라모스가 가세한 뒤로는 수비진의 평균 최고 득점이 부질없어졌다. 코너킥 공격 기회가 생겨서 이들이 전진할 때면 캄데빌라가 농담을 던졌다. "그에게 어느 쪽 포스트로 코너킥을 올릴 거냐고 물으면 이렇게 답하곤 하죠. '원하는 쪽 어디든, 어차피 어디로 차도 똑같잖아.'" 후아니토가 말했다.

캄데빌라와 정반대의 성격을 가진 선수는 푸욜이다. 바르셀로나의 주장에게 그라운드 위에서의 농담은 용납되지 않는 일이다. 그는 한순간도 긴장을 푸는 것을 원치 않고 동료들이 최소한의 실수를 하는 것도 허용하지 않는다. "그라운드 위에서 푸욜은 항상 잔뜩 화가 나 있어요. 저희 어머니께선 모든 일에 세심하신데 매번 무슨 일이 있었는지 물어보시죠."

"오늘은 푸이랑 또 무슨 일이 있었니?"
"별일 없었어요. 걱정 마세요."
"왜냐면 그는 굉장히 무거운 사람이거든요. 그래서 승리할 수 있었고 먼 곳까지 올

수 있었죠. 그는 90분 내내 집중하고 1초도 주의를 잃지 않아요. '펠로포, 등뒤를 조심해! 어?' 제게 소리쳐요. 쉴 틈이 없죠. 가끔은 생각해요. '불쌍한 피케…… 그의 외침에서 한 시도 자유로울 수 없겠구나. 바로 옆에 있으니, 지지리 복도 없는 녀석.'" 차비가 말했다.

"4 : 0으로 이기고 있는 경기였어요. 공이 밖으로 나가서 제게 엄청난 질책을 했죠. 그는 제가 경기 도중에 머리를 어디다 두고 왔냐고 말했어요. 그에게 이제 겨우 5분 남았다고 말했죠. 하지만 전혀 먹히지 않는 이야기였다. 푸이는 주심이 마지막 휘슬을 부는 순간까지 전력을 다하도록 옆에서 당신을 몰아붙여요." 피케가 푸욜의 호통을 떠올리며 말했다.

창조적인 불꽃, 냉정한 침착함, 속력, 드리블, 터치…… 이 모든 것이 스페인 대표팀이 볼을 돌릴 때 작용하는 것이다. 스페인 대표팀의 경기를 전체적으로 지켜보면 새로운 양상을 감지할 수 있는 열쇠를 발견할 수 있을 것이다. 바로 스페인 대표팀이 다른 팀들과 다르며 특별하다는 사실이다. 스페인은 축구를 즐긴다. 겨우 1 : 0으로 앞서고 있을 때 독일과 유로 대회 결승전에의 마지막 순간에도 몇몇 선수들은 즐거워하고 있었다. "경기가 끝나지 않기를 바랐죠. 그 순간을 즐기고 있었어요. 비록 위험한 결과가 이어질 수 있는 순간이었지만 그 마지막 순간이 너무나 대단했어요. 정말 중요한 데이트를 하는 것 같았죠" 사비 알론소의 말이다. 그는 후반전에 교체 투입된 선수였다.

과정이 길지도 모른다. 아마 지나칠 정도일지 모른다. 뒤로 물러나서 시간을 흘려보내지 않는 것은 스페인 축구의 용기, 명예 그리고 심장을 보여준다. 스페인 축구의 기본적인 정체성을 보여주는 징후다. "우리의 스타일은 위험을 수반합니다. 하지만 선수들이 가진 기질은 다른 대표팀과 맞설 수 있는 우리만의 특별한 방식이에요. 만약 뒤로 물러나서 수비를 잘 잠그고 역습에 나서는 것을 선호한다면 우리에겐 효과적인 결과를 가져올 수 없을 겁니다. 우리는 그렇게 뛰는 법을 모르는데다 다른 팀처럼 몸집이 크지도 않거든요. 우리의 축구는 볼을 소유하고 터치하고 승리하기 위해 전진하는 것입니다. 이런 방식으로 우리는 세계 최고의 선수들을 보유할 수 있었고 진보할 수 있었죠. 루이스는 축구에 대해 많은 것을 알고 있고, 그는 이것이 우리의 길이라는 것을 일깨워 주었어요. 그의 방식이 우리에게 스며들었죠. 델보스케 역시 매우 영리한 사람이고 그 이상을 계속해서 이어갔죠." 푸욜이 말했다.

비엔나에서 영광의 성과를 내기 2년 전, 스페인은 독일 월드컵에서 16강을 돌파하지 못했다. "아마 시스템이 적합하지 않았던 것 같아요. 우리는 중원에서 공간을 충분히 열기 어려웠어요. 두 명의 미드필더만을 기용했죠. 우리는 신체적으로 강한 선수들도 아니었고 아직 우리의 시스템과 시스템이 자리잡을 수 있는 시점에 이르지 못해 인상을 주지 못했어요. 철학은 옳았죠. 하지만 아라고네스는 잘못한 것을 깨달았어요. 감독님은 라울, 토레스, 비야처럼 차이를 만들어낼 수 있는 선수를 보유했어요. 모두들 경기에 나서야 하는 선수들이었죠. 선수들은 적절히 배치되지 못했고 그는 그걸 알아차렸죠. 모르겠어요. 모든 것이 과했어요. 기술적인 선수와 볼을 소유하는 것을 좋아하는 선수는 중원을 열 수 있죠. 루이스는 그것을 봤어요. 그때부터 그는 다른 방향성을 찾았죠. 어디로 가야 하는지 그 길을 본 겁니다." 차비가 고백했다.

"우리는 매번 조금씩 시스템을 바꾸고 선수들을 바꾸고 포지션을 바꿨어요. 그는 확고하게 그림을 그리지 않았어요." 비야가 덧붙였다.

루이스 아라고네스는 선수들과 함께 생각을 공유하지 않았다. 오직 독일 월드컵과 유로 2008 기간에만 전술적인 다양성을 소개하며 고려했다. "우리는 4-1-4-1 포메이션으로 정확하게 똑같이 플레이 했어요. 세나는 포백 앞에 자리해서 풀백의 전진을 커버했죠. 시스템은 4-3-3과 4-2-3-1 또는 4-4-2로 변형될 수 있었어요. 하지만 그렇게 중요한 것은 아니었죠. 왜냐하면 경기 도중 끊임없이 변화할 수 있기 때문이에요. 선수 배치에 있어서 가장 중요한 것은 선수들이 얼마나 서로를 잘 커버할 수 있는 가입니다. 우리는 전술적으로 이미 독일 월드컵 당시에 모든 것을 휘어잡았어요. 확실하게 차비가 향후 위대한 감독이 될 것입니다. 하지만 아직 그를 위해선 해야 할 숙제가 남아있어요."

아라고네스의 오른팔로 활동한 아르만도 우파르테는 토론 도중 그의 관점에 대해 제안했다. "독일 월드컵에서 처음 우리 팀이 형성됐어요. 만약 11명의 선발 명단에서 한 명의 공격수를 더 배치하면 중원이 고통을 받게 됩니다. 유로 2008 대회에선 오직 비야와 토레스만이 나섰죠. 그리고 우리는 4-1-4-1 포메이션이나 4-2-3-1 포메이션을 통해 매우 좋은 경기력을 선보였어요. 비야가 조금 내려와서 수비적인 역할을 도와줬어요. 만약 그렇게 하지 않았다면 상대가 우리의 중원을 잠식할 수 있죠. 다비드는 제가 지금까지 본 가장 진보한 축구 선수예요."

스페인 선수들은 아라고네스가 추구한 '새로운 스페인'의 훌륭한 추진자로 걸출한 플레이를 펼쳤다. 선수들은 서서히 머리 속에 '칩'을 바꾸어 나가기 시작했다.

"독일 월드컵에서 스페인이 탈락했지만 뿌리부터 이어진 급진적인 변화는 아니었어요. 우리는 최소한 1년의 시간을 지금 갖추고 있는 시스템을 강화하는 것에 보냈어요. 아루스에서 덴마크를 상대한 경기를 전후로 바뀌었다고 생각해요." 이니에스타가 말했다.

"스타일에 대한 정의를 내렸어요. 지난 몇 년간 우리가 시도한 것은 적극성이에요. 스페인에서는 'furia'라고 부르는 맹렬함이죠. 하지만 우리는 지금까지 그렇게 하지 못해왔다는 것을 깨달았죠." 파브레가스가 회고했다.

"볼을 소유해야 한다는 아이디어였어요. 우리는 많은 플레이를 거친 뒤에 많은 골을 넣었죠. 아주 아주 긴 과정, 보는 이들에게 아주 매력적인 과정을 통해 골을 만들었죠." 실바가 덧붙였다.

아라고네스의 도박은 선수들의 마음을 깊이 꿰뚫었다. "스페인은 볼을 소유하고 있을 때 경쟁력을 갖게 되는 팀이에요. 만약 상대가 볼을 가지고 있으면 우리는 압박하기 위한 좋은 여건을 갖지 못해요. 쉽게 상대의 볼을 빼앗지 못하죠. 다른 팀들처럼. 기술적으로 우리는 지금 세계 최고의 선수들을 보유하고 있어요."

이러한 방식은 스페인이 콤플렉스를 이겨낼 수 있게 했다. 하지만 정밀함 없이는 성공할 수 없는 축구라는 점에 의심의 여지가 없었다. "이탈리아와 유로 2008 대회 8강전 경기 당시 라커룸에서 경기장으로 향하는 터널에서 굉장히 놀랐어요. 그로소, 루카 토니, 부폰…… 그들은 우리 팀 선수들보다 머리가 세 개는 더 있는 것 같았죠. 하지만 우리는 비야, 차비, 이니에스타, 실바를 가졌어요. 그들은 우리보다 신체적으로 더 강하고, 세트 피스 상황에서 더 위협적일지 모르지만 우리는 최고였죠." 페르난도 나바로가 종결했다.

테오도로 니에토는 아라고네스 부임 초기 2년간 그의 코치로 일했다. 독일 월드컵 이후 협회를 떠났다. 무려 24년간이나 협회를 위해 일하며 각급 청소년 대표팀을 이끌었다. 1999년 나이지리아에서 열린 청소년 월드컵 대회에서도 이냐키 사에스 감독을 보좌해 벤치에 함께 일한 바 있다.

니에토는 그때의 우승이 터닝 포인트가 된 것으로 여겼다. "청소년 월드컵이 끝나고 모두가 눈을 떴어요. 대표팀 감독들, 클럽 감독들, 기술위원들…… 신체조건에 대해 잊기 시작했죠. 왜냐하면 그 선수들은 작았기 때문이죠. 180cm의 키가 되지 않아도 좋은 축구를 하는 것엔 부족하지 않습니다. 세 가지 열쇠는 기술을 갖추고 플레이에 콘셉트를 가지고 있으며 기동력을 갖춰야 한다는 것이죠. 작은 선수들은 한 수 앞설 수 있고 더 영리하며 더 빨리 위치를 바꿀 수 있어요. 즉, 상대의 균형을 깨트리기 위해 볼을 패스하고 빈 공간을 찾아 움직여야 한다는 것이죠. 볼을 지배하는 사람이 경기를 지배합니다."

카시야스, 마르체나와 차비가 당시 청소년 대표팀에 일원으로 참가했었다. "아라고네스가 이런 유형의 선수들을 키웠어요. 오늘날 축구는 굉장히 신체능력을 중시하는 스포츠가 됐죠. 하지만 재능은 언제나 요구되는 것이에요."

1991년부터 2008년 사이에 테오도로 니에토Teodoro Nieto와 후안 산티스테반Juan Santisteban, 아르만도 우파르테, 이냐키 사에스Inaki Saez와 히네스 멜렌데스Gines Melendez는 다음과 같은 대회를 정복했다.

- UEFA U-16 챔피언십 4회 우승(1991, 1996, 1999, 2001)

- UEFA U-17 챔피언십 2회 우승(2007, 2008)

- UEFA U-18 챔피언십 1회 우승(1995)

- UEFA U-19 챔피언십 4회 우승 (2002, 2004, 2006, 2007)

- UEFA U-21 챔피언십 1회 우승 (1998)

- 메리디안컵 4회 우승(1999, 2001, 2003, 2007)

- 메디테라네오 게임 1회 (2005)

2011년 역시 이 수상 리스트에 포함될 수 있는 또 다른 해였다. 루이스 미야Luis Milla는 덴마크에서 열린 UEFA U-21 챔피언십 우승을 이뤘다. 홀렌 루페테기Julen Lopetegui는 베네수엘라에서 열린 FIFA U-20 월드컵에 참가하기 위해 UEFA U-19 챔피언십에 참가할 수 없었다. 히네스 멜렌데스가 그의 일을 대신 맡아 루마니아에서 우승을 이끌었다.

유럽축구연맹은 2011년에 스페인축구협회에 모리스 불라즈Maurice Burlaz 상을 수여했다. 스페인은 지난 12차례 시상식 중 8차례나 이 상을 받았다. 이 상은 매번 2년마다 유럽 최고의 유소년 대표팀을 육성한 팀에 수여한다. 게다가 스페인은 비센테 미에라와 미겔 산체스가 이끈 올림픽 대표팀과 1992년 올림픽 금메달, 이냐키 사에스의 지휘 아래 2000년 시드니 올림픽 은메달도 땄다.

후안 산티스테반 역시 스페인축구협회에서 유소년 선수 육성에 20년이 넘는 시간을 몸담았다. 그는 2008년에 은퇴했다. 재능을 갖춘 훌륭한 선수들 역시 모든 성공의 열쇠였지만, 10년이나 일찍 시작된 성공을 성인 대표팀으로 이어오는 것은 훨씬 더 어려운 일이었다. "제게 열쇠는 선수들의 능력과 대표팀 감독들의 도움을 받는 것이었어요. 1990년대에 스페인축구협회는 각 연령대별로 지역 챔피언십을 창설했어요. 이 대회가 연령별 대표팀의 양식장처럼 기능했죠. 매년 14세에서 20살 사이의 수많은 아이들이 15세, 17세, 19세, 21세 대표팀을 통해 육성됐죠. 그들의 성공은 프리메라 리가 클럽들이 젊은 유망주에 투자를 하도록 독려했어요. 90%의 현역 선수들이 청소년 대표팀을 거쳤죠. 분명히 의미가 있는 부분이에요. 전 우리 작업이 이 연령대에서 멈추지 않으리라고 확신했죠.”

수많은 시도와 결합 끝에 스페인은 적절한 틀을 만드는 데 성공했다. 이 모든 과정의 핵심을 찌른 것은 안드레스 이니에스타였다. “지금 우리의 스타일은 선수들 모두가 갖추고 있는 것이에요.”

안드레스가 독일 월드컵에서 맡은 역할은 후보 선수였다. 선발 기회는 거의 없었다. 그는 사우디아라비아와 세 번째 경기에서만 출전 기회를 얻을 수 있었다. 2년 뒤 그는 오스트리아에서 열린 유로 2008 대회에서 6경기를 모두 선발 출전한 유일한 선수가 됐다. 오늘날 누구도 그가 비센테 델보스케 감독 체제에서 가장 중요한 역할을 수행하고 있다는 것을 의심하지 않는다. 하지만 푸엔테알비아(Fuentealbilla 스페인 알바세테 지역 소도시, 이니에스타의 고향)에서 보낸 시절 그는 팀을 위한 역할 수행에 대해 재고가 필요했다. “전 측면에서 뛰었어요. 윙 플레이어가 아니었음에도 말이에요. 가장 중요한 것은 이 팀은 누구나 어느 위치에서든 뛸 줄 알아야 한다는 것이에요.”

그를 매우 잘 아는 차비는 안드레스를 ‘앤드류’ 라는 애칭으로 부르며 친밀함을 과시한다. 그는 축구적인 면에서 이니에스타를 격하게 사랑하고 또 고마워하고 있다고 말했다. 그리고 그가 측면에서의 역할에 아주 잘 적응했다고 말한다. “이니에스타는 제가 갖지 못한 것을 더 가지고 있어요. 전 측면에서 뛸 수 없습니다. 그런 능력이 없어요. 세스크는 파워풀한 전방침투가 가능해 최전방에서의 역할에도 적응할 수 있죠. 이기적인 의미에서 이야기하는 것은 아니지만 솔직히 저는 제가 지금하고 있는 역할 외에 다른 포지션에서는 뛸 수가 없어요.”

역설적으로 아직 누구도 차비, 이니에스타, 세스크, 실바와 그의 동료들이 펼치는 축구에 대해 의문을 감히 제기할 수 없다. 이 선수들은 굉장히 비슷한 성질을 갖췄기 때문에 사람들은 이들이 함께 뛰는 것이 어려울 것이라고 확신했다. 세스크는 차비와 함께 나란히 뛰는 것, 그리고 이 선수들이 함께 잘 뛸 수 있다는 것을 전 세계에 입증하는 것이 쉽지 않았다고 말했다. "수많은 말이 제가 쏟아졌죠. 하지만 제가 가장 이해할 수 없었던 것은 그들이 차비, 안드레스와 제가 공존할 수 없다고 단호하게 말하는 것이었죠. 우리 세 명은 비엔나에서 열린 결승전에 함께 선발 출전했어요. 전 우리가 완벽하게 공존할 수 있다는 것을 이때 증명했다고 생각해요."

차비는 파브레가스가 콤플렉스를 극복할 수 있도록 도와주었다. 그는 미드필드에서 의사소통을 통해 이를 도왔다. "그는 제게 농담으로 우리가 함께 뛸 수 없다고 말했어요. 전 어렸고 그는 제게 귀감이 되는 존재였죠. 그의 축구를 보면 그는 굉장히 주도적인 경기를 하고 짧은 순간 중원에서 최고의 판단을 생각하죠. 차비는 계속해서 움직이고 많은 볼을 주고받는 것을 요구하지만 결국 전 기회를 얻어 자신감을 얻게 됐죠."

아라고네스와 델보스케는 차비를 팀의 리더로 삼고 팀플레이의 축으로 삼아야 한다는 것에 의견 일치를 보였다. 동료 선수들 역시 차비가 경기장 위에서 리더 역할을 맡는 것을 받아들였다. "우리 축구의 기반을 만든 것은 아라고네스와 차비입니다. 이들은 티키-타카로 불리는 스타일의 리더로 활약했어요. 그때부터 우리는 이 스타일을 만들어가기 시작했고, 모두가 그와 같이 축구를 하기 시작했죠." 세스크가 말했다.

루이스 아라고네스 감독의 오른팔인 아르만도 우파르테는 독일과의 결승전 전날 밤, 차비가 정신없이 잠들어 있을 때 속마음을 전했다. "전 그에게 내가 알고 있는 6명의 최고 미드필더 창조자들과 함께 하고 있다고 말했어요. 그리고 50년이나 기다려왔다고 말이죠. 나머지 5명은 디디, 히벨리누, 제르송, 네쳐, 슈스터였죠. 전 그에게 그 나머지 한 명이 누군지 알리고 싶었죠. 차비는 굉장히 뛰어난 플레이를 하고 있고 모든 것을 갖춘 선수입니다. 공을 받을 때 그는 이미 상대가 근접해있는지 아닌지, 어떻게 볼을 처리해야 하는지 알고 있죠.”

아라고네스의 피지컬 트레이너 헤수스 파레데스는 그의 차비를 향한 마음 깊은 존경심을 그에게 '카라얀'이라는 별명을 붙이는 것으로 표현했다. 카라얀은 35년간 베를린 필하모닉 오케스트라를 이끈 오스트리아의 지휘자다. 하지만 차비에게 스페인 최고의 선수는 누구일까? “제겐 이니에스타가 최고입니다. 의심의 여지가 전혀 없어요. 그는 정말 눈부신 선수예요. 메시와 크리스티아누 호날두가 존재하기 때문에 그가 세계 최고의 선수인지는 모르겠지만요. 어쨌든 안드레스는 굉장히 완고한 사람이고 항상 뛰고 싶어하는 선수죠. 그는 타고난 승리자예요.”

아라고네스는 그의 미드필더들을 광내기 시작했다. 전 세계가 부러워하는 미드필드가 광채를 발하기 시작했다. 아라고네스는 그들에게 공격수들을 찾기에 앞서 문전을 향해 슈팅을 해야 한다고 강조했다. “3~4명의 스페인 공격형 미드필더차비, 세스크, 이니에스타, 실바들은 최고의 패스를 보내야 한다는 생각에 사로잡혀있어요. 슈팅 가능성이 있음에도 패스의 길을 찾는 관성에 젖어 있는 것이죠. 전 그들에게 말했어요. 제라드와 램파드를 예로 삼아라. 한 시즌에 최소한 10골에서 12골 정도는 넣어야 한다. 난 그들에게 20개의 어시스트를 기록하는 것보다 10골과 10개의 도움을 기록하도록 변하라고 제안했어요. 그들은 그 다음부터 평균적으로 5골 정도 득점력이 더 좋아졌죠.”

이니에스타는 아라고네스에게서 받은 조언에 감사를 표했다. “그가 항상 제게 더 많은 슈팅을 시도하라고 했던 것을 기억해요. 이유가 있었죠. 제가 선발 선수로 나설 때면 그는 제게 응원을 해주고 중요한 골을 넣으라고 행운을 빌어주었죠.”

기술적 역량을 갖춘 스페인 선수들이 전술적인 콘셉트를 배운 것은 스페인이 그들의 강력한 라이벌 사이에서 우위를 점할 수 있는 플러스 요소가 됐고, 이를 통해 스페인은 축구 열강들 사이에서 왕으로 우뚝 설 수 있었다. “모든 동료 선수들이 중요해요. 그들과 잘 지내는 것이 가장 중요합니다. 좋지 않은 패스를 제게 주었을 때 걱정 없이 비난할 수 있어요. 왜냐하면 탈의실로 돌아간 뒤에는 서로를 나무라고 싸우지 않으리란 것을 알기 때문이죠." 파브레가스가 밝혔다.

이니에스타도 같은 이야기를 전해왔다. 그는 동료애가 버스를 탈 때나 유니폼을 갈아입을 때 모두 집중력을 높여준다고 알아차렸다. "우리 팀이 성공할 수 있었던 가장 중요한 열쇠 중 하나라는 사실에 의심의 여지가 없어요. 동료 선수들과 가장 친한 친구가 될 필요는 없죠. 서로를 존중하고 그를 위해 뛰어야 할 때 그렇게 하면 돼요. 왜냐하면 다음 번에는 그가 당신을 위해 뛰어줄 것이라는 걸 알기 때문이죠. 그것이 진짜 그룹을 만들 수 있었어요. 팔롭과 나바로, 데라레드 같은 사람들…… 유로 대회에서 우리는 모두 확실하게 하나로 뭉쳤고 독일 월드컵에서는 그렇게 하지 못했었죠. 그것이 일을 굉장히 쉽게 만들어주었어요."

모든 축구 선수들은 항상 자신의 옆에 케이블처럼 자리하고 있는 동료가 있기를 꿈꾼다. 상대 진영이 열렸을 때, 중원이 그 어느 때보다 넓어 보이거나 피로로 인해 시야가 흐려질 때 그런 동료가 옆에 있어주길 바란다. 유로 2008 대회에서 마르코스 세나는 기억에 남을 만한 사건을 남겼다. "제가 공격을 하러 올라가면 다른 누군가가 제 자리를 커버해줬죠. 만약 세르히오나 조안이 측면에서 올라가면 전 그들에게 말해요. '나가! 내가 뒤에 남을게!' 그들은 제게 미소를 지어 보이고 평온하게 공격에 나서죠. 마르체나와 푸욜 역시 마찬가지예요. 때때로 제게 말하죠. '마르코스, 너무 많이 올라가지마! 우리와 함께 남아줘!' 전 그들에게 답해요. '그래, 그래!' 그리고 전 이런 대화가 그들에게 큰 힘과 믿음을 준다고 느껴요. 오스트리아에서 우린 그라운드 위에서 하나로 단단히 뭉쳤죠." 그가 이야기했다.

브라질에서 귀화한 스페인 대표 선수 세나는 그라운드 위에서 자신의 기능을 완벽하게 소화했다. 주인공이 되기 위해 과장된 플레이를 하거나 바보 같은 짓을 하고 자만하는 것은 비싼 대가를 치르게 된다는 것을 자각하고 있었다. 그가 펼친 최고의 플레이는 독일과의 결승전에서 나왔다. 스페인은 1:0으로 이기고 있었고, 마르코스 세나는 공격으로 나서 두 번째 골을 넣거나 어시스트를 할 수 있는 기회를 맞이했다. 스페인 축구가 역사를 쓰기 위해서는 아직 더 시간이 필요한 순간이었다. 하지만 그의 심장이 어느 때보다 강하게 요동치고 있었을 그 순간에, 그는 냉철함을 유지하며 심사숙고했다. 그리고 그의 역할을 완수했다. "중앙에서 측면으로 이동하고 있었고 카소를라에게서 볼을 전해 받았어요. 제 앞에는 구이사가 자리하고 있었죠. 산티는 고개를 들었고 에어리어 안에서 볼을 포기한 채 있었죠. 다니는 가까이 있지 않았고, 저는 슈팅을 하기 위해 공격에 가담할 수 있는 상황이었어요. 하지만 제가 슈팅을 시도했는데 골로 연결되지 못했을 경우 골키퍼가 빠르게 역습을 전개하면 전 제 자리로 돌아가지 못할 수 있다고 생각했어요. 몇 분을 그대로 있었죠. 제게 가장 중요한 것은 팀의 수비를 돕는 일이었어요."

사비 알론소와 같은 유형의 선수는 매 경기 교체 선수로 투입될 경우 결과를 내기가 쉽지 않다. 하지만 그리스전은 예외였다. "모두들 뛰길 바라죠. 하지만 일이 제대로 돌아가기 위해, 유로 2008 대회에서 마르코스가 했던 것처럼 불평할 말은 없어요. 그는 좋은 경기를 했고 계속해서 최고의 모습을 보였죠. 교체할 논리적인 이유가 없었어요. 저 역시 이 대회에 참가한 것이 행복했고 만족스러웠어요. 루이스에게 크게 감사하고 저를 특별한 애정과 함께 선발해준 것에 대해서요."

레이나는 알론소보다도 뛸 수 있는 기회를 얻는 것이 어려웠다. 하지만 후보 골키퍼라는 자신의 역할을 존중했다. 비록 이 상황을 뒤집겠다는 의지를 단념한 것은 아니지만 말이다. "대표팀에 합류한 모든 선수들은 우리 팀에서 엄청나게 중요해요. 축구의 안 좋은 점은 선발 선수가 11명밖에 안 된다는 것이죠. 벤치에 머물러 있으면서, 경기에 뛰는 선수들과 동화되기는 힘든 일이에요. 하지만 이것이 우리가 팀을 위해서 맡은 역할입니다. 자신과 팀의 상황을 정확히 알아야 하는 거죠."

리버풀 골키퍼 레이나는 월드컵 경기에 데뷔전을 치르고 싶다는 강한 열망을 가지고 있었다. 아라고네스는 카니사레스를 사우디아라비아와 세 번째 경기에 뛰도록 결정했다. 비록 레이나와 카시야스가 조별리그에서 내내 주전 경합을 벌였지만 말이다.

하지만 페페는 루이스 감독에게 어떠한 앙심도 품지 않았다. "감독님이 저를 모욕한 거 아니냐는 이야기까지 있었지만, 저는 그렇게 생각하지 않습니다. 카녜테카니시레스의 별명는 이번 대회에 세 번째 골키퍼로 선발됐지만 그 역시 훌륭한 시즌을 보냈죠. 뛰지 못하는 것이 괴롭지 않다고는 말하지 못하겠어요. 하지만 전 이 역할을 잘 받아들였습니다. 전 이것이 징벌이라고 생각하지 않아요. 루이스는 아마 산티아고 경력의 끝에 상을 주고 싶었던 것 같아요. 저 역시 그러고 싶었고요. 감독님에 대한 신뢰를 가지고 있어요. 그리고 저와 계속해서 대화를 할 것이라고 알고 있고요. 아무 것도 원망하지 않아요. 월드컵에서 한 경기도 뛰지 않아도요." 불운하게도 그는 남아공 월드컵에서도 한 경기도 뛰지 못했다.

비야는 러시아와 준결승전이라는 좋지 않은 시기에 부상을 입었다. 아라고네스는 계획을 뒤집어야 했다. 구아헤는 큰 통증을 느끼지 못했지만 결승전 경기에는 뛸 수 없다는 것을 알아차렸다. 그는 러시아와 0:0으로 비기고 있던 상황에 교체 아웃됐다. 그는 깊이 낙담한 채 샤워를 했다. 장비담당자 중 한 명인 펠릭스 마르틴은 차비가 첫 번째 골을 넣자 이를 알리기 위해 에른스트 하펠 경기장의 탈의실로 달려갔다. "그때부터 빨리 샤워를 마치고 벤치에 가서 동료 선수들과 함께 앉았어요. 그제서야 제 나쁜 면들을 모두 떨쳐낼 수 있었죠."

비야가 결승전을 앞두고 경기에 나설 수 없는 것이 아무렇지도 않다고 말한 것은 거짓말이었을 테지만, 그는 누구보다도 독일전 승리를 기뻐했다. "스페인은 저 없이도 이길 수 있는 능력이 있습니다. 토레스, 이니에스타 없이도 승리할 수 있어요. 이 대표팀에는 어떤 선수도 절대 없어선 안 될 선수라고 할 수 없습니다. 70% 정도 회복된 상태라면 100%의 상태에 있는 다른 선수가 뛰는 것이 최선입니다. 그가 더 좋은 플레이를 펼칠 수 있는 것이 당연하거든요."

물리치료사 중 한 명인 미겔 구티에레스는 아스투리아에서 태어난 비야의 팀 정신에 대한 자신의 믿음을 소개했다. "다비드는 결승전을 굉장히 잘 맞이했어요. 우리에게는 자신을 회복시키기 위해 너무 시간을 낭비하지 말라고 했죠. 우리는 그를 치료하고 마사지하면서 독일전에 뛸 수 있도록 최선을 다했어요. 우리는 그가 보여준 모습에 대해 정말로 감사해요."

유로 대회 득점왕을 결승전에서 잃은 것은 아라고네스의 결승전 계획을 완전히 뒤엎게 만들었다. 루이스는 가장 논리적인 해결책을 선택했다. '5명의 난쟁이' 라는 '그림' 에 도박을 다시금 한 것이다. 이는 덴마크전에 좋은 결과를 냈던 전술이다.

파브레가스가 다비드 비야의 대체자로 낙점됐다. "우리는 이미 이런 방식의 경기에 익숙해져 있었기 때문에 운이 좋았어요." 이니에스타가 덧붙였다.

유로 2008 대회를 우승한 것은 무엇보다 이뤄낸 방식이 대단했고, 스페인 대표팀을 향한 의구심을 일축할 수 있었던 점에서 금상첨화였다. 선수들은 모두 특별한 순간을 경험하고 있다는 것을 분명히 인지했다. "우리는 완벽한 하모니를 느꼈어요. 압박감은 없었죠. 모두가 칭찬받을 만했고 모두가 우리를 믿고 있다는 것을 느꼈습니다. 우리는 아주 깊은 곳에서부터 정말 중요한 안정감을 가질 수 있었어요." 차비가 밝혔다.

델보스케 감독은 대표팀에 자신의 첫 인상 각인을 남겼다. 비야를 왼쪽 측면으로 이동시켰고 토레스를 팀의 유일한 최전방 공격수로 세웠다. 실바는 2009년 9월부터 오른쪽 측면에 배치됐다. 왼발잡이지만 오른쪽에 세운 것이다. 온두라스와 두 번째 경기에서 토레스가 선발로 나섰고 카나리아 출신 실바는 벤치에 대기했다. "리버풀에서의 토레스나 발렌시아에서의 비야 모두 소속팀에서처럼 유일한 공격수로 뛰지 않습니다. 둘을 공존시키는 것은 어려운 일이에요. 우리는 비야를 제 생각에 가장 그에게 편하게 여겨지는 곳에 배치해 더 열린 포지션에 뒀어요. 그렇게 해서 우리는 상대를 가장 높은 곳에서부터 압박할 수 있는 포지션을 이뤘죠. 공격보다는 수비적으로 더 효과가 있는 전형이에요."

게다가 대표팀 감독 델보스케는 사비 알론소가 좀 더 앞으로 나온 위치에서 최고의 활약을 펼칠 수 있다고 생각했다. 이 위치는 이미 레알 마드리드에서 마누엘 펠레

그리니 감독이 발전시킨 것이며 아라고네스 역시 과거 대표팀에서 이 역할을 시킨 바 있다. "그 역시 팀의 축 역할을 맡을 수 있어요. 하지만 그 위치에선 부스케츠가 더 안정적이죠. 리버풀에서 그는 볼을 받아주는 역할이었지만 전진해서 공격하는 역할도 할 수 있었죠. 뒤에서 마스체라노가 있기 때문이에요. 사비는 팀에 큰 기능을 하는 선수예요. 그는 전술적으로 아주 잘 훈련된 선수죠. 그는 가장 좋아하는 위치를 찾았어요. 페널티 에어리어 바깥에서 중거리슈팅을 시도할 수 있는 능력이 있습니다. 아르헨티나와 친선 경기에서 했던 역할이 아주 만족스러웠죠. 후방에서 전방으로 달려왔고 득점까지 했어요."

알론소는 델보스케 감독이 부임한 이후 스페인 대표팀에서 다섯 번째로 많이 출전한 선수다. 오직 카시야스, 차비, 푸욜과 토레스 만이 그보다 많이 경기에 나섰다. 톨로사 출신의 사비는 지난 몇 년간 대표팀에서 두드러진 실력 향상을 보였다. "훈련 도중에 볼이 정말 빠르게 연결돼요. 가끔은 그냥 바라보기만 할 때도 있죠. 새로운 선수가 오면 이 수준에 적응해야 합니다. 대표팀 적응에 문제가 없다고, 이런 상황을 이겨낼 수 있다는 증거를 보여줘야 해요. 물론 곧 그럴 수 있는 능력이 없다는 것을 알아차리게 되죠……."

볼이 돌아가기 시작했다. 수백만의 심장이 스페인 대표팀의 리듬에 맞춰 요동치기 시작했다. 볼의 지배자들이 또 하나의 꿈을 이루기 위해 돌아왔다. 이토록 강했던 월드 챔피언은 여태껏 없었다.

미겔 앙헬 디아스가 《스페인 대표팀의 비밀》 표지 촬영을 하고 있는
선수들과 포즈를 취했다.

마르체나, 비야, 마타도 발렌시아에서 열린
출판 기념회에 빠지지 않았다.

라모스와 카시야스, 델보스케 감독이 마드리드에서 《스페인 대표팀의 비밀》 출판 기념회를 함께 하고 있다.

푸욜과 부스케츠가 미겔 앙헬 디아스와 함께 바르셀로나에서 출판 기념회를 가졌다.

델보스케가 훈련 세션 전에 선수단을 기다리고 있다.

카시야스, 마타, 카소를라, 파블로 에르난데스가 벤치에 앉아
농담을 나누고 있다.

캅데빌라가 팬이 가져온 스페인 국기에 사인을 해주고 있다.

앙헬 마리아 비야르, 페르난도 이에로, 비센테 델보스케가 컨페더레이션스컵 시상식에 참석했다.

비야가 스페인 축구팬들과 함께 기념 사진을 찍고 있다.

미겔 앙헬 디아스, 라울 바렐라, 미겔 앙헬 라라가 비세테 델보스케 감독과 대화를 나누고 있다.

스페인 대표팀이 오비에도의 캄포아모르
극장에서 아스투리아 왕자 스포츠상을
받고 있다.

원정 응원을 온 스페인 응원단

: 세계를
정복하다

비센테 델보스케는 파일을 덮고 감독 집무실의 불을 껐다. 2010년 5월 18일 오후였다. 보통은 약속이 아주 많기 때문에 이보다 훨씬 전에 축구단지 라스 로사스를 떠나는 편이었다. 하지만 그 날은 평범한 날이 아니었다. 국가대표팀 감독이 된 후로 가장 중요한 결정을 내린 날이었기 때문이었다. 대표팀 관계자들과 함께 두 시간이 넘는 미팅을 하고 나서, 델보스케는 스페인을 대표해서 남아공 월드컵에 출전할 스물세 명의 선수를 선발했다. 다음 날, 감독은 캄 노우에서 열리는 아틀레티코 마드리드와 세비야 간의 코파 델 레이 결승전을 관전하기 위해 바르셀로나로 날아갔다.

그때까지 델보스케는 서른세 명의 예비명단을 갖고 있었다. 그 중에 피케, 부스케츠, 나바스, 요렌테, 마타, 몬레알, 네그레도, 이라올라, 카펠, 파블로 에르난데스 등 열 명은 델보스케가 처음으로 성인 대표팀에 발탁한 선수였다. 그는 공평성이 가장 중요하다고 생각했기에 조력자들에게 명단을 '극비'로 할 것을 주문했다. 그는 감독으로 부임한 이후 정보 유출을 항상 조심했다. 대부분의 경우 비밀을 지킬 수 있었지만, 가장 중요한 이번 소집은 예외였다. "그날 아침에 신문에 보도될까 봐 걱정하는 건 아니었어요." 델보스케가 말했다.

협회는 닷새 전에 월드컵 본선에 출전할 서른두 명의 예비명단을 FIFA에 제출했다. 거기서 남아프리카공화국으로 갈 스물세 명을 골라야 했다. 델보스케는 카시야스, 레이나이 두 선수는 출전이 확실했다., 빅토르 발데스, 디에고 로페스, 다비드 데 헤아를 골키퍼 예비 명단에 넣었다. 필드 플레이어 중에서 세 명, 아스필리쿠에타오사수나, 하비 마르티네스아틀레틱, 페드로바르셀로나는 대표팀의 부름을 받은 적이 한 번도 없는 선수였다.

발표는 축구협회 후원사인 이베르드롤라에서 5월 20일 오후 세 시에 있을 예정이었다. 델보스케는 그날 아침 바르셀로나에서 돌아와 세부사항을 확인하기 위하여 다시 한 번 축구단지에서 관계자들을 모두 모아놓고 미팅을 가졌다. 그가 발표장으로 떠나기 전에 페르난도 이에로가 감독 집무실로 들어왔다. 마르코스 세나, 카소를라, 구이사, 디에고 로페스에게 미리 전화를 해도 되는지 허락을 받기 위해서였다.

"감독님은 정말 신중하게 결정을 내리셨습니다. 아주 중대한 결정이었기에, 몇몇 선수들에게 언론을 통해 알게 되기 전에 미리 통보해주고 싶었어요. 제가 책임지고 알려주는 게 어떨까 생각했고, 감독님은 제 뜻을 이해하셨죠. 그 선수들은 협회 차원에서 감사를 표해야 할 선수들이었어요. 그들은 대표팀에 있는 동안 항상 팀을 위해 노력했고 멋진 모습을 보여주었죠. 조용하게 알려 주고 싶었어요. 세나만 연락이 되지 않았어요. 브라질에 가 있어서 연결이 닿지 않았죠. 며칠 후에야 연락을 할 수 있었어요. 구이사는 미리 알려준 것을 아주 고마워했습니다."

델보스케는 텔레비전 카메라와 기자로 가득 찬 회견장에서 지금껏 꼭꼭 감춰 온 비밀을 밝히기 시작했다.

"골키퍼로는 이케르 카시야스, 레이나, 빅토르 발데스. 수비수는 알비올, 아르벨로아, 캅데빌라, 마르체나, 피케, 푸욜, 세르히오 라모스. 미드필더, 알론소, 세르히오 부스케츠, 파브레가스, 차비 에르난데스, 이니에스타, 하비에르 마르티네스. 공격수는 다비드 실바, 마타, 요렌테, 나바스, 페드로, 페르난도 토레스, 다비드 비야."

델보스케는 이름 하나하나를 외워서 읊었고, 한 명 한 명 부르는 사이 약간 뜸을 들였다. 혹시나 헷갈릴까봐 탁자 위에 선수 명단을 놓아두기는 했지만 한 번도 보지 않고 발표했다. "이의가 없고, 한번에 모두가 수긍할 수 있는 명단을 만들기 위해서 노력했습니다. 항상 도와주셨던 것처럼, 많은 성원 부탁드립니다." 질의응답이 시작되기 전에 감독이 덧붙였다.

델보스케가 소집했던 선수 중에 여덟 명이 월드컵에 출전하지 못했다. 보얀, 카펠, 이라올라, 후아니토, 리에라, 파블로 에르난데스, 몬레알, 네그레도였다.

그날 오후, 빅토르 발데스는 아들 딜란, 아내와 함께 소아과에 갔다. 의사와 상담을 하는 동안 휴대폰을 꺼두었다. 병원에서 나와 전화를 켜자, 엄청난 수의 메시지가 쏟아지기 시작했다. 초반에 온 것 중에는 친구 안드레스 이니에스타가 함께 월드컵에 진출하게 된 것을 축하하는 메시지도 있었다. 차비 에르난데스가 팀에서는 VV도블레 우베라고 부르는 빅토르 발데스는 발탁이 될 거라고 생각하지 못했다.

몇 달 전부터 사람들이 레이나와 발데스가 바르셀로나 유스 동료 시절부터 지금까지 사이가 좋지 않다는 이야기를 많이 했다. 어느 언론에서는 만약 두 선수가 모두 발탁이 되면 합숙에서 팀의 조화로운 분위기를 해칠 수 있다고 확언하기까지 했다. "이 문제에 대해서 수많은 사람과 이야기를 했어요. 어느 날 아침에는 레이나의 아버지를 만나서 물어보기까지 했죠. 저는 그 상황을 심각하게 생각하지 않았습니다. 어렸을 때 두 선수 사이에 무슨 일이 있었던 것은 사실이에요. 하지만 과거에 있었던 일 때문에 좌지우지되지는 않습니다. 그 전설에 대해서 신경 쓰지 않는 거죠. 가장 좋은 선수를 데려가려는 생각뿐입니다." 델보스케가 확실하게 말했다.

남아공 월드컵 대표팀에 발탁될 거라고 확신할 수 없었던 몇몇 선수들은 휴가를 서둘러 취소했다. 신예 하비 마르티네스는 이비사에서 동생, 아틀레틱Athletic Club 빌바오를 연고로 하는 스페인 축구팀 팀 동료들과 함께 휴가를 즐기고 있었다. 은퇴를 결심한 호세바 에체베리아 송별파티를 하고 있었던 것이다. 그는 자신이 비용을 대서 평생 친구 네 명과 함께 미국 서부해안을 따라 캠핑 여행을 하려고 했던 계획을 취소해야만 했다. 이 여행은 아직도 보류 상태이다.

페드로는 아바데스테네리페 섬에 있는 그의 집에서 부모님과 함께 텔레비전 앞에 앉아 있었다. 섬 시간으로 오후 두 시테네리페가 속한 카나리아 제도는 이베리아 반도보다 1시간 느리다 델보스케가 그의 이름을 발음했을 때, 그는 소파에서 풀쩍 뛰어올랐다. 이 카나리아 출신 선수도 거의 준비가 끝났던 해외여행을 연기해야 했다.

대표팀 소집 명단이 발표되기 사흘 전, 토레스와 세스크는 부상 부위 상태가 어떤지 확인하기 위하여 마드리드에서 검사를 받았다. 이니에스타는 검사를 받을 필요가 없었다. 그 주에 펼쳐질 라 리가 마지막 경기인 바야돌리드전에 출전이 가능했기 때문이었다.

4월은 대표팀에게 아주 힘든 시기였다. 팀 닥터 오스카 셀레다와 후안 호세 코타가 감당할 수 없을 정도였다. 13일, 이니에스타가 시즌 들어 세 번째로 근육 부상을 입었다. 오른쪽 다리 대퇴부 이두근 섬유가 끊어진 것이다. 2주 전에 다쳤던 바로 그 부위였다. 안드레스는 훈련 막판 쓰러져 산 조안 데스피의 스포츠단지로 실려갔다. "정말 견디기 힘든 순간입니다. 절대 과로해서는 안 된다는 교훈을 얻었습니다." 그가 몇 시간 후 페이스북에 남긴 글이다.

이니에스타가 부상을 입은 다음 날, 토레스도 또 부상을 당했다. 벤피카와의 유로파 리그 경기에서였다. 이번에는 경기 초반에 한 점프가 문제였다. 점프 후 잘못 떨어졌고, 다시 한 번 반월판 연골이 손상되었다. 지난번보다 약간 위쪽이었다. 그럼에도 불구하고 토레스는 경기를 끝까지 뛰었으며 2골을 넣었다. 다음 날 무릎이 붓더니 점점 통증이 심해졌다.

페르난도는 이미 그 해 1월 라몬 쿠가트 박사의 집도 아래 오른쪽 무릎을 수술 받았다. 레딩과의 컵 경기에서 드리블을 하다가 부상을 입은 이후였다. 한 달간 결장했다. 불행하게도 이 상황은 그에게 처음 일어난 일이 아니었다. 부상 상태에 대해서 정확한 판단이 내려지지 않은 채로 며칠이 흐른 뒤에, 리버풀의 한 병원에서 마지막으로 검사를 받았을 때, 연골이 파손되었다는 확진이 나왔다.

토레스에게 덮친 불운은 잔인할 지경이었다. 중부유럽을 뒤덮은 화산재 때문에 그는 항공편으로 영국에서 스페인으로 건너올 수가 없었다. 바르셀로나까지 오는 데 거의 스물 네 시간이 걸렸다. 소요시간을 최대한 줄이기 위해 아내, 딸, 리버풀의 물리치료사 한 명, 교대를 할 운전기사 두 명과 함께 밴을 타고 온 것이다. 일행은 파리 외곽 지역에서 하룻밤 묵은 후, 쿠가트 박사와 그의 의료팀 전체뿐만 아니라 토레스의 요청에 의해 대표팀의 코타 박사까지 그를 기다리고 있던 키론 병원에 밤 11시에 도착했다. 재빨리 샤워를 하고 바로 수술실로 들어갔다. 또 다시 6주 결장의 진단이 내려졌다.

토레스는 재활을 위해 아내의 고향인 갈리시아 지방으로 갔다. 처음 간 곳은 비고였고, 이후 산티아고로 옮겼다. 재활에 전념했다. 이렇게 눈물겨운 노력과 희생을 한 보람이 있었다. 그 날 델보스케의 입에서 그의 이름이 나왔기 때문이었다. "월드컵에서 뛰고 싶었어요. 만약에 연골을 반쯤 혹은 아예 통째로 제거해야 하고 제 선수 생명이 3~4년 짧아진다고 해도 상관없었어요. 저는 스페인이 우승할 수 있다는 걸 알았고, 가장 중요한 것은 제가 거기 동참하는 것이었습니다." 카날 플루스에서 제작한 '로빈슨 리포트'에서 토레스가 분명하게 말했다.

세스크 또한 스물세 명의 명단에 이름을 올렸다. 버밍엄과의 경기 중에 발생한 무릎 부상 때문에 챔피언스 리그 16강 바르셀로나와의 홈경기 직전까지 출전여부가 불투명했다. 경기 전날에는 평소처럼 훈련할 수가 없었지만, 당일 에미리츠 스타디움에서 워밍업을 하고 난 뒤에 그는 벵거 감독에게 경기에 뛸 수 있다고 말했다. 그는 후반전에 출전해서 그와 친밀한 푸욜과 필드에서 만났다. 세스크는 이 날 페널티킥을 시도했는데, 골을 넣자마자 문제가 있었던 다리에 통증이 느껴졌고 선수교체를 요구할 수밖에 없었다. 그날 그는 목발을 짚고 집으로 돌아왔고, 월드컵에 출전하지 못할지도 모르는 상황이 되었다. 다음 날, 종아리뼈에 작은 금이 갔다는 진단을 받았다. 적어도 6주 동안 출전할 수 없게 되었다. "수술을 받으면 회복할 시간이 없었어요. 쿠가트 박사님은 회복을 위해서는, 종아리뼈 강화를 위한 등산을 많이 해야 한다고 하셨습니다. 저는 바르셀로나팀의 물리치료사 에밀리 리카르드와 재활을 하기 위해 바르셀로나로 갔습니다. 가파른 경사면을 많이 오르면서 엄청난 노력을 했어요. 훈련을 마치고 가정식 식사를 파는 산 위에 있는 농가에서 토마토를 곁들인 빵에 부티파라카탈루냐 지방의 소시지를 먹는 게 낙이었어요. 마사지 받는 것보다 더 좋았어요.” 파브레가스가 회상했다.

시간이 부족했던 선수도 한 명 있었다. 치료의 효과가 제대로 드러나지 않아 2월 초에 추간 연골 헤르니아를 수술한 산티 카소를라였다. 그는 리그 마지막 다섯 경기에 출전했지만, 델보스케는 그를 부르지 않았다. “산티는 리그 막판에 출전하기 시작했고 매우 매우 잘 했어요. 하지만 팀에는 그를 위한 빈 자리가 없었습니다. 부상 때문에 선발하지 않은 것은 아닙니다. 남아공 월드컵 1년 전 컨페더레이션스컵이 있을 때, 이에로와 제가 그의 집을 찾아갔어요. 그때 그는 종아리뼈 수술에서 회복 중이었고, 우리는 그에게 상태가 좋아지면 대표팀에 부를 테니 걱정하지 말라고 말했습니다. 그리고 그렇게 했죠. 이번에는 소집하지 못해서 마음이 아픕니다.” 감독이 명확하게 말했다.

5월 24일 축구 단지에서 합숙이 시작되었다. 이 날 축구협회 박물관에서 대표팀 발대식이 거행되었다. 펠리페 왕세자가 대표팀을 격려하기 위해 참석했다. 또한 왕세자는 축구협회에 금메달을 수여했고, A매치 100경기를 넘어선 세 선수 수비사레타, 카시야스, 라울에게 스포츠 분야의 왕실훈장 금장을 서훈했다.

남아공 월드컵 첫 경기인 스위스 전까지는 25일이 남아 있었다. 델보스케는 선수들이 남아공에 도착할 때 이미 지쳐있을까 봐 걱정을 많이 했다. 그래서 여러 가지 방식의 훈련을 계획했다. 라스 로사스에서의 합숙 첫 주였다. 대표팀 선수 중에서 챔피언스 리그 결승에 진출한 선수가 한 명도 없었기에 스물세 명이 동시에 합숙을 시작할 수 있었다. “감독님은 한 호텔에 오래 머무는 것을 아주 싫어하셨어요. 그래서 저희에게 침대를 종종 바꿔야 된다고 말씀하셨죠. 안 그러면 천장이 내려앉을지도 모른다고요.” 이에로가 말했다.

합숙을 시작한 다음 날, 선수들은 남아공에서 등에 달고 뛸 번호를 선택하기 위해서 모였다. 우선 유로에서 뛰었던 선수들은 알비올과 아르벨로아만 빼고 그때와 같은 번호를 선택했다. '초리' 알비올은 오스트리아에서 썼던 2번 대신 레알 마드리드에서 쓰고 있던 18번을 골랐다. 유로에서 18번을 달았고 컨페더레이션스컵에서는 19번을 달고 뛰었던 아르벨로아는 이번에는 그가 제일 좋아하는 등번호를 달 수 있었다. "저는 1월 17일에 태어났어요. 그래서인지 저는 항상 그 번호를 좋아했어요. 어느 날 트위터에서 사람들이 제 이름과 성을 모두 합치면 철자가 열일곱 자라고 알려주더군요. 우연찮게도요." 하고 설명했다.

차비와 이니에스타는 여전히 소속팀과 대표팀에서 번호를 서로 바꿔 쓰고 있다. 차비는 대표팀에서는 8번, 바르셀로나에서는 6번이고, 이니에스타는 그 반대다. 왜 이렇게 쓰고 있을까? "사실 저는 등번호를 그렇게 중요하게 생각하지 않아요. 21세 이하 대표팀에서는 2번이었어요. 성인 대표팀 초기에는 알벨다가 그 번호를 좋아해서 저는 포르투갈에서 열린 유로 2004에서는 20번을 달았어요. 8번은 바라하의 번호였는데, 알벨다보다 먼저 대표팀을 떠났기에 제가 8번을 선택한 거죠. 이후에 모든 게 잘 풀려서 안 바꾸는 거예요. 바르셀로나에서는 6번, 16번, 26번을 달았죠. 저는 번호에 관해서는 아무런 미신이 없거든요. 짝수를 선호하긴 하지만요." 차비가 말했다.

"저는 독일월드컵에서는 스페인 대표팀 13번으로 데뷔했어요. 그 후에는 16번을 달았는데 알벨다가 대표팀에 오지 않게 된 이후로 제가 대표팀에서 제일 달고 싶었던 6번을 달았죠. 바르셀로나에서는 34번으로 데뷔해서, 24번을 달았다가 결국 8번이 되었어요. 차비와 제가 번호를 바꿔 단 이유는 단지 그가 저보다 먼저 왔기 때문이에요. 나이 때문에 그가 먼저 골랐고 저는 남은 것 중에서 고른 거예요." 안드레스가 말했다.

부스케츠, 피케, 마타, 요렌테는 1년 전 컨페더레이션스컵에서 사용했던 번호를 다시 선택했다. 마타는 대표팀에서 그에게 행운을 가져다 줬던 13번을 다시 쓸 수 있었다. 피케는 바르셀로나에서와 마찬가지로 3번을 차지했다. 요렌테는 아틀레틱에서 쓰는 9번 대신 앞에다 1을 붙여 19번을 달았다. 대표팀에서 9번은 토레스가 사용하는 번호였기 때문이다. 부스케츠는 그가 좋아하는 16번을 달 수 있어서 만족스러웠다. "저는 이 번호가 좋아요. 제 인생의 한 부분이죠. 저는 7월 16일에 태어났고, 16살에 바르셀로나와 계약을 했고, 팀에서도 그 번호를 써요. 그래서 애착이 있죠."

나바스는 22번을 골랐다. '버림 받은' 신예 세 명은 남아 있는 번호 중에서 골라야만 했다. 빅토르 발데스가 12번을 고르는 데는 이의가 없었다. 남은 선수는 하비 마르티네스와 페드로뿐이었고, 번호는 20번과 2번이 남았다. 나바라 출신의 하비는 제비뽑기에서 이겨 20번을 선택했다. 페드로에게는 공격수에게는 별로 어울리지 않는 2번을 선택하는 것 외에는 방법이 없었다.

페드로는 번호가 마음에 들지 않았지만 그때까지는 동료들에게 번호를 바꿔달라고 부탁할 만한 용기가 없었다. 페드로와 친한 페르난도 토레스가 대변인을 자청해서 이 문제를 해결하기 위해 수완을 발휘했다. 그는 알비올에게 18번을 유로 대회에서 우승했을 때 달았던 2번과 바꾸는 게 어떻겠냐고 제안했다. 문제가 해결되었다.

다음 날 국가대표 선수들은 아침 훈련을 앞두고 축구 단지에서 카메라와 사진 기자 앞에서 포즈를 취했다. 많은 클럽에서 상업적인 목적으로 개최하는 행사의 화려함과는 거리가 있었다. 스무 명 정도만 참석한 가운데 열린 정문 근처에서 스냅 사진을 촬영했다.

마드리드에서 일주일간 훈련을 하고 나서 대표팀은 유로 2008 기간 주로 머물렀던 노이슈티프트와 가까운 오스트리아의 소도시 쉬룬즈로 떠났다. 인스부르크의 티볼리누 스타디움에서 스페인은 두 차례의 친선경기를 치렀다. 첫 번째 경기는 5월 29일 사우디아라비아와의 경기였다. 선수들은 이 경기장에 대해 좋은 기억이 있었다. 유로 대회에서 스웨덴과 러시아를 이겼던 경기장이었다.

델보스케 감독은 토레스와 세스크를 아껴두었다. 이 경기에 출전한 선수는 카시야스, 아르벨로아, 피케, 라모스페드로, 62분, 캅데빌라푸욜, 62분, 부스케츠, 알론소, 차비하비 마르티네스, 87분, 이니에스타나바스, 60분, 비야요렌테, 70분, 실바마르체나, 61분였다. 대표팀은 평소보다 힘들게 경기를 했으며, 아직 팀이 최상의 상태는 아니라는 것을 분명하게 보여주었다. 비야, 사비 알론소, 요렌테가 골을 넣었다. 하비 마르티네스와 페드로가 성인 대표팀에 데뷔했다.

두 번째 친선경기가 있기 전에, 대표팀이 월드컵에 우승할 경우 수여될 포상금이 확정되었다. 이전 대회와는 달리, 팀은 협회에 강력하게 요구했고, 단번에 합의를 이끌어 냈다. 역사를 만들 수 있다는 자신감을 보인 선수들은, 16강 포상금은 받지 않기로 하고 대신 우승 수당을 높이는 것을 선택했다.

우승 포상금은 선수 당 60만 유로약 9억 원였다. 준우승을 할 경우 받을 포상금 12만 유로약 1억 8천만 원의 다섯 배에 달했다. 4강 진출은 9만 유로약 1억 3천 5백만 원, 8강 진출은 6만 유로약 9천만 원였다. 책정된 예산의 68%는 우승을 해야만 받을 수 있는 금액이었다.

스페인은 본선을 대비하여 6월 3일 대한민국과 두 번째 친선경기를 치렀다. 출전 명단은 레이나발데스, 45분, 라모스, 마르체나, 알비올, 캅데빌라, 하비 마르티네스실바, 80분, 이니에스타알론소, 58분, 세스크차비, 58분, 마타페드로, 58분, 요렌테비야, 58분, 나바스였다. 세비야 출신의 나바스가 페널티 영역 밖에서 쏜 슛으로, 스페인을 많이 괴롭혔던 이 불굴의 아시아 팀을 이길 수 있었다. 델보스케는 부상에서 돌아온 세스크를 선발 출전시켰으며, 발데스에게 처음으로 기회를 주었다. 그는 좋은 움직임으로 보답했다.

대표팀은 오스트리아에서 돌아와서, 다음 날 마드리드에서 휴식을 취하고 마지막 친선경기를 위해 무르시아로 이동하기 전에 훈련을 했다. 경기는 6월 8일이었다. 카라바카 데 라 크루스 시청은 대표팀을 환영하는 공식 리셉션을 열었다. 협회 회장 앙헬 비야르, 델보스케, 카시야스, 이니에스타가 참석했다. 이 행사에서 그들은 스페인의 꿈을 실현하겠다고 다시 다짐했다.

대표팀은 누에바 콘도미나 경기장에서 폴란드를 상대로 6:0의 압도적인 승리를 거뒀다. 출전 선수는 카시야스, 아르벨로아라모스, 55분, 푸욜마르체나, 72분, 피케, 캅데빌라, 부스케츠, 알론소, 차비세스크, 56분, 이니에스타페드로, 39분, 비야토레스, 66분, 실바나바스, 55분이었다. 이 경기는 엘 니뇨 토레스의 귀환을 알리는 경기였다. 그는 20분 이상을 뛰면서 다섯 번째 골을 넣어, 남아공으로 가는 발걸음을 가볍게 하는 대량 득점 승리에 일조를 했다. 폴란드 선수 두드카의 자책성 골이 있었고, 실바2골, 세스크, 페드로도 골망을 흔들었다.

이니에스타는 전반전에 근육에 가벼운 통증을 느껴 교체됐다. 부상을 입었던 넓적다리가 부어올라 첫 경기인 스위스전에 출전할 수 있을지 확실치 않아 보였다. 대표팀은 이니에스타의 회복을 기다리면서, 월드컵 첫 경기에 출전할 선수를 한 자리만 빼놓고 거의 확정했다. 수비진과 미드필더진은 거의 확정된 상태였다. 문제는 이니에스타, 비야와 함께 전방에 설 선수가 누군가 하는 것이었다. 토레스는 아직 한 경기를 모두 소화할 만큼 완벽한 상태는 아니었다.

6월 10일 이베리아항공 에어버스 340/600 항공기가 바라하스 공항에서 요하네스버그를 향해 이륙했다. 비행 열 시간 후 대표팀은 올리버 레지널드 탐보 국제공항에 착륙했다. 음향 장치에서 '아웃 오브 아프리카' 의 음악이 흘러나오는 가운데, 기장이 환영인사를 했다.

"세계 챔피언이 되실 여러분, 남아프리카공화국에 오신 것을 환영합니다."

활주로에서 FIFA의 붉은색 버스 한 대가 팀을 맞이 했다. 차창에는 '꿈은 나의 길, 승리는 나의 운명' 이라는 슬로건이 적혀 있었다. 한 시간이 조금 넘게 달려서 대표팀은 포체프스트룸에 도착했다. 거기서 시장 클리르 앤드류 존 매페틀을 기다렸다. 그는 대회 기간 동안 스페인 팀에 행운이 함께 하길 빌면서 스페인 팀의 유니폼을 속에다 입고 왔다. 그는 사자처럼 머리를 늘어뜨린 푸욜을 보고는 남아프리카의 빅5에 속한다고 농담을 했다. 나머지 네 동물은 코끼리, 표범, 코뿔소, 버팔로였다.

대표팀은 그 지역에 많이 살고 있는 츠와나 부족의 전통 무용을 관람하기 위해 노스웨스트대학교의 숙소 앞에 자리를 잡았다. 그곳이 대표팀이 '포치' 에서 집처럼 생각하게 될 곳이었다. 그 지역명이 발음하기 너무 어려워서 스페인 기자들은 모두 그곳을 '포치' 라고 불렀다.

선수들은 초반 경기를 대비한 세부 사항도 놓치지 않았다. 선수들은 월드컵에 출전한 각국 대표팀을 분석하기 위하여 휴식 공간에 있는 텔레비전 앞에 모였다. 피지컬 트레이너 하비에르 미냐노는 선수들의 표정이 변하는 것을 보았다.

"대회가 시작되고 나서 선수들의 표정을 살펴보니, 이미 이전과는 달라진 걸 알 수 있었습니다. 얼굴이 굳고, 표정에서 별로 감정을 드러내지 않더군요. 합숙 초반의 명랑한 분위기가 사라졌어요. 진짜 중요한 시간이 다가오고 있다는 걸 알 수 있었죠."

⋮ 스위스전 6월 16일, 더반 모세스 마비다 스타디움

스페인과 스위스는 월드컵 본선에 진출한 서른두 개 팀 가운데 가장 늦게 무대에 등장했다. 실바가 전방에 남은 마지막 자리를 차지했다. 출전 선수는 카시야스, 라모스, 푸욜, 피케, 캅데빌라, 부스케츠토레스, 60분, 알론소, 차비, 실바나바스, 61분, 비야, 이니에스타페드로, 76분이었다. 전체적인 경향은 평소와 같았다. 스페인은 공을 소유하고 상대팀 골문 근처에 자주 접근했다. "초반 15분까지만 해도 벤치 옆 자리에 앉은 알비올에게 우리가 손쉽게 우승할 것 같다고 말했어요. 경기가 그렇게만 진행된다면, 그 누구도 우리를 이길 수 없었을 거예요. 그때는 정말 잘 했어요." 아르벨로아가 말했다.

그러나 시간이 흘러가는데도 골은 넣지 못했다. 전반전 중반쯤, 이니에스타가 보낸 공이 그리히팅을 제친 피케에게 연결되었고, 골키퍼 베날리오와 일대일 상황이 되었다. 하지만 그의 슛은 골키퍼 몸에 맞고 나가고 말았다. 전반전이 끝나는 순간 비야는 공을 멀리 차보았지만, 골대를 향하기는커녕 공격수에게도 연결되지 못했다.

스페인은 팀에 변화를 주지 않고 그대로 후반전에 임했지만, 아무도 예상하지 못했던 일이 벌어졌다. 경기시간 51분, 부스케츠가 베날리오의 킥을 헤딩한 것이 우리 쪽 문전으로 흘러갔다. 은쿠포가 튀어나오는 공을 잡아 창의적인 방향으로 데르디요크에게 보냈고, 그는 이를 잡아 페널티 영역 안까지 쇄도했다. 카시야스가 나오는 데 시간이 걸렸고, 상대가 몰고 오는 공을 잡기 위해 몸을 던졌다. 공은 피케와 먼저 부딪쳤고 이후 데르디요크는 넘어지면서 공을 젤송 페르난드스에게 보냈다. 피케는 넘어진 상태로 젤송의 첫 번째 슛을 막았지만, 두 번째 슛은 막을 수가 없었다. 이케르도 제때 돌아오지 못했다. 스위스의 골이었다. "그 경기는 이 플레이 하나로 결정되었어요. 엄청난 불운이었죠." 카시야스가 안타까워했다.

설상가상으로 피케는 눈썹 부위가 찢어져 두 바늘을 꿰매야 했다. 델보스케는 부스케츠와 실바를 토레스와 나바스로 교체했다. 그 이후 십 분 동안 스페인은 확실한 골 기회를 네 번이나 잡았다. 첫 번째 기회는 차비가 골키퍼 베날리오와 마주한 비야에게 깊숙이 공을 찔러 넣어줬던 것이다. 골키퍼가 잡아냈다. 잠시 후에는 페널티 영역 반원에서 날린 이니에스타의 슛이 빗나갔다. 그 후에 토레스가 페널티 영역 내부에서 날린 슛도 골대를 넘어 날아갔다. 가장 확실했던 기회는 정면에서 사비 알론소의 오른 발에 걸린 공이 크로스바에 맞은 것이었다.

마지막 20분간, 나바스는 두 번의 슛을 시도했고, 토레스도 마지막 슛을 쏘았지만 다시 한 번 밖으로 나가고 말았다. 이니에스타는 리히슈타이너와 충돌한 이후 오른쪽 넓적다리 뒷부분이 저려 와서 페드로와 교체해야 했다.

"정말 놀랐어요. 뭔가 아주 심각한 문제가 생겼을까 봐 겁이 났거든요." 안드레스가 그때를 떠올렸다.

스위스는 데르디요크의 단독 쇄도로 두 번째 골을 넣을 수 있는 기회도 잡았지만, 슈팅은 골대를 맞고 튕겨나왔다. "경기 후반은 절망적이었어요. 경기를 이기기 위해 우리가 할 수 있는 건 다 했는데도 이길 수가 없었으니까요. 스위스는 수비만 하면서 우리의 플레이를 방해하기만 했어요. 그렇게 승리를 가져가 버렸죠." 비야가 불만을 표했다.

왕세자 부부가 선수들을 격려하기 위해서 라커룸으로 내려왔지만, 팀은 완전히 충격에 빠진 상태였다. 선수들은 다시 기운을 내려고 했지만 무엇을 잘못했기에 이 경기에서 진 건지 도무지 알 수가 없었다. "보통 경기에서 지면, 사람들은 할 말을 잃고 축 처져 있게 마련이거든요. 그런데 그날은 분위기가 달랐어요. 난생 처음이었어요. 차비, 알론소, 아르벨로아가 '별 일 아니야' 라고 이야기했던 게 기억이 나요. 무슨 나쁜 일이 있었을 때처럼 동료들을 격려하려고 하지 않고, 그냥 현실로 돌아온 거예요. 우리가 잘못한 게 아니었을 뿐만 아니라, 우리가 정해진 대본에서 튀어나온 사람들도 아니니까요." 토레스가 말했다. "흥미로웠던 것은 비관적인 말이 나오지 않고 희망, 자신감에서 나온 말이 오갔다는 점이에요. 이런 큰 부담이 어린 선수들에게는 다시 해보자는 활력이 된 것 같았어요." 카시야스가 말했다.

잠들기 힘든 밤이었다. 델보스케와 코칭스태프는 잠자리에 들기 전에 텔레비전으로 그 경기를 다시 한 번 보았다. 통계적으로는 차이가 확연했다. 스페인은 슈팅을 스물여섯 번 시도했고, 스위스는 아홉 번이었다. 볼 점유율도 스페인이 74%, 스위스 26%였다. 하지만 모두 소용없었다. 중요한 것은 단 한 가지, 득점뿐이기 때문이다. 골을 넣지 못했기 때문에 스페인은 0:1로 패배한 것이다. 그럼에도 불구하고, 선수들은 씻고 나오자마자 평정을 찾기 시작했다. "그 경기는 정신차리게 만드는 몽둥이 같았어요." 차비가 말했다. "온 나라가 우리를 한 마음으로 응원한다는 걸 알고 있었어요. 그리고 그들에게 기쁨을 줄 수 있을 거라고 확신했습니다." 부스케츠가 강조했다.

대표팀은 그에 앞서 치른 48경기에서 단 1패만 기록하고 있었는데, 월드컵 첫 경기에서 패배를 당했다. 역사적으로 보면, 조별리그 첫 경기에 지고 월드컵 우승을 한 팀은 한 팀도 없었다. "그게 큰 충격이었어요. 우리가 우승하는 게 불가능한 것이 아닌가 하는 생각이 들었어요. 축구를 아주 잘하고, 온 세계의 사랑을 받던 대표팀에서 그렇고 그런 평범한 대표팀이 되고 말았죠. 부분적으로는 좋은 점도 있었어요. 우리를 땅에 단단히 발을 딛고 서게 한 점이에요. 우리 경우에는 언론과 팬들이 그렇게 만들었어요." 피케가 어느 정도 거리를 둔 관점에서 말했다.

스페인 언론은 몇 가지 의문점을 제시했다. 비판의 대부분은 수비에 있어서 미드필더가 제 몫을 못한다는 것이었는데, 비난은 부스케츠에게 집중되었다. 온두라스 전에는 세스크가 그 자리에서 뛰어야 미드필드가 더 창의적으로 움직일 수 있을 것이라는 의견이 나왔다. "그러면 우리 팀은 평상시처럼 경기를 할 수 있을 것입니다." 방갈로와 방갈로 사이에 있는 호텔 복도에서 이런 소리가 들려 왔다. 하지만 경기 후 이미 델 보스케는 앞으로도 자신의 방식대로 팀을 이끌 것을 알렸다. "갑자기 전술을 크게 바꿀 수는 없습니다. 우리는 우리 플레이 스타일대로 가야 합니다."

다음 날, 아침 자유시간에 선수 몇몇은 지난 경기도 잊을 겸해서 남아공의 동물을 볼 수 있는 자연보호구역을 방문했다. 그 동안 델보스케는 온두라스를 분석하느라 애를 썼다. 오후 훈련을 시작하기 전에, 감독은 외부의 눈을 피해 선수들과 모여서 스위스와의 경기를 다시 분석했다. 비디오 분석 시간 동안 경기 내용을 보면서 화도 났지만 팀의 축구 철학도 재확인하게 되었다.

이 패배는 고통스러웠고 시기도 매우 나빴지만 목적지를 향한 여정을 바꿀 수

세르히오 부스케츠가 볼을 다투고 있다.

는 없었다. "그 경기를 여러 모로 살펴봤지만, 우리는 여전히 그 경기에서 왜 졌는지를 알 수가 없었어요. 결론은 우리가 그때로 되돌아간다고 해도 똑같이 플레이를 했을 것이라는 점뿐이었어요. 이런 생각이 들자, 우리는 지금 옳은 길로 잘 가고 있다고 느끼게 되었죠." 토레스가 단언했다.

부스케츠를 보호하기 위해 모든 접근을 차단했다. 동료들은 그를 지지하고, 사기를 올려주려고 노력했다. "저는 그 즈음에 세르히오와 이야기를 아주 많이 했어요. 우리는 서로에게 의지했고, 안정감을 느꼈습니다. 논쟁은 바깥에 있었습니다. 팀 내부에서는 모든 게 분명했어요." 알론소가 말했다. 부스케츠는 견뎌내기가 쉽지 않았다고 인정했다. "저로서는 그 비판이 정말 부당하고 이유도 전혀 없다고 생각했어요. 정당하지가 않았어요. 그때는 더블 피보테두 명의 수비형 미드필더를 기용하는 전술를 비판하는 게 유행이었고, 제가 비판의 대상이 된 거죠. 제 생각에는 제가 더 어리고 신참이라 그랬던 것 같아요. 근거가 없는 비판이었어요. 우리가 경기를 잘 했다는 걸 온 세상이 알았으니까요. 동료들이 저를 지지해주는 것을 느꼈죠. 특히 마르체나가 큰 힘이 됐어요. 제게 걱정하지 말라고 해줬어요."

이는 나이에 비해 성숙한 플레이를 보여주는 부스케츠에게는 가혹한 심판대였다. "언론과 팬들이 한 목소리로 한 젊은 신예 선수에게 책임을 돌리고 비난하는 것은 가혹한 일이에요. 저도 예전에 그런 상황에 처한 적이 있었기 때문에 그를 격려해주었습니다. 우리 모두가 그를 믿고 있고, 그가 팀의 핵심 선수라고 분명하게 말했죠. 세르히오는 정신적으로 강인했어요. 다른 사람이 그의 입장이었다면 크게 낙심했을 거예요. 이겨내느냐 이겨내지 못하느냐의 차이예요. 그는 성격이 강인하고, 개성이 있고, 경쟁심도 강해요. 이 모든 것이 그가 앞으로 나아가게 하는 거죠." 차비가 말했다.

동료들이 누구랑 닮았는지 찾아내는 데 전문가인 펠로포는 부스케츠가 누구를 닮았는지 발견해서 동료들을 즐겁게 해줬다. "저는 그를 럭키 루크Lucky Luck 프랑스-벨기에 합작 만화캐릭터로 카우보이라고 불러요. 똑같아요. 구레나룻도 똑같고, 잡아 늘인 것 같은 형

체도요…… 안 그래요?"하고 농담을 했다. "차비가 가끔은 저를 비나그레식초, 기질이 거칠

고 불쾌감을 주는 사람이라는 뜻이 있음라고도 불러요. 그럼 저는 그를 잡으러 가죠. 놓치면 분

통이 터지고 하루 종일 화가 안 풀려요." 부스케츠가 덧붙였다.

루이스 아라고네스가 스페인의 패배에 대해서 직접적으로 언급했다. 월드컵 기간 동안 그는 텔레비전 채널 알 자지라의 해설위원으로 활동했다. 이에 더해, 텔레싱코와 한 힌터뷰에서 스위스전 선수들의 움직임과 델보스케에 대해서 문제를 제기하며 강력하게 비판했다. "쉽게 이길 거라는 확신을 갖고 나온 것 같아요. 110%의 상태로 나오지 않았어요. 이런 경기에는 그렇게 나와야 합니다. 공이 없을 때 속도가 느렸고, 공간을 재빨리 찾지도 못했습니다. 저였으면 처음부터 필드 중앙에는 한 선수만 배치했을 겁니다."

여러 가지 이유에서 아라고네스의 이 발언은 시기가 좋지 않았지만, 델보스케는 이를 크게 중요하게 생각하지 않으려고 했다. "저도 다른 월드컵에서 해설위원으로 일한 적이 있어서 그 일이 그렇다는 걸 알고 있습니다. 그 분 말씀에 악의가 있다고 생각하지는 않습니다. 축구에는 다양한 의견이 있을 수 있고, 무엇에든 이유가 있으니까요. 패배에도 물론 이유가 있죠. 저는 그 말에 크게 동요하지 않았고, 팀도 마찬가지일 거라고 생각합니다."

아라고네스의 이 발언은 선수들 사이에도 퍼졌다. 특히 그가 대표팀 감독이었을 때 함께 지냈던 선수들도 이 발언을 접하게 된 것이다. "아라고네스 감독님은 저희를 예뻐하세요. 항상 표현을 하시니까 알 수 있죠. 팀이 잘 되기를 바라신다는 걸 알아요. 이 부분은 전혀 의심이 없어요. 그 분은 자신의 생각을 말씀하신 거죠. 누구나 자기 의견은 이야기할 수 있잖아요." 차비의 의견이다.

한도를 넘은 것은 '더 타임즈'나 '더 가디언' 같은 일부 영국 신문이었다. 그때까지는 선정적인 타블로이드는 고려 대상도 아니었는데, 경기에 대한 기사가 너무나 터무니없고 기가 막혔다. 그들은 패배의 원인을 카시야스의 여자친구이자, 경기 중에는 텔

레싱코의 리포터로 일하는 사라 카르보네로에게 돌렸다. 카시야스의 주의를 분산시켰기 때문이라는 주장이었다.

: 온두라스전 6월 21일, 요하네스버그 엘리스 파크

협회의 페드로 코르테스는 팀에 활력을 불어넣으려고 애썼다. 기술팀이나 선수들의 측근들은, 선수들이 호텔에서 지나다닐 때마다 그들을 격려해야 하는 것이 아닌가 하는 책임감을 느꼈다. "하지만 선수들이 저희를 위로했어요. 레이나가 저를 잡더니 이야기했죠. '페드로, 걱정 마세요. 저희 다시는 안 질 거예요' 라고요."

스위스에게 진 다음 날, 레이나는 거의 새벽 여섯 시까지 잠을 이루지 못했다. 스위스전 결과 때문이 아니라, 알비올의 방에서 두 시 반까지 모여 있었기 때문이었다. 그날 LA 레이커스가 스테이플 센터에서 보스턴 셀틱스와의 NBA 결승전 일곱 번째이자 마지막 경기를 했다. "거의 반 정도 모였어요. 제가 기억나는 사람은 아르벨로아, 피케, 부스케츠, 라모스, 나바스, 레이나, 그리고 저예요. 파우 가솔스페인 농구의 간판스타 때문에 거의 모두들 레이커스 편이었죠. 결승전은 참 재미있었어요. 알론소와 저는 셀틱스를 더 좋아하지만, 그래도 파우는 파우죠." 알비올이 말했다.

아르벨로아는 가솔의 유니폼을 챙겨 입고 왔다. NBA의 광팬인 그는 결승전 마지막 경기는 텔레비전으로 볼 수 있었다. "5차전과 6차전은 인터넷으로 봐야 했어요. 중계를 해주는 채널이 없었거든요. 다행히 인터넷은 잘 되어서 보기 힘들지는 않았어요. 7차전은 텔레비전에서 보고 싶어서 리모네스에게 부탁했죠. 밤새는 선수가 너무 많은 거 아니냐고 했지만, 낮잠을 충분히 자두었거든요. 다음 날 저희는 아무런 문제없이 훈련을 잘 소화했어요." 아르벨로아가 말했다.

평소보다 하루가 길었고, 농담이 사라졌다. 아무도 상상도 하고 싶지 않았지만, 자꾸만 조별리그에서 떨어질지도 모른다는 생각이 머릿속에서 스쳐 지나갔다. "더 이상의 실수는 결코 용납되지 않는 상황이었죠. 이미 월드컵에서 뛴다는 긴장감이 있는 상태에서, 남은 두 경기를 반드시 이겨야 한다는 것은 더욱 큰 부담이 되었습니다." 알론소가 말했다.

그들은 무엇 때문에 스위스에게 졌는지 이유를 찾고 있었다. 카시야스는 혹시 행운을 가져다줄까 하는 생각에 최근 1년간 길렀던 턱수염을 밀었다. 미신은 이것뿐이 아니었다. 스위스와의 경기 전날 '코코아 의식'에 참가했던 부스케츠는, 동료들로부터 이 불행과 연관이 있을지도 모르니 더 이상 크로와상을 먹지 말라는 말을 들었다. "그는 저희와 이야기를 하러 오긴 했지만, 그 지시는 거부했어요." 레이나가 농담을 했다.

경기 때문에 긴장한 나머지, 몇몇 선수들은 자신들의 미신을 잊어버리기도 했다. 비야는 항상 버스에서 레이나 옆자리에 타는데, 트레이닝복 겉옷을 벗어서 자리에 걸쳐놓는 버릇이 있었다. 온두라스와의 경기 직전 훈련에서 레이나는 비야에게 이를 상기시켜줘야 했다. "저는 마지막에 내리기를 좋아하고 항상 창가에 앉거든요. 그날은 비야가 겉옷을 챙겨가더라고요. 그래서 제가 '너 뭐해?' 라고 했죠. 너무 긴장한 나머지 버릇도 잊어버린 거예요." 레이나가 말했다.

경기가 있던 날, 캅데빌라는 간식 시간 이전에 식당으로 내려왔다. 그는 식탁 앞에 앉아서 그들을 기다리고 있는 경기를 상상해보려고 했다. 생각에 잠겨 있는데 델보스케 감독이 다가왔다. "깜짝 놀랐어요. 저한테 이 경기는 사람들을 단합하게 하고 활기를 주는 경기가 될 거라고 하시는 거예요. 저한테만 그 이야기를 하셔서 기분이 아주 좋았죠. 마음이 편해졌고, 총애를 받는다는 느낌이 들었어요. 그와 동시에 책임감도 느껴지고 주인공이 될 것 같다는 생각이 들었죠. 저한테 하신 말씀이 기억나요. '조안, 너는 베테랑으로서, 이 경기 뛰어야 하는 거 알고 있지.' 정신이 번쩍 들었죠. 제가 나이로는 고참이지만, 대표팀에서 저보다 훨씬 더 많이 뛴 동료들이 많거든요." 조안이 기억했다. "모든 사람들이 조안을 사랑하고 저도 그래요. 그는 자신이 해야 하는 플레이를 완벽하게 해내는 좋은 선수죠. 결국에는 감독도 선수들에게 의지하게 됩니다." 델보스케가 말했다.

캅데빌라는 스페인 국가가 울려 퍼지고 카메라가 그를 잡는 동안, 동료들의 귀를 어루만지지 않기로 다짐했다. 스위스와의 경기 때 만졌는데 운이 좋지 않았기 때문이다. 델보스케는 엘리스 파크에서 카시야스, 라모스_{아르벨로아, 76분}, 피케, 푸욜, 캅데빌라, 부스케츠, 알론소, 차비_{세스크, 65분}, 나바스, 비야, 토레스_{마타, 69분}로 팀을 꾸렸다.

감독은 첫 번째 경기 선발명단에서 두 명의 변화를 주었다. 이니에스타를 아껴두었다. 통증은 많이 가라앉았지만, 토레스로 바꿨다. 또한 실바를 빼고 나바스를 넣었다. 실바는 이날 이후 월드컵이 끝날 때까지 독일전에서 막판 4분간만 뛰었다.

스페인은 역사상 두 번째로 온두라스를 만났다. 이전 경기는 메스타야에서 있었다. 82년 월드컵의 첫 번째 경기였다. 두 팀은 1:1로 비겼다.

비야의 두 골이 스페인에 승리를 안겼다. 아스투리아스 출신의 비야는 전반 7분 이미 골대를 강타하는 슛을 날렸다. 17분, 비야는 피케의 크로스를 왼쪽 터치라인 근처에서 받았다. 두 번의 터치로 수비수 두 명을 제친 다음, 공을 몰고 공간이 생길 때까지 골 영역으로 접근하다가 넘어지면서 센터백 피게로아와 차베스 사이로 슈팅했다. 바야다레스가 공을 잡으려고 했지만 공은 골대 위쪽 구석으로 꽂혔다. "제가 넣은 다섯 골 중에서 가장 멋진 골이었죠. 하지만 하나를 골라야 한다면 파라과이전의 득점을 고르고 싶어요. 그게 가장 중요한 골이었으니까요." 비야가 말했다.

경기 내용은 그렇게 좋지 않았다. 페널티 영역에 쉽게 접근은 했지만 과녁을 향해 제대로 조준하지 못했다. 총 52번 골 영역에 접근하여 슈팅을 25번 했지만, 유효슈팅은 일곱 번에 불과했다. 라모스와 토레스도 득점할 수 있는 기회가 있었지만 결국 전반전은 1:0으로 마무리되었다. 54분 차비가 오른쪽 측면에서 나바스에게 기회를 열어주었다. 나바스는 정면에 있는 비야에게 공을 보냈고, 비야는 차베스를 가볍게 우회하는 슈팅으로 바야다레스를 따돌렸다. 경기 전날 비야의 어머니와 누나가 방문한, 코바

동가의 성모_{아스투리아스 지방에 있는 성모상}가 행운을 가져다주었다.

마침내 팀은 한숨을 돌릴 수 있었다. 비야는 해트트릭을 기록할 수 있었던 기회가 두 번 있었다. 첫 번째는 나바스가 얻어낸 페널티킥이었고, 경기 막판에 페널티 영역에서 찬 슈팅은 수비수가 골대 근처에서 걷어냈다. 경기 막판 갈비뼈에 입은 충격을 보호하기 위해 아르벨로아와 교체된 라모스는, 정면에서 발리슛으로 골을 넣을 기회가 있었다.

"두 번째 경기가 칠레전이 아니라 온두라스전이어서 정말 다행이었어요. 제 개인적인 생각으로는 온두라스가 조에서 가장 약한 팀이었거든요. 첫 경기에서 저희가 좋은 모습을 보여주지 못한 후에 두 번째 팀도 까다로운 상대였다면, 이기지 못했을지도 몰라요. 그날 경기를 잘하지는 못했거든요." 레이나가 인정했다.

델보스케는 경기에 만족하지 못했다. "스위스와의 경기에서보다 더 약했습니다. 당황하는 모습을 보여주었어요. 칠레와의 경기는 더 어려울 것 같습니다. 몇몇 미드필더들이 엄청난 희생을 해야 할 것입니다. 오늘은 부스케츠와 알론소가 너무 많이 뛰었어요." 기자회견에서 날카롭게 지적했다.

같은 조의 다른 경기에서, 칠레가 스위스를 1:0으로 이겼다. 비엘사 감독이 이끄는 칠레 대표팀은 승점 6점으로 조 선두에 올라섰다. 스페인과 스위스는 3점으로 그 뒤를 따랐다. 스페인의 16강은 스페인의 자신의 손에 달려 있었다. 세 번째 경기에서 칠레를 이기면 목표를 달성할 수 있다. 스위스가 온두라스를 이기지 못하면 조 1위가 될 수도 있었다. 이기더라도 그들은 골득실에서 스페인을 앞서지는 못할 것이라고 보았다.

: **칠레전** _{6월 25일, 프리토리아 로프터스 버스펠드 경기장}

선수들은 매일 두 테이블로 나누어 식사를 했다. 보통은 각자 선택하는 자리를 존중해주었다. 한 테이블에는 레알 마드리드 선수 다섯 명에다 나바스, 레이나, 토레스, 실바, 마르체나, 마타가 앉았다. 그들은 특별히 카소를라를 그리워했다. 동료들의 사랑을 받는, 매력 있는 선수였다. "산티는 아주 활발하고 재미있는 친구예요. 긍정적인 생각과 에너지를 전염시켜요. 저는 합숙에서 그와 시간을 많이 보냈는데, 남아공에서는 그가 없었죠. 우리와 함께 할 수 없다는 게 안타까워요." 실바가 말했다.

다른 식탁에는 바르셀로나 선수 일곱 명에, 비야바르셀로나와 계약을 막 마침, 세스크런던 1년 더 머물 예정, 캅데빌라, 요렌테, 하비 마르티네스가 있었다.

"캅데빌라는 위험한 인물이죠. 항상 그를 주시하고 있어야 합니다. 잠깐 한눈판 사이 그가 핸드폰을 샐러드 밑에 숨겨놓을지도 모르거든요. 피케와 부스케츠와는 유소년 시절부터 알고 지냈기에, 그게 큰 도움이 되었어요. 물론 처음부터 좋았지만요." 하비가 밝혔다.

식당에는 테이블이 두 개 더 있었는데, 한 테이블에는 기술팀이 앉았고, 그 옆에는 팀 닥터, 물리치료사, 물품 담당자, 행정 담당자가 앉았다. 온두라스에게 승리를 거둔 다음 날 차비는 아침을 먹고 나서 델보스케 감독에게 다가갔다. '라 로하'의 브레인인 차비는, 경기가 끝난 뒤 감독이 한 발언에 놀란 상태였다. "감독님, 어제 저희가 그렇게 못한 것 같지는 않습니다. 솔직히 말씀 드리자면……." 용기를 내어 감독에게 말했다. 델보스케는 자신의 제자에게 그 이유를 말해주었다. 새벽에 경기를 다시 보았을 때는 경기장에서 봤을 때보다 나은 인상을 받았다.

그날 아침, 감독은 몇몇 기자에 의해 강압적으로 인터뷰를 해야 했다. 처음에는 텔레비전 몇 군데만 만나기로 계획되어 있었는데, 결국에는 기자회견장에 가게 되었다. 어제의 문제제기에 대한 의문이 남아 있을까 봐, 그는 역사에 남을 말을 남겼다. "제가 지금 축구선수라면, 부스케츠 같은 선수였으면 좋겠네요. 모든 면에서 아주 잘 하거든요."

부스케츠와 알론소를 동시에 기용해도 좋은가에 대한 의문은 계속되었다. 지금 스페인의 플레이 스타일이 예선전에서 보여준 모습과 다르다는 지적도 있었다. "그들이

임의로 툭 던진 말입니다. 그 문제와 관련해서 저는 기자들과 말하지 않았어요. 기자들 머릿속에서 나온 말이죠. 저는 더블 피보테를 쓰지 않아요. 하지만 저를 방어하고 싶지도 않고 누구도 공격하고 싶지 않습니다. 우리가 해왔던 것을 설명할 뿐이에요. 다들 부스케츠에게만 초점을 맞추고 있어요. 스위스 전에는 부스케츠를 빼고 토레스가 출전했죠. 움직임을 보기 위해서요. 저는 이를 보강해야만 한다는 생각이 들었어요." 감독이 말했다.

피케는 그날 아침 호텔 주변을 방랑하는 영혼처럼 돌아다녔다. 말도 거의 할 수 없었다. 기온은 낮았지만 감기에 걸린 것은 아니었다. 온두라스 선수의 스파이크에 부딪쳐 입술 한쪽이 찢어졌기 때문이었다. 그것도 모자랐는지 하프타임 전에 공에 세게 맞기까지 했다. 스위스전에서는 눈썹 부위가 찢어진데다 입술도 터져서, 피케는 모든 동료들의 놀림감이 되고 말았다. "엄청나게 놀렸죠……. 전 그에게 '운이 없어서 그래' 하고 말해줬죠. 경기 중에도 피케를 볼 때마다 웃음이 났어요." 푸욜이 고백했다.

"동료들이 진짜 못됐어요. 입술이 퉁퉁 부어서 말하기도 힘들고 밥 먹기도 힘들었거든요. 어떤 선수는, 예를 들면 레이나는 제가 말하는 방법을 흉내 내고, 자기들 재미있자고 저를 카르멘 데 마이레나_{스페인에서 유명한 여장 남자로 입술이 매우 두툼하다}라고 부르기 시작했어요." 피케가 덧붙였다.

설상가상으로 이니에스타도 온두라스와의 경기 다음 날 훈련 중에 피케를 공으로 강타하고 말았다. 물론, 이니에스타가 그렇게 공을 세게 찰 수 있었다는 것은 더 이상 통증이 없어 남은 경기는 문제없이 출전할 수 있다는 증거이기도 했다. "감독님께서는 제가 완전히 회복이 되도록 온두라스 전에는 뛰지 말라고 하셨어요. 라울 마르티네스_{물리치료사}의 마사지가 큰 도움이 되었고, 자신이 생겼어요. 그때부터는 불편한 곳이 하나도 없었어요." 이니에스타가 말했다.

보이지 않는 곳에서 스페인의 적들이 출현했다. 예상하지 못했던, 지독히 기회주의적인 발언도 있었다. 마라도나의 경우가 그랬다. 겉으로는, 아르헨티나를 이겼던 스페인 대표팀이 안정을 찾지 못하는 것이 매우 걱정스러운 것처럼 행세했다. "사람들이 그렇게 말하던 우승후보로는 보이지 않던데요. 골대 없이 경기한다면 세계를 제패할 수 있을 겁니다. 가진 건 많아요. 근데, 공격은 언제 한답니까?"

마라도나 아르헨티나 감독의 발언은 스페인 대표팀에 폭탄처럼 갑작스럽게 날아들었다. 평소 같으면 중재에 나설 델보스케가 발언을 포기해야 할 정도였다. "저는 그를 골치 아픈 사람이라고 불렀어요. 저는 마라도나와 사이가 좋지도 나쁘지도 않아요. 제게는 이러나저러나 마찬가지예요. 하지만 그는 우리에 대한 강박관념에 사로잡혀 있었던 것 같아요." 델보스케가 말했다.

이런 상황에서 예상치 못했던 긴장감이 생겼다. 이를 해소해야 했다. 선수들의 책임감이 너무 과도해진 것을 걱정한 페르난도 이에로는 저녁식사를 마치고 나서 주장단을 불렀다. 카시야스, 푸욜, 차비, 알론소, 토레스가 이에로의 방에서 모임을 가졌다. 이에로는 이런 종류의 상황에 있어서 전문가였고, 그의 경험이 도움이 될 수 있을 거라고 생각했다. "너희들답게 행동하고, 즐기면 돼." 그들에게 이렇게 조언을 했다.

그는 수비사레타와 월드컵 본선에 네 번1990 이탈리아, 1994 미국, 1998 프랑스, 2002 대한민국-일본 참가한 선수였기 때문에, 그의 의견은 도움이 될 수 있었다. "대화가 길지는 않았어요. 단지 저는 의심하지 말라고만 이야기해주고 싶었어요. 의심하면 끝이거든요. 저는 너희들은 유럽 챔피언이고, 축구를 이해하는 나름의 방법을 갖고 있다고 강조했죠. 선수들도 확신을 갖고 있다는 것을 알 수 있었어요. 유로 2008이 그들에게 가장 중요한 자신감과 침착함을 주었어요. 공격적인 축구를 하면서, 의심 없이 나아가야 한다는 것을 선수들도 알고 있었어요. 이길 수도 있고 질 수도 있지만, 이제 의심은 없는 거죠. 저한테는 그게 제일 중요했어요." 이에로가 말했다.

칠레와의 중요한 경기 사흘 전에, 캅데빌라에게 '산 후안의 밤'을 기념할 아이디어가 떠올랐다. 카탈루냐 출신들은 이 축제를 '불의 밤' 혹은 '마녀들의 밤'이라고 알고 있으며, 봄에서 여름으로 넘어가는 것, 특히 해가 가장 높이 올라가는 순간하지을 기념

한다. 의식을 치르기 위해서는 보통 모닥불을 피운다.

북반구에서는 6월 23일에서 24일로 넘어가는 밤이 1년 중에 제일 짧다. 이와는 반대로, 남아공에서는 이 밤이 가장 길고, 스페인에 비하면 매우 춥다. 캅데빌라는 능숙하게 안토니오 리모네스선수단 이동 담당자와 실비아 노르스츠네로바대표팀 매니저에게 연락을 해서, 정원에 땔나무를 준비해달라고 했다. 땔나무를 세 덩이로 나누어서 놓았고, 밤 열두 시, 이 장작더미는 모닥불 세 개로 변신했다. "모닥불을 뛰어넘은 건 저뿐만이 아니에요. 전 마타와 함께 뛰어넘었어요. 그의 이름후안에 경의를 표하면서요. 라모스, 또 마음이 동한 팀 구성원들, 물리치료사 미겔 구티에레스 같은 이도 함께 했고요. 폴짝폴짝 뛰어넘었죠" 특유의 방법으로 그의 수호성인의 축제를 즐긴 캅데빌라가 자랑스럽게 말했다.

"이 날 밤에 대해서는 참 고맙게 생각해요. 대단히 감동적이었어요. 하늘이 아름답고 맑았어요. 아프리카의 밤은 다른 것 같아요." 델보스케가 기억을 떠올렸다. 켈트족에서부터 온 전통은 시간이 지난 후에도 여전했다. 불을 응시하고 있으면 상징적으로 정화되는 느낌도 든다. 캅데빌라는 이 순간을 휴대폰 사진기로 담으면서, 남아공에 있는 기간이 길어지도록 해달라고 빌었다.

"어렸을 때부터 저의 수호성인 축제를 그렇게 즐겼어요. 그래서 그 순간을 모든 팀원들과 함께 하는 것이 아주 행복했어요. 컨페더레이션스컵에서 비슷한 걸 하긴 했는데요, 유로에서는 방에서 신문지 비슷한 것을 태우는 수밖에 없었거든요. 호텔에 불을 낼 뻔했죠." 캅데빌라가 농담을 했다.

델보스케는 칠레가 수준 높은 팀이라고 생각했고, 그들을 만나서 운명을 걸고 경기를 해야 하는 것이 걱정스러웠다. 그 경기를 앞두고 다들 아주 긴장했다. 당시 팀의 상황을 설명하기에 적합한 단어를 찾는 것이 쉽지 않다. 두려움, 공포, 책임감, 긴장, 걱정……. 모두들 이 경기가 많은 의미를 갖고 있다는 것을 의식하고 있었다. "그때가 제 선수 생활을 통틀어서 가장 걱정근심이 컸던 기간이었어요." 알론소가 솔직하게 고백했다.

델보스케는 이 중요한 순간을 맞으면서, 극적인 변화는 주지 않으려고 했다. 호텔에서의 미팅에서 그는 기술적인 개념을 설명하면서 감성적인 이야기도 빼놓지 않았다. "오늘 여러분들만 바라보고 있을 스페인의 모든 어린이들을 생각하고, 그들에게 승리를 선물하기 위해서 노력해보세요. 우리가 떨어진다고 해도, 아무 일은 없을 겁니다. 앞으로도 우리 앞에 수많은 도전이 남아 있으니까요."

이 마지막 말이 선수들을, 특히 팀 내부에서 의심하는 마음을 없애야만 했던 주장단을 얼어붙게 했다. "우리는 지금껏 경기를 많이 치렀어요. 하지만 감독님은 더 많이 치르셨죠. 우리는 유럽선수권에서 우승하고 왔지만, 감독님 입장에서 생각해보세요. '유럽선수권 우승팀을 물려받아서 월드컵 조별리그 탈락' ……." 차비가 말했다.

경기장으로 이동하는 버스 안에서는 음악은커녕 아무 소리도 나지 않았다. 선수들 대부분은 '대표팀'의 일원으로서 말없이 서로 블랙베리로 메시지를 주고받기만 했다. 많은 선수들이 자기 프로필에 승리에 대한 염원을 담았다. "그날의 긴장은 말로 표현할 수가 없어요. 무덤 속 같이 조용했어요. 그날 이기지 못하면 탈락이니까요." 카시야스가 말했다. 선수 몇 명만 겨우 입을 열었다. 이니에스타도 그 중 한 명이었다. 그는 그의 친구 발데스에게 말했다. "나 오늘 골 넣는다."

워밍업을 마쳤다. 그날은 남색 유니폼이었다. 로프터스 버스필드에 선발로 출전한 선수는 카시야스, 라모스, 피케, 푸욜, 캅데빌라, 부스케츠, 알론소, 차비, 이니에스타, 비야, 토레스였다. 델보스케 감독은 온두라스전 선발명단에서 한 명만 바꿨다. 나바스를 이니에스타로 바꾼 것이다. "그 경기는, 그때까지의 제 축구 선수 인생 중에서 가장 중요한 경기였어요." 비야가 말했다.

경기는 예상한 것만큼 치열하지는 않았다. 초반 15분, 칠레 선수들의 신체조건을 이용한 전개는 스페인을 피곤하게 했고, 생각대로 경기를 풀어나가지 못하게 했다. "악마 같았어요." 델보스케가 말했다. 비엘사는 세 명의 센터백을 배치하고, 두 명의 윙과

한 명의 전담 마크맨을 필드 중앙에 두었다. "현실을 직시해야 했죠. 월드컵 경기에서는 무슨 일이 생기면 곧 그 일이 결과에 영향을 미치거든요. 그들은 나는 듯 플레이했고 한동안은 저희보다 더 훨씬 앞서 가 있었어요." 토레스가 말했다.

그럼에도 불구하고, 첫 번째 확실한 기회는 '엘 니뇨' 토레스에게 왔다. 경기 시간 5분에, 캅데빌라가 멀리서 보낸 공을 받아 슈팅한 것이 밖으로 나갔다. 6분 후에 마르크 곤살레스가 먼 쪽 골포스트를 노린 슈팅으로 우리를 깜짝 놀라게 했다. 스페인은 우위를 점하지 못했지만, 25분 모든 것이 바뀌었다. 사비 알론소가 팀의 숨통을 틔우기 위해, 숨어 있다가 잠망경을 갑자기 올리듯 공을 토레스에게 깊숙하게 보냈다. 엘 니뇨는 수비수 한 명을 제쳤지만, 골키퍼는 제치지 못했다. 골키퍼는 타이밍을 잘 맞추지 못했지만 토레스를 막을 수는 있었다. 그런데 공이 비야의 발 앞에 떨어졌다. 비야는 바셀린을 바른 듯 부드럽게 공을 왼발로 몰고 앞으로 골대를 향해 전진했다. "빨리 판단을 내려야 하는 상황이었어요. 공을 그보다 먼저 멈추게 할 수도 있었지만 저는 더 전진하기로 결정했죠. 제가 그걸 훈련 중에 연습했다면 반복할 만한 시간도 있었겠죠." 비야가 말했다.

이 골로, 비야는 스페인 대표팀 역사상 월드컵에서 가장 많은 골을 넣은 선수가 되었다. 또한, 그때까지 경기를 주도하던 칠레의 기세를 꺾을 수 있었다. 그렇지만, 이 공격은 큰 위험을 몰고 왔다. 10분 뒤에, 피케는 장 보세주르의 쇄도를 막기 위하여 끝까지 쫓아가야 했다. 하지만 그때, 이니에스타가 버스에서 그의 절친한 친구 발데스에게 했던 약속을 지켰다. 토레스가 벽이 되어 주었고, 이니에스타가 비야를 위해 문을 열어 주었으며, 비야는 뒤에 있는 이니에스타에게 슈팅 기회를 양보해 주었으며, 이니에스타가 안쪽으로 찬 슈팅은 골대로 빨려 들어갔다. "그 골이 칠레를 침몰시켰죠." 토레스가 말했다.

이 플레이에서, 에스트라다가 토레스를 페널티 영역 안에서 쓰러뜨리며 두 번째 경고를 받았다. 칠레는 여기서부터 흔들리기 시작해서, 그때부터 거의 한 시간 내내 밀렸다.

사비 알론소는 전반전이 끝나기 전 깊은 태클이 들어오는 바람에 발목을 삐었다.

알론소는 하프타임에 붕대를 감은 뒤, 후반전을 시작했다. 스페인은 경기 초반에 집중하지 못하는 바람에, 비싼 대가를 치렀다. 후반전이 시작하고 1분이 지나자마자, 좋지 않은 플레이가 나왔다. 밀라르가 정면에서 슈팅을 했다. 공은 피케를 우회해서 카시야스를 따돌리고 들어갔다. 2:1이 되었다. "다시 한 번 머릿속에서 수많은 생각이 지나갔어요. 항상 플레이의 주인공은 피케와 저인 것 같았어요." 카시야스가 농담을 했다.

델보스케는 토레스 대신 세스크를 내보냈다. 하지만 놀랍게도 칠레는 전처럼 강하게 밀어붙이지 않았다. 감독은 상대팀이 여전히 지고 있는데도 갑자기 차분하게 경기를 하는 이유가 무엇인지 생각해 보았다. 수석코치 토니 그란데가 벤치에서 벌떡 일어섰다. "이제 16강 진출했다 이거로구만, 젠장!" 다른 경기에서, 스위스가 온두라스를 이기지 못하고 비기고 있어서, 칠레가 조2위로 16강에 진출할 수 있었던 것이다.

"침착해!" 카시야스가 골문 앞에서 부스케츠와 피케에게 소리쳤다. 경기가 끝나가고 있었다. 델보스케가 경기 종료 18분 전 절룩거리는 사비 알론소를 하비 마르티네스로 교체했다. 동료들 몇몇은 아틀레틱 빌바오 소속인 하비 마르티네스를 장난삼아 히메네스라고 불렀다. "초반 미팅에서 델보스케 감독님이 저를 하비 히메네스라고 부르셨어요. 아마, 감독님이 레알 마드리드에 계실 때 그 이름의 선수가 있었기 때문에 헷갈리셨나 봐요. 실수를 잘 안 하시는 감독님이, 제 이름에서 딱 실수를 하신 거죠. 월드컵 기간 동안 푸욜은 저를 여러모로 많이 도와줬는데, 그도 가끔 저를 그렇게 불러요." 하비 '마르티네스'가 설명했다. "저는 가끔 비야와 실바도 헷갈려요. 가끔 정신이 없으면 협회의 실비아하고도 헷갈려요." 델보스케가 인정했다.

심판의 종료 휘슬은 진정한 해방을 뜻했다. 스페인은 조 1위로 16강에 진출하여 두려운 상대인 브라질도 피할 수 있었다. "징크스를 깨뜨린 셈이었기 때문에 큰 자신감을 얻었어요." 피케가 말했다. "해냈다는 생각이었어요. 정말 크게 한숨 돌렸고, 그때부터, 우리가 앞으로 뭔가 대단한 것을 해낼 수 있으리라는 확실한 자신감이 생겼죠." 알론소가 덧붙였다.

심한 긴장감, 무거운 책임감, 역사적인 기회를 날릴까 봐 걱정되는 마음……. 하지만 선수들은 항상 자신이 누구인지 생각하고, 공을 잘 다루고, 페어플레이를 했다. 스페인은 조별리그를 옐로카드 한 장 없이 마쳤다. 그날 저녁 방송을 통해 그 사실을 알게 됐다. 전에는 겪어보지 못했던 뿌듯함이 느껴졌다. "그 덕분에 마음 편하게 좀 즐길 수 있었어요." 이니에스타의 말이다.

그때부터는, 이기는 데 더 이상 그렇게 힘들지는 않았다.

: **포르투갈전** 6월 29일, 케이프 타운 그린포인트 스타디움

'수도원'이라는 애칭으로 부르던 합숙 호텔의 분위기가 달라지기 시작했다. 모든 것이 정상으로 돌아왔다.

호텔은 방이 16개씩 있는 블록 5개로 구성되어 있었다. 찾기 쉽도록 문마다 선수 사진을 걸어놓았다. 추위가 몸을 움츠리게 했다. 특히 해가 질 때 무척 추웠다. 저녁을 먹으러 가려면 선수들은 어두컴컴한 복도와, 조명을 너무 조금 설치해 앞이 잘 보이지도 않는 작은 정원을 건너가야 했다. 일부 선수들은 이 상황을 동료를 놀리는 데 이용했다. "레이나와 저는 동료들을 깜짝 놀라게 하려고 중간에 숨어 있곤 했어요. 안 좋은 점은 사람들이 별로 지나가지 않으면 우리가 꽁꽁 얼어버린다는 거죠." 요렌테가 말했다.

난방이 충분하지 않아서, 몇몇 선수들은 밤에도 트레이닝복 겉옷을 껴입고 잤다. 푸욜은 잠자리에 눕기 전 매일매일 경건한 마음으로 포라의 결과를 정리했다. 조별리그가 끝났기 때문에, 누가 이겼는지 밝힐 순간이 온 것이다. 16강 진출팀은 우루과이,

멕시코, 아르헨티나, 대한민국, 미국, 잉글랜드, 독일, 가나, 네덜란드, 일본, 파라과이, 슬로바키아, 브라질, 포르투갈, 스페인, 칠레였다. 프랑스의 탈락이 충격적이었다. 프랑스는 주최국 남아공에 이어 조 4위로 조별리그를 마쳤다. 이탈리아도 1승도 거두지 못하고 탈락했다. 파라과이, 슬로바키아에 밀렸다. 조별리그 득점 1위는 세 골을 기록한 이과인아르헨티나, 비텍슬로바키아, 비야였다.

푸욜은 마지막 결과를 합산했고, 누가 1위를 차지했는지 알아냈다. 그의 옆에 계속 붙어 있던 선수였다. "저는 내기를 두 개 했어요. 하나는 제가 하고 또 하나는 어렸을 때부터 친한 친구인 알베르트 페드레트의 예상으로요. 그도 축구를 정말 사랑하거든요. 그 친구 덕분에 1등할 수 있었어요." 피케가 말했다. "난리법석이 났었어요. 여러 명이 몰려와서는 결과를 위조했다고 비난했어요." 푸욜이 농담을 했다.

2위는 마타였고 3위는 합숙 기간 동안 축구와 관련된 것 외에는 운이 없었던 캅데빌라였다.

칠레와의 경기 다음 날 회복훈련을 하는 중에, 불운한 일이 있었다. 라울 알비올이 페르난도 요렌테와 부딪쳐서 오른쪽 종아리뼈에 금이 가고 말았다. 그는 무척 놀랐고, 처음에는 종아리에 손상이 생긴 것으로 생각했다. 불행 중 다행은, 마드리드에 돌아가야 하는 상태는 아니어서 합숙에 계속 함께 할 수 있었던 점이다. 하지만 그는 안타깝게도 필드 플레이어 중에서는 유일하게 토너먼트 기간 동안 1분도 뛰지 못했다.

다른 팀들에게는 '지면 탈락하는' 경기가 처음이겠지만, 스페인에게는 이 16강 경기가 벌써 세 번째였다. "스위스전에서부터 칠레전까지, 팀은 거의 쇼크 상태였어요. 마치 복싱 경기에서 KO패 직전까지 갈 엄청난 펀치를 맞은 것 같았죠. 하지만 칠레 경기 이후에 안정을 찾았어요. 그때부터 지난 경기는 잊고 우리다운 모습을 되찾기 시작했죠." 차비가 말했다.

오스트리아에서 유로 2008을 제패한 지 2년이 되던 날, 델보스케는 칠레전과 같은 선발출전 명단을 꾸렸다. 포르투갈은 그때 A매치 18경기 무패행진을 이어오고 있었고, 한 골도 내주지 않고 조별리그를 통과했다. 스페인 선수 몇몇은, 그린 포인트 경기장의 라커룸에서 필드로 이어지는 복도에서 크리스티아누 호날두와 눈을 마주치지 않기로 결심했다. 그가 경기 시작부터 편하게 플레이하지 못하도록, 정신적인 집중을 방해하고 싶어서였다.

경기 초반, 토레스가 페널티 영역 모서리에서 골대를 향해 날린 슈팅이 거의 골이 될 뻔했다. 상대 골키퍼 에두아르두의 선방이었다. 잠시 후 비야 또한 좋은 기회를 잡았다. "이 날은 솔직히 팀 전체가 플레이를 잘 했습니다. 승리에 대한 열망으로 시작부터 경기를 주도했고, 플레이가 잘 자리잡았습니다." 델보스케도 인정했다.

전반전 스페인은 두 번의 위기를 겪었다. 첫 번째 위기의 주인공은 티아구였다. 카시야스가 한 번에 잡아내지 못한 화려한 슈팅이었다. 카시야스가 슈팅을 쳐냈지만 공은 골문을 향해 흘렀다. 우구 알메이다가 쇄도했지만 카시야스가 밀리지 않고 공을 다시 밖으로 쳐냈다. 두 번째는 크리스티아누 호날두의 프리킥이었다. 거리는 좀 있었다. 월드컵 기간 동안 골키퍼들을 괴롭힌 공 '자블라니'는 독특한 특성이 있었기에 카시야스는 이 공을 잡을 엄두를 내지 못하고, 가슴과 주먹을 쥔 두 손으로 공을 위로 쳐냈다.

"이렇게 말해서 죄송하지만, 월드컵은 그런 공으로 치르면 안 된다고 생각합니다. 강한 슈팅을 날리는 선수가 프리킥을 차면, 골문 아래 서 있는 것이 매우 괴로울 지경입니다. 가끔은 손을 쓸 수 없을 정도죠." 카시야스가 고백했다.

스페인은 볼을 지배했고, 볼 점유율 64%로 경기를 마쳤다. 포르투갈은 역습에 주력했다. 델보스케는 이를 상호보완 시스템으로 무력화시켰다. "상대 선수들이 뒤에서 공을 빼앗고 역습을 할 생각으로 기다릴 것을 예상했어요. 하지만 우리 팀은 그 함정에는 빠지지 않을 만큼 안정을 찾은 상태였죠." 알론소가 말했다.

차비의 보기 드문 실수 하나가 포르투갈의 역습을 허용했다. 메이렐레스가 페널티 영역 안으로 공을 몰고 왔고, 우구 알메이다의 슈팅이 골포스트에 맞았다. 하지만 스페인은 침착함을 잃지 않고, 필드 전체를 활용하며 경기를 즐겼다.

"공격할 때 우리가 민첩하다고 느낀 건 이 경기가 처음이었어요. 이런 느낌이 없어서 이전 경기에서는 좀 고생을 했죠." 비야가 말했다.

후반전 시작과 더불어 위기가 또 찾아왔다. 알메이다가 피케에게서 공을 빼내서 골대를 향해 찼는데, 푸욜의 무릎을 맞고 공의 방향이 바뀌었다. 공은 깜짝 놀란 카시야스 앞으로 날아오더니 골대를 아슬아슬하게 비켜 갔다. 이때부터는, 포르투갈은 세트플레이 상황 이외에는 스페인 골대에 접근하지 못했다. 델보스케는 첫 번째 선수교체를 단행했다. 경기 종료 30분 전 토레스를 빼고 요렌테를 투입했다. "첫 번째로 교체되어서 놀랐어요. 그때까지 본선에서 한 번도 못 뛰었거든요. 하지만 저는 나가서 팀을 도울 준비가 되어 있다고 생각했어요. 워밍업을 확실하게 했고, 의욕이 넘쳤죠. 감독님은 중앙에서 확실하게 팀의 돌파구를 열라고 하셨죠." 리오하 출신의 공격수 요렌테가 말했다.

카르발류와 브루누 알베스가 매우 공격적인 모습을 보이면서 스페인의 플레이를 앞에서부터 틀어막았다. 하지만 이날 레이나로부터 '라 로하의 덤프트럭'이라는 별명을 받은 요렌테가 경기를 바꿔놓았다. 출전한 지 10분 만에 그는 세르히오 라모스가 오른쪽에서 보낸 패스를 받아 다이빙 헤딩슛을 날렸다. 하지만 포르투갈 골문을 지킨 에두아르두가 또 한 번 눈부신 선방을 보임으로써, 생애 최고의 활약을 이어갔다.

자신의 능력을 마음껏 증명해 보이는 요렌테를 막을 방법이 없었다. 카르발류가 유니폼을 잡아당겨도 이 스페인 공격수는 멈출 줄을 몰랐다. 필드를 누비는 이 금발머리 거인 덕분에 동료들은 플레이하기가 한층 쉬워졌다. "그렇게 힘을 마구 쓰는 건 난생 처음 봤어요. 요렌테는 30분 내내 두 명 몫을 혼자 해내더군요. 그가 중앙을 삼켜버려서 양쪽에 공간이 많이 생겼어요." 비야가 말했다.

스페인은 확실하게 경기를 지배했다. 포르투갈은 위험한 플레이를 하기 시작했고, 선수들 몇몇은 피곤한 기색을 보이며, 시간을 끌었다. "우리가 더 잘한다는 생각은 들었어요. 어떻게든 골이 필요한 상황이었죠." 차비가 말했다. "그쪽 진영이 더 열렸는데 선수들이 더 뛰지는 못하더군요. 저희는 그를 이용해서 플레이를 잘 했죠." 부스케츠가 말했다.

비야는 다시 한 번, 왼쪽 골대를 스치는 정면 슈팅으로 에두아르두가 그날 무실점으로 경기를 마치기는 힘들 것이라는 것을 보여주었다. 그리고 63분, 이를 증명했다. 이니에스타가 수비수 두 명 사이의 공간으로 차비에게 공을 연결했다. 차비는 이미 비야가 혼자 있는 것을 확인했다.

차비는 골대를 등지고 창의적인 터치로 비야에게 공을 보냈고, 비야는 이를 받아 왼발로 슈팅했다. 에두아르두가 공을 쳐냈지만 공은 다시 비야의 발끝에 떨어졌다. 그는 다시 한 번, 이번에는 오른발로 슈팅을 해서 골망을 갈랐다. "아주 멋진 순간이었어요. 우리가 경기를 잘하고 있다는 판결이기도 했죠." 비야가 말했다.

스페인은 추가 득점을 할 수 있는 기회가 있었지만, 에두아르두가 계속 선방을 보여줬다. 라모스의 슈팅과 비야의 골문을 향한 강한 슈팅도 막아냈다. 요렌테 또한 그의 훌륭한 플레이에 골을 보탤 수 있었으나 헤딩슛이 골문 밖으로 나가고 말았다.

종료 휘슬이 울리기 전에, 아르헨티나인 주심 엑토르 발다시가 차비에게 유니폼을 달라고 말했다. 이 미드필더는 딱 한 가지 조건을 내걸었다. "지금 종료 휘슬을 불면 드리겠다고 했죠."

시간은 얼마 걸리지 않았다. 카메라는 굳은 표정으로 라커룸으로 들어가는, 낙심한 얼굴의 크리스티아누 호날두를 쫓아갔다. 레알 마드리드 동료 중 누구도 그에게 인사 조차 하러 가지 못했다. 실망하고 화난 모습을 굳이 확인할 필요는 없었기 때문이다. 그가 제대로 플레이하지 못하게 막는 데 성공했다는 것이, 스페인 수비진의 자신감 상승에 도움이 되었다. 앞으로도 잘 할 수 있으리라는 생각이 들었다. "거기서부터 월드컵을 이길 토대가 마련된 거죠. 그때부터 저희는 한 골도 실점하지 않았어요. 토너먼트에서는 그게 중요하죠. 핵심이에요." 피케가 결론을 내렸다.

월드컵이 진행될수록 포차 참석자가 줄어들었다. 유로 대회에서와 마찬가지로, 캅데빌라는 동료들의 압박에도 불구하고 포차를 다시 시작하지 않았다. 이 전통적인 카드놀이의 기획자 격인 카시야스, 비야, 레이나는 카소를라가 그리웠다. 그의 빈자리는 요렌테가 메웠다. 그는 조금씩 조금씩 실력을 연마했다. "포차의 문제는 딱 한 가지예요. 네 명이나 다섯 명이 있어야 게임을 할 수 있다는 거죠. 다행히 인원이 늘어서 문제를 해결할 수 있었어요. 저한테는 문제도 아니었어요. 저는 카드놀이를 아주 좋아하니까요." 비야가 말했다.

포커도 유행이라 매일 저녁, 식사 후에 판이 벌어졌다. 시간이 지나면서 내기의 회비가 커지기 시작해서, 기권하는 선수가 생겨났다. "빠지고 싶어하는 선수들이 있어서 정신이 없어졌어요. 저 같은 경우는 즐기려고 카드놀이를 하는 거지 고통을 받으려고 하는 건 아니거든요. 우리끼리 돈을 따거나 잃으려고 하는 건 아니었어요." 캅데빌라가 말했다.

더 보수적인 선수들, 예를 들면 캅데빌라, 푸욜, 차비, 세스크, 부스케츠, 페드로, 마타 등은 친촌, 코리다 등의 카드놀이를 하면서 시간을 보내는 것을 좋아했다. 다트 놀이나 당구 또한 자주 하는 오락이었다.

피케는 포커를 아주 잘했다. 잉글랜드에서 뛸 때 시작했고, 일정이 허락할 때는 국제대회에 등록하기도 한다. 피케가 레이나와 붙으면 볼만 했다. 알론소, 라모스, 실바, 하비 마르티네스, 가끔은 차비, 세스크, 마타까지 탁자에 모인다. "포커할 때 이케르는 심하게 방어적이에요. 결승전 이틀 전날에도 저는 게임을 아주 잘 하고 있었어요. 돈도 적당히 땄고요. 그런데 이날 대재앙이 일어나서 돈을 잃고 말았죠. 페페한테도 비슷한 일이 일어났고요." 피케가 말했다.

라모스는 비디오게임을 좋아하는 동료들이 자주 부르는 선수다. 플레이 스테이션에서 나바스와 함께 브라질을 맡았기 때문이다. 카나리아 군단은 알비올과 아르벨로아가 맡은 잉글랜드와 자주 맞붙었다. 알비올이 이 비디오게임기를 짐에 넣어왔다. 그들은 알비올의 방에서 기억에 남을 만한 게임을 즐겼다. "월드컵 전에 합숙할 때도 비디오게임을 했었어요. 오스트리아에서도 했는데, 그때 정말 라이벌 의식이 장난이 아니었죠. 알비올과 저는 항상 잉글랜드와 경기를 했어요. 다른 조건들은 똑같이 만들었지만 우리가 더 많이 이겼어요. 남아공에 오기 직전 마드리드에 돌아왔을 때, 저희가 제라드와 램파드 역할을 맡았어요. 그걸 보자마자 세르히오랑 헤수스는 달려가서 브라질 선수를 사더군요. 비디오게임을 하길 잘했다고 생각해요. 분위기를 좋게 만들고 웃음이 나게 했거든요." 아르벨로아가 말했다.

옷을 갖춰 입고 시합을 붙는 것은 볼 만한 구경거리가 되었다. 어느 날은 눈앞에 펼쳐진 것을 믿을 수가 없었던 사비 알론소가 레알 마드리드 동료 둘의 모습을 사진 찍어서, 몇 달 후에 트위터에 올리기도 했다.

어느 날은 비디오게임을 뒤로 미루고 빙고 게임을 했다. 마분지가 없다는 게 문제였는데, A4 용지에다 숫자를 적기로 했다. 라모스와 나바스가 돌풍을 일으켰고, 그들을 한 판이라도 이기는 것은 불가능해 보였다. 아르벨로아와 알비올은 뭔가 이상하다고 의심하기 시작했다. 보통 때는 그렇게 운이 좋은 동료들도 아니었기 때문이다. "그들 모르게 제 핸드폰으로 그들이 종이에다 적은 번호를 찍었죠." 아르벨로아가 말했다.

그 판은 끝까지 비슷하게 진행이 되었다. 나바스가 "빙고!"하고 승리를 외쳤을 때, 두 쌍 모두 숫자가 딱 한 개 남은 상황이었다.

아르벨로아가 찍은 사진을 보면서 숫자 15개를 하나하나 보았을 때 뭔가 이상한 점이 발견되었다. 그들은 4 앞에 1을 놓았다. "그렇게 나올 수가 없었기 때문에, 그들이 바꾼 거죠. 최악은, 전에도 수없이 그렇게 속임수를 썼을 거라는 거예요." 알비올이 체념해서 말했다. 계속 지는 바람에 신경이 날카로워져 있었던 동료들은 사기꾼들을 힐책했다. 하지만 이 일은 여기서 끝났다. 분위기가 좋았기 때문에 금세 다시 라이벌 의식이 타올라 다시 게임을 시작한 것이다. "거기서부터 다시 시작했죠. 바짝 붙어서 감시하면서요." 아르벨로아가 기억했다.

스페인 팬들은 월드컵 8강에 대한 안 좋은 기억이 있다. 특히 심판 판정과 관련한 것이 대부분이었다. 역사상 다섯 번째로, 스페인은 월드컵 8강을 앞두고 있는 상황이었다.

34년 이탈리아 월드컵 이탈리아 1 : 스페인 1 (다음 날 경기를 다시 치러야 했고, 스페인은 1 : 0으로 지고 말았다.

86년 멕시코 월드컵 스페인 1 : 벨기에 1 (승부차기에서 벨기에가 5 : 4로 이겼다.)

94년 미국 월드컵 스페인 1 : 이탈리아 2 (이탈리아가 연장전에 두 번째 골을 넣었다.)

2002년 대한민국-일본 월드컵 대한민국 0 : 스페인 0 (대한민국이 승부차기에서 5 : 3으로 이겼다.)

8강에서 남미 팀을 만나는 것은 처음이었다. "전통적으로 우리는 남미팀과 싸울 때 운이 별로 없는 편이에요. 경험이 많은 선수들이 있어 수비를 무척 잘하고 역습에 능하죠. 대인방어하는 대표팀이 좀 더 편해요." 이에로가 말했다.

델보스케는 포르투갈과의 경기에 나왔던 선발명단과 동일한 명단을 제출했다. 발목을 삐었던 사비 알론소도 포함이었다. 감독님 말씀이 있고 난 뒤, 레이나는 카시야스와 따로 이야기를 했다. 주장에게 조언해주고 싶은 것이 있었기 때문이다. "페페는 거의 병적으로 상대팀의 페널티 유형을 공부하거든요. 그 시즌에는 유로파리그에서 리버풀이 벤피카를 만났어요. 카르도소가 페널티킥을 두 번 찼기 때문에 페페가 그의 스타일을 잘 알고 있었어요. 저한테 그는 보통 골키퍼 왼쪽으로 찬다고 알려주었어요." 카시야스가 말했다.

출발은 좋지 않았다. 파라과이는 끈질기게 따라붙으며 공간을 조금도 내주지 않고 스페인 선수들을 괴롭혔다. "아주 공격적이었어요. 우리를 압박하고 있다는 것을 알았죠. 혹독한 경기였어요. 우리는 우리의 축구를 하기 위해 플레이 속도를 높이고, 그 어느 때보다 잘 해야 했어요." 푸욜이 말했다. "몸을 돌릴 때마다 혹은 돌리기도 전에 상대 선수들이 한두 명 와서 버티고 있었어요. 문전으로 들어갈 방법이 없는 것 같았어요." 부스케츠가 덧붙였다.

28분까지, 스페인은 한 번도 문전으로 슈팅을 하지 못했다. 차비가 페널티 영역 밖에서 한 번 시도한 것이 다였다. 파라과이는 지치지 않고 압박을 해왔고, 델보스케 팀의 선수들은 제대로 정제되지 않은 것 같았다. 경기가 끝날 때까지 30분도 넘게 남았을 때, 감독은 첫 번째 선수교체를 했다. 토레스를 빼고 세스크를 넣었다. "저는 의욕에 차서 출전했어요. 온두라스 경기에 나서서도 경기의 분위기를 바꿨거든요. 제 생각은 볼을 계속 점유하기 위해서 라인 안에 더 많은 선수가 포진해야 한다는 것이었어요. 이니에스타가 좀 더 자유롭게 도와주기 시작했고, 우리도 플레이를 이전보다 자연스럽게 전개해갔어요." 파브레가스가 말했다.

경기를 통틀어서, 숨이 막힐 정도로 가장 위험했던 순간은 심판 카를로스 바트레스가 페널티킥을 선언했을 때였다. 피케가 카르도소를 막고 있을 때 이 과테말라 심판이 호루라기를 분 것이다. 페널티킥이었다. 푸욜이 절망적인 목소리로 외쳤다.

"너 뭐한 거야?"

"아무 것도 안 했어! 난 아무 짓도 안 했다고!" 피케가 답했다.

푸욜은 팀 동료들과 함께 심판에게 항의를 했다. 그 동안 피케는 고개를 들어 경기장 내 전광판에서 플레이가 재생되는 것을 보았다. "동영상에 훤히 보이더군요. 변명의 여지가 없었어요. 축구에는 수비수는 결코 공에서 눈을 떼면 안 된다는 법칙이 있죠. 왜 제가 그때 카르도소만 보면서 그가 움직이지 못하게 하는 데 그렇게 집착했는지 모르겠어요. 그가 공격하는 시늉을 했고 저에게서 도망을 가는 거예요. 저는 공이 날아가는 것을 봤고 그에게 공이 올 것 같았어요. 그를 붙잡는 것 말고는 방법이 없었나 봐요." 피케가 고백을 했다.

스페인 선수들의 온몸에 소름이 돋았다. 골대 뒤에서 페드로, 요렌테, 나바스가 하비에르 미냐노의 지시에 따라 몸을 풀고 있었다. 그들은 카시야스에게서 5미터 정도 거리에 떨어져 있었다. 이들 네 명은 몸을 풀던 것을 중단했다. 맥박이 빨라지는 것을 느끼면서 경기를 결정할 플레이에 시선을 고정했다. "고통스럽고 괴로운 순간이었어요. 온정신이 거기 집중되었죠. 그렇게 가까이 있는데도 할 수 있는 게 아무 것도 없다는 게 무력하게 느껴졌어요." 피지컬 트레이너 미냐노가 기억했다.

나머지 교체선수들도 벤치에서 일어섰다. 거의 숨도 못 쉬는 수준이었다. 카시야스와 시선을 주고받은 레이나도 요동치는 맥박을 진정시킬 수는 없었다. "이케르가 문전에 버티고 있는 한 포기하긴 이르죠. 경기가 있기 전에 그런 상황에 처하면 기분이 어떠냐고 물어봤어요. 저한테 '죽을 것 같아……' 라고 답했죠. 저한테는 그 대답이 재미있었어요. 만약에 그렇게 많은 경험을 가진 그가 긴장한다면, 다른 선수들은 어쩌라고요. 그 순간은 긴장이 최고조에 이르는 순간이죠. 하지만 모두들 알고 있어요. 이런 순간에 항상 이케르가 나타난다는 것을요." 마타가 말했다.

카르도소는 공을 차기 위해 심판의 휘슬을 초조하게 기다렸다. 그리고 도움닫기하여, 슈팅을 했다. "페페가 준 단서와 제 직감을 따라 왼쪽으로 몸을 던졌어요. 다행히 공이 제 손 안으로 들어왔죠." 카시야스가 겸손하게 이야기했다. 이케르는 페페에게 양팔을 뻗어 이 선방에 도움을 주어 고맙다는 표시를 했다. 페페 또한 벤치에서 동료들과 껴안는 와중에, 이케르의 손짓을 보고 고맙게 생각을 했다. 이케르가 그 대신 복수를 해준 셈이었다.

이어진 역습에서, 페널티 영역 안에서 알카라스가 비야를 쓰러뜨렸다. 페널티킥이 선언되었지만 알카라스는 퇴장은 면했다. 2분도 안 되는 시간에 경기가 180도 바뀐 것이다. 알론소는 비야에게 이 막중한 책임을 질 자신이 있다고 말했다. "저는 그에게, 그가 대표팀에서 페널티킥을 최근 세 번 실패하긴 했지만, 그가 넣을 수 있다고 믿는다고 말했어요. 우리는 자신이 있다는 선수가 있으면 그가 차게 해요. 하지만 제일 확신에 찬 사람은 저였을 거예요." 비야가 밝혔다.

알론소가 공을 잡아 부드럽게 내려놓았다. 후스토 비야르를 속이고 오른쪽으로 공을 찼다. 하지만 심판은 스페인 선수들이 득점을 축하하고 있을 때 이를 중단시켰다. 공을 차기 전에 누가 페널티 영역으로 들어왔다는 것이다. 알론소는 다시 공을 놓았다. 이번에는 반대쪽으로 찼는데, 골키퍼가 의도를 알아 맞췄다. "페널티킥을 실패해서 정말 화가 났어요. 경기가 끝나고 비야를 안았을 때 비로소 마음을 놓을 수가 있었어요. 그렇지 않았다면, 제 선수 인생에서 가장 힘든 경험이 되었을지도 모릅니다." 알론소가 솔직하게 말했다.

차비의 실수가 문제가 아니라, 심판 바트레스가 상대 골키퍼 비야르가 쇄도하던 세스크를 확실하게 넘어뜨렸는데도 반칙을 불지 않은 것이 문제였다. "아직도 왜 페널티를 다시 한 번 불지 않았는지 이해할 수가 없어요. 분명히 제 다리를 걸어 넘어뜨렸거든요." 세스크가 말했다.

이 과테말라 심판은 3분 안에 선언한 이 세 번의 판정으로 월드컵에 관한 스페인의 암울한 역사의 한 페이지에 기록될 뻔했다. 하지만 이번에는 지난번 경기들과는 달랐다. "그가 실수를 아주 많이 했지만, 그는 내내 진지하게 경기에 임했어요. 무슨 말을 해도 답을 하지 않았어요. 벽에다 대고 이야기하는 것 같았어요." 부스케츠가 말했다.

연장전을 고려해야 하는 시간이 다가왔다. 델보스케는 더 깊이 공격하기 위하여 알론소를 빼고 페드로를 투입했다. 카나리아 제도 출신의 페드로가 이니에스타가 오른쪽 라인에서 날린 공을 받았을 때는 경기 시간이 8분도 채 남지 않은 상황이었다. 페드로는 상황을 확실하게 파악하고 있었고, 망설이지 않았다. 슈팅을 날렸지만, 공은 포스트에 맞고 튕겨 나왔다. 비야가 이 공을 잡아 오른발로 강하게 찼다. 처음에는 오른쪽 골대에 맞고, 왼쪽으로 날아서 마침내 파라과이 골문 안으로 들어갔다. "기회를 잡으러 들어간 건 아니었어요. 페드로의 슈팅이 들어갈 줄 알았거든요. 저는 가까이 접근하려고 했던 건데 운이 좋았죠." 비야가 미소를 지으며 기억했다. "열심히 뛰고, 골을 축하했죠. 필드에서 승리를 자축할 생각에 가득 차 있었어요." 세스크가 말했다.

파라과이는 좌절하지 않고 연장전을 만들려고 했다. 확실한 기회도 또 있었다. 경기가 끝나기 2분 전에, 카르도소가 튀어나온 공을 받아 정확한 슛을 날렸지만 카시야스가 이를 쳐냈다. 다시 나온 공은 산타 크루스에게 연결이 되었고, 이 공은 다시 주장 카시야스의 다리에 걸렸다. 스페인은 이 마지막 위기를 이겨냈다. 8강 탈락의 악몽에서 벗어난 것이다.

"이런 기분은 유로 2008에서도 이탈리아와 경기하면서 느꼈죠. 하지만 월드컵은 비교하기가 힘들어요. 이건 더 지독했어요. 이 경기는 동전 던지기 같았죠. 앞면이 나온 거예요. 모두들 이번 월드컵은 우리를 떨어뜨리지 않을 것인가 보다, 하고 생각했어요." 라모스가 말했다. "우리는 꿈꿀 수 있었죠. 하지만 그날부터가 아니라, 모든 게 시작된 순간부터였어요. 우리 모두가 마음 속에 품고 있던 꿈은 유토피아가 아니었어요." 이니에스타가 덧붙였다.

조별리그의 성적 때문에 심한 비판을 받았던 카시야스는 이번 경기의 영웅으로 등극했다. 경기가 끝나자마자 그는 레이나와 비야의 애정 어린 포옹을 받았다.

: **독일 전** 7월 7일, 더반 모세스 마비다 스타디움

상황이 좋긴 했지만, 벌써 합숙이 41일째였다. 델보스케는 그 기간 동안 마찰이나, 고려해야 할 만한 다툼이 일어나지 않은 것에 대해서 매우 자랑스럽게 생각했다. 합숙은 선수들 사이의 절묘한 조화로, 물 흐르듯 잘 흘러가고 있었다. 선수들의 가족들이 마지막 두 경기를 보기 위해 '포치'로 모여들기 시작했다.

두 선수가 호텔 밖에서 아내와 시간을 보내고 싶다고 몇 시간 외출을 요청했다. 페르난도 이에로는 이를 반기지 않았으나, 델보스케가 허락해주었다. "남자들은 사랑을 받아야 힘을 낸다고. 내보내 줘! 당신은 나보다 훨씬 어린데도 한 번씩은 나보다 더 고

리타분한 것 같다니까." 델보스케가 이에로에게 말했다.

기술위원회 위원장 이에로는 델보스케를 인격적으로 매우 좋아했다. 이에로는 결국에는 자신도 아내를 만나러 나갔다고 말했다.

"감독님은 책상에 앉아서 자신이 원하는 것을 모두 얻어냈어요. 다른 사람들은 자기 일을 할 수 있었죠……. 우리가 무슨 생각하는지를 알기 위해서 개개인과 면담을 하셨어요."

유로 2008을 제패한 지 이제 막 2년이 되었는데, 다시 한 번 독일을 만났다. 아르헨티나를 4:0으로 이기고 올라온 무서운 팀이었다. 하지만, 그들의 민첩하고 공격적인 플레이는 스페인에 유리했다. "저는 아르헨티나보다는 독일을 만나고 싶었어요. 유로 대회에서 우리가 더 잘한다는 생각이 들었기 때문이었어요. 독일도 우리를 두려워할 테고요. 독일이 올라왔죠." 차비가 말했다.

더반으로 이동하기 전에 포치에서 한 마지막 트레이닝에서, 파브레가스는 4월 초에 부상을 입었던 종아리 부위를 부딪쳤다. 이 뜻밖의 사고로 그는 준결승전에서 제외되었다. 델보스케는 곰곰이 생각을 했다. 앞서 치른 네 경기에서 토레스는 선발로 출전했다. 엘 니뇨는 경기장을 잘 뛰어다녔지만, 골운이 없었다. 델보스케는 토레스를 교체 멤버로 삼는 것을 고려했다. 선수 자신도 경기를 앞둔 훈련에서 무언가 다른 느낌을 감지했다. "독일 전에는 나가지 못할 수도 있다는 생각이 들었어요. 왜냐고요? 모르겠어요. 훈련 중에, 이것저것을 봐도 느낌 상……. 하지만 제가 교체 선수가 된다는 게 큰 문제는 아니죠. 전 이미 월드컵에서 뛸 수 있었고, 항상 가장 중요한 것은 팀이라는 걸 잘 알고 있으니까요." 토레스가 말했다.

경기 전날, 델보스케는 차비에게 다가갔다. 생각해둔 계획이 하나 있어서 차비의 의견을 듣고 싶었다. "감독님은 오른쪽에서 페드로가 뛰는 건 어떻겠냐고 제 의견을 물으셨죠. 저는 만약 페드로가 위를 압박해준다면, 상대 수비를 괴롭힐 수 있을 거라고 말씀 드렸죠." 차비가 말했다.

　기술팀은 경기 전날, 모세스 마비다 경기장의 잔디 손상 방지를 위해 프린세스 마고 경기장에서 진행된 훈련을 취재하러 온 언론에게 힌트를 전혀 주지 않았다. 모세스 마비다 경기장은 좋은 기억으로 남아 있지 않았다. 스위스에게 패배한 곳이기 때문이었다. 델보스케는 열한 명의 선발명단을 확실하게 정했다. 파라과이전 선발 명단에서 한 명만 바뀌었다. 토레스 대신 페드로였다. 겉으로는 걱정할 일이 별로 없어 보였다. 하지만, 선수 한 명이 훈련을 마치면서 상태가 좋지 않았다. "엉덩이 쪽에 통증이 느껴졌고, 점점 심해졌어요. 뛸 수 없을 것 같아서 감독님께 말씀 드려야겠다고 생각했죠. 하지만 물리치료사 라울이 제게 치료가 끝날 때까지 기다려보라고 했죠. 그날 저녁 그가 다시 한 번 제게 마술 같은 솜씨를 보여줬고, 다행히도 경기를 뛸 수 있었어요." 푸욜이 밝혔다.

　선수들이 믹스트존을 지나 버스로 가는 도중, 캅데빌라의 콧수염이 눈에 띄었다. 기자들이 놀라자 그가 웃으며 말했다. "제 외모 변화가 맘에 드시나요? 사람들이 저를 울리 슈틸리케라고 부릅니다. 너무 놀라지 마세요 오늘 호텔에 가서 면도할 거니까. 내일은 평소와 똑같은 모습으로 경기할 겁니다."

　아주 중요한 경기를 앞두고 있었지만, 라커룸에서 농담은 사라지지 않았다. 분위기도 매우 좋았다. 이는 자신감이 있다는 증거였다. 그날 저녁 물리치료를 받기 위해 침대에 누웠을 때, 푸욜은 포돌스키와 클로제를 만나게 될 것을 확실히 알게 되었다. 뮐러가 징계로 결장할 예정이었다. 그의 친구인 라울의 손이 다시 한 번 기적을 만들어냈다. 그러는 동안, 가까운 방에서 차비는 잘 준비를 하고 있었다. 마지막 순간까지 차비는 델보스케가 그에게 말한 비밀을 페드로에게 알려줄까 말까 고민했지만, 이야기를 하면 페드로가 초조해할까 봐 안 하기로 결심했다.

　카나리아 출신의 페드로는, 경기를 앞둔 전달 사항 시간에 자신의 이름을 듣고는 온 몸에 소름이 돋았다. "제가 대표팀에서 처음으로 선발 출전하는 경기가 월드컵 준결승전이었죠. 아무 생각이 안 났어요…… 동료들이 저를 격려해주고, 확실하게 믿어줬어요.” 페드로가 말했다. “우와, 끝내준다! 하고 생각했죠. 사실 필드에 페드로가 있으면 전 완전히 안심하고 경기를 할 수 있어요. 람이 올라오질 못할 거고, 올라온다고 해도 페드로가 끝까지 쫓아갈 거니까요. 페드로는 멈추지 않아요. 공을 빼앗기지 않고요. 팀을 위해 경기하고, 깊숙이 침투하죠. 저는 그가 지금 스페인에서 최고 수준의 선수라고 생각해요. 게다가 저는 그의 성격도 너무 좋아해요. 겸손하고, 이타적이고, 항상 다른 사람 입장에서 생각해요. 전 페드로를 사랑합니다.” 차비가 말했다.

스페인은 준결승전을 카시야스, 라모스, 피케, 푸욜, 캅데빌라, 부스케츠, 알론소마르체나, 92분, 차비, 페드로실바, 85분, 이니에스타, 비야토레스, 80분로 치렀다. 페드로는 실망시키지 않았다. 독일 수비의 골칫거리가 되었고, 물 만난 고기처럼 필드를 경기장을 휘저었다. “굉장했어요. 경기 초반을 환상적으로 만들었죠.” 델보스케가 기억했다.

그는 전반 7분 비야를 향해 빈 공간으로 매우 훌륭한 패스를 찔러주었다. 비야는 이 받아 슈팅을 날렸는데, 달려 나온 노이어가 손으로 쳐냈다. 독일팀은 전반전에는 카시야스를 위협하지도 못했다. 트로호프스키가 정면에서 한 번 슛을 했지만, 카시야스에게 막혔다.

바르셀로나 선수들이 보여준 코너킥에 이은 세트 플레이는, 클럽에서 좋은 성과를 내곤 했던 모습과 흡사했다. “무엇보다 페널티 영역 근처에서 반칙으로 얻은 플레이에서 시도했죠.” 피케가 말했다. 한 선수가 골키퍼가 나오는 것을 차단하고 다른 두 선수들은 수비를 담당하는 가운데, 뒤에서 쇄도하는 선수가 슛을 하는 것이었다. 이런 방법으로 그 시즌에 푸욜이 산티아고 베르나베우에서 레알 마드리드를 상대로 헤딩골을 넣었는데, 그 플레이가 1년 만에 반복되었다. “경기를 앞둔 훈련에서 그 이야기를 했었어요. 독일 선수들이 페널티 영역을 지키면서 포백이 좀 수동적으로 경기를 했고, 두 선수가 더 지원을 나왔거든요. 우리는 짧은 패스를 이용해서 접근하죠. 제가 선수들에게 물었더니, 푸욜이 그 이야기를 해주어서 제가 그렇게 하라고 했어요. 클럽에서 선수들이 연습했던 내용까지 서로 알려주면서 준비해야 했어요. 클럽에서 주로

했던 플레이나 메커니즘이 대표팀에도 영향을 미쳤어요. 그렇게 우리의 축구가 더 풍요로워진 거죠." 델보스케가 설명했다.

하프 타임 라커룸 복도의 구석에서 푸욜이 차비에게 흥분해서 이야기하고 있는 게 보였다. 푸욜은 팔을 막 움직이면서 차비에게 불만을 표시했다. "펠로포, 상대팀이 코너 쪽에서 수비 잘하고 있는 거 안 보여? 공을 페널티 지점으로 보내서 세르히오, 제리, 나를 찾으란 말이야. 다음 코너킥에서는 너한테 잘 보이게 내가 페널티 영역 밖에 서 있을 테니"하고 소리쳤다. 차비는 "다음 번에 코너킥이 생기면 페널티 지점으로 보낼게"하고 답했다.

후반전에도 스페인은 경기를 주도했다. 알론소와 비야가 페널티 영역 정면에서 슈팅을 했지만 운이 없었다. 이니에스타가 좋은 움직임을 보였지만 비야는 몇 센티미터 차이로 플레이를 연결하지 못했다. 크로스가 발리슛을 날려 모두들 깜짝 놀랐지만 이케르가 막아냈다. 경기 시간 74분에, 차비는 스페인 공격진영 왼쪽에서 코너킥을 준비했다. 독일 선수가 전부 페널티 영역 안에 몰려서 수비를 하고 있었다. "날 둘러싸! 마드리드전에서 했던 거 하게 말이야!" 푸욜이 케디라를 막아선 피케에게 소리쳤다. "저한테 마구 화를 내던 푸욜이, 무슨 포탄처럼 쇄도했어요. 코너킥을 그에게 보냈을 때, 공이 제가 원하던 방향으로 간다는 것을 알았죠. 푸욜을 쳐다봤죠. 골이었어요." 차비가 기억했다.

"완벽한 크로스였어요. 차비에게 내가 잘 보이게 하려고 애를 썼죠. 실패할 리가 없었죠. 전 온 힘을 다해 전진했고, 다행히 슛이 좋았죠." 푸욜이 덧붙였다.

델보스케는 텔레싱코에서 월드컵 제패 1주년을 기념하여 만든 프로그램 <우리가 꿈을 이룬 날>에서 이 훌륭한 플레이에 대해 이렇게 말했다. "차비가 축구화를 푸욜의 머리에다 갖다 얹은 거죠."

경기 내용 상으로는 스페인의 추가골이 터질 법도 했다. 페드로가 공을 빼앗아 아주 좋은 역습 찬스를 만들었다. 그가 득점할 수 있는 유일한 기회였다. 토레스도 반대

편 골대 쪽에서 혼자 기다리고 있었다. "전 그때 골문만 생각하고 있었어요. 사실상 혼자 있었거든요. 하지만 드리블을 시작했을 때 비틀거렸고 수비가 더 좋은 자리를 차지해서 공을 빼앗았죠. 정말 괴로웠어요. 정말요. 전 경기가 끝나고 난 뒤 토레스에게 미안하다고 말했어요. 다행히도 제 사과를 받아주었죠." 페드로가 후회하며 말했다.

헝가리인 주심 빅토르 카사이가 종료 휘슬을 불었다. 지금까지 치른 경기 중에 가장 경기 내용이 좋았다. 모든 선수들의 의견이 같았다. "축구라는 게 얼마나 놀라운지 몰라요. 독일에 맞서서 헤딩골 하나를 넣고 결승전에 올랐죠." 카시야스가 말했다.

비야는 라커룸으로 돌아가면서 유니폼 셔츠를 달라고 하기 위해서 미로슬라프 클로제에게 다가갔다. 이 독일 선수는 지금 막 준결승전에서 떨어졌음에도 불구하고, 스포츠 정신을 발휘하여 이를 승낙해주었다. 방식이 매끄럽지는 못했을지라도, 비야는 결국 보물을 집에 가져갈 수 있었다. "클로제의 셔츠를 가져갈 수 있어서 정말 기분이 좋았어요. 저는 항상 클로제를 좋아했어요. 영원히 기억될 선수입니다. 득점력이 우수한, 매우 탁월한 공격수라고 생각해요. 저는 축구를 시작한 직후부터 유니폼을 모으고 있거든요. 500장도 넘어요. 제가 선수들에게 달라고 할 뿐만 아니라 다른 선수들도 저한테 요청해요. 신화적인 선수와 경기를 할 때는, 어쩌면 그와 경기를 하는 게 마지막이 될지도 모르니까 가급적이면 꼭 유니폼을 달라고 이야기를 해봅니다. 2011년 8월 바리에서 친선경기를 했을 때 피를로의 유니폼을 받은 것도 아주 기분 좋았어요." 비야가 구체적으로 이야기해주었다.

선수들은 경기 후에, 독일이 과감하게 경기에 임했던 것을 인정했다. 하지만 라 로하는 이를 차단했고, 그들이 계획을 수정하게 만들었다. "우리에 대해서 연구를 많이 했어요. 그게 자연스럽죠. 키가 작은 선수들이 더 민첩하니까요." 캅데빌라의 생각이었다. "우리에게 공간을 내주는 걸 겁을 냈어요. 예상했던 것보다 우리의 쇄도를 더 오래 기다렸고, 이게 우리에게는 유리했죠. 이를 이용했기 때문에 우리가 이긴 것 같아요." 이니에스타가 말했다.

라커룸에서는 결승 진출을 축하하는 파티가 벌어졌다. 가장 중요한 경기가 남아 있었지만, 결승 진출만으로 이미 역사를 새로 쓴 것이었다. 난리법석인 가운데, 소피아 왕비가 방문한다는 소식에 모두들 정신을 차렸다. 왕비는 선수들에게 축하를 전했고, 결승전에도 행운이 함께 하기를 빌어주었다. 보통 때라면 특별히 그를 부르지는 않았겠지만, 그 날은 주인공이 따로 있었다. "푸욜은 어디 있나요?" 왕비가 질문했다. 그 순간 골의 주인공이 아랫도리만 겨우 수건으로 가린 채 나타났다. 잊을 수 없는 장면이었다. 푸욜은 얼굴이 벌개져서 왕비에게 인사를 하고는, 물리치료를 받고 있던 침대로 재빨리 돌아갔다. "푸이! 푸이! ……푸이! 푸이!" 동료들이 전부 외치기 시작했다.

엉덩이 근육이 말썽을 일으키지 않은 덕에 그는 역사를 창조할 수 있었다. "저는 왕비님이 오신 줄 전혀 몰랐어요. 침대에 엎드려서 무릎에는 얼음을 올려놓고 엉덩이 마사지를 받고 있었죠. 라커룸에서 목소리는 들렸는데, 라커룸에 누가 들어온 줄은 몰랐거든요. 저를 부르기에 수건을 두르고 인사하러 나간 거였죠." 푸욜은 이야기를 하면서도 얼굴이 빨개졌다.

스페인 대표팀은 역사상 처음으로 월드컵 결승에 진출했다. 네덜란드는 세 번째 진출이었다. 믹스트존을 지나고 나서 차비는 버스에 오르기 전에 가족과 친구들과 통화를 하려고 핸드폰을 꺼내 들었다. 그때 요아힘 뢰브가 다가왔다.

"축하해요. 하고 싶은 말이 두 가지 있습니다. 당신은 세계 최고의 축구 선수이고, 여러분은 월드컵에 우승할 자격이 있습니다. 이렇게 축구를 하는 팀은 난생 처음 봅니다." 뢰브가 영어로 말했다.

"쌩큐 베리 마치." 차비가 대답했다.

전화기 저편에서, 후아레스가 소리를 듣고 깜짝 놀랐다.

"세상에, 그런 말을 하시다니!" 그가 동료 차비에게 소리쳤다.

"들었어? 뭐라고 답을 드려야 할지 몰랐어. 정말 기분 최고야!" 차비가 덧붙였다.

놀랍게도, 포체프스트롬으로 돌아오는 비행기 안에서는 파티가 벌어지지 않았다.

아무도 평소보다 더 큰 소리를 지르거나 뛰어다니지 않았다. 서로 농담을 주고받고 미소 지었지만, 들뜬 분위기는 아니었다. 몇몇은 선수들 사이에 새로 유행하고 있는 주사위 놀이를 했다. 다른 선수들은 책을 읽거나 음악을 들었다. "인상적인 장면이었어요. 평정심이 느껴졌어요. 운동선수는 이기면 매우 흡족하면서도 그 기분을 별로 드러내지 않죠. 이기는 팀과 지는 팀은 반응이 달라요. 저는 선수들이 매우 안정적이고 차분한 것을 보고, 그들이 우승하겠구나 생각했어요." 선수들과 매일 함께 생활했던 아디다스 책임자 카를로스 로호가 말했다.

호텔에 도착해서 저녁을 먹고 나서, 비야, 부스케츠, 페드로, 마타는 긴장을 풀기 위해 탁구를 했다. 갑자기 큰 소음이 나 경기를 중단했다. "유리컵이 와장창 떨어지는 것 같은 소리가 났어요. 무슨 일이 났는지 보러 갔는데, 한 젊은 남자가 음료수를 들고 나가더군요. 호텔에 무단침입한 사람이었어요. 깜짝 놀랐지만 별 일 아니었죠."

하지만 이제는 스페인이 치를 역사적인 월드컵 결승전을 방해할 수 있는 사람은 아무도 없었다. 일생일대의 경기가 그들을 기다리고 있었다.

： 네덜란드 전 6월 11일, 요하네스버그 사커 시티

"월드컵 결승전", 선수들이 되뇌었다. 선수들은 남아공 대회 기간 동안 안방처럼 지내왔던 '포치'와의 작별에 슬퍼했다. 6월 9일 금요일 선수단은 그곳에서 마지막 훈련을 치렀다. 다음 날 원정단은 요하네스버그까지 비행했다. 서둘러 호텔 다 빈치에 숙박하기까지 두 시간이 걸렸다.

FIFA는 취재진과 팬, 구경꾼들이 호텔로 몰려들 것에 대한 안전 조치를 확대했고 치밀하게 점검했다. 선수들의 가족과 친지들의 입장도 어려워졌다. 마지막까지 선수단에 최선의 응원을 보내기 위해 귀한 입장권을 구한 응원단은 호텔 출입을 위해 머리를 써야 했다. '엘 코르테 잉글레스스페인 백화점'는 마드리드로부터 네 대의 에어 버스 340을 운행했다. 두 대는 선수단과 협회를 위한 것이었고, 나머지 두 대는 축구팬들과 관련 업체를 위해 준비한 것이었다. 총 1,200명의 탑승객이 요하네스버그로 날아왔다.

모두들 들뜬 기분이었다. 아무리 애를 써도 흥분을 가라앉힐 수 없는 상황이었다. 잠시도 경기에 대한 생각을 멈출 수가 없었고, 꿈이 눈 앞에 있다는 생각을 떨칠 수가 없었다. "이곳까지 온 것만으로 만족할 수 없습니다. 우리는 실패를 두려워하지 않습니다. 해야 할 일을 끝내고 싶을 뿐입니다." 레이나가 단호하게 말했다. "가슴이 두근거려서 이럴 때는 어떻게 해야 하는지 카시야스와 차비에게 물어봤어요. 괜찮다고 하더군요. 특별한 순간을 맞이하면 몸에서 그런 작은 반응이 느껴지기 마련이라고요." 부스케츠가 그때의 감정을 떠올렸다.

대표팀 요리사 사비에르 아르비수는 팀 닥터 셀라다의 감독 하에 식사를 준비했다. 엄청난 긴장감이 돌던 날이었기 때문에 몇몇 선수들은 예상보다 적은 양의 식사를 했다. 메뉴는 여러 가지 음식 중에서 골라 먹을 수 있는 뷔페식으로 준비됐다. 게다가 몸 상태에 따른 적절한 재료를 통해 맛 좋은 샐러드를 준비했다. 상추, 캐논, 종려나무 잎, 꽃상추, 시금치, 토마토, 올리브, 파스타, 감자, 달걀, 옥수수, 참치, 당근즙, 사탕무즙, 호두 등 몸에 좋은 재료만 사용됐다. 전채 요리로 콩소메 수프를 선택했다. 토마토소스와 볼로네사, 간 치즈를 사용한 스파게티나 흰 쌀밥을 곁들였다. 메인 요리로는 닭 안심 철판구이 또는 당근, 가지, 오이, 버섯, 고추와 토마토를 곁들인 신선한 혀가자미 구이와 감자 퓌레 수프가 나왔다. 마지막으로 디저트 뷔페는 파인애플, 멜론, 수박, 딸기, 키위, 오렌지 등 다양한 종류의 자른 과일이나 바나나, 포도, 감귤, 오렌지, 배 하나를 통째로 먹을 수 있었다. 탈지방 요거트는 맛이 첨가된 것과 아닌 것 중에 고를 수 있었다. 무지방 악티멜이나 과일 칵테일도 준비됐다.

음료로는 가스가 포함되지 않은 미네랄워터, 최고의 신선도를 유지한 생과일 오렌지 주스, 레몬차 중에 고를 수 있었다. 훈련과 식사를 마친 선수들은 방으로 돌아가 휴식 시간을 가졌다. 대부분의 선수들이 눈을 붙이기 어려웠다. 잠들 수 있는 방법이 없었다. 경기 시간이 가까워 올수록 지금까지 이루지 못한 꿈이 점점 더 현실 세계로 다가왔다.

호텔 방 한구석에 대표팀은 진짜 보물을 보관해 두었다. 협회 앰블럼 위에 별이 새겨진 23명의 선수단 유니폼이 미리 준비되어 있었다. 스페인은 이번 결승전에 원정 팀으로 임한다. 곤색의 두 번째 유니폼을 입고 뛰게 된다. 스페인은 이 유니폼을 입고 칠레와 파라과이에 이미 승리를 거둔 바 있다.

선수들은 챔피언이 됐을 경우 원정 유니폼을 입고 시상대 위에 올라 월드컵을 들어올리는 것을 못마땅하게 생각했다. 그래서 만약 우승을 차지한다면 붉은색 유니폼으로 갈아입고 올라가자고 제안했다. 제안을 받은 후원사 아디다스 측은 한술 더 떴다. 네덜란드를 이긴 그 순간에 세계 챔피언을 의미하는 별이 새겨진 유니폼을 입는 것이다. 주장단이 제시한 유일한 조건은 다른 선수들이 알지 못하게 몰래 유니폼에 별을 새겨오라는 것이었다.

남아공에서 유니폼 판매가 급증해 매진 행렬이었다. 요하네스버그에서는 스페인 유니폼을 구하기가 거의 불가능했다. 어린아이용 사이즈만 남은 상황이었다. FIFA의 허락을 받은 아디다스 직원들은 유니폼의 적절한 위치에 별을 새기기 위해 굉장한 인내를 요하는 작업을 진행했다. 엄청난 열을 발하는 기계 옆에서 애를 썼다. 새벽 2시가 지나서야 미션이 완수됐다.

아디다스 직원 루이스 카노, 카를로스 로호, 하비에르 안드레스는 선수들의 유니폼을 그들의 작업에 사용하도록 허락받았지만 누구에게도 알리지 않고 진행하는 것은 불가능한 일이었다. 불운이 따를지 모르기 때문에 어떤 선수에게도 알리길 바라지 않았다. 이들은 델보스케 감독의 마지막 지령을 듣기 전에 식당에서 새로 약속을 잡았다.

이들이 먹은 간식은 아침 식사와 비슷했다. 하몬 세라노만 빠졌다. 커피와 유유, 콜라 카오, 달인 음료, 미네랄워터, 오렌지 주스, 볶은 옥수수, 시리얼, 비스킷, 잼, 과실 통조림, 건포도, 아몬드, 굽지 않은 개암 열매, 스크램블 에그, 갓 만든 치즈, 훈제한 햄, 저지방 칠면조 가슴살, 올리브유와 함께 갈아 만든 토마토 요리, 내추럴 요거트와 과일맛, 무미 요거트, 악티멜, 다양한 종류의 과일을 먹었다.

마지막 대화에서 델보스케 감독은 애국심에 대한 부담감을 피하고 대신 선수들의 근성을 건드렸다. "이곳에 도달한 우리는 특권을 가진 사람들이다. 마음 속 깊은 곳에서 우리는 낭만을 가지고 있고, 우리의 일을 사랑하고 있다. 우리는 목숨을 걸어야 하는 전쟁에 나서는 것이 아니다. 너희들은 단지 축구 선수들일 뿐이다." 선수들은 감독의 전언을 이해하고 평정심을 잃지 않기 위해 노력했다. "감독님께서도 조금 긴장하신 것 같았어요. 말씀하실 때 평소보다 땀을 많이 흘리시더라고요." 차비가 기억했다. "그렇게 열중했던 대화는 살면서 처음이었어요. 경기에 나서지 못할 걸 알고 있었지만요." 세스크가 덧붙였다.

경기장으로 향하는 버스 안은 침묵이 지배했다. 책임감은 컸다. 하지만 지금 가는 길은 장례식장이 아니다. 몇몇 선수들은 전화 통화를 나누며 힘을 얻었다. 어둠의 한가운데를 지나 빛과 함께 사커 시티 경기장이 모습을 드러냈다.

라커룸 안에서 라모스와 나바스는 아쉽게 운명을 달리한 동료 선수 안토니오 푸에르타를 추억해다. 세르히오는 자신의 가방 안에 푸에르타의 얼굴을 새긴 티셔츠를 챙겨왔다. 만약 우승을 차지한다면 그의 모습도 세상에 보여주겠다는 생각이었다. 그리고 나서 요렌테가 이니에스타에게 다가와 말했다. "앤드류, 하르케를 잊지마." 그의 기억을 상기시켰다.

이니에스타는 지난 여름에 세상과 작별한 그의 절친한 친구 하르케에게 우승을 바치고 싶다는 뜻을 공개적으로 표현해왔다. "그 일이 있고나서부터 항상 생각해왔어요. 하지만 적절한 순간을 만나지 못했죠. 제겐 굉장히 긴 시즌이었고, 부상도 잦았어요. 모든 면에서 상황이 어려웠죠." 이니에스타의 솔직한 고백이었다.

몸 풀기에 나서기 전에 안드레스는 대표팀 직원에게 유니폼 안에 있는 내의에 '다니 하르케, 항상 우리와 함께Dani Jarque, Siempre con nosotros' 라는 문구를 새겨달라고 부탁했다. 경기 전 훈련을 마치고 돌아왔을 때 준비가 끝나 있었다. 나바스는 푸에르타를 위한 메시지를 준비해두었다.

코타 박사는 그 만의 의식을 치렀다. 주장 카시야스의 두 볼에 입을 맞췄다. "골키퍼는 특별해요. 저 역시 골키퍼였죠. 굉장히 낮은 수준에서 뛰었지만요. 벤치에 있는 두 명의 후보 골키퍼들에게도 경기 시작 전에 두 볼에 입맞춤dos besos을 전했어요. 팀을 지켜달라는 저만의 의식이죠."

경기장으로 향하는 터널은 기대감으로 가득찼다. "가자! 오늘이 아니면 없다!" 라모스가 동료들과 함께 소리쳤다. 세르히오는 주장의 뒤를 이어 경기장에 입장하길 좋아했다. 그는 이케르와 대화를 나눴다. "그는 안 그런 척 했지만 굉장히 긴장했다고 털어놨죠. 다행히 그는 경기가 시작하자마자 정신을 환기할 수 있는 재능을 갖춘 선수였고, 한 시도 집중력을 잃지 않았어요."

관중석은 온통 오렌지색이었다. 아이러니하게도 관중석 자체도 오렌지색이었다. 스페인 팬들도 그 속에 있었다. 사커 시티 경기장 수용 인원인 8만4000석 중 3분의 1정도를 차지하는 인원이었다. 월드컵 우승 트로피는 경기장으로 가는 길의 유리 선반 위에서 빛나고 있었다. "보지 않으려고 해도 눈길을 피하는 것은 불가능했어요. 얼마나 빛이 나던지 놀라지 않을 수 없었죠. 머리카락이 쭈뼛쭈뼛 서는 것 같았어요." 캄데빌라가 기억했다.

준결승전과 같은 선발 선수들이 나섰다. 카시야스가 네덜란드 주장 판 보멀과 동전 던지기로 경기장을 결정했다. 이니에스타가 골을 기록한 골문을 지키는 것을 택하며 경기를 시작했다. 경기가 시작되자 네덜란드의 의도가 분명하게 드러났다. 판 페르시가 부르케츠를 뒤에서 가격했다. 옐로 카드를 줄 만한 플레이였다. 26경기 연속 무패를 달리던 네덜란드는 전 세계를 매혹시킨 '오렌지 기계'의 방식을 져버리고 이단의 방식을 택한 것처럼 보였다.

먼저 결정적인 기회를 맞은 것은 스페인이었다. 차비가 올려준 프리킥 크로스 패스를 라모스가 페널티 에어리어 안에서 헤딩 슈팅으로 연결했으나 스테켈렌뷔르흐 골키퍼가 선방했다. 자기 진영에서 사비 알론소가 범한 실수가 네덜란드의 첫 번째 기회로 이어졌다. 카위트의 슈팅을 카시야스가 막아냈다. 스페인은 경기 시작부터 주도적인 경기를 했다. 경기 초반 볼 점유율은 스페인이 62%를 기록했다. 계속해서 공격 작업이 이루어 졌지만 골로 연결되지 못했다. 라모스가 문전에서 카위트를 제치고 슈팅을 시도했지만 헤이팅아가 골문 앞에서 걷어냈다. 차비가 짧은 코너킥을 연결했다. 볼은 알론소에게 전달됐고, 알론소의 크로스 패스를 문전에서 비야가 논스톱 슈팅으로 정확하게 마무리했지만 옆그물을 흔들었다. 12분 사이에 스페인은 세 차례나 득점 가능한 상황을 만들었다.

첫 번째 경고는 캅데빌라를 향해 또 한 번 거친 플레이를 가한 판페르시에게 주어졌다. 로번의 돌파를 저지하기 위해 왼발을 뻗은 푸욜은 스페인에서 첫 번째로 옐로 카드를 받고 주의를 들었다. 카위트와 다툼을 벌인 라모스가 두 번째로 옐로 카드를 받았다. 라모스는 볼을 처리하기 전에 이미 웹 주심에게서 주의를 받은 상태였다. 초반 25분이 지나고 나서 경기는 팽팽해졌다. 스페인은 초반 같은 우위를 점하지 못했고, 중원에서 격렬한 전투가 벌어졌다.

데 용은 전 세계가 보는 가운데 사비 알론소의 가슴을 징이 박힌 축구화 발바닥으로 거칠게 가격했다. '라 로하' 군단의 14번은 극심한 고통으로 인해 잔디 위에 쓰러져 온 몸을 떨었다. 동료 선수들은 심각한 부상으로 이어지지 않을지 걱정하며 그의 주위로 모였다. 운 좋게도 큰 부상은 피한 상황이었다. 경기를 계속해서 뛸 수 있었다. "텔레비전으로 다시 보기 전까지 무슨 일이 일어났던 것인지 자각하지 못했어요. 그때는 그저 '여기서 무슨 일이 있었던 거지?'라고만 생각했죠. 굉장히 폭력적인 쇼크였죠. 온 몸이 삐걱거리는 것 같았어요. 등, 허리…… 보지 못했기 때문에 왜 그런지도 몰랐죠. 정면에서 벌어진 충돌이었어요. 축구 경기 중에 벌어진 일이기 때문에 비난하고 싶지 않아요. 물론 퇴장 당해야 했다고 생각합니다. 하지만 그 이상도 그 이하도 아니에요. 다시 그를 만난다고 해도 아무런 문제없이 인사를 나눌 거예요." 알론소가 말했다. "왜 그렇게 심각하게 여기지 않았는지 아세요? 가슴으로 볼 받기 훈련을 엄청나게 했기 때문이죠. 아마 훈련이 충격을 완화하는데 도움이 됐을 거예요." 아르벨로아가 말했다.

카시야스는 헤이팅아의 장거리 슈팅 시도에 놀랐다. 그가 신사적인 플레이로 길게 차서 다시 돌려준 공이 골문 안으로 들어갈 뻔 했다. 실점 위험을 피하기 위해 공을 우회시켜야 했다. 코너킥 상황이 주어졌다. 이번에는 판 페르시가 확실하게 공을 내줬다. "공이 밖으로 나갈 것이라고 생각했어요. 하지만 그가 찼을 때 의심스러웠죠. 만약 골이 들어갔더라면 어떻게 그들에게 한 골을 다시 내놓으라고 이야기할 셈이었죠." 카시야스가 농담을 던졌다.

전반전이 끝나기 전에 네덜란드가 스페인의 골망을 흔들 뻔했다. 마테이선이 스네이더르가 연결해준 패스를 슈팅으로 연결했으나 확실한 기회가 빗나가고 말았다. 네덜란드는 계속해서 거친 플레이를 일삼았다. 네덜란드는 스페인보다 두 배나 많은 파울을 기록했다. 판 보멀은 거의 모든 시간을 차비를 넘어트리며 보냈다. 스페인의 기회를 잘라냈다. '펠로포' 차비는 독일전과 같은 골 상황을 다시 연출하려 했지만 이번에는 푸욜의 헤딩 슈팅이 적중하지 못했다.

스네이더르 역시 네덜란드의 더러운 플레이에 감염됐다. 베슬러이는 부스케츠의 무릎을 향해 태클을 가했다. 하지만 웹 주심은 이를 주시하지 않았다. 알론소는 장거리 프리킥 슈팅 시도로 행운을 시험했지만 스테켈렌뷔르흐의 오른쪽으로 벗어났다. 로번은 페널티 에어리어 오른쪽 외곽 부근에서 날카로운 왼발 슈팅을 시도했고 카시야스가 막아냈다. 네덜란드와 스페인은 경기가 시작 할 때와 같은 점수를 유지한 채 휴식 시간을 맞았다.

후반전도 전반전과 비슷한 양상으로 전개됐다. 코너킥 상황에서 푸욜의 뒤에 있던 캅데빌라는 리드를 잡을 수 있는 기회를 맞았다. 오른발 슈팅을 시도했으나 볼을 적중시키지 못했다. 로번이 페널티 에어리어 바깥에서 슈팅을 시도했지만 카시야스에게 막혔다. 네덜란드의 윙어는 스페인 골키퍼가 자신의 인생 최악의 악몽이 될 것이라고 상상하고 있었다.

판브롱크호르스트가 세르히오 라모스에 반칙을 가하며 네덜란드에 네 번째 옐로 카드가 주어졌다. 차비가 페널티 에어리어 바깥에서 감아차기 프리킥 슈팅으로 그의 운을 시험해봤지만 골문을 벗어났다. 헤이팅아는 페널티 에어리어 바로 바깥 지점에서 비야를 넘어트리며 그의 첫 번째 옐로 카드를 받았다. 네덜란드는 가능한 모든 부정한 방법을 통해 거짓말처럼 이득을 보고 있었다. 판 보멀은 자신의 영역을 넘어 스페인의 높은 곳까지 전진해 압박을 강화했다. "이제는 네녀석도 압박해주마, 애송아!" 차비를 향해 고함을 쳤다.

이니에스타는 스네이더르와 경합했다. 네덜란드 선수들은 옐로 카드를 요구했지만 웹 주심은 미동도 하지 않았다. 로번이 파포스트를 향해 볼을 올렸지만 라모스의 압박을 받은 헤이팅아의 헤딩 시도가 기적적으로 닿지 않았다. 그럼에도 불구하고 측면 지역에 교체 선수가 나섰다.

델보스케 감독은 첫 번째 교체 카드를 꺼냈다. 대표팀 은퇴 경기를 치르고 있는 판브롱크호르스트를 압박할 목적으로 페드로 대신에 나바스를 투입했다. "그는 옐로 카드 한 장을 받은 상태였고, 감독님은 그를 집요하게 공략하라고 주문하셨어요." 헤수스가 말했다.

네덜란드 선수들은 쉽게 굴복하지 않았다. 카위트의 크로스 패스를 판 페르시가 슈팅으로 연결했지만 푸욜의 견제를 받아 크게 뜨고 말았다. 피케는 카위트에게 팔꿈치로 가격을 당하며 불행의 진열장에 사건 하나를 더 추가했다. 푸욜은 카시야스가 지키고 있는 골문으로 달려드는 로번을 혼자 막아야 했다. 로번의 질주를 막을 수 있는 사람은 없었다. 모든 스페인 사람들의 심장이 멎는 듯한 순간이었다. 약속 장소에 초대 받은 사람은 로번과 카시야스 단 둘뿐이었다. 이케르와 아르연이 일대일로 격돌했다. 왼발 슈팅이 불을 뿜었고 이케르의 오른쪽 다리가 이를 걷어냈다. 다리를 맞고 굴절된 볼은 골문 오른쪽 바깥으로 날아갔다. "마드리드에서 함께 뛰었기 때문에 로번과는 잘 아는 사이에요. 그가 피케와 푸욜을 제치고 달려들어올 때 그의 왼발을 봤어요. 그가 드리블해서 달려온 뒤 반대 방향으로 슈팅을 시도할 것이라고 감을 잡았죠. 즉, 그는 제 왼쪽을 공략할 생각을 가졌을 겁니다. 그래서 그가 저를 제치려는 시도를 할 때까지 기다리고 있었습니다. 그리고 만약 슈팅을 하게 되면 그 쪽 방향으로 몸을 던져 볼을 낚아채려고 했죠. 그 순간 로번은 슈팅을 택했습니다. 다리를 쭉 뻗었고 볼은 제 다리 안쪽을 맞았어요. 충격이 컸기 때문에 볼이 바깥으로 나갈 것을 알았죠." 카시야스가 회고했다.

판 보멀은 계속해서 '깨끗한 경기'에 대한 가르침을 주었다. 그는 인플레이 상황이 아니었는데 차비를 향해 강하게 볼을 찼다. 8명의 스페인 선수들이 그라운드 위에 나뒹굴었다. 카위트는 지치지 않는 것 같았다. 공격을 시도한 것뿐 아니라 수비에도 장사와 같은 힘을 보이며 가담했다. 나바스에 플레이에 제동을 걸기 위해 로번도 판 브롱크호르스트를 도우러 왔다. 하지만 이니에스타가 중앙에서 더 큰 힘을 내기 시작했다. 더 이상 그가 측면을 공략할 필요가 없어졌기 때문이다. 이러한 변화가 위험 지역에서의 숫적인 우위로 이어지며 많은 상황을 만들었다.

델보스케 감독은 판브롱크호르스트를 뒤로 하고 깊숙하게 측면을 파고드는 나바스를 바라보며 껌을 씹고 있었다. 헤수스가 고개를 들고 문전으로 볼을 보냈다. 헤이팅아가 비틀거리며 공을 막아냈지만 비야에게 볼이 흘렀다. 엘 구아헤가 왼발 슈팅을 시도했으나 스테켈렌뷔르흐가 엄청난 선방으로 막아내며 코너킥이 됐다.

스페인은 골을 넣을 만한 경기력을 보였다. 네덜란드 선수들은 지친 기색을 보이기 시작했다. 하지만 주심의 판정에 대한 항의는 계속됐다. 그리고 웹 주심은 이니에스타에게 명백한 가격을 가한 헤이팅아에게 두 번째 옐로 카드를 꺼내지 않고 용서했다.

나바스가 측면에서 계속해서 자신의 임무에 집중하는 가운데 비야에게 기회가 다시 찾아왔다. 엘 구아헤는 주저 없이 왼발 슈팅을 시도했지만 이번에는 골문 위로 날아갔다.

차비의 패스를 받은 비야의 또 다른 슈팅은 판데르빌의 육탄방어에 걸려 코너킥으로 이어졌다. 차비가 또 한 번 자신의 전매특허인 예리한 코너킥을 시도했지만 라모스가 노마크 상황에서 시도한 헤딩 슈팅이 하늘로 날아갔다. 스페인 벤치의 모두가 얼굴을 감싸쥐었다. 그토록 득점에 근접한 상황은 세르히오에겐 다신 없는 일이었다.

이니에스타는 함정에 빠졌다. 판 보멀은 이니에스타의 정강이를 걷어찼지만 옐로카드를 받지 않았고, 이니에스타가 반격을 가했다. 좀처럼 성을 내지 않는 델보스케 감독이 격노하며 경기장을 향해 항의했다. 다행히도 웹 주심은 선수들에게만 카드를 꺼냈다. 시간은 계속해서 흘러갔지만 골은 찾아오지 않았다. 연장전의 유령이 사커 시티 경기장에 찾아오고 있었다. 그 사이 데용이 지체없이 볼을 전진시켰고, 판페르시가 백헤딩으로 볼을 흘려주었다. 로번이 볼을 이어 받아 푸욜을 제치고 달려 들어가 또 한 번 카시야스와 마주했다. 다시 아르연과 이케르가 대결했다. 일대일 상황이 펼쳐졌다. 이번에는 카를라스가 뒤쫓아가며 몸을 던졌고, 로번의 균형을 무너트리기에 충분히 효과를 발휘했다. 카시야스는 마치 고양이처럼 볼을 낚아채기 위해 날렵하게 몸을 던졌다. 로번은 절규하며 소리쳤다. 그는 주심에게 페널티킥을 요구했다. "뒤로 달려서 쫓아가야 할지 앞으로 전진해서 오프사이트에 빠지게 해야할지 고민했어요. 그가 달려들어 제 위치를 차지했죠. 그를 방해할 수 있는 유일한 길은 진로를 막는 것이었죠. 결국 계속해서 그를 괴롭힐 수 없게 되어서 몸을 던졌죠. 그가 넘어지지 않은 것은 행운이었어요. 그는 계속해서 플레이를 하려고 했거든요. 그가 넘어졌더라면 페널티킥이 선언되고 전 퇴장 당했을 겁니다. 이케르가 대단한 역할을 해줬죠. 그의 선방들은 안드레스의 골 만큼이나 높은 가치를 갖고 있어요." 푸욜이 인정하고 나섰다. "이전의 상황보다 훨씬 안 좋은 플레이였어요. 푸욜과 충돌 상황에서는 운이 따랐죠. 아르연은 충돌하면서 균형을 잃었고 전 몸을 던져서 볼을 낚아챘어요." 카시야스가 덧붙였다.

델보스케 감독이 두 번째 교체 카드를 투입했다. 사비 알론소를 세스크로 교체했다. 네 번째 주심이 3분의 추가 시간이 주어졌다는 사실을 알리고 나서였다. 판페르시는 월드컵 경기를 종료시킬 수 있는 기회를 맞았다. 스네이더르의 패스를 받아 스페인 수비 사이로 빠져들었다. 행운이 따랐다. 오프사이드가 선언됐다. 연장전에서 네덜란드는 마지막 기회를 잡았다. 스네이더르는 카시야스가 전진한 것을 확인했고, 로번이 오프사이드 위치에 있다는 것을 보고 패스할 수 없다는 것을 알아차렸다. 그는 장거리 로빙 슈팅으로 스페인을 놀라게 했다. 공은 밖으로 벗어났다. 웹 주심은 카시야스가 골킥을 처리한 뒤 후반전 종료 휘슬을 불었다.

스페인은 유로 2008 대회 8강전 이탈리아와 경기 이후 연장전을 치러보지 못했다. 선수들은 가쁜 숨을 몰아쉬면서 수분을 공급 받으며 체력 회복에 나섰다. 선수들은 서로를 응원했고, 델보스케 감독과 토니 그란데 코치로부터 요령과 지령을 전달 받았다. 그러는 와중에 차비가 소리치며 팀을 독려했다. "우리가 확실히 이길 거야!"

연장전에서 스페인의 첫 번째 공격 상황에 차비는 헤이팅아에게 파울을 당해 페널티킥을 얻을 수 있었다. 최소한 벤치에 있던 델보스케 감독과 그라운드 위에 있던 세스크에게는 그랬다. 둘 모두 격하게 항의했지만 돌아오는 것은 없었다. 계속해서 공격이 이어졌다. 이니에스타의 깊숙한 패스가 파브레가스에게 골키퍼와 일대일 기회를 만들어주었다. 10번을 달고 나선 파브레가스의 왼발 슈팅은 스테켈렌뷔르흐의 왼쪽 다리에 걸리고 말았다. 비야가 반대쪽에서 기다리고 있었지만 패스를 받지 못했다. "50여 일의 합숙 기간 중 유일하게 후회가 되는 순간이었어요. 제 오른쪽에 오렌지 색 유니폼이 있다고 생각했고 비야에게 패스하면 볼을 빼앗길 거라고 생각했어요." 세스크가 설명했다.

코너킥 상황에서 네덜란드가 연장전 들어 처음으로 골에 근접한 상황을 맞았다. 마테이션이 스네이더르의 코너킥을 헤딩으로 연결했으나 허공을 갈랐다. 그들은 더 이상 공격하지 못했다. "그들보다 우리가 더 견고하다는 것을 알아차렸어요. 승부차기까지 가지 않겠다고 생각하게 됐죠." 피케가 그때를 떠올렸다.

그러는 동안 판 보멀은 계속해서 같은 일을 했다. 차비를 단단히 봉쇄하는 역할에 집중했다. 수많은 파울을 범하고도 퇴장 당하지 않은 것은 거의 있을 수 없는 일이었다. 이니에스타와 세스크는 역할을 바꿨다. 파브레가스가 앤드류에게 어시스트를 시도하기 시작했고, 이니에스타가 에어리어 안에서 슈팅을 시도했다. 나바스는 오른쪽 측면으로 떨어져 있었다.

네덜란드 감독 판 마르바이크는 계획을 수정했다. 용기있는 결정을 내렸다. 데용을 빼고 판데르파르트를 투입했다. 카시야스가 골킥을 찼고 세스크가 중원에서 컨트롤했다. 그리고 비야에게 볼이 넘어갔다. 엘 구아헤가 나바스에게 볼을 열어줬고, 나바스가 슈팅을 시도했다. 볼은 판브롱크호르스트를 맞고 옆그물을 출렁였다. 이 장면은 관중석 전체를 술렁이게 했다. 스페인이 골을 넣은 것처럼 보였기 때문이다. 세스크는 과감하게 돌진해 네덜란드 수비 네 명을 제치고 슈팅까지 연결했으나 오른쪽 골 포스트를 지나쳐 나갔다.

델보스케 감독은 연장전 전반전이 끝나기 전에 세 번째 교체 카드를 꺼내들었다. 토레스가 비야 대신 투입됐다. "다비드를 교체 아웃시키는 것은 우리에겐 무척 힘든 결정이었어요. 만약 승부차기로 간다면 믿을 만한 키커 하나를 잃는 셈이기 때문이죠." 델보스케 감독이 말했다.

연장전 후반전은 좋은 소식과 함께 시작됐다. 헤이팅아가 페널티 에어리어로 달려들던 이니에스타를 쓰러트린 뒤 퇴장 당해 네덜란드가 10명으로 싸우게 됐다. 차비가 시도한 프리킥 슈팅은 높이 떴다. 세스크와 이니에스타가 동시에 그라운드에 서자 경기의 악보가 달라졌다. 이니에스타는 중원에서 더 자유롭게 움직이며 동료 선수들을 더 수월하게 도울 수 있었다. 판데르빌이 다리를 걸어 넘어트리며 네덜란드는 8명째 선수가 옐로 카드를 받았다. 아주 명확한 상황이었지만 판 보멀은 웹 주심에게 항의했다.

경기 종료까지 8분이 남은 상황, 로번은 영국인 주심의 휘슬 소리를 듣지 못하고 이미 효력이 없는 상황에 슈팅을 날렸다. 다른 경기였다면 그는 옐로 카드를 받고 퇴장당했겠지만 웹 주심은 더 이상 네덜란드 선수의 숫자를 줄이지 않기로 결정했다. 카시야스는 페널티 에어리어 근방의 거리에서 파울을 범하지 말라고 요구했지만 세스크는 파울을 하지 않고 엘리아를 막을 수 있는 대책이 없었다. 스네이더르가 페널티 에어리어에서 15미터 떨어진 곳에서 프리킥 기회를 잡았다. 그의 슈팅은 벽으로 서 있던 파브레가스를 맞고 골문 옆으로 아슬아슬하게 빗나갔다.

경기는 116분을 경과했다. 엘리아가 라모스와 세스크 사이의 공간을 파고들었으나 돌파는 쉽지 않았다. 푸욜이 나바스를 향해 크로스 패스를 보내 공간을 열어줬다. 나바스가 모터에 시동을 걸었다. 엘리아를 제치고 돌파를 시작했고, 빠른 속력으로 판데르파르트와 스네이더의 사이를 빠져들었다. 판브롱크호르스트가 그의 볼을 빼앗기 위해 볼을 뻗었다. 그를 맞고 흐른 볼이 이니에스타에게 연결됐다. 이니에스타는 발뒤꿈치 패스로 이 볼을 세스크에게 전달했다. 세스크의 패스가 수비를 맞고 굴절되며 다시 나바스에게 이어졌다. 2선에서 볼을 받은 나바스는 왼쪽으로 벌려있던 토레스에게 패스했다. 왼쪽 측면으로 빠져나와 상대의 경계를 피해있던 엘 니뇨는 세 번의 터치로 볼을 확보하고 고개를 들었다. 그리고 페널티 에어리어를 향해 볼을 보냈다. 판데르파르트의 몸을 맞고 흐른 볼이 세스크에게 이어졌다. 오른발로 볼을 컨트롤한 세스크는 상대 마크에서 자유로워진 이니에스타를 바라봤다. 아름다운 정밀함이 그의 탁월한 다리를 통해 뿜어져 나왔다. 안드레스가 오른발로 트래핑한 뒤 슈팅 기회를 잡았다. "그 순간 공과 저만 공간에 있는 것 같다는 느낌이 들었어요. 경기장 전체가 침묵에 빠진 것 같은 인상을 받았죠. 볼을 컨트롤한 직후 이미 들어가겠다는 것을 알았어요. 전 확신을 가졌습니다. 그렇게 해야만 했고요. 이게 어떤 경기이고 어떤 순간인가, 이 모든 것이…… 저는 볼을 확실하게 컨트롤하기 위해 몸을 오른쪽으로 기울였어요. 그렇게 조준해야 했죠. 가능한 완벽하게 볼이 교차됐고 스테켈렌뷔르흐가 막기엔 너무 강하고 빨라 반응할 수 없었죠.” 이니에스타가 그날의 감격에 그대로 젖어 회고했다.

안드레스는 골이 인정되었는지 확인하기 위해 주변을 둘러보았다. 그리고 쿵쾅거리는 가슴을 알고 질주하기 시작했다. 그는 코너 플래그를 향해 달려갔다. 그리고 유니폼을 벗어던지며 우고 카마레로가 경기 전 몸 풀기 훈련 도중에 써준 메시지를 전 세계에 선보였다. 운 좋게도 자리를 잘 잡았던 스페인 사진 기자들은 역사에 남을 사진을 찍을 수 있었다. “그 순간이 월드컵을 대표하는 이미지로 남은 것은 감격적인 일이었어요. 항상 누군가가 제 골을 다시 보고 제가 골 세리머니를 펼치는 사진을 보며 다니의 이름을 함께 읽게 되죠. 그는 이번 경기에서 제게 큰 힘을 줬습니다. 제겐 개인적으로 굉장히 의미있는 순간이었어요.”

방송 중계석에서는 스페인 중계진이 저마다 자신이 인생 최고의 골이라며 소리치고 있었다. 역사적인 순간을 함께 하고 있고, 감격에 휩싸여 목소리를 쥐어짜내며 소리쳤다. 서로 소리를 지르느라 동료들과 소통은 불가능했지만 그들이 중계 코멘트를 듣는 것도 짜릿했다. “영리하고 기품있는 라만차 지역의 푸엔테알비야 출신 선수가 득점했습니다! 아, 전 그의 이름을 기억합니다! 네! 안드레스 이니에스타가 득점했습니다! 새하얀 피부에 바르셀로나에서 뛰고 있는 붉은 심장! 안드레스 이니에스타!’ ‘라디오 마르카’ 의 라울 바렐라가 외쳤던 코멘트다.

‘카데나 세르’ 의 마놀로 라마는 스페인 국가의 리듬을 골이라는 단어로만 흥얼거리며 감격을 표했다. “여러분과 함께 스페인 국가를 부르고 싶습니다! 골, 골, 골, 골…… 골, 골, 골, 골…… 갑시다, 여러분! 얼마 안 남았어요!” 그의 목소리가 울려퍼졌다. “키호테의 골입니다! 라 로하 군단의 하얀 남자, 흡혈귀!” ‘카데나 코페’ 의 하비에르 페레스 살라의 멘트다. “스페인의 골! 이니에스타의 골이 터졌습니다!” ‘라디오 나시오날'의 안토니오 무엘라는 15번이나 이 소리를 외쳤다. "사랑한다 안드레스! 돈 안드레스! 스페인 만세!" 지칠 때까지 외쳤다.

두 곳의 스페인 방송사는 결승전을 방송했고, 잊을 수 없는 순간을 계속해서 다시 내보냈다. '텔레싱코' 채널에서 해설을 맡은 전 스페인 대표팀 감독 호세 안토니오 카마초는 평생 해왔듯 격하게 외쳤다. "내 인생의 이니에스타!" 그러는 동안 경기 캐스터를 맡은 파코 곤살레스는 골을 노래를 부르짖었다. "푸엔테알비야에서 세계로! 전 지구가 스페인이 어떻게 뛰고 어떻게 승리했는지 지켜보고 있습니다!"

'카날 플루스'의 카를로스 마르티네스는 네덜란드가 동점골을 만들 수 있는 시간이 없다고 확신했다.

"안드레스 이니에스타가 월드컵을 종결시켰습니다. 이제 월드컵은 스페인의 차지입니다!" 그가 선언했다.

이니에스타에게 그의 골에 대해 물으면 만면에 웃음이 번진다. 마음 깊은 곳에서부터 그런 행복감과 자부심을 만들어낼 수 있는 일은 많지 않다. 의심할 여지없이 그의 인생에서 가장 중요한 순간 중 하나다. 안드레스는 수차례 그때 공이 옆그물을 때린 것처럼 느껴졌다고 말했다. 스페인 사람들 하나 하나가 그 순간 함께 한 사람들과 포옹을 나누며 공유했다. "종종 거리에서 사람들을 만나면 이야기하더군요. 그날 골이 나서 신나하다가 다친 사람들이 있다고요. 계단에서 넘어져 발목을 다쳐치는 바람에 목발을 짚고 그날 밤을 마무리했다는 분도 있고요."

선발 출전 선수들과 교체 선수들 할 것 없이 모두 이니에스타에게 달려들었다. 사커시티의 잔디 위에 잊을 수 없는 인산이 생겨났다. 유일하게 빠진 것은 카시야스였다. 그는 무릎을 꿇고 눈시울이 축축해져서 골키퍼 장갑으로 눈물을 훔치며 마치 꼬마 아이처럼 울고 있었다. 부스케츠는 자기 위치로 돌아오기 전에 카시야스와 포옹을 나누었다. 그는 다시 정돈하라는 이야기를 들었다. "다들 집중해!" 델보스케 감독은 잠시 긴장을 풀고 물리 치료사 중 한 명인 미겔 구티에레스와 포옹했다. 하지만 이내

"침착해, 침착해!"라며 긴장을 촉구했다.

역사를 이룬 일순간, 그의 정신은 2년 전으로 돌아갔다. 델보스케는 크로아티아 대표팀 감독 슬라벤 빌리치가 유로 2008 대회 8강전에서 겪었던 일을 머리 속에 재생했다. 연장전 말미에 이반 클라스니치의 골로 크로아티아가 앞서가자 빌리치 감독은 벤치에서 뛰쳐나와 미친듯이 열광하며 골을 즐겼다. 하지만 터키는 곧 세미흐 센튀르크의 발리 슈팅으로 다시 동점을 이뤘다. 결국 크로아티아는 승부차기에서 패하며 준결승 진출에 실패하고 말았다. "그날의 일이 제 머리 속에 새겨져 있었어요. 대회 전에 대표팀 감독 모임이 있었는데 그때 빌리치를 만났어요. 경기가 끝날 때까지 에너지를 비축해 둬야한다는 것을 깨달았죠." 델보스케가 기억했다.

정확히 25초간의 플레이를 통해 골이 들어갔다. 총 다섯 명의 스페인 선수들이 관여했다. 마지막에 볼을 처리한 세 명의 선수들은 합숙 전에 팀 의료진과 긴밀히 연락을 취했던 바로 그 선수들이었다. 하지만 축구는 언제나 토레스에게 유독 잔인했다. 그는 경기 마지막 순간 볼을 향해 전력질주를 시도할 때 왼쪽 다리 근육에 통증을 느꼈다. 엘 니뇨는 잔디 위에 쓰러졌고 손으로 땅을 지지하지 않고서는 일어날 수 없었다. 내전근 파열로 휴가 기간 대부분을 보내야 했던 토레스는 경기장에서 들것에 실려나갔다. "어떤 것도 생각할 수 없었어요. 고통이 실제보다 극심하게 느껴져서 많이 놀랐죠. 두 차례의 무릎 수술도 충분하지 않았던 것 같아요……." 토레스는 여전히 비탄에 젖어 말했다.

네덜란드는 더 이상 시간이 없었다. 월드컵 역사상 가장 많은 카드가 나온 결승전은 이제 막을 내릴 순간이 왔다. 네덜란드와 스페인은 연장전의 여섯 번째 경고 등록을 앞두고 충돌하고 있었다. 이미 14장의 옐로 카드와 한 장의 레드 카드를 꺼냈던 웹 주심이 시간을 계산하고 있었다. 볼은 스페인 골문 깊은 곳으로 빠져나갔다. 카시야스가 골킥을 차려 할 때 주심의 휘슬 소리가 울렸다.

아르벨로아가 벤치를 박차고 경기장으로 뛰쳐나갔다. 목표는 분명했다. 그는 이케르가 가지고 있는 공을 빼앗으려고 달려갔다. 풀백 포지션에 걸맞은 스프린트를 보이며 질주했다. 주장은 소리 없이 눈물을 흘리고 있었고 동료에게 공을 건넸다. "이케르는 완전히 감정에 빠져있었고, 제게 공을 줬어요. 그 이후로도 그 순간을 수차례 기억했어요. 이케르는 제가 공을 빼앗아갔다고 하지만 분명히 기억하는데 전 저항 없이 공을 받았다고요." 아르벨로아가 해맑게 웃으며 말했다.

아르벨로아가 자신의 집에 수집해놓은 볼은 모두의 부러움을 사고 있다. 분명히 시간이 더 지나간 뒤에는 말로 형용할 수 없을 만큼 높은 가치를 지니게 될 공이다. 그는 추억을 가장 잘 반추할 수 있는 방법을 궁리해낸 최고의 전문가였다. "유로 2008 대회 준결승전과 결승전에 사용한 공도 제가 챙겼어요. 컨페더레이션스컵 3-4위전 경기구도 가져왔죠. 이번 월드컵에서는 8강전과 결승전에 두 개의 공을 확보했습니다. 파라가와이와 경기 날에는 FIFA가 라커룸으로 찾아와 볼을 회수하려고 했죠. 다행이 가져가지는 않더군요. 준결승전에도 가져왔지만 물품 담당자인 토니에게 맡아달라고 줬는데 그가 빼앗아갔어요." 아르벨로아가 슬퍼했다.

다른 선수들은 아르벨로아처럼 철저하지 못했다. 경기 중에 주인공이 되고 공과 함께 하는 시간에 만족했다. "제 생각에는 공을 갖는 것보다 안드레스가 넣은 골을 제가 기록하고 싶네요." 레이나가 농담을 쳤다.

피초 역시 빈손으로 집에 돌아오지 않았다. 피초는 비야가 마타를 부르는 별명이다. 아스투리아 사람을 뜻하는 피초닌을 애칭으로 줄인 것이다. "그는 볼보이 한 명에게서 곧바로 공을 빼앗았어요. 그는 제게 다시 돌려줘야 한다고 말했죠. 하지만 유니폼 안에 숨기고 도망쳤어요. 아무도 문제 삼지 않았죠." 후안이 기억했다.

경기가 끝났을 때 누구의 손에 공이 들려있었는지에 대해 분명히 기억하는 사람은 별로 없었다. 하지만 아르벨로하는 명확했다. 그는 준비하고 있었고 그의 컬렉션을 완성했다. "다들 기억하고 싶은 대로 말하죠. 하지만 유로 2008 대회 결승전에 못 가 경기장 중앙으로 달려갈 때 전 공을 향해 달려갔어요. 전 카시야스가 있던 골문의 코너로 곧바로 볼이 나갔던 것을 완벽하게 기억해요. 그 이후로 공 여러 개가 남겨져 있었는데 경기가 끝났을 때 볼보이들에게서 가져왔죠. 결승전에는 정말 많은 공이 있었고 전 경기가 끝났을 때 겨우 두 개정도 챙겨왔을 뿐이에요." 그가 강조했다.

많은 선수들이 눈물을 흘리기 시작했다. 이니에스타는 하늘을 바라보며 애써 참으려고 했지만 끝내 떨리는 몸을 주체할 수 없었다. 발데스가 그의 옆으로 다가와 꼭 껴안아 주었다. 그는 결승전 훈련일에 부상을 당해 쓰러졌던 것처럼 울었지만 이번에는 눈물의 이유가 완전히 달랐다.

사커 시티 경기장의 잔디 위에는 포옹과 외침, 전율과 질주, 점프가 샐러드처럼 어우러져 있었다. 카시야스는 다시 한 번 눈물을 흘리고 동료 선수들의 축하를 받았다. 그러는 동안 토레스는 통증과 사투를 벌이고 있었다. 코타 박사는 그가 축제를 놓치지 않도록 라커룸으로 와서 그를 그라운드로 인도했다. 친구 라울 마르티네스의 도움을 받아 엘 니뇨는 다시 경기장으로 돌아올 수 있었다.

FIFA 회장 제프 블래터와 남아공 대통령 야콥 주마가 있는 발코니에 챔피언을 맞이하기 위한 모든 준비가 끝났다. 그 순간 잔디 위에서는 선수들이 경기 중에 입었던 남색 유니폼을 벗고 빨간색 유니폼으로 갈아입을 준비를 했다. 가방 안에서 유니폼 꾸러미를 꺼냈을 때 선수들은 지금까지 한 번도 본 적 없는 가슴 위의 별을 목격했다. 별에서 눈을 떼지 못했다.

카시야스가 마지막으로 우승 메달을 받았다. 대표팀은 평생 기다려온 꿈이 이루어지는 순간을 의기양양하게 기다렸다. 주장은 크리스털로 장식된 난간 위에 올라가 넘어지지 않도록 축구화 바닥으로 단단히 지지하고 섰다. 동료 선수들이 그가 넘어지지 않도록 받쳐주었다. 이케르는 미소를 짓기 시작했고, 온 힘을 다해 36.8센티미터에 6.175킬로그램짜리 월드컵 우승 트로피를 들어올렸다. "소리를 지르면서 완전히 행복감을 느꼈어요. 모든 사람들이 잘 볼 수 있도록 트로피를 높이 올렸죠." 카시야스가 말했다.

다시 잔디 위로 내려온 선수들은 월드컵 트로피를 번걸아 가며 즐겼다. 몇몇 선수들은 소속팀의 머플러나 자기 지역의 깃발로 장식했다.

광고 판넬에는 챔피언을 축하하기 위해 메시지가 펼쳐졌다. "콩그레추레이션!" 카시야스와 차비가 한숨을 돌리며 대화를 나눴다. "이제 우리 모든 것을 다 이뤄낸 것인가?" 차비가 10년이 넘게 라 로하 군단에서 동고동락한 골키퍼 카시야스에게 물었다.

라커룸으로 돌아오기 전에 카시야스는 '텔레싱코' 방송사의 리포터로 대회 취재에 나선 그의 여자친구 사라 카르보네로에게 다가갔고 인터뷰를 했다.

"우리는 처음부터 마지막까지 우승할 자격이 있는 팀이었다고 생각합니다. 항상 응원해준 사람들, 부모님, 제 형제에게 감사 인사를 전하고 싶습니다." 이케르가 감격에 찬 가운데 말을 이었다.

"괜찮아요. 경기에 대한 이야기를 조금하고 다시 감사 인사를 이어가죠." 사라가 인터뷰를 이어갔다.

"아니요. 제 친구들 그리고 당신에게" 라고 말하며 그는 전 스페인이 지켜보는 가운데 리포터와 깊은 키스를 나누었다.

스위스와의 경기가 끝난 뒤 둘의 관계에 대한 부정적인 이야기들이 많이 떠돌았다. 이제 모든 것이 일축됐다. "사라에 대한 말들은 모두 부당했어요. 하지도 않은 일에 끌어들여 문제를 삼았죠. 문제 원인을 엉뚱한 곳에 뒤집어씌우려고 한 거예요. 그전처럼 매정하게 굴지 않아도 됐어요. 감정이 충만했죠. 그런 행동이 그녀의 일에 영향을 줄지 모른다고 생각했지만 항상 좋은 것이 이기는 법이에요. 경기장 안에서든 밖에서든 말이죠." 카시야스가 2011년 11월 마르카와 가진 인터뷰에서 말했다.

세스크는 관중석으로 올라가 부모님과 형제, 할아버지, 여자 친구와 함께 감격을 나눴다. 살면서 그 어느 때보다도 만족스러운 포옹을 나눴다. 결코 잊을 수 없는 순간이었다. "가족들에게 많은 시간을 뛰지 못할 것이라 남아공까지 오지 않아도 된다고 했었어요. 많은 시간을 뛰지 못하는 것이 제겐 힘든 일이라는 것을 다들 알고 계셨죠.

카시야스가 블래터 회장이 준 월드컵 트로피를 받고 입을 맞추고 있다.

이니에스타가 결승전에서
스네이더르와 경합하고 있다.

푸욜이 독일과 남아공 준결승전에서 헤딩골을 터트리며
스페인을 결승전으로 이끌었다.

비야가 남아공 월드컵에서 5호 골을 터트리며 환호하고 있다.

부스케츠와 카시야스가 월드컵 우승을 이룬 뒤 감격을 함께 나누고 있다.

이니에스타가 동료 선수들에 둘러싸여 월드컵 트로피를 들어올리고 있다.

스페인 대표팀이 소피아 왕비, 아스투리아 왕자, 테니스 선수 라파 나달,
플라시도 도밍고와 함께 라커룸에서 우승을 즐기고 있다.

스페인 선수들이 이니에스타의 네덜란드전 득점 이후 인간산을 이루며 자축하고 있다.

선수들이 사커 시티 경기장 잔디 위에서 델보스케 감독의 헹가래를 치고 있다.

펠리페 왕세자와 소피아 왕비가 라커룸을 방문하여 카시야스와 기쁨을 나누고 있다.

스페인 대표팀이 마드리드 시내에서 버스를 타고 우승 기념 퍼레이드를 하고 있다.

델보스케가 그의 아들 알바로와 함께 우승 퍼레이드 버스 위에서 팬들에게 인사하고 있다.

네덜란드와 월드컵 결승전에 나선 스페인 대표팀 선발 선수 11명의 기념 사진

월드컵 우승 후 귀국길 비행기 안에서 선수들이 우승컵을 들고 포즈를 취했다.

심사숙고한 끝에 결국 절 응원하러 오기로 했고, 그 결정은 제 인생 최고의 결정이었다고 생각합니다. 아직 제 인생 최고의 꿈이 모두 다 끝난 것은 아니지만요." 세스크의 기억이다.

그러는 동안 피케는 이니에스타가 득점한 골문으로 다가갔다. FIFA 직원들은 골망을 수거하려고 애를 쓰고 있었다. 이를 지켜보던 수비수 피케는 골망을 라커룸으로 가져가면 안 되겠다고 허락을 구했다. "전 골망을 수집해요. 바르사에서 두 차례 챔피언스리그 우승을 이뤘을 때도 골망 전부를 집으로 가져왔어요. 몇몇 조각은 잘라서 친구들에게 나누어 주기도 했죠. 하지만 사커 시티에서는 그럴 수 없었어요. 결국 수많은 설득 끝에 일부 조각을 가져가는 것을 허락받았죠. 액자로 장식해서 보관하고 있어요. 그들이 골망은 스폰서에서 지원한 것이기 때문에 줄 수가 없다고 말하더군요." 피케가 밝혔다.

라커룸에는 고위 인사과 스페인 유명 인사들이 축하 인사를 전하러 가기 위해 줄을 섰다. 가정 먼저 스페인 선수단의 라커룸에 들어갈 수 있는 특권을 누린 것은 스페인 왕자 펠리페였다. 스위스와 첫 경기 직후와는 완전히 달라진 분위기였다. 플라시도 도밍고도 챔피언을 축하하기 위해 내려와 선수들에게 아카펠라로 '스페인 만세Que viva españa'를 불러주었다. 테니스 선수 라파 나달도 축제를 함께 하고 싶어했다. 그는 선수단, 우승컵과 함께 사진을 찍었다. 나바스는 촬영 직전에 그의 볼에 뽀뽀했다. 푸욜과 이니에스타는 가장 많은 사진 촬영 요청을 받았다. 토레스는 시간이 갈수록 부상 사실을 잊었다. 세스크는 핸드폰으로 사진을 촬영하는 데 열중하느라 아무 소리도 듣지 못했다. "그 중요한 일 좀 끝내보라고" 파브레가스가 웃기 시작하더니 카시야스와 감사의 의미를 담은 포옹을 나누었다. "이케르가 절 많이 도와줬어요. 대회 내내 곁에서 정신적으로 많이 힘이 되어주었죠. 그가 위대한 주장이라는 걸 알 수 있었죠."

차비는 핸드폰에 온 축하 메시지에 답장을 하고 있었다. 차비의 친구들은 자신들이 세계 챔피언을 친구로 두고 있다고 자랑할 수 있으리라. 선수들이 텔레비전을 응시하고 있을 때 스페인축구협회 앙헬 마리아 비야르 회장이 다가왔다. "축하하네, 챔피언! 여러분께 조금 양해를 구하겠네. 여기 미셸 플라티니 회장께서 여러분의 유니폼 하나를 받을 수 없는지 부탁하셨다네." 차비는 UEFA 회장이 결승전 유니폼을 얻기 위해 라커룸까지 찾아온 것에 놀랐다. 결승전에 착용한 유니폼은 단 두 벌뿐이었다.

선수단 가운데 기자단 앞에 가장 늦게 나타난 것은 세르히오 라모스였다. 평소에도 늦는 편이지만 그날은 늦을 수밖에 없었던 정당한 이유가 있었다. 레알 마드리드에서 동료로 함께 했던 두 절친한 친구의 감정을 공유하기 위해 떠들썩했던 잔치에서 잠시 빠져나왔다. 한 명은 베슬러이 스네이더르, 또 다른 한 명은 아르연 로번이다. 라모스는 두 선수와 결승전 몇일 전부터 즐거운 문자 메시지를 주고받으며 좋은 관계를 유지하고 있었다. "라커룸에서 그들과 이야기를 나누고 있었어요. 축하를 위한 시간은 항상 충분합니다. 하지만 축구는 불공평한 스포츠예요. 월드컵의 한 부분에서는 몇 년 동안 아픔을 잊기 위해 비운을 맛보는 이들이 있는 법이죠. 마음에 굉장한 상처를 받았던 친구들을 곁에서 격려해주고 싶었습니다. 제 아주 좋은 친구들이거든요"

이니에스타는 계속해서 자신을 따라다니는 이들로 인해 고생했다. 이번에는 네덜란드 선수들이 아니라 협소한 공간을 차지하고 따라붙는 마이크와 카메라들이었다. 그날 밤 믹스트존에서 에두아르도 가르시아의 질문을 받아 그들의 이야기를 직접 전할 수 있었던 것은 내겐 큰 특권이었다. 그날 그 순간을 절대 잊을 수 없을 것이다.

그들이 입고 있던 유니폼은 상하의 모두 그들이 벌인 사투를 그대로 반영하는 많은 흠집이 나 있었다. 안드레스는 결승골을 기록한 순간 입고 있던 유니폼을 보물처럼 간직하고 있다. 그는 사커 시티 경기장의 잔디 일부분도 추억을 위해 챙겨왔다.

며칠 뒤, 이니에스타는 개인 박물관을 개관하는 특권을 누렸다. 그곳에는 그가 출연한 라디오 방송과 경기 비디오, 인터뷰가 실린 잡지와 신문 등 모든 자료가 모여 있었다. 하나 하나 세심한 애정을 담아 모아진 소장품이었다. 그의 경력을 돌아보고 즐길 수 있는 최고의 공간이다. 앞으로 그가 걸어갈 길이 더 많기에 더 많은 것들이 쌓여

갈 것이다. 별안간 그는 그의 관심을 끄는 또 다른 유니폼 하나를 박물관에 전시할 수 있게 되었다. 매우 감동적인 순간이었다. "걱정 마. 우리의 월드컵은 또 아직 찾아오지 않았어." 페르난도 토레스가 자신의 사인을 담아 그에게 바쳤다.

이니에스타는 엘니뇨와 함께 2011년에 트리니다드토바에고에서 열린 FIFA U-17 월드컵에 참가했던 일을 떠올렸다. 일찍 탈락했기 때문에 안 좋은 추억으로 남아있는 대회다. 스페인은 부르키나 파소에 패배하며 조별리그도 통과하지 못했다. 아르헨티나에게도 패배했다. 그 유니폼을 보자마자 얼굴에 미소가 번지기 시작했다. 핸드폰을 꺼내들어 토레스에게 문자 메시지를 보냈다. "지금 휴가를 보내고 있는 중이라 그곳에 가지는 못했지만 정말 고마웠어요. 대표팀에서 이니에스타와 15년 가까이 함께 뛰었습니다. 2001년 대회 당시에 우리는 서로를 위해 바친다는 의미로 유니폼을 교환했

선수들이 사커 시티 경기장 잔디 위에서 델보스케 감독의 헹가래를 치고 있다.

어요. 결국엔 제 예상이 맞은 거죠" 토레스가 농담을 섞어 이야기했다.

: 우리의
인생을
바꾼 별

비행 열 시간 후에, 에어버스 340 이삭 알베니스 항공기는 오후 세 시 바라하스 공항에 착륙했다. 이케르 카시야스가 비센테 델보스케에 앞서 월드컵 트로피를 들고 나왔다. 비행기에서 세 번째로 나온 사람은 앙헬 마리아 비야르였다. 활주로는 공항 직원들과 기자들, 구경 온 사람들로 가득 차 있었고, 그들은 "캄페오네스 '챔피언' 을 뜻하는 스페인어. 유럽 축구계에서 우승을 하면 관례적으로 합창하는 노래, 캄페오네스"를 노래하기 시작했다. 이 순간이 스페인 전역을 뒤덮은 축제에 대표팀이 처음으로 참여하는 순간이었다. 버스는 활주로에서 선수들을 싣고 가까운 호텔에 데려다 주었다. 공식행사 및 마드리드 거리 퍼레이드를 앞두고 선수들이 잠시 휴식을 취하고 식사도 하기 위해서였다.

델보스케는 호텔에서 가족들을 다시 만난 다음에, 잠시 그들과 떨어졌다가 몽클로아 궁전에서 아들 알바로를 만나기로 했다. 알바로가 대표팀과 함께 퍼레이드 버스에 오르고 싶어 했기 때문이었다. 감독은 우선 축구협회 회장에게 허락을 구했다.

오후 일곱 시 사십 분, '라 로하가 세계를 정복했다', '캄페오네스' 라는 문구가 적힌 버스가 마드리드의 거리를 돌기 위해 시동을 걸었다. 에스파냐 광장을 지나 그란 비아를 향해서, 버스는 서서히 모습을 드러냈다. 마드리드는 우리의 첫 번째 월드컵 제패를 축하하기 위해 나온 사람들로 가득 차 있었다. 축구는 그때까지 그 누구도 해내지 못한 것을 막 이뤄냈다. 역사의 굴곡을 겪으면서, 특히 경제적인 측면에서 내부 대립이 첨예했던 나라를 하나로 만든 것이다. 사람들은 얼굴에 스페인 국기 색을 칠하고 빨간색 셔츠를 입고는 잠시 걱정, 근심을 모두 잊었다.

거리에 몰려나온 사람들은 축구팬뿐만이 아니었다. 하나의 사회현상이 된 것이다. 근래에 이런 규모의 군중이 거리로 나온 적이 없었다. 부모들은 아이들의 손을 잡고 나와 남아공의 영웅들이 거리를 지나갈 때 펄쩍펄쩍 뛰며 손을 흔들었다. 젊은이들은 행렬을 더 잘 보기 위해서 버스 정류장의 지붕에 올라갔다. 용감한 사람들은 퍼레이드 버스를 쫓아가기 위해 사람들이 몰려 있는 곳의 공간을 비집고 들어가려고 애쓰기도 했다.

선수들은 그들이 누리고 있는 그 순간을 믿을 수가 없었다. 맥주 때문에 취기가 오르기 시작했고 선수 몇몇은 균형을 잡기 힘들었다. 그렇지만 이 잊을 수 없는 장면을 휴대폰으로 찍지 않을 수는 없었다. 예고한 것보다 거의 두 시간이나 지연된 열한 시 오 분 전에야 버스는 프린시페 피오 근처에 있는 푸엔데 델 레이의 공터에 도착할 수 있었다. 이니에스타의 골 이후 거의 24시간이 지났지만, 너무 행복해서 피곤한 줄도 몰랐다.

무대 위에서는 다시 한 번 페페 레이나가 위대한 주인공이 되었다. 이 골키퍼는 다시 한 번 동료들의 특징을 포착하여 읊었다. 또 다시 잊을 수 없는 쇼를 보여줘서 온 나라를 들썩거리게 한 것이다.

"1번, 1981년 5월 20일 모스톨레스에서 성인이 태어났습니다. 8강 파라과이 전에서 페널티킥을 막아내고, 준결승에서 독일을 완벽하게 틀어막았고, 결승전에서는 로벤을 발로 막고, 손으로도 막은 이케르 카시야스!

2번, 유명한 친구가 많은 남자, 핀 하나를 놓고 싸우는 남자, 블랙베리 폰을 사랑하는 라울 알비올!

3번, 연예계와 친한 남자, 스페인의 댄디보이, 세계의 중심, 제라르 피케!

4번, 스페인 팀 담당 성직자, 55경기 무패, 누구도 이룩한 적 없는 위대한 업적을 이 룬 우리의 신부님 카를로스 마르체나!

5번, 스페인의 머리, 아프리카의 타잔 같은 머리칼과 멋진 헤딩으로 우리를 결승으 로 견인한, 정강이뼈를 뜯어 먹는 사나이 카를라스 푸욜!

6번, 달콤한 이니에스타, 결승전의 각본을 쓴 남자, 온 스페인이 사랑하는 남자 안드 레스 이니에스타!

7번, 스페인의 주득점원, 스페인의 골에는 그의 이름이 있다! 엘 구아헤 다비드 비야!

8번, 중원의 지휘자, 여기, 또 여기, 또 여기도 지휘한다. 공을 빼앗아서 바로 연결하 는 차비 에르난데스!

9번, 2년하고도 13일 전에 그가 독일 골문에 넣은 골에서부터 이 모든 것이 시작되 었습니다. 우리를 꿈꾸게 하고, 해낼 수 있다고 믿게 했습니다. 그래서 우리는 월드컵 을 차지했습니다. 페르난도 토레스!

10번, 이제 더 이상 그를 '허당' 이라고 부르지 않겠어요. 음, 좋아요. 여튼 10번! 마음 이 따뜻한 남자, 바르사의 미래, 스페인의 미래 세스크 파브레가스!

11번, 왼쪽 필드의 주인, 지치지 않는 남자, 탁월한 남자, 완전 못 생긴 조안 캅데빌라!

12번, 오스피탈레트_{바르셀로나주 남부에 있는 도시}에서 온 표범, 천부적인 재능, 뛰어난 개 성. 모두들 그러던데요, 저랑 사이가 안 좋다고요. 저랑 사이가 안 좋다고요? 무슨 헛소 리야, 빅토르 발데스!

13번, 마법의 발목, 드리블의 귀재 후아닌 마타!

14번, 스페인의 폐, 조국 스페인을 위한 전투에서 부상을 입은 사나이 사비 알론소!

15번, 카마스_{세비야주에 속한 도시}의 인디오, 오른쪽 필드의 폐, 내려갔다, 올라갔다, 감독 님 말씀처럼 골문으로 공을 보낼 때 좀 긴장하기는 하지만, 아주 잘하는, 카마스의 인 디오 세르히오 라모스!

16번, 제게는 그가 월드컵의 사나이입니다. 바디아_{카탈루냐 지방 사바델의 도시}에서 온 제

설기, 바디아에서 온 문어, 스페인의 촉수, 공을 빼앗고, 주고, 끊어내고, 진행하고, 플레이를 만들어내는 세르히오 부스케츠!

17번, 우리는 그를 '스파르타인'이라고 부릅니다. "스파르타인들이여, 당신들의 임무는 무엇이오? 아우, 아우, 아우", 알바로 아르벨로아!

18번, 화장실에 갔다가 달리고, 밥 먹고 달리고, 자러 가서는 누워서도 달리는 남자, 탁월하고 위대한 페드로!

19번, 라 로하의 덤프트럭, 포르투갈 전에서 상대 센터백들을 교란시킨 남자, 세 명, 네 명, 다섯 명도 문제없다, 라 로하의 덤프트럭 페르난도 요렌테!

20번, 빌바오의 용광로에서 왔다. 지구에서 공을 가장 잘 빼앗는 사나이. 스페인의 활력, 기운, 체력. 팀에 헌신하는 하비 마르티네스!

21번, 카나리아에서 와서, 삼바를 추면서, 농담을 하면서, 예술적인 축구를 여기서 저기서 하고, 지금이야! 지금은 아니네, 지금 골 넣는다, 잡아라, 포니! 키 140 다비드 실바!

22번, 여기 문제가 있어요! 정신병원에서 탈출한 사람입니다. 얼굴을 곧 보게 될 거예요. 뛰어서 탈출했어요. 병원에서는 그를 못 잡아요, 엄청 빠르거든요. 미친 새, 대표팀의 활력 헤수스 나바스!

마지막으로 23번, 머리가 아파서 이제 내가 누군지도 모르겠어요. 여러분들과 진심으로 함께 하는 겸손한 진행자 페페 레이나!

인간적으로는 선량한 사람, 일에서는 곧은 사람, 우리를 여기까지 데리고 온 감독님, 우리가 모두 원하던 그 금빛 우승컵을 갖게 해주신 분, 돈 비센테!"

이는 대표팀의 구성원들이 평생 잊을 수 없을 꿈 같았던 50일의 피날레였다. 경기에 출전을 많이 하지 못한 선수도, 기술팀 구성원들도, 주변에 일했던 모든 사람들에게도 마찬가지였다. 선수단은 메손 트시스투에서 저녁을 먹고 뉴 가러먼드에서 파티를 하는 것으로 그날을 마무리했다.

이제 월드컵에 우승하면 지키기로 했던 약속을 지켜야 할 순간이 왔다. 일간지 마르카는 대회 전에 선수들에게 만약에 우승한다면 무엇을 할 것인지를 적으라고 봉투를 하나 건네주었다. 일부는 뒷감당이 어려울까 싶어 쉬운 것을 골랐다. 어떤 선수들은 독특한 걸 적었지만 아직도 그 약속을 지키지 않았다.

비야는 영악했다. 카시야스가 프롤로그에서 언급한 약속과 마찬가지로 정말 간단하고 당연한 것이었다. "친구들과 함께 우승을 즐기겠습니다. 약속을 한다면 지켜야 하니까요." 구아헤가 웃으며 말했다.

피케, 페드로, 발데스도 화려한 축제를 즐기겠다고 했다. 부스케츠도 머리를 잘 썼다. 자신의 휴가 계획으로 빠져나간 것이다. "저는 우리가 우승하면 친구들이랑 푼타 카나에 놀러 가겠다고 썼어요. 솔직히 말하면 우승을 못했어도 갔을 거예요. 아무도 그걸 왜 안 지켰냐고 할 수가 없죠. 휴가를 가서 하루는 수영복 주머니에 핸드폰을 넣고 수영장에 뛰어들었어요. 몰랐어요."

이니에스타, 토레스, 마르체나는 아직도 카미노 데 산티아고를 완주하지 못했다. 걸어서 할 건지, 자전거로 할 건지도 적어 놓지 않았고, 언제 할 건지도 정하지 않았다. 사비 알론소는 한 술 더 떴다. 세계일주를 하겠다고 썼다.

라모스, 레이나, 캅데빌라는 몸에다 월드컵 모양을 문신으로 새기겠다고 했다. 이를 지킨 사람은 라모스뿐이다. 페페는 염소 수염을 밀고 자기 생일이 돌아올 때까지 유지하겠다고 했다. 8월 31일이었기에 많이 남지도 않았지만, 낯설어 하는 딸들 앞에서 자랑해 보였다. "제 몸의 일부 같았지만, 챔피언답게 약속을 지켰죠. 문신은 아직까지 보류예요."

하비 마르티네스는 아직도 자신이 적은 내용 중의 일부를 없던 걸로 하려고 애를 쓰는 중이다. '머리를 진분홍색으로 염색하고 발가벗은 채로 낙하산을 타겠다'는 게 그가 적은 내용이다. "스카이다이빙은 할 거예요. 하지만 옷 입고, 제 본래 머리색깔로 하고 싶네요."

약속을 지켰든 지키지 않았든, 이제 스페인 축구는 큰 책임감을 갖게 됐다. 국가대표팀의 모든 유니폼에는 자수로 노란 별 하나가 위엄 있게 수놓아질 것이다. 스페인은 전 세계에서 월드컵을 들어올린 단 8개국의 일원으로 당당하게 우뚝 섰다. "우리는 이제 새로운 문화에 적응해야 합니다. 별이 있다고 해서 경기를 이길 수 있는 게 아니라는 것을 알아야 합니다. 아무도 저희한테 승리를 헌납하지는 않을 거예요." 페르난도 이에로가 말했다.

세계 제패의 후유증은 만만치 않았다. 온 세계의 질투를 견뎌내야 했고, 챔피언을 이기겠다는 수많은 도전장을 받게 되었다. 델보스케는 선수들이 성공에 질식하지 않도록 하는 것이 걱정이었다. 2년 전 유로를 제패했을 때도 상황은 비슷했다. "과거는 과거일 뿐입니다. 우리가 세계 챔피언이었다는 사실은 누구도 바꿀 수 없어요. 미래는 더 좋을 수도 있죠. 우리는 앞을 봐야 합니다. 지난 추억에 젖어 있는 건 좋을 게 없죠." 델보스케가 말했다.

역사적으로도, 최정상에 오르고 난 뒤에 좋은 성적을 유지하는 것이 쉽지 않다는 게 증명되었다. 우리보다 앞서 월드컵 우승을 이뤘던 세 나라 모두 월드컵 이후 성적이 좋지 못했다. 이탈리아는 2006년 월드컵 이후 일곱 경기에서 세 경기밖에 이기지 못했다. 한일 월드컵을 제패한 브라질은 상황이 더 안 좋았다. 두 경기밖에 이기지 못한 것이다. 1998년 월드컵에서 우승한 프랑스는 일곱 경기에서 네 번 이겼다.

: 유로 예선 전승

스페인은 유로 2012 예선을 견고하고 안정감 있게 헤쳐 나갔다. 친선경기에서는 지기도 했지만, 공식 경기에서는 한 번도 지지 않았다. 여덟 경기에서 여덟 번 승리를 챙겼으며, 스물여섯 골을 넣고 단 여섯 골만 내줬다. 스페인은 매 경기마다 상대 팀을 어리벙벙하게 했으며, 기관차 같은 파죽지세로 1위로 예선을 통과했다. 2위 체코와는 승점 11점 차이였다. 독일 또한 유로 예선을 전승으로 마쳤다. 독일 팀은 A조에서 10전 전승을 기록했다.

카를라스 푸욜은 깊은 숙고 끝에 그의 결심을 재고하기로 했다. 월드컵 우승 한 달 뒤 개인 블로그에다 대표팀에서 계속 뛰겠다는 결정을 밝혔다. "모두 안녕하세요. 그 문제를 놓고 정말 생각을 많이 했습니다. 그리고 대표팀에서 앞으로 2년 더 뛰기로 결심했습니다. 동료들, 감독님, 페르난도 이에로, 친구들과 이 문제를 놓고 많이 의논하고 이런 결정을 내렸습니다. 안부를 전합니다." 푸욜이 가는 길을 막을 사람은 아무도 없었다.

델보스케는 처음에는 월드컵에서와 같은 선수 구성을 했다. 첫 번째 경기는 리히텐슈타인과의 경기였다. 이 경기는 토레스가 남아공에서의 불운을 만회하는 경기가 되었다. 두 골을 넣은 그는, 에밀리오 부트라게뇨와 함께 대표팀 역사상 다섯 번째로 많은 골을 넣은 선수가 되었다. 비야는 이날 넣은 골로 라울을 한 골 차이로 바짝 따라붙었다. 경기는 실바의 골로 마무리되었다.

월드컵 우승 이후 국내에서 첫 경기를 개최한 도시는 살라망카였다. 살라망카의 팬들은 델보스케를 애정이 담긴 카드 섹션으로 환영했다. 차비와 세스크가 불참했고, 막판에 예상 외로 감기몸살이 악화된 사비 알론소도 함께 하지 못했다. 후반전이 시작되자마자 요렌테가 골을 넣었지만 잠시 후 리투아니아가 동점골을 넣었다. 다시 요렌테가 한 골을 더 넣었고, 경기 막판 실바가 한 골을 추가해 홈에서 승점 3점을 추가할 수 있었다. 흥미롭게도 스페인이 넣은 세 골은 모두 헤딩골이었다. 이 경기에서는 아르티스 아두리스가 데뷔했다.

햄든파크에서 비야는 마침내 라울과 동률을 이뤘다. 스코틀랜드의 휘태커가 확실한 핸드볼 파울을 범해서 전반전 막판 페널티킥이 선언되었다. 이전에는 알론소가 페널티킥을 찼지만, 이날은 비야가 공을 놓고 오른발로 골키퍼의 왼쪽으로 차 넣었다. 그는 동료들과 포옹하기 전에, 성호를 긋고 하늘을 쳐다보았다.

델보스케 감독은 월드컵 독일 전과 네덜란드 전에서 좋은 결과를 이끌어냈던, 단신 공격수 세 명을 전면에 배치하는 전술을 다시 내놓았다. 비야의 왼쪽에는 이니에스타가, 오른쪽에는 실바가 포진했다. 안드레스의 두 번째 골로 승리가 스페인으로 기우는 듯했지만 스코틀랜드는 경기 종료 30분을 남겨두고 다시 동점을 만들었다. 피케의 자책골이었다. 요렌테가 필요했다. 교체멤버로 출전한 그는 공중볼로 경기를 마무리했다. 스페인은 승점 9점을 기록했다. 체코는 6점이었다.

그라나다에서 있었던 체코와의 경기에서 델보스케는 부상으로 자리를 비운 푸욜 대신 라모스와 피케를 중앙 공격수 콤비로 내보냈다. 아르벨로아는 오른쪽 측면에서 뛰었고 공격진은 토레스를 제치고 선발로 나선 나바스와 비야, 이니에스타였다. 전반전이 끝났을 때 체코가 0:1로 앞서고 있었다. 스페인의 조 1위가 위험해진 순간이었다.

이 경기가 델보스케에게는 가장 힘들었다. 알론소를 빼고 토레스를 넣는 모험을 해야 했기 때문이다. 이후 캅데빌라를, '가짜 왼쪽 윙'으로 뛴 카소를라로 교체했다. 다행히도 비야가 이니에스타의 눈부신 조력에 힘입어 두 골을 넣어 결과를 뒤바꿨다. 마침내 비야가 스페인 축구 대표팀 역사상 가장 많은 골을 넣은 선수로 등극했다. 그는 동점골을 넣고 나서 벤치로 달려가 그의 '형제' 페페 레이나와 포옹했다. 두 번째 골은 페널티킥이었다. 이 날은 차비가 역사상 네 번째로 A매치 100경기 출장의 위업을 달성한 날이기도 했다.

대표팀 선수들은 리투아니아 카우나스에서, 자신이 축구를 시작하던 시절을 떠올릴 수밖에 없는 경험을 했다. 잘기리스 스타디움의 상태가 선수들이 '카우나스 아레나 모래사장'이라는 뜻'라고 이름을 붙일 정도로 최악이었기 때문이었다. 경기를 제대로 할 수가 없는 수준이었다. 잔디는 완전히 말라 비틀어져 있었고 모래가 너무 많아서 아주 위험했지만, 스페인 대표팀은 리투아니아 축구협회를 이해하고 프로 정신으로 한 수 가르쳐주었다.

델보스케는 로테이션을 선택했다. 팀은 실용적이고 군더더기 없는 축구를 선보였다. 무엇보다도, 실바의 멋진 어시스트를 받아 마타가 넣은 팀의 세 번째 골은 찬사를 받을 만했다. 스페인은 냉동고 속에서도 간단히 이길 수 있다는 것을 증명했다.

스페인은 신화적인 경기장 라스 가우나스스페인 로그로뇨에서, 경기 초반 30분간 무실점으로 분전한 리히텐슈타인을 상대로 골 축제를 벌였다. 이 날은 컨디션이 매우 좋다는 것을 증명해 보인 네그레도의 날이었다. 마드리드 출신의 네그레도는 팀의 첫 번째, 두 번째 골을 넣었다. 후반전에는 티아고 알칸타라가 데뷔했다. 브라질에게는 안 좋은 소식이었다. 토레스는 이날 출전명단에 포함되지 않아 특별석에서 경기를 보았다. 관중들은 이 지역 리오하 출신의 스타인 요렌테의 출전을 끈기 있게 기다렸다. 스페인은 유로 2012 본선에 조 1위로 진출하는 것을 확정했다.

이제 스페인은 남은 두 경기로 조 2위 자리를 놓고 다투는 체코와 스코틀랜드의 운명을 좌우하게 되었다. 선수 소집에서 주목할 만한 점은 푸욜이 11개월 만에 복귀한 점과 조르디 알바가 처음으로 소집되었다는 것이었다. 역사적으로 스페인은 프라하에서 여섯 번 경기를 해서 그때까지 한 번도 이기지 못했다.

델보스케는 이번에는 토레스를 정점에 놓고 좌우에 실바와 마타를 배치했다. 체코는 극단적으로 수비적인 선발명단을 구성해서 모두를 놀라게 했다. 마타는 첼시 동료인 체흐 앞에서 공격을 했고, 경기는 잘 풀렸다. 이 경기에서도 기억에 남을 만한 플레이가 나왔다. 40초 만에 아홉 명의 스페인 선수가 공을 터치한 것이다. 이것을 사비 알론소가 마무리했고, 이는 팀의 두 번째 골이 되었다. 톨로사 출신의 사비 알론소는 A매치 열한 골을 기록, 델보스케 대표팀에서 두 번째로 많은 골을 넣은 선수가 되었다. 휘브슈만의 소름 끼치는 태클이 사비 알론소의 발목을 향해 들어와 큰 부상을 입을 뻔하기도 했다.

마지막 여덟 번째 경기는 알리칸테의 리코 페레스에서 열렸다. 스코틀랜드는 2위가 되기 위해서는 이겨야 했지만 지고 말았다. 조르디 알바가 대표팀에 데뷔하여 자신이 '라 로하'의 일원이 될 자격이 있다는 것을 보여주었다. 빅토르 발데스의 공식 경기 데뷔전이기도 했다. 하지만 이 경기의 진정한 주인공은 다비드 실바라는 데 이견이 없었다.

델보스케는 이미 몇몇 경기에서 시험한 적이 있는 '가짜 9번' 형태를 시험했다. 이 역할은 맨체스터 시티 소속의 실바에게 주어졌다. 그는 비야, 페드로와 함께 전방에서 뛰었다. 실바는 독보적인 활약을 보이며 두 골을 기록했다. 그의 첫 번째 골은 선수 여덟 명이 총 75회 볼을 터치하면서 만들어낸, 정확성과 타이밍으로 탄생한 공학적인 작품이었다. 비야는 처음으로 주장 완장을 차고 뛴 이 경기에서 후반전 골을 기록하여 A매치 50골 고지에 올랐다.

스페인 축구 국가대표팀 '라 로하'는 승리의 보증수표가 되었고, 기록을 깨는 데 전문이었다. 스코틀랜드와의 경기에서 승리하면서 스페인은 프랑스, 네덜란드와 함께 '공식 경기 14연승'이라는 역사적인 기록을 공유하게 되었다. '오렌지' 군단은 2008년 9월부터 2010년 6월까지 이 기록을 세웠다. 요하네스버그에서 열린 월드컵 결승전에서 스페인에게 패함으로써 기록이 중단되었다. '레 블뢰' 군단의 경우, 2002년 9월부터 2004년 6월까지의 기록이다. 이 기간 사이에 2003년 컨페더레이션스컵에서 우승했다.

스페인 대표팀은 두 번의 주요 대회 예선, 즉 2010 남아공 월드컵 예선과 폴란드-우크라니아 유로 2012 예선에서 전승을 거뒀다. 주요 대회 예선에서의 패배를 찾아보려면 2006년 10월 스톡홀름까지 되돌아가야 한다. 그때부터 지금까지 총 26승을 거뒀고 아이슬란드와 한 번 비겼다. 포르투갈에서 개최된 유로 2004, 2006 독일 월드컵 진출을 위해 노르웨이, 슬로바키아를 반드시 이겨야만 했던 기억은 옛날이야기가 되었다.

: 끝없이 이어지는 수상

어딜 가나 인정받고 대접받으며 넉넉한 보상을 받는 일이 일상이 되었다. 선수들은 이에 적응해야 했다. 챔피언들의 인기는 어마어마하게 치솟았다. 많은 선수들이 상업 광고에 출연했고, 밀랍인형박물관에도 축구선수 인형이 늘었다. 라울, 카시야스, 토레스 인형 옆에 2011년 3월 이니에스타와 비야의 인형이 놓였다. 각종 상패, 감사장, 광고 촬영, 선물……

델보스케, 앙헬 마리아 비야르, 협회 멤버들에게 엄청난 훈장, 상, 사의가 홍수처럼 쏟아졌다. 2010년 7월 11일 이후 개최된 축하 행사를 세기가 힘들 정도였다. 협회는 대략 200회에 가까운 행사가 있었다고 밝혔다.

법인, 국가 기관, 다양한 국제 조직에서 세계 챔피언에게 축하행사를 열어 상을 주고 싶어 했다. 델보스케의 사회적 신분도 바뀌었다. 후안 카를로스 국왕이 후작 작위를 수여했기 때문이다. 국가보고서에 기록된 작위 수여 사유는 다음과 같다. "스페인 스포츠 발전을 위해 바친 위대한 헌신과 스포츠 가치 진흥에의 기여는 특별히 치하할 가치가 있다."

이때부터 델보스케는 주변 코칭스태프, 선수들, 기자들의 장난스러운 놀림 속에 '델보스케 후작 각하'로 귀족 대우를 받았다. 하지만 호칭이 '감독님'이나 이름 자체로 돌아오는 데는 얼마 걸리지 않았다. 수많은 훈장 중에 델보스케가 특별히 소중하게 생각하는 것은 두 가지였다. 뉴욕에서 왕비에게 직접 받은 소피아 왕비 재단 훈장과 아스투리아스 왕자상이었다.

오비에도의 캄포아모르 극장은 잊을 수 없는 갈라 무대였다. 2010년 10월 22일 스페인 축구 국가대표팀은 스물네 번째 아스투리아스 왕자상 스포츠 부문 수상자가 되었다. 불행히도 모든 선수가 참가하지는 못했다. 세계챔피언 스물세 명 가운데 열 명만이 오비에도에 와서, 귀가 먹먹할 정도의 박수갈채를 보내는 청중 천이백 명 앞에서 상을 받을 수 있었다. 참석자는 카시야스, 차비, 세르히오 라모스, 마르체나, 캅데빌라, 레이나, 요렌테, 마타, 나바스, 하비 마르티네스였다. 델보스케의 차례가 되었다. 왕세자는 직접 델보스케에게 수상 상패를 수여했고, 의례를 거행했다. 델보스케는 자신의 자리로 돌아가는 대신

우리의 인생을 바꾼 별 :   303

무대의 다른 편에 앉아 있던 루이스 아라고네스에게 가서 이 영광을 함께 할 것을 청했다. 왕비와 왕세자 부부를 비롯한 모든 참석자들은 이 두 감독과 열 명의 선수들, 축구협회장 앙헬 마리아 비야르에게 오랫동안 큰 박수를 보냈다.

아스투리아스 왕자상의 역사와 스포츠 부문 시상에 대한 설명이 있었다. 이 상은 스페인 축구의 단합을 고취하고, 대표팀을 위한 두 감독의 노력과 헌신을 인정하는 것이었다. 이는 2008년 감독직 승계 과정에서 발생했던 오해와 오랜 반목을 깨뜨리는 보기 좋은 모습이었다. 델보스케는 아라고네스 감독 또한 자신이 세계 챔피언이라고 느낄 수 있도록 배려한 것이다. "스페인 대표팀이 거둔 이 큰 성공은 유로 대회에서 싹 텄습니다. 큰 가능성을 품은 좋은 팀을 넘겨주신 거죠. 주최 측이 아라고네스를 초청했고, 제가 한 것은 그 분을 앞으로 나오시게 한 것뿐입니다. 루이스 아라고네스는 우리 사람이죠. 평생 축구인이었고요. 그와 저 사이에 라이벌 의식은 전혀 없습니다." 그날 델보스케가 말했다.

아라고네스도 감동을 받아 자신의 후임자에 대해 애정 어린 말을 남겼다. "진심으로 그에게 감사를 표합니다. 이렇게 모든 것이 정상으로 돌아가게 되어 기쁩니다."

아라고네스가 무대에 등장함으로써, 왕세자는 공식 연설의 내용에 변화를 줘야 했다. 펠리페 왕세자는 즉흥적으로 아라고네스도 언급했다. "루이스 아라고네스를 비롯, 수많은 사람들이 참여한 길이었습니다." 델보스케는 자신의 담화에서, 자신이 판단하기에 팀을 가장 잘 나타내는 특징을 강조했다. "이 가치들은 팀을 나타내는 결정적인 특징이며, 앞으로도 사라지지 않을 것입니다. 노력, 희생, 재능, 단련, 연대, 겸손 이 가치들을 지키면서 우리는 끝내 승리에 이른 것입니다. 그러지 않았다면, 이 위대한 성과는 가능하지 않았을 것입니다." 그는 연설대 앞에서 이렇게 말했다.

델보스케는 '자랑스러운 살라망카의 아들' 칭호를 받고, 시의회의 금장 훈장을 받았다. 또한, 스페인 올림픽 위원회에서 수여하는 '올림픽 가치 구현 상', 마드리드 자치주의 금장 훈장을 받았고, 스페인 스포츠계에서 가장 명예로운 상으로 불리는 스포츠 고등 이사회의 '그란 크루스 상'을 받아 스포츠 분야 국왕상 수상자 명단에 올라가게 되었다. 또한, 미셸 플라티니가 회장으로 있는 유럽축구연맹은 그를 세계 최고의 감독으로 선정했다. 스페인의 여섯 클럽아틀레티코 마드리드, 헤타페, 세비야, 비야레알, 발렌시아, 바르셀로나이 제청했다. "매일매일 사람들 앞에서 이야기하는 것이 힘들어요. 하지만 모든 참석 요청에 응하려고 합니다. 과시하고 싶어서가 아니라, 협회를 위해 하는 일입니다. 대표팀에 대한 애정의 초점이 감독에게 몰리는 것뿐이죠." 델보스케가 말했다.

2010년 11월, 이케르 카시야스에게 우승컵을 건네주었던 사람의 방문을 환영하기 위해 축구협회 본부가 화려하게 단장되었다. 요제프 블레터가 스페인 대표팀에 참여한 적이 있는 선수 239명과 함께 월드컵 우승 기념 갈라에 초청을 받은 것이다. FIFA 회장 블레터는 앙헬 마리아 비야르와 비센테 델보스케에게 적어도 2014년 브라질 월드컵까지는 스페인 대표팀 유니폼 셔츠에서 빛날 금장식을 달아주고 나서, 함께 사진을 찍었다. "이 엠블럼은 선물이 아닙니다. 책임감입니다. 우리 사회에서 축구는 아주 중요한 부분이며, 이 위대한 선수들은 많은 이들의 귀감이 됩니다. 스페인 축구 대표팀은 앞으로 축구의 가장 고귀한 가치를 능동적으로 알리는 역할을 담당할 것입니다. 축구는 이 세계에서 사회적 역할을 배우는 중요한 도구이며 문화적 코드입니다." 블레터가 그의 연설에서 강조했다.

여러 자치주, 시청, 정부부처, 지방 연합, 대중 매체……. 가능한 모든 단체에서, 각종 영역에서 상이 쇄도했다. 델보스케와 비야르는 축구협회를 대표해서 2010년 스페인 공군상도 수상했다. 델보스케는 또한 카스티야 라 만차 대학교로부터 명예박사 학위를 받았으며, 치과의사협회가 뽑은 '가장 아름다운 미소' 상과 DENAES재단스페인국방수호재단의 '스페인의 모범' 상도 받았다.

대표팀은 스포츠 고등 이사회가 수여하는 스포츠 분야 국왕상의 금메달을 수상했다. 합숙 중에는 훈련뿐만 아니라 대표팀 후원사의 광고에도 협력해야 했다. 그러나 델보스케는 이런 상황이 팀의 집중력을 흐린다든지 하는 부정적인 영향은 없을 거라고 생각했다. "이건 평행선을 달리는 질문이에요. 딱 하루, 네 시간 동안 광고를 찍는다고 무슨 일이 생길까요? 그런다고 해서 경기력이 떨어질까요? 협회의 가장 중요한 원동력은 대표팀이고, 이것은 우리의 기본적인 의무입니다." 그는 자연스럽게 말했다.

축구협회는 가능한 모든 방법을 동원하여 '월드컵' 트로피가 스페인의 방방곡곡을 찾아가 원하는 팬은 누구나 함께 사진을 찍을 수 있도록 했다. 산티아고 데 콤포스텔라 성당의 요청에도 응했다. 성당 측은 델보스케와 비야르가 월드컵을 들고 참석한 가운데 주교 회의 행사를 개최했다.

: 엘 클라시코 전투

2011년 4월 16일부터 5월 3일 사이, 레알 마드리드와 바르셀로나는 20일도 안 되는 기간 동안 무려 네 번이나 경기를 하게 되었다. 3주 미만의 기간에 세 종류의 대회를 치러야 했다. 첫 번째는 산티아고 베르나베우에서 열리는 프리메라 리가 경기4월였고, 코파 델 레이 결승전이 메스타야에서, 그리고 챔피언스리그 준결승전 홈 앤드 어웨이 경기가 마드리드-바르셀로나 순서로 개최될 예정이었다.

스페인 축구 역사에서 이런 일은 처음이었다. '엘 클라시코 전투'는 단순한 축구 경기 이상이다. 경기에서 일어난 일은 라이벌의식이 있으면서도 친구로 지내온 선수들 사이에 말싸움이나 험악한 분위기를 만드는 도화선이 되었다.

몸싸움, 도발, 밀어붙이기, 무례, 모욕……. 긴장과 스트레스가 쌓여가면서 선수들은 소속 클럽을 위한 과욕으로 인해 그때까지 보여준 위엄 있는 스포츠 정신과 정면충돌하는 좋지 못한 모습을 보이게 되었다.

다행스럽게도 스페인 축구에 큰 상처를 입힐 수 있는 사건들을 카메라가 낱낱이 잡지는 못했다. 이런 대립은 서로 매우 적대적인 두 클럽 팬들의 행동을 더욱 과격하게 만들었다. 양쪽은 전에 없이 날카롭게 대립했으며, 이 극단성은 급격하게 확산되었다. 산티아고 베르나베우와 캄 노우의 라커룸에서 경기장으로 향하는 터널은 이 뛰어난 축구선수들의 행동에 관한 험악한 에피소드의 무대가 되었다. 하지만 선수들도 실수는 할 수 있다. 가장 심각한 에피소드는 어느 두 선수의 전화통화였지만, 잘못했다고 생각한 쪽이 상대에게 사과를 했고 상대가 이를 고맙게 받아들여 더 큰 문제로 번지지는 않았다.

언론과 만날 때마다 이 문제에 대한 집요한 질문을 받아야 했기 때문에 당사자들은 무척 괴로웠다. 양팀을 대표하여 카시야스와 비야가 마드리드에서 한 맥주 브랜드의 광고를 함께 촬영하면서, 이 사건으로 인한 낙인을 지우려고 애썼다.

"긴장감이 있는 건 자연스럽죠. 오히려 없으면 안 되는 겁니다. 코파 델 레이 결승 전 날 저는 차비와 이 모든 일에 대해서 이야기했어요. 그리고 어떻게 됐냐고요? 15년 된 친구인데 이제 서로 말도 안 할 수는 없잖아요?" 카시야스가 말했다.

"바뀐 건 아무것도 없어요. 대표팀 선수라고는 해도 그 순간은 클럽에 속한 선수죠. 그 순간에는 동료가 아니라 라이벌인 겁니다. 중요하지 않은 경기도 아니었고요. 우리가 다시 대표팀에서 만난다면 모든 게 정상을 되찾을 거예요." 비야가 덧붙였다.

델보스케와 이에로는 그들 사이에 벌어진 상황에 대해서 걱정은 하고 있었지만, 섣불리 개입하지 않고 독창적인 대응을 보였다. 그들은 시청각 기술 담당 파블로 페냐에게 비디오를 만들 것을 지시했다. 아주 중요한 일이라고 강조했다. 똘똘 뭉쳐 잘 지낼 수 있었던 시절을 기억하게 해서, 마음을 움직이겠다는 생각이었다. 페냐는 아주 감동적인 다큐를 두 편 제작했다. 그들이 남아공 월드컵 동안 자주 들었던 음악을 배경으로, 가장 좋았던 장면들을 모은 것이다. "즐거웠던 순간만을 담은 비디오였어요. 이 비디오를 보게 될 사람들을 잘 알고 있기에 특별히 맞춤 제작한 묘약이라고 할 수 있죠." 페냐가 말했다.

대표팀이 2011년 6월 미국과 베네수엘라를 방문할 때 대표팀의 짐 속에 이 비디오가 들어 있었다. 첫 번째 비디오는 길이가 3분 정도였고, 푸에르토 라 크루스_{베네수엘라}에서 감독과의 미팅 중간에 선수들에게 보여주었다. 두 번째 비디오는 이보다 조금 더 길었는데, 더 감동적이었다. 대표팀을 떠나기로 결심한 이에로가 선수들과 작별인사를 하기 위해서 이 비디오를 틀었다. "델보스케 감독님은 그 전에 비디오를 보셨어요. 하지만 제가 그걸 틀고, 우리가 비디오를 볼 동안 감독님은 그 자리에 안 계셨으면 하셨어요. 그날은 스페인으로 돌아가기 전날이었어요. 저는 선수들이 제게 보여준 모든 것에 대해서 감사를 표하고 싶었고, 가장 중요한 것은 솔방울처럼 똘똘 뭉치는 것이라는 것을 이야기해주고 싶었어요." 이에로가 말했다.

엘 클라시코 4연전이 채 소화되기도 전에, 바르셀로나와 레알 마드리드는 8월 수페르코파에서 다시 만났다. 1차전은 산티아고 베르나베우에서, 2차전은 캄 노우에서 있었다. 두 번의 대결로 얼굴을 붉히는 싸움이 끝까지 치달을지도 모르는 일이었다. 물이 막 넘치려고 수면이 찰랑찰랑하고 있는 물컵에 물을 한 방울 더 떨어뜨리는 셈이었다.

카시야스는 한 발 나서서 중재를 하기로 결심했다. 대표팀의 안녕이 다시 위험에 빠졌고, 주장은 차비와 푸욜에게 전화를 걸어 상황의 악화를 어떻게든 막아보려고 했다. 이 소식은 페르난도 부르고스 기자가 '온다 쎄로_{스페인의 라디오 방송}'에서 밝혔다. "저는 대표팀 주장의 역할과 레알 마드리드 주장의 역할을 따로 생각할 수 없습니다. 예전 상태로 돌아가도록 노력하는 것이 제 책임이었습니다." 카시야스가 말했다.

이로 인해 이케르는 레알 마드리드 감독과의 마찰을 감내해야 했다. 하지만 그는 용감하고 책임감 있게 행동했다. 그는 대표팀에서 얻은 불굴의 정신으로 경기에 임했다. 또한, 앞으로의 대표팀 합숙에서 팀의 조화가 깨지지 않도록 하는 것이 근본적인 목표였다. 상처를 숨기지 않고 드러내자, 시간이 흐르면서 선수들의 노력으로 조금씩 치료가 되어 갔다. 델보스케 감독은 이탈리아와의 친선경기를 위한 소집 명단을 발표하면서 이 노력에 힘을 보탰다. "앞으로 몇 년 후면 저는 여기 없겠죠. 바르셀로나 감독도, 레알 마드리드 감독도 떠났을 테고요. 선수들은 스스로 질문하겠죠. 무엇 때문에 우리가 그렇게 바보같이 굴었을까? 이건 바보 같은 일이에요. 우리는 신사가 되어야 합니다. 이 선수들은 스페인 축구의 위대한 자산입니다. 사람들에게 더 좋은 이미지를 줘야 하고, 그들 자신과 스페인 국가대표팀을 위해서 가장 좋은 것이 무엇인지 알아야 합니다."

하나 안타까운 점은 차비가 아킬레스건 부상으로 바리이탈리아에 함께 갈 수 없었다는 점이었다. 9월, 부상에서 돌아올 때까지 차비는 카시야스를 만나지 못했다. 이후 합숙장소에서야 두 선수는 얼굴을 볼 수 있었다. "전 카시야스에게 우리가 이럴 이유가 하나도 없다고 말했고, 그 또한 이제 이 일에는 지쳤다고 말했어요. 그러니 이제 다 지나간 거죠. 이제 안정되었어요." 차비가 말했다.

조금씩 팀의 합숙 생활은 평소 모습을 되찾았다. 모든 게 자연스러웠고, 속마음을 숨기고 억지로 해야 하는 상황도 없었다. 차비는 마이크 앞에서 단합을 강조했다. "우리는 이야기를 많이 나누었고, 이제 이 에피소드는 지난 일로 넘길 때가 되었습니다. 여기 오랜 시간 함께 해온, 스페인 축구를 위해 노력해온 팀이 있습니다. 큰 문제가 있었던 건 아닙니다. 우리는 축구를 사랑하는 사람들이고 좋은 분위기에서 뛰고 싶습니다. 이제는 엘 클라시코에서 생긴 일은 더 이상 이야기하지 말고 월드컵 이야기를 합시다."

푸욜은 심각한 무릎 부상을 극복하고 거의 1년 만에 대표팀으로 돌아와서, 이 사건의 잔상을 완전히 없애버렸다. 모든 것이 상식적으로 돌아가기 시작했고 평온이 찾아왔다. 대표팀에게는 다행스러운 일이었다. 델보스케도 안도의 한숨을 쉴 수 있었다. "긍정적인 면을 생각하고 싶습니다. 그들 스스로가 이렇게 계속할 수 없다는 것을 깨달았으니까요. 라이벌 의식이 마찰을 빚고 경쟁심을 불러일으킨 것과 무관하게, 우리는 경기장 안에서든 밖에서든 더 정정당당하게 행동해야 합니다. 그런 행동은 좋을 게 하나도 없죠."

다행히 선수들은 이에 대해 심사숙고했고, 이런 상황을 지속하는 것은 실수라는 것을 스스로 깨달았다. 이렇게 노력했는데도 불구하고 잘 되지 않았다면 참 안타까웠을 것이다. 얼마 간은 앙금도 남은 듯했고 불안감과 불신이 보이기도 했다. 바르셀로나 선수가 레알 마드리드 선수와 함께 있는 사진은 그 둘이 마치 서로 영원히 화해할 수 없는 숙적 사이이기라도 한 것처럼 귀한 사진으로 평가 받았다. 이 때문에 스페인 언론은 장크트 갈렌에서 열린 칠레와의 친선경기에서 다른 팀 소속 선수들이 서로 돕는 플레이를 했다는 이유로 긍정적인 시각으로 기사를 써냈다. 아르벨로아가 이니에스타의 몸싸움에 가담하고, 부스케츠가 아르벨로아와 협력해서 뛴 것에 찬사를 보냈다. '솔방울처럼' 마르카의 헤드라인이었다. 아스의 헤드라인은 '화해의 일전' 이었다.

비슷한 시기에, 보통 때라면 대수롭지 않았을 일이 문제가 되었다. 혹시나 또 대립을 하지 않았을까 하는 두려움 때문이었다. 알리칸테에서 스코틀랜드와의 경기를 앞두고 진행한 비공개 훈련에서, 알비올이 부스케츠 때문에 우연히 광대뼈에 부상을 입었다. 오해가 생겨 겨우 수습한 상처가 덧날까 봐 협회는 이를 숨겼다. 하지만 결국에는 알려지기 시작했고, 예상대로 흘러갔다. 막을 방법이 없었다.

다행히도 이후의 엘 클라시코는 큰 문제없이 끝났다. 스페인 선수들 간의 상호존중은 나무랄 데 없이 완벽했고, 이제 상식이 되었다. "작년에는 긴장감이 가득 했어요. 필요 이상이었어요. 이번 시즌에는 많이 가라앉아서 평소처럼 돌아간 것 같아요. 우리는 경기가 끝나고 서로 인사를 하고 포옹도 합니다. 이런 게 스포츠니까요. 동료들에 대한 존중을 절대 놓치면 안 됩니다. 이런 차원에서의 긴장감만 유지하고 있습니다. 최근의 클라시코는 아주 무난했습니다." 이니에스타가 말했다.

대표팀은 큰 깨달음을 얻었고, 파국을 향해 치닫던 길에서 되돌아왔다. 대표팀은 돌이킬 수 없는 후유증을 방지하는 예방주사를 맞은 셈이었다. 다행히도 모범적인 사람들이 모인 그룹의 신중하고 따뜻한 마음이 전투에서 이긴 것이다.

월드컵을 정복하고 난 뒤 스페인 대표팀의 친선경기 대진료는 천정부지로 치솟았다. 스페인축구협회로 전세계에서 친선경기 제안이 쇄도하기 시작했고, 대부분의 경우, 경제적 보상이 큰 제안이었다. 경기력 측면, 경제적인 면 외에도 고려해야 할 것이 있었다. 스페인은 2018 월드컵을 포르투갈과 공동 유치하기 위해 노력하고 있었다. 축구협회장 앙헬 마리아 비야르가 몇몇 국가 축구협회의 표를 부탁하면서 친선전을 약속한 것이다.

라 로하는 온 세계의 주목을 받았고, FIFA 또한 대표팀을 모범으로 삼았다. 세계 최고의 축구기구인 FIFA는 카이로에서 개최한 아프리카 감독 및 기술코치 회의에 델보스케, 이에로, 미냐노피지컬 트레이너를 초청했다. 이는 회의 참석자들이 가장 관심을 가진 행사였다. 이들의 아이디어와 철학, 승리하는 방법을 배우고 실전에 적용하고자 했다. 아프리카 각국에서 온 53명의 참석자들이 그들의 강연에 귀를 기울였다.

독일축구협회 대표단이 직접 훈련 방법, 경기 분석법, 하위 연령 대표팀 간의 협력을 살펴보기 위해서 다시 한 번 마드리드 축구단지를 방문했다. 월드컵 전에도 방문했었다. '라 로하 모델'은 이제 우리의 직접적인 경쟁팀에게도 참고해야만 하는 중요한 자료가 된 것이다. 몇 년 전만 해도 우리가 그들을 배우려고 했었지만, 이제는 그들이 우리를 주의 깊게 관찰하게 된 것이다.

월드컵 몇 달 후, 네덜란드 감독인 베르트 판 마르바이크가 델보스케와의 인터뷰를 원하는 기자 한 명을 대동하고 스페인축구협회에 나타났다. 두 감독은 결승전에서 일어난 일에 대해서 즐겁게 이야기를 나누었다. 흥미롭게도 판 마르바이크는 그 잊을 수 없는 7월 11일 밤 스페인을 괴롭혔던 선수 판 보멀의 장인이었다. "세련된 분이었어요. 지난 일 때문에 좀 걱정을 하고 계신 것 같아서 제가 바로 걱정 마시라고 했죠. 감독님은 우리가 비난할 거라고 생각하셨나 봐요. 하지만 데용의 과격한 태클 같은 것도 잊자고 했죠." 델보스케는 그 문제를 심각하게 생각하지 않았다.

별을 자수로 박은 유니폼 셔츠는 8월 10일 멕시코시티에서 첫 선을 보였다. 대표팀 선수들은 친선경기를 위해 대서양을 건넜다. 10,000km의 여행이었다. 아즈텍의 수도에서의 경기는 후텁지근한 날씨와 바짝 마른 잔디, 높은 고도 때문에 아주 힘들었다. 경기 막판 터진 실바의 골 덕분에 세계 챔피언은 첫 패배를 면할 수 있었다. 아무도 부상을 입지 않고 돌아올 수 있었다는 것이 긍정적인 측면이었다. 브루노가 대표팀에 데뷔한 경기이기도 했다.

스페인은 친선경기에 대한 자세를 바꿔야만 했다. 별을 달고 경기에 뛰자, 온 세계가 주목하기 시작한 것이다. 겨우 한 달 뒤인 2010년 9월, 대표팀은 부에노스 아이레스를 향해 다시 한 번 대양을 건너야 했다. 스페인은 1978년 월드컵 이후 아르헨티나와

헤수스 나바스가 아르헨티나 수비수에 맞서 공격을 시도하고 있다.

경기를 한 적이 없었다.

선수들은 금세 상대팀의 투지가 매우 높아졌다는 것을 알 수 있었다. 예전에 스페인이 그랬듯이, 이제는 스페인의 경쟁팀은 스페인을 이겨 명성을 얻고 싶어 했다. 세계 챔피언을 이긴다는 것은 큰 의미가 있었기 때문이다. 스페인은 리베르 플라테의 낡은 스타디움에서 월드컵 이후 첫 번째 패배를 당했다. 마라도나를 대신하여 체초 바티스타가 감독으로 부임한 아르헨티나는 4:1로 스페인을 이겼다. 메시, 이과인이 득점하고, 테베스가 레이나의 불운한 실수 이후에 추가골을 넣어, 3:0 상황이 되었다. 전반전에만 비야가 두 번이나 골대를 맞췄다.

하프타임 이후, 요렌테가 한 골을 넣어 격차를 줄였다. 카소를라의 프리킥은 크로스바를 맞았다. 쿤 아구에로가 골을 넣어 경기를 결정지었다. 이것은 레이나, 아르벨로아, 요렌테, 발데스, 페드로, 몬레알이 대표팀에서 처음 겪는 패배였다. 마르체나의 대표팀 57경기 무패 기록 또한 깨졌다. 알비올은 이 날 뛰지 않아서 국가대표팀 출전 경기 전승 기록을 유지할 수 있었다.

스페인은 2010년을 씁쓸하게 마무리했다. 다음 친선경기는 리스본의 루스 스타디움에서의 포르투갈 전이었다. 두 나라의 축구협회는 2018년 월드컵을 이베리아 반도에서 개최하고자, 한 달 뒤 취리히에서 열릴 총회에 함께 후보등록을 한 상태였다. 세계 챔피언 스페인은 이 경기에서 다시 한 번 네 골을 실점했다. 마르틴스가 전반전이 끝나기 직전 득점했고, 엘데르 포스티가두 골, 우고 알메이다가 후반전에 득점하여 스페인을 완파한 것이다.

이렇게 포르투갈은 '대륙이 끝나는' 도시에서 남아공 월드컵 16강에서 당한 패배를 설욕했다. 스페인은 마드리드에서 FIFA 회장 요제프 블레터를 맞이한 지 고작 이틀 뒤 망신을 당한 셈이었다. "그날은 모든 게 바닥을 쳤죠. 거긴 위험지역이에요. 햇살이 우리를 침묵하게 한 걸까요 전반전에는 약간 얼이 빠져 있었던 것 같고 경기에 몰두하지도 못했어요. 후반전 시작 이후에는 우리 움직임도 점점 좋아졌는데도 포르투갈이 그렇게 골을 계속 넣을 줄은 몰랐죠." 델보스케가 말했다.

대표팀의 성적은 좀 특이했다. 친선 경기 성적은 계속 좋지 않은데도 불구하고 공식 경기에서는 위력적인 모습을 보이는 것이다.

대표팀은 2011년 2월 AFE스페인축구선수연맹 경기에서 콜롬비아를 만났고, 경기 끝나기 4분 전, 헤수스 나바스의 어시스트를 받아 넣은 실바의 골이 델보스케에게 승리를 안겨주었다. 델보스케는 세계를 정복한 뒤 다시 산티아고 베르나베우를 밟았다. 경기 내용이 아주 좋지는 않았지만, 기억에 남을 장면이 있었다. 이니에스타가 지단 스타일의 볼 컨트롤을 보여준 것이다. 라 만차 출신의 이니에스타는 자신의 색깔을 입힌 아름다운 플레이를 보여주어, 후반전 나바스와 교체될 때 우레와 같은 박수갈채를 받았다.

격렬했던 2010-2011 시즌은 대표팀의 아메리카대륙 순회 경기로 끝이 났다. 11개월 동안 세 번째로 대표팀은 대서양을 건너 미국 및 베네수엘라와 경기를 가졌다. 델보스케는 보르하 발레로와 마누 델 모랄을 소집했다. 두 선수 모두 대표팀 데뷔전을 가졌다. 스페인은 두 팀을 상대로 좋은 성적을 거뒀다.

첫 번째 경기는 보스턴에서 있었다. 스페인은 여기서 지난 컨페더레이션스컵 준결승전의 패배를 되갚아주었다. 4:0으로 승리했다. 카소를라두 골와 네그레도의 전반 득점으로 하프타임에 승패는 거의 결정된 상태였다. 후반전에는 토레스가 한 골을 추가하여 대표팀 역대 득점 순위에서 27골로 모리엔테스와 동률을 이뤘다.

대표팀이 푸에르토 라 크루스에 도착했을 때 날씨가 매우 습했다. 대표팀은 다시 한 번 베네수엘라보다 훨씬 뛰어난 팀이라는 것을 입증했다. 비야, 페드로, 사비 알론소가 전반전에 골을 넣었다. 하프타임에 이미 3:0을 기록했고 경기 재개 후에도 유지되었다. 두 경기에서 후보 선수였던 카시야스와 관련한 에피소드가 있다. 델보스케는 주장의 A매치 출전 경기수를 고려하여 막판에 몇 분간 출전시키려고 했다. 하지만 경기가 끊어지지 않고 이어져 선수 교체를 할 수가 없었다. 89분에 가서야 발데스와 교체를 할 수가 있었다.

이 경기는 캅데빌라와 마르체나가 스페인 대표팀에서 뛴 마지막 경기였다. 두 선수는 오랜 시간 함께 하며 좋은 결과를 얻었던 대표팀에 작별을 고했다. 카탈루냐 출신의 캅데빌라는 A매치 60회 출장을 기록했고, 안달루시아 출신의 마르체나는 69회였다. 델보스케는 그들에 대한 애정을 표하면서, 대표팀을 소집할 때마다 그들을 향해 항상 문을 열어두겠다고 말했지만, 이후에는 소집되지 않았다.

스페인 대표팀의 질주는 절정기에 있고, 축구 강국들과 함께 한다. 유럽의 축구 강국 6개국스페인, 이탈리아, 독일, 프랑스, 잉글랜드, 네덜란드이 2010년에서 2014년에 걸쳐 친선경기를 연속해서 갖기로 했다. 이 대단한 매치업은 중계권료를 통한 수입 확보를 위해서 계획되었다.

최근 세계를 정복한 두 팀이 2011년 8월 11일 바리에서 만났다. 이탈리아는 팀을 완전히 리빌딩하는 과정에 있었고, 2008년 유로 대회 8강에서 당한 패배를 설욕할 기회를 잡았다. 이탈리아 기자들은 경기에 앞선 기자회견에서 델보스케에게 세계축구의 맹주 자리를 회복하는 데 도움이 될 조언을 청했다. 그는 놀라지 않을 수 없었다. 이탈리아는 이미 월드컵 4회 우승을 이룩했기 때문이다. "세계 챔피언이 되는 것에 대해서는 제가 조언을 드릴 자격이 없습니다. 우리는 그저 경기력을 유지하며, 국가대표팀으로서 나라의 명예를 드높이는 것뿐입니다." 그는 얼굴이 빨개져서 대답했다.

이탈리아의 몬톨리보가 선제골을 넣었고, 사비 알론소가 전반전이 끝나기 전에 동점을 만들었다. 후반전 막판에 아퀼라니가 골을 넣어 이탈리아에 승리를 안겼다. 알비올은 이 날로 국가대표팀 출전 경기 전승 기록을 마감해야 했다. 27경기 27승, 역사상 누구도 가진 적이 없는 기록이었지만, 스물여덟 번째 경기에서 무릎을 꿇고 말았다.

다음 친선경기는 장크트 갈렌스위스에서 있었던 칠레와의 경기였다. 중립 지역에서 열린 이 경기는 매치월드풋볼 사에서 기획한 것으로 축구협회에 200만 유로약 30억 원의 수입을 가져다주었다. 이 회사는 남아공에 가기 전에 치렀던 친선전 3회 가운데 2회, 사우디아라비아 전과 대한민국 전을 기획한 회사이기도 하다.

칠레는 스페인보다 뛰어난 경기 내용을 보여주면서 전반전을 2:0으로 마쳤다. 또 다시 대량 실점의 망령이 어른거렸다. 부상이 스페인 수비진을 흔들어놓은 상태였다. 푸욜은 그때까지 부상 중이었고, 피케도 없었다. 델보스케는 알비올과 하비 마르티네스로 중앙 수비수를 꾸려야 할 상황이었다. 이니에스타의 투입과 대표팀에서 처음으로 멀티골을 기록한 세스크 기용의 승리의 열쇠였다. 이 두 선수는 실바와 함께 경기를 만들어가기 시작했다. 결국에는 스페인이 역전했고 3:2로 이겼다. 이날 차비는 A매치 102경기 출장으로 라울과 동률을 이뤘다.

이번에는 런던에서 유럽 강국과의 친선전이 개최되었다. 2011년 11월 12일이었다. 스페인은 웸블리 스타디움에서 잉글랜드에 맞선 이날, 유로 2012에서 입을 유니폼을 공개했다. 역설적이게도 웸블리는 프리미어리그 경험이 있는 스페인 선수들보다 바르셀로나 선수들에게 더 친숙했다. 같은 해 실바만 맨체스터 시티 소속으로 FA 결승전을 치렀을 뿐 파브레가스, 레이나, 사비 알론소, 아르벨로아, 토레스, 마타는 그때까지 웸블리에서 뛰어본 적이 없었다.

스페인 대표팀이 경기를 지배했고, 상대에 비해 슈팅 수도 6배나 많았다. 하지만 플레이를 너무 다듬기만 했고, 깊이는 없었다. 스페인이 질 만한 경기가 아니었다. 하지만 램파드가 세트 플레이에서 잉글랜드의 승리를 만들어냈다. 벤트의 헤딩 이후 포스트를 맞고 튀어나온 공을 머리로 강하게 넣은 것이다. 흥미롭게도 경기가 끝날 때 필드에 있던 스페인 선수 열한 명 가운데 일곱 명이 잉글랜드에서 뛰고 있거나 뛴 적이 있는 선수였다. 모두들 그날은 운이 없었다고 생각했다.

축구협회는 다음 경기 날짜를 잡았다. 다시 한 번 시험대에 오를 시간이었다. 코스타리카와의 친선경기를 마무리해야 했기 때문이다. 월드컵 제패 이후 네 번째 아메리카 대륙 방문이었다. 이 경기는 앞선 경기들과 또 달랐다. 스페인은 전반전에 좋은 모습을 보이지 못했다. 산호세 국립경기장의 잔디 상태가 매우 안 좋았지만, 변명이 될 수는 없었다. 델보스케 감독은 앞선 훈련에서 무릎에 통증을 느낀 요렌테 대신 세스크 파브레가스를 '가짜' 공격수로 배치했다. 총력전을 펼친 코스타리카는 전반전을 2:0으로 마쳤다. 첫 번째 골은 이케르 카시야스의 보기 드문 실수 때문이었다. 운이 없었다. 수비사레타를 제치고 역사상 A매치 최다출장 기록을 세운 그날, 페널티 영역 밖으로 나가 오른발로 패스를 끊으려다가 실수를 한 것이다. 후반전에는 비가 내렸고, 경기는 무승부로 끝났다. 동점 상황에서 델보스케는 이제 막 가슴에 별을 달고 뛰기 시작한 이 팀이 구현할 수 있는 정반대의 전술도 시험해보았다. 이니에스타가 지휘하고 실바와 비야가 조력하는 전술이었다.

: 라 로하는 계속 꿈을 꾼다

이 측면에서 축구 역사는 명확하다. 그 어떤 국가대표팀도 유로—월드컵—유로를 연속 제패한 적이 없다. 스페인은 2012년 여름 우크라이나와 폴란드에서 이에 도전할 것이다. 스페인을 더 이상 우승후보가 아니라고 할 이유는 전혀 없다. 통계 자료와 선수들의 평균연령이 이를 증명한다.*

델보스케와 어려서부터 친한 친구인 마누엘 로드리게스 가르시아는 그의 책《풋볼란디아》에서 재미있는 분석을 내놓았다. "남아공 월드컵에서 스페인 대표팀의 평균연령은 만 27세 6개월이었는데, 독일 대표팀이 최상의 세대교체를 이뤘다고 발표했을 때 그 팀의 평균 나이는 25세 5개월이었다. 1994년, 브라질은 평균 연령이 28세 2개월인 팀으로 출전했는데, 이는 그로부터 4년간 세계 정상팀으로 군림하기 위한 재편의

---

*이 책이 출간된 후 스페인은 유로 2012 우승으로 축구 역사상 첫 메이저 대회 3연속 우승에 성공했다. 또 독일과 함께 유럽 선수권 우승 횟수 최다(3회)를 기록했다.

결과였다. 1998년 프랑스 월드컵에서, 프랑스 대표팀은 평균 연령 27세 7개월로 우승했고, 2002년 한일 월드컵에서는 브라질이 놀랍게도 23세 7개월로 우승을 차지했지만 2006년에는 좋은 성적을 내지 못했다. 따라서 평균 연령이 참고사항이긴 하지만 결정적인 것 같지는 않다."

그렇지만 스페인 대표팀의 싸이클이 아직 끝나지 않은 것은 분명하다. 캅데빌라와 마르체나가 대표팀을 떠나고 나서 만 30세가 넘은 선수는 푸욜, 차비, 카시야스, 사비 알론소, 비야 5명밖에 없다. 따라서 대표팀 멤버들이 감독의 플랜 속에서 폴란드, 우크라니아에서도 절정에 오른 실력을 보여줄 것이라고 기대할 수 있는 것이다.

세계 정상에 오른 스물세 명의 선수 가운데 열다섯 명이 2년 전 오스트리아에서 유로를 정복했던 선수들이다. 이렇게 보면, 남아공 월드컵에 참가했던 선수 가운데 최대 스무 명까지 폴란드-우크라이나 유로 대회에 참가할 수 있다. 대표팀은 하나의 축구 클럽의 형태로 변모했고, 원칙적으로는 하위 연령 대표팀에서 뛰는 젊은 선수들에게 문이 열려 있지만 부상선수가 발생하지 않고는 큰 변화는 없는 상황이다.

전직 감독들과 선수들로 구성된 UEFA 기술 연구 그룹이 2008년 베스트 11을 선정했다. 스페인 선수가 카시야스, 푸욜, 마르체나, 마르코스 세나, 차비, 비야 총 6명이 포함되었다. FIFA도 홈페이지에서 진행한 투표를 통해 2010 월드컵의 팀을 뽑았는데, 역시 여기에도 스페인 선수 카시야스, 세르히오 라모스, 푸욜, 이니에스타, 차비, 비야 등 여섯 명이 포함되었다.

좋은 성적과는 별도로, 대표팀은 온갖 기록을 갈아치웠으며, 시간이 지나면서 선수

---

*카시야스는 유로 2012 대회에서 A매치 137회 출전 기록을 세웠고, A매치 개인 통산 100승의 고지를 밟았다. 무실점 경기는 78회로 늘렸다. 차비는 유로 2012 우승으로 총 115회 A매치에 출전했다. 알론소와 토레스는 각각 102회와 98회의 출전 기록을 세웠다. 세르히오 라모스는 92경기에 출전했다. 23명의 대표 선수단 모두 유로 2012 우승으로 한 차례씩 우승 횟수를 늘리게 됐다.

들은 살아있는 전설로 변모하고 있다. 카시야스가 분명한 예다.* 그는 팀의 골키퍼로서 스페인 대표팀과 함께 96승을 거뒀다. 2012년 5월 30일, 세계 축구 역사상 대표팀에서 가장 많은 승리를 거둔 선수가 되었다. 그때까지 이 부분 1위는 프랑스 대표팀에서 A매치 142회 출장하여 94승을 기록한 릴리앙 튀랑이었다.

또한 카시야스는 131경기에 출전해서 75경기를 무실점으로 막았다. 2위는 반 데르 사르이다. 그는 네덜란드 대표팀 경기에 130회 출장해 72경기를 무실점으로 마쳤다.

FIFA는 남아공 월드컵의 최우수 골키퍼상인 '황금 장갑'을 카시야스에게 수여했다. 이 상은 이전에는 러시아의 위대한 골키퍼 야신을 기려 야신상이라고 불렸다. 카시야스 이전에는 미셸 프뢰돔1994 미국월드컵, 바르테즈1998 프랑스월드컵, 칸2002 한일월드컵, 부폰 2006 독일월드컵이 수상했다.

런던에서 잉글랜드와 친선경기를 갖기 전날, 축구협회는 카시야스가 수비사레타의 출장 기록을 넘어서는 것을 기념하여 그를 위한 특별한 행사를 개최해주고 싶었다. 유서 깊은 경기장 웸블리는 그가 15세 이하 국가대표팀에서 국가대표로 데뷔했던 곳이기도 했다. 기대하지도 않고 있을 때, 국가대표팀에서 그가 보여준 가장 멋진 모습들, 가장 행복했던 순간들이 담긴 영상이 상영되었다. 델보스케와 차비 사이에 앉아 있었던 카시야스는 눈가가 젖어오는 것을 막을 길이 없었다. 공식 기자회견을 시작하기 전에, 기자들이 참석한 가운데 그들은 카시야스에게 박수갈채를 보냈다.

"카시야스를 알게 된 지 15년이 되었습니다. 축구와 관련해서는 할 말이 별로 없을 정도입니다. 그는 경이로운 골키퍼이며, 우리를 수많은 패배의 위기와 승부차기에서 구해냈습니다. 그는 언제나 아무나 갖지 못하는, 찬란하게 빛나는 순간에 살고 있습니다. 완전히 지고 있다고 생각할 때 우리를 구합니다. 새로 시작할 기회를 주는 것입니다. 라커룸에서 우리를 하나로 만듭니다. 팀에 있을 때, 모두를 기분 좋게 합니다. 주장으로서 질문하고, 주장으로서 합의를 이끌어 냅니다. 그의 동료가 되는 것은 영광입니다. 이 선수는 계속 앞으로 나아갈 것입니다. 그래서 저는 그와 함께 하는 것이 행복합니다.” 차비의 말이다.

카시야스는 2011년 11월 127번 째 경기에 출장하여 안도니 수비사레타의 기록을 넘어섰다. 코스타리카와의 경기였다. TV채널 COPE는, 경기 전날 스페인 축구 역사의 과거와 현재인 이 두 골키퍼를 한 자리에 모아서 기분 좋은 인터뷰를 진행했다.

“카시야스, 축하합니다. 내일부터는 이제 두 배로 축하해야 하기 때문에…….” 수비사레타가 카시야스에게 말했다.

“정말 감사합니다. 어릴 때 대표팀에 대한 최초의 기억 중에서 선배님이 덴마크 경기에서 퇴장 당하던 모습이 있어요. 제가 21세 이하 대표팀에 소집되기 시작했을 때부터 선배님은 항상 저를 예뻐해 주셨습니다. 다시 한 번 감사드립니다. 선배님의 기록에 이르게 되어 기쁘고, 앞으로 이 기록을 넘어서고 싶습니다.” 카시야스가 조심스럽게 답변을 했다.

“보통 충격적인 장면이 어린 시절의 기억으로 남게 되죠. 그런데 이케르, 내가 퇴장 당한 다음 날부터 대표팀에 소집되었던 거 아닌가?” 수비사레타가 농담을 했다. “이제 카시야스는 완전히 베테랑이죠. 아들이 부모보다 나은 것이 인생의 법칙이에요. 스페인 축구가 건강하다는 증거이고요. ‘127경기’ 라고 하니까 무슨 자동차 모델 이름처럼 안 변할 것 같지만, 저는 몇 년 전부터 카시야스가 A매치 150경기를 넘는 최초의 선수가 될 거라고 말해왔어요. 요즘 이케르 덕분에 저와 제 선수 커리어에 대해서 많이들 말씀하세요. 이 계기로 저도 제 선수생활을 돌아보게 되었어요. 저 스스로 생각해도 126경기는 적은 수가 아니고, 깨뜨리기 쉽지 않은 기록이라는 생각이 들었습니다.”

수비사레타는 월드컵에 네 번 참가했다. 이제 막 서른한 살이 된 카시야스는 그의 네 번째 유로 대회에 참가하게 될 것이다. 월드컵에는 세 번 참가했고_{대한민국-일본, 독일, 남아공,} 2014년 브라질 월드컵에도 참가하기를 바란다. “출전하게 된다면 정말 기쁘겠지만, 쉽지는 않을 겁니다. 매일매일 경쟁이 치열하기 때문에 주의해야 해요. 하지만 전반적으로는 출전할 수 있을 거라고 예상합니다.” 이케르보다 A매치 출장이 더 많은

디 스테파노	1956년(2위)	1957년(1위)	1959년(1위)
루이스 수아레스	1960년(1위)	1961년(2위)	1964년(2위)
아만시오	1964년(3위)		
부트라게뇨	1986년(3위)	1987년(3위)	
라울	2001년(2위)		
토레스	2008년(3위)		
차비	2009년(3위)	2010년(3위)	2011년(3위)
이니에스타	2010년(2위)		

골키퍼는 세 명이다. 한국의 이운재132경기, 스웨덴의 토마스 라벨리143경기, 사우디아라비아의 모하마드 알 데아예야178경기로, 이들은 대표팀에서 이미 은퇴했다.

차비는 선수로서 모든 것을 이루었다. 그는 스페인 스타일 축구의 리더이며, 핵심이 되는 선수다. 비야가 라울의 기록을 넘어선 체코와의 경기에서, 차비 또한 A매치 100경기 출장을 달성했다. 차비는 라울의 102경기 기록도 넘어서서, 2011년을 107경기로 마무리했다. 라 로하의 브레인 차비는 2014년 브라질까지 달릴 수 있는 연료를 갖고 있는 것 같다. "노력이 필요하긴 하지만, 지금은 모든 걸 즐기고 있어요. 아쉬운 점이 있다면 매일 조금씩 더 힘줄이 아프고, 무릎도 아프고, 아, 이제 예전만큼 내가 민첩하지 않구나 하는……. 그러고 말하는 거죠. '나도 이제 맛이 가고 있는 건가' 지금은 충분히 즐길 힘이 있어요. 예전보다 조금 더 힘들긴 하지만요. 저는 브라질 월드컵을 바라보고 있지만, 알 수 없죠. 스스로 생각해서 제가 몸 상태가 아주 안 좋으면 참가하지 못하는 거죠. 유로 대회가 어떻게 되는지도 중요하고요. 모르겠어요. 한 경기 한 경기를 즐길 거예요. 목표를 이루지 못하더라도 저는 여기 있고 싶습니다. 브라질 월드컵에서 은퇴하게 된다면 얼마나 멋질까요."

UEFA는 유로 2008 최우수선수로 차비를 선정했다. 그는 세계 축구계의 인정을 받고 있지만, 아직 발롱도르는 수상하지 못했다. 그는 심사위원이 선정한 최종후보 3인에 세 번이나 포함되었다. 세 번 이상 포함된 선수는 스페인 선수 중에서는 알프레도 디 스테파노, 루이스 루아레스, 차비 세 명뿐이다. 에밀리오 부트라게뇨를 기준으로 하면 라울은 14년 만에 후보가 되었고, 차비의 경우는 22년 후였다. 하지만 스페인이 유럽선수권을 제패한 이후에는 매년 최종 3인에 스페인 선수가 포함되고 있다.

라울	2001년(3위)		
토레스	2008년(3위)		
이니에스타	2010년(2위)		
차비	2009년(3위)	2010년(3위)	2011년(3위)

1991년에는 각국 축구협회의 감독들과 주장이 세계 최고의 선수를 뽑는 FIFA 월드플레이어 상이 신설되었다. 2010년 발롱도르와 FIFA 월드플레이어 상이 FIFA 발롱도르로 통합되었다. 최근 스페인 선수들이 후보에 많이 등장하고 있다.

국제축구역사통계연맹은 2008년부터 카시야스를 세계 최고의 골키퍼로, 차비를 세계 최고의 플레이메이커로 선정하고 있다. 아라고네스는 2008년 세계 최고의 감독으로 선정되었다. 델보스케는 2009년과 2010년 선정되었다. 2011년에는 우루과이 감독 오스카르 워싱턴 타바레스에 이어 2위를 기록했다.

UEFA 홈페이지 이용자들은 매년 그들의 베스트 11을 선정하고 있다. 스페인 선수들이 가장 많이 포함된 해는 2008년과 2010년이다.

2011년 10월, UEFA는 축구협회와의 협조 하에 축구단지에서 그때까지 A매치 100경기를 달성한 네 명의 선수를 축하하는 행사를 열었다. 안타깝게도 라울이 참석하지 못했다. 살케04가 행사 참석을 불허했기 때문이었다. 주최 측은 수비사레타, 카시야스,

2006년	푸욜, 파브레가스
2007년	카시야스
2008년	카시야스, 푸욜, 라모스, 차비, 파브레가스, 토레스
2009년	카시야스, 푸욜, 차비, 이니에스타
2010년	카시야스, 푸욜, 피케, 차비, 이니에스타, 비야
2011년	카시야스, 피케, 차비, 이니에스타

차비에게 센츄리 클럽 가입을 기념하는 모자와 메달을 수여했다.

하지만 스페인 대표팀에는 카시야스와 차비 외에도 곧 센츄리 클럽에 가입할 선수들이 있다. 유로 2012 본선 개막 전날을 기준으로 하면 다음과 같다.

푸욜34세은 99경기를 기록 중이다. 다시 무릎 부상을 당해 유로 대회에 출전하지 못하게 되었다. 하지만 100경기 달성에는 문제가 없어 보인다.

알론소30세와 토레스27세는 각각 96경기, 93경기를 기록 중이다.

세르히오 라모스25세는 모든 기록에 도전하고 있다. 벌써 86경기를 기록했다.

비야30세 또한 82경기를 기록 중이다. 특별한 이유가 없으면 100경기를 넘을 것으로 보인다.

100경기를 달성하기에는 아직 많은 시간이 필요하지만, 나이가 많지 않기 때문에 경기력을 유지한다면 센츄리 클럽에 가입할 가능성이 높은 선수들도 많다. 이니에스타27세 65경기, 파브레가스24세 63경기, 실바25세 58경기, 부스케츠23세, 피케24세 39경기를 기록 중이다.

2011년 말까지 유럽에서는 자신의 국가 대표팀에서 100경기 이상 출전기록을 달성한 선수가 111명이었다. 센츄리 클럽 가입자가 가장 많은 나라는 독일로, 8명을 보유하고 있다.

비야 또한 선배 선수들을 제치고 기록을 만들었다. 비야는 51골로, 라 로하 역사상 가장 많은 골을 넣은 선수가 되었다. 비야는 남아공에서 다섯 골을 넣고 나서, 102경기 44골경기당 0.43골을 기록한 라울에 단 두 골 뒤진 상태였다. 예상과는 달리, 비야는 월드컵에서 돌아오고 나서 출전한 네 경기 중에 리히텐슈타인 전에서만 한 골을 기록했다. 아르헨티나 전에서 두 번, 리투아니아 전에서 한 번 골대를 맞춰 좋은 기회를 놓쳤다. 라울과 동률을 이루게 된 경기는 햄든파크에서 있었던 스코틀랜드 전이었다. 이후 펼쳐진 포르투갈, 콜롬비아와의 친선 경기에서도 침묵을 지켰다. 산티아고 베르나베우에서 다시 한 번 골대를 맞췄다. 그라나다에서 체코를 만나 두 골을 기록함으로써, 비야는 마침내 '라 로하' 의 '피치치득점왕' 로 등극했다.

"언제나 제 목표는 골을 많이 넣는 것입니다. 하지만 그렇게 많이 넣을 거라고 생각하지는 못했어요. 기록에 가까워지면, 누구나 가능한 한 빨리 기록을 넘어서고 싶잖아요. 제가 좀 조급했던 것은 인정합니다. 심각한 부상이 없는 한 언제나 골을 많이 넣는 게 제 목표니까요. 체흐라는 세계적 수준의 골키퍼를 상대로 그 목표를 넘어섰다는 게 더욱 기뻤습니다. 스페인 대표팀 역사에 수많은 훌륭한 공격수가 있었는데, 제가 가장 많은 골을 넣은 선수가 된 것은 엄청난 영광입니다. 하지만 득점의 가장 큰 의미는 팀에 보탬이 된다는 점이죠." 비야의 고백이다.

대표팀에서 비야의 평균득점은 놀라운 수준이다. 미겔 앙헬 라라는 2010년 10월 14일 마르카에 발표한 자료에서, 현역 및 은퇴선수를 망라한 전세계의 공격수들과 '엘 구아헤' 비야의 효율을 비교했다. 현역 선수 가운데에서는 브라질의 루이스 파비아누와, 코트디부아르의 드로그바만이 구아헤를 소수점 몇 자리 정도 앞섰다. 그 외 수많은 공격수들이 모두 비야 뒤에 있었다. 훈텔라르, 클로제, 포돌스키, 발락, 루니, 크리스티아누 호날두…… 역사를 통틀어보면, 50경기 이상 출전한 선수 가운데 드로그바의 평균을 뛰어넘는 선수는 여덟 명밖에 없었다. 뮐러독일, 펠레브라질, 호마리우브라질, 그리브스잉글랜드, 지쿠브라질, 바티스투타아르헨티나, 에우제비우포르투갈, 호나우두브라질이다.

비야는 2011년 12월 요코하마에서 있었던 클럽월드컵 준결승에서 심각한 부상을 입었다. 상대 선수와 접촉 없이 혼자 내딛고 넘어지는 과정에서 다리에 체중이 실린 것이다. 왼쪽 정강이의 3분의 1 지점이 부러졌다. 바르셀로나에서 수술을 받고 나서 4~5개월 결장 진단을 받았다. 그의 목표는 폴란드-우크라이나 유로 대회에 출전하는 것이다.

대표팀 선수들의 우승경력은 놀라운 수준이다. 파코 헨토와 프란츠 베켄바워도 부러울 것이 없다. 이 목록에서는 차비와 이니에스타가 가장 앞선다.

차비23회 우승 : 월드컵, 유럽선수권대회이하 유로, 20세 이하 월드컵, 클럽 월드컵 2회, 챔피언스 리그 3회, 유럽 슈퍼컵 2회, 라 리가 6회, 스페인 국왕컵코파 델 레이 2회, 스페인 수페르코파 5회

이니에스타23회 : 월드컵, 유로, 16세 이하 유럽선수권, 19세 이하 유럽선수권, 클럽 월드컵 2회, 챔피언스 리그 3회, 유럽 슈퍼컵 2회, 라 리가 5회, 코파 델 레이 2회, 스페인 수페르코파 5회

푸욜21회 : 월드컵, 유로, 클럽 월드컵 2회, 챔피언스 리그 3회, 유럽 슈퍼컵 2회, 라 리가 5회, 코파 델 레이 2회, 스페인 수페르코파 5회

발데스20회 : 월드컵, 클럽 월드컵 2회, 챔피언스 리그 3회, 유럽 슈퍼컵 2회, 라 리가 5회, 코파 델 레이 2회, 스페인 수페르코파 5회

피케19회 : 월드컵, 19세 이하 유럽선수권, 클럽 월드컵 2회, 챔피언스 리그 3회1회는 맨체스터Utd., 유럽 슈퍼컵 2회, 라 리가 3회, 잉글리쉬 프리미어 리그 1회맨체스터Utd., 코파 델 레이 2회, 스페인 수페르코파 2회, 커뮤니티 실드맨체스터Utd., FA컵맨체스터Utd.

카시야스17회 : 월드컵, 유로, 20세 이하 월드컵, 16세 이하 유럽선수권, 인터콘티넨탈 컵, 챔피언스 리그 2회, 유럽 슈퍼컵 1회, 라 리가 5회, 코파 델 레이 1회, 스페인 수페르

코파 3회

부스케츠, 페드로각 15회 : 월드컵, 클럽 월드컵 2회, 챔피언스 리그 2회, 유럽 슈퍼컵 2회, 라 리가 3회, 코파 델 레이 2회, 스페인 수페르코파 3회

비야12회 : 월드컵, 유로, 클럽 월드컵, 챔피언스 리그, 유럽 슈퍼컵, 라 리가 각 1회, 코파 델 레이 3회, 스페인 수페르코파 3회

티아고11회 : 17세 이하 유럽선수권, 21세 이하 유럽선수권, 클럽 월드컵, 챔피언스 리그, 유럽 슈퍼컵, 코파 델 레이 각 1회, 라 리가 3회, 스페인 수페르코파 2회

레이나9회 : 월드컵, 유로, 16세 이하 유럽선수권, 인터토토컵 2회비야레알 유럽 슈퍼컵리버풀, FA컵리버풀, 커뮤니티 실드리버풀, 칼링컵리버풀

마르체나8회 : 월드컵, 유로, 20세 이하 월드컵, UEFA유로파리그, 유럽 슈퍼컵, 라 리가 2회, 코파 델 레이

세르히오 라모스8회 : 월드컵, 유로, 19세 이하 유럽선수권, 라 리가 3회, 코파 델 레이, 스페인 수페르코파 각 1회

세스크 파브레가스8회 : 월드컵, 유로, 클럽 월드컵, 유럽 슈퍼컵, FA컵아스날, 코파 델 레이, 스페인 수페르코파, 커뮤니티 실드아스날 각 1회

사비 알론소8회 : 월드컵, 유로, 챔피언스 리그리버풀, 유럽 슈퍼컵리버풀, 코파 델 레이, FA컵리버풀, 커뮤니티 실드리버풀, 라 리가 각 1회

알비올8회 : 월드컵, 유로, 19세 이하 유럽선수권, UEFA컵, 라 리가 2회, 코파 델 레이 2회

헤수스 나바스7회 : 월드컵, UEFA 유로파리그 2회, 유럽 슈퍼컵, 코파 델 레이 2회, 스페인 수페르 코파

실바6회 : 월드컵, 유로, 19세 이하 유럽선수권, 수페르코파, FA컵맨체스터시티, 프리미어 리그 1회

캅데빌라6회 : 월드컵, 유로, 코파 델 레이 각 1회, 스페인 수페르코파 2회, 리그 컵

1회벤피카

토레스6회 : 월드컵, 유로, 16세 이하 유럽선수권, 19세 이하 유럽선수권, FA컵첼시, 챔
피언스리그첼시

마타6회 : 월드컵, 21세 이하 유럽선수권, 19세 이하 유럽선수권, 코파 델 레이, FA컵첼시,
챔피언스리그첼시

아르벨로아4회 : 월드컵, 유로, 코파 델 레이, 라 리가

하비 마르티네스3회 : 월드컵, 21세 이하 유럽선수권, 19세 이하 유럽선수권

카소를라2회 : 유로, 인터토토컵

후안프란2회 : UEFA 유로파리그, 코파 델 레이

요렌테1회 : 월드컵

네그레도1회 : 코파 델 레이

루이스 아라고네스, 그리고 그의 뒤를 이은 델보스케가 남긴 가장 위대한 업적은 '스페인 스타일'이다. 수많은 좌절과 고통이 지나간 후에, 이제는 세계가 스페인 대표팀과 이 대표팀이 구사하는 축구를 인정한다. 선수들 본인도 이를 느끼고 있다. "대표팀 성적이 좋지 않아서 모두들 우리를 비난할 때는 지금과 상황이 정말 달랐어요. 너희 도대체 언제 이길 거야? 지금 너희 빼고 다들 이기고 있어! 이렇게들 말했죠. 그때 기분은 정말 최악이었어요. 그때에 비하면 지금은 아주 좋습니다. 레알 마드리드 선수들이 저보고 은퇴 좀 하래요. 저를 잡고 흔들면서 '은퇴 좀 하란 말이야! 우리가 우승 못하는 건 다 너 때문이야!' 라고 해요. 애정표현이죠. 이제 서른두 살인데 이룬 게 정말 많아요. 엄청나죠……. 은퇴하고 싶지는 않지만, 만약 내일 은퇴해야만 한다고 해도, 후회는 없을 거예요." 차비가 말했다.

아무도 이 팀이 어디까지 갈 수 있을지는 확언할 수 없지만, 미래 또한 단단해 보인다. 세계 챔피언 마타와 하비 마르티네스가 합류한 21세 이하 대표팀은, 덴마크에서

역사상 세 번째로 유럽선수권 우승을 차지했다. 19세 이하 대표팀도 이에 질세라, 루마니아에서 사상 여섯 번째로 유럽선수권을 따냈다. 20세 이하 월드컵에서도 주목 받을 수 있었으나, 8강에서 브라질과 승부차기까지 가는 접전 끝에 탈락하고 말았다. "제 생각에는 후배들이 우리보다 더 나을 것 같습니다. 티아고를 보시면 보통의 미드필더에게 요구되는 것보다 한 차원 높은 플레이를 해낸다는 것을 알게 될 거예요. 터치라인 쪽으로 물러났다가 단숨에 쇄도하죠. 이 선수들이 어떻게 발전할까요! 앞으로도 승승장구할 수 있는 수준은 갖췄으니, 이제 중요한 것은 정말 경기에서 이기는 것이죠. 저는 앞으로도 적어도 5~6년간은 스페인이 훌륭한 성적을 거둘 거라고 믿어 의심치 않습니다." 차비가 확언했다.

스페인은 지금껏 수많은 난관을 극복했다. 8강 징크스, 심판 판정 문제몇몇 오심은 증명할 수 있을 정도였다, 신체조건이 좋은 팀에 취약한 특성 등……. "자, 이제 유로와 월드컵을 제패했어요. 만약 내일 제가 대표팀을 떠나야 한다면, 슬프겠지만 후회는 없을 거예요. 전 다 이뤘어요. 하지만 유로를 정복하니 월드컵을 정복하고 싶었고, 이제는 또 다음 유로와 다음 월드컵을 이기고 싶어졌죠……. 전 더 욕심이 납니다. 제가 쉰 살이 되었을 때 텔레비전에서 저에 대해 이야기할 때, 유럽선수권을 2회, 월드컵을 2회 우승한 선수로 소개했으면 좋겠어요." 카시야스가 말했다. "얼마 전까지만 해도 스페인이 월드컵을 들어올리는 자체도 불가능하게 보였었죠." 비야가 덧붙였다.

축구뿐만 아니라 인생이 원래 그렇듯이, 목표에 이르는 것은 어렵지만 이를 유지하는 것은 더욱 어렵다. 지금 현재 스페인의 도전은 세계 챔피언의 자리를 가능한 한 오래 유지하는 것이다. 마누엘 로드리게스가 지적했듯이, 최근에 월드컵에서 우승했던 팀들은 다음 대회에서 좋은 성적을 거두지 못했다. 2002년 우승한 브라질은 다음 대회에서 4강 진출에 실패했다. 2006년 독일 월드컵 챔피언인 이탈리아는 남아공에서는 16강에도 들지 못했다.

스페인은 축구 역사상 처음으로 유럽선수권－월드컵－유럽선수권을 연속으로 제패하고자 하는 열망에 가득 차 있다유로 2012에 우승함으로써 그 열망을 이루었다—옮긴이. 프란츠 베켄바워는 1972년 벨기에의 헤이젤 스타디움에서 유럽선수권대회 우승컵을 들어올리고, 1974년 뮌헨의 올림픽경기장에서 월드컵을 들어올렸다. 디디에 데샹은 순서가 반대였다. 먼저 1998년 생드니에서 월드컵을 들어올린 다음, 2000년 로테르담 드 퀴프 스타디움에서 유로 우승컵을 쟁취했다. 스페인이 키예프에서 우승한다면, 독일과 함께 유럽선수권에서 가장 많이 우승한 국가가 되는 것이다.

유럽선수권 우승 횟수		결승 진출 횟수	
독일서독 2회	3회	독일서독 3회	6회
스페인, 프랑스	2회	구 소련	4회
구 소련, 이탈리아, 체코슬로바키아, 네덜란드, 덴마크, 그리스	1회	스페인	3회
		유고슬라비아, 체코슬로바키아체코 1회, 이탈리아, 프랑스	2회
		벨기에, 네덜란드, 덴마크, 그리스, 포르투갈	1회

스페인은 폴란드 북부에 위치한 기니에비노에 있는 미스트랄 스포트 호텔에 묵을 예정이다. 이 지역 인구는 2,000명 정도 된다고 한다. 호텔 구내에 시설이 완비되어 있으며, 훈련 장비가 설치된 그라운드도 보유하고 있다. 이로 인해, 매일 버스를 타고 이동하는 번거로움을 피할 수 있다. 선수들은 방에서 걸어서 훈련장까지 갈 수 있고, 훈련이 끝난 후에도 걸어 돌아와서 씻을 수 있다.

대표팀은 축구장 네 군데를 사용할 수 있을 뿐만 아니라 수영장, 육상 트랙, 재활센터, 스파, 피트니스센터, 테니스코트, 극장, 볼링경기장 또한 이용할 수 있다. 스페인은 이후 우크라이나에서 경기를 해야 하지만, 이 숙소를 선점하기 위해서 치열한 경쟁을

뚫었다. 기니에비노는 그단스크에서 70km 거리에 위치해 있어, 조별리그 세 경기는 편하게 치를 수가 있다. 버스로 한 시간이 조금 넘는 거리다.

2008년 협회 이사회의 추천으로 델보스케와 함께 했던 페르난도 이에로가 2011년 6월 기술위원장 자리를 내려놓기로 결정했다. 델보스케는 혼자 남았다. 감독에게는 매우 서운한 결정이었다. "개인적인 이유였어요. 하지만 저는 절대 그의 태도를 이해할 수 없었고 이해하지도 않을 겁니다. 더 설득력 있는 이유를 대지 않는다면요." 그의 사임에 대해 델보스케는 이렇게 말했다.

"감독님은 제가 왜 팀을 떠났는지 분명히 알고 계세요. 전 제 의도에 대해서 감독님께 제일 먼저 말씀 드렸어요. 하지만 만날 때마다 저에게 계속 합당한 이유를 대라고 하셨어요. 이유를 알고 계셨지만, 그게 제가 떠나기로 결심할 만큼 중요한 일이 아니라고 보신 거죠. 화가 나서 그러신 게 아니에요." 이에로가 말했다.

선수들 또한 그의 역할이 매우 중요하다는 것을 알고 있기에, 그가 다시 생각해서 결심을 돌리게 하려고 노력했다. 하지만 이에로는 그의 고향인 말라가로 떠나, 현재 고향팀의 단장을 맡고 있다. 이 결정으로 비센테 델보스케와의 관계가 완전히 틀어진 건 아니며, 축구협회에서 근무한 시기를 마무리한 것뿐이라고 말했다. "제가 아주 신중하게 결정했다는 것을 다들 알고 있습니다. 4년간의 멋진 시간이 끝난다는 것도 알고 있었습니다. 저는 스페인 팀과 어디든 함께 갈 수 있었던 것을 행복하게 생각하며 떠났습니다. 연령별 대표팀에도 많이 관여하는 등, 4년간 스페인 축구를 제 손에 쥘 수 있는 기회를 가졌죠. 그 선수들이 성인 대표팀에 데뷔하는 것을 보면 개인적으로 정말 기쁠 거예요. 그 선수들 전부와 함께 생활했거든요. 델보스케 감독님께는 정말 많이 배웠어요. 감독님은 제 친구이자 심리상담가이고, 저에게는 영원히, 저를 비춰볼 수 있는 거울이 될 겁니다." 이에로가 끝맺었다.

알바로도 이에로를 설득하는 데 실패했다. 델보스케 감독의 아들은, 이에로가 떠난다는 것을 알고 아버지와 마찬가지로 상심했다. 아버지 휴대폰을 빌려 대화를 통해 몇 번이고 설득하려고 했지만 원하는 결과를 얻지 못했다. 이에로가 팀을 떠나자 델보스케는 향후 계획을 바꿔야 했다. 그가 맡고 있던 역할도 조정해야 했다. 지금은 기술위원회 위원들이 클럽과 직접적으로 연락을 해야 한다. 2011년 여름부터 마리아 호세 클라라문트가 책임자가 되었다. 발렌시아의 신화적인 선수 펩 클라라문트의 딸인 그녀는 축구협회 100주년 사업과 협력했던 한 회사의 마케팅 팀에서 일했다.

감독이 대표팀을 이끌고 주요 대회의 본선에 진출하면 재계약을 논의하는 것이 스페인 축구협회의 관례다. 델보스케는 2014년 브라질 월드컵까지의 재계약 제의를 받았다. 하지만 그는 이 재계약에 대해 더 신중하게 살피고 싶었고, 모든 절차가 적절하게 진행되었으면 한다. "협회와 저는 모든 것이 잘 진행이 되고, 양측이 만족스러우면 계속 함께 하기로 했습니다. 계약과는 별도로, 저는 브라질 월드컵까지만 생각하면서 일하지는 않을 것입니다. 저는 축구는 마라톤과 같다고 생각하고 지금까지 왔고, 지금도 그렇게 생각합니다."

델보스케는 자신이 떠난 이후에 대표팀을 맡게 될 감독에게 훌륭한 유산을 남겨주

카스테야나 대로에 대표팀 선수단의 버스 퍼레이드를 보기 위해 엄청난 인파가 몰렸다.

기를 원한다. "팬들의 의사가 가장 중요합니다. 이게 현재 우리의 기본적인 고민입니다. 마지막이 좋아야죠."

폴란드-우크라이나에서 펼쳐지는 유로 대회 이후 그가 어떤 역할을 맡게 될지는 분명하지 않다. 적어도, 2011년 10월 20일 방송채널 '카데나 코페'가 살라망카에서 특별 프로그램을 내보낸 날에도 델보스케는 진로에 대해 확실하게 말하지 않고 의문점을 남겨두었다. "유로가 끝나도, 저는 협회에서 일할 것입니다만……."

이 질문에 '감독으로 일할 것이냐'라는 말이 있었다면 답변을 피했을 것이다. 2012년 7월부터 델보스케가 협회의 기술위원장이 될 확률을 배제할 수 없다. 이 경우에는, 그 자신이 기술위원회에 후임 감독을 제안할 수 있는 책임자가 될 것이다.

그 방송을 통해 델보스케는 다시 한 번 그에 대한 국민들의 사랑을 느꼈고, 아들 알바로로 인해 또 다시 감동을 받았다. 알바로는 그날 아침 아버지 모르게, 어머니 트리니와 함께 방송사와 인터뷰를 했다. 그는 마이크에 대고 유로 대회에 대한 소망을 말했다. "아빠, 내가 아빠 정말 사랑하는 거 알죠. 우리가 또 우승하면 제 소원 딱 하나만 들어주세요. 퍼레이드 버스에 한 번 더 올라가고 싶어요."

---

*이 장의 통계에는 2012년 6월 3일 치른 스페인-중국전까지 반영되었다.

라 로하는 이미 전설이다

스페인은 흑과 백, 낮과 밤처럼 양극단으로 대비되는 두 얼굴을 가진 나라다. 스페인 대표팀 '라 로하' 군단을 향한 평가는 늘 극단적인 두 가지뿐이다. 세계 최고라는 극찬, 아니면 세계 최악의 팀이라는 혹평이다. 스페인 사람들은 대단한 착각에 빠져있다. 유로 대회에서 매 경기를 3:0으로 격파하며 쉽게 승리할 것이라고 생각하는 것은 굉장히 순진한 생각이다. 우리가 유로 2012 대회를 예상하면서 분명히 장담할 수 있는 것은 그런 일이 일어날 가능성이 거의 없다는 정도다.

스페인은 이탈리아와 유로 2012 대회 C조 1차전 경기에서 1:1로 무승부를 기록했다. 약체 아일랜드를 4:0으로 대파했지만 크로아티아와 마지막 경기에서도 1:0 신승을 거두며 탈락 위기를 간신히 넘겼다. 최전방 공격수를 기용하지 않는 '제로톱' 전술이 빼어난 득점력을 보이지 못한 스페인 대표팀의 실패 원인으로 지적됐다. 비판은 생각보다 냉혹했다. 지난 4년간 무수히 많은 성공과 승리를 거둔 팀, 아직 패배하지 않은 팀에 수많은 의문의 꼬리표가 따라붙었다. "우린 굉장히 빠르게 가난에서 빠져나와 부자가 됐어요. 그렇기 때문에 우리가 이룬 일에 대한 가치를 제대로 인정받지 못하는 것 같습니다." 비센테 델보스케가 크로아티아를 1:0으로 꺾고 1위로 조별리그를 통과한 뒤 기자회견장에서 남긴 말은 그의 감정을 그대로 대변하고 있다. 그의 인터뷰 코멘트에는 일군의 실망감과 고뇌가 담겨 있다. 스페인 대표팀 감독은 비난의 물결과 비관주의가 이해되지 않는다는 입장이다. 2008년 6월 역사상 두 번째 유로 우승을 차지한 이후 스페인은 34차례 공식 대회 경기에서 막강한 성적을 기록했다. 31차례 승리를 거뒀고 1번 비겼으며 유로 2012 첫 경기였던 이탈리아 전, 2번 2009 FIFA 컨페더레이션스컵 미국 전, 남아공 월드컵 스위스 전밖에 패하지 않았다. 그럼에도 만족하지 못하는 사람들이 있다. 엄청난 비판을 가하고 있다. 스페인이 크로아티아를 상대로 좋은 경기를 하지 못했던 것은 사실이다. 경기 중간에 축구적으로 위태로운 모습도 있었고, 크로아티아의 플레이에 곤욕을 치른 상황이 있었던 것도 사실이다. 스페인의 일부 선수들은 꽤 지친 모습이었다. 그리고 경우의 수도 영향이 없지 않았다. 비기기만 해도 8강에 진출할 수 있는 상황이었다. 이런 요소들이 경기력에 영향을 미쳤다. "이따금씩 우리는 공격을 해야 하는지 수비를 해야 하는지에 대해 명확하게 알 수 없었어요." 경기가 끝난 뒤 믹스트존에서 만난 제라르 피케Gerard Piqué 수비수가 말했다.

남아공 월드컵 첫 경기에서 스위스에게 패한 뒤에도 이미 같은 일이 있었다. 델보스케는 크로아티아와 경기를 마친 뒤 기자회견에서 이를 본보기로 삼았다. 그리고 팀이 이상적인 길을 걷고 있다는 그의 확신을 재차 말했다. "우리는 안정적인 팀입니다. 8강에 올랐고, 아무런 문제도 발견하지 못했어요."

세계 챔피언이 되면서 스페인은 매 경기 가슴에 빛나는 별을 달고 나서는 특권을 얻었다. 하지만 동시에 그때부터 눈부신 플레이를 펼치거나 큰 차이를 내지 못할 경우 스페인 유니폼은 서슬 퍼런 비난의 칼에 난도질 당한다. 역사적으로 스페인 대표팀은 경쟁력이 떨어졌다. 극한의 상황에서 이겨내는 법을 알지 못했다. 조금만 팀의 경기력이 흔들려도 곧바로 대회에서 탈락해버리곤 했다. 그리고 영악한 방식으로 어떤 상황 속에도 꾸역꾸역 승리를 만들던 이탈리아 같은 나라를 부러운 시선으로 바라봤다. 이탈리아는 스페인과는 정반대의 스타일로 축구를 한다. 하지만 스페인을 상대할 때마다 강한 경쟁력과 승리 유전자를 선보여왔다. 스페인은 8강에 올랐고, 스페인의 실력을 의심할 만한 이유는 많지 않다. 델보스케는 의심이 많은 사람도 아니고 비판에 겁먹는 사람도 아니다. 사람들은 스페인의 '제로톱 전술'에 의구심을 표했다.

'제로톱'으로 나선 세스크 파브레가스는 조별리그 3경기에서 모두 결정적인 역할을 했다. 확고 부동한 주전 자리를 장담할 만한 충분한 공을 세웠다. 델보스케 감독은 그에 대한 믿음과 미래 축구의 전술로 불리는 '제로톱'을 끝까지 밀고 나갔다. 프랑스와 8강전, 이탈리아와 재회한 결승전에서 파브레가스가 또 다시 선발 출전했다. 스페인은 충분히 많은 골을 터트렸고, 토너먼트에서 단 한 골도 내주지 않으며 우승을 차지했다. 더 이상 어떤 의문의 꼬리표도 따르지 않았다. 이탈리아의 승리 유전자는 온데간데없었다. 스페인은 수비 축구의 심장에 네 골을 꽂아 넣었다.

스페인 축구 대표팀 '라 로하'는 이미 전설의 팀이 됐다. 스페인은 축구 역사상 누구도 이루지 못한 위업을 이루며 전 세계를 그들의 발 아래 두었다. 유로 대회 우승에 이어 월드컵 우승을 차지했고, 또 한 번 유로 대회 우승을 연속으로 해냈다. 하지만 그들이 남긴 유산은 단지 이케르 카시야스가 비엔나2008년와 요하네스버그2010년, 키에프2012년에서 들어올린 세 개의 트로피뿐만이 아니다. 스페인은 전 세계 모든 팀들이 모방하고 싶어하는 스타일을 만들었고, 스포츠 정신을 구현하며 축구의 가치를 대표하는 팀이 됐다.

인생에는 알아야 할 것이 두 가지 있다. 바로 이기는 법과 지는 법이다. 두 가지 경우 모두 제대로 하는 것은 쉽지 않다. 후반전 45분의 시간이 됐을 때 카시야스는 부심에게 다가가 더 이상 추가 시간을 주지 않아도 된다고 이야기했다. 그러니 주심 페드로 프론사에게 추가 시간 표시를 하지 않을 수 없냐고 물었다. 스페인의 주장은 경기 도중 두 명의 선수가 부상으로 쓰러지며 4:0으로 뒤져있는 이탈리아 대표팀에게 추가 시간은 과한 형벌이 될 것이라고 생각했다. 포르투갈인 주심이 경기 종료 휘슬을 불었고, 이케르는 이탈리아 선수들 한 명 한 명에게 다가가 인사를 전했다. 그들의 역사상 가장 큰 참패, 가장 쓰라린 패배를 당한 이탈리아 선수단 모두를 위로했다. 다음 날 카시야스의 행동은 이탈리아 모든 언론의 칭송을 받았다.

이케르는 단지 좋은 플레이를 펼친 것뿐만 아니라 '라 로하'가 보여준 개성을 온 몸으로 구현하고 또 대표한 선수였다. 존중심과 겸손함, 연대의식과 동료애와 같은 가치다. 경기가 끝난 뒤 그라운드에 나타난 스페인 대표 선수들의 아이들은 전 세계의 주목을 받았다. 다들 부모를 꼭 닮았고, 그들처럼 되고 싶다는 마음을 품고 있다.

나는 경기장을 나서는 선수들을 인터뷰하기 위해 감격에 찬 마음으로 기다리고 있었다. '카데나 코페' 방송을 위한 플래시 인터뷰였다. 두 명의 이탈리아 선수와 마주하는 것은 내 마음을 강하게 울렸다. 부폰과 함께 이탈리아의 진정한 리더로 활약한 안드레아 피를로는 몹시 슬픈 모습으로 내 앞을 지나갔다. 그는 나라를 대표해 유로 대회 우승을 이룰 수 있는 마지막 기회를 놓쳤다. 그는 정정당당한 모습으로 슬리퍼를 신고 경기 중에 입었던 눈부신 유니폼을 한 손에 든 채 스페인 대표팀의 라커룸을 향해 걸어갔다. 3분 뒤에 피를로의 '아주리' 유니폼은 차비 에르난데스의 유니폼으로 바뀌어 있었다. 축구계에서 볼 수 있는 대표적인 아름다운 풍경이다. 비탄과 실망의 기억은 평생 이어지는 것이 아니다. 시간이 지나면 모두 아름다운 추억으로 남기 마련이다.

5분 뒤에 델보스케 스페인 대표팀 감독이 필수로 예정된 텔레비전 인터뷰에 나타나지 않았다. "조금만 기다려주세요." 스페인 대표팀 언론담당관 팔로마 안토란스 Paloma Antoranz가 스페인 기자단에게 전해왔다. 다운증후군을 앓고 있는 그의 아들 알바로가 그의 아버지와 함께 우승을 축하하고 있었다. 비센테는 그를 껴안아주고 휴머니즘과 애정을 담은 두 볼 키스를 나누고 있었다. 대표팀 감독은 감격을 숨기지 못했다. 눈물이 맺힌 눈으로 간신히 마지막 인터뷰에 집중했다. 알바로는 원정지에서 돌아와 마드리드 시내에서 진행된 우승 퍼레이드에서 버스의 한 자리를 차지할 수 있었다. "가장 감동적인 승리였어요. 그는 제게 몇 번이고 승리하는 모습을 다시 보여주겠다고 했어요!" 방송 인터뷰에서 알바로는 아버지에게 감사의 뜻을 표했다.

전 세계 언론이 '라 로하'의 위용에 경의를 표했다. 수많은 칼럼니스트들이 이번 스페인 팀을 역사상 최고의 축구 대표팀이라고 말했다. "3연속 우승은 완벽했다. 누구도 이런 일을 해내지 못했다." 독일 축구지 '키커Kicker' 의 표지를 장식한 말이다. 스페인과 축구 역사상 가장 치열한 경쟁의식을 보여준 나라들도 경의를 표하는 데 주저하지 않았다. "스페인 축구가 보여준 유쾌한 지배력은 축구 역사상 좀처럼 보기 힘든 기억으로 남게 될 것이다. 그들의 축구는 한시도 지루하지 않았다." 프랑스 언론 '레퀴프L'Equipe' 의 보도 내용이다. 압도적인 패배를 당한 이탈리아 역시 찬사를 보낼 수밖에 없었다. "스페인은 시간이 지날수록 치명적인 방식으로 우리를 지워버리고 냉혹하게 경기를 지배했다. 강력하게 뭉친 스페인 팀은 인정사정없이 무자비하게 우리를 4:0으로 무너트렸고, 그 어떤 비난의 여지도 남겨주지 않았다."

전 세계 각지에서 찬사가 쏟아졌다. 축구 역사상 가장 위대한 인물 역시 찬사를 억누를 수 없었다. 이론의 여지없이 가장 위대한 축구 선수 펠레는 스페인을 최고의 팀이라고 표현하며 2012년 연말까지 계속해서 수많은 언론이 논쟁을 벌일 만한 화두를 던졌다. "스페인 축구를 지켜보는 것이 너무나 즐겁습니다. 스페인은 세계 최고의 팀입니다. 지금이야 말로 카시야스에게 발롱도르를 수여할 최적의 시기입니다." '축구 황제' 의 말이다.

루이스 수아레스Luis Suarez 이후 발롱도르를 수상한 스페인 선수는 없었다. 이제 스페인 선수가 세계 최고의 자리로 올라설 수 있는 정당성이 입증되었다. 하지만 가장 유력한 수상 후보들카시야스, 이니에스타, 차비은 큰 걱정을 하지 않는 모습이다. "가장 중요한 것은 스페인이 통산 세 번째 유로 대회 우승을 이뤘다는 겁니다. 게다가 2연속 우승이죠. 축구는 팀 스포츠입니다. 모두가 함께 역사를 만든 것이에요. 그것이 정말로 중요한 것이죠." 세 선수 모두 동의하는 부분이다.

페페 레이나Pepe Reina는 또 스페인 전역을 한바탕 뒤집어 놓았다. 화려한 언변과 엄청난 호감으로 무장한 레이나는 우승 축하 파티를 또 한 번 주도했다. 많은 사람들이 그 대표팀의 새 얼굴 조르디 알바를 어떻게 소개할지 궁금증을 가졌다. "상투적인 표현이라 좀 찜찜하지만, 라 로하 군단의 모토GP오토바이!" 알바는 이탈리아와 결승전 경기에서 환상적인 질주로 A매치 데뷔골을 터트렸다. 선수들의 이름을 번호 순으로 호명하던 레이나지만, 이번 우승 축하연에서는 등번호 1번 카시야스를 가장 마지막 순서로 소개했다. "네 옆에서 7년의 시간을 보냈고, 네게 정말 많은 것을 배웠어." 바로 이 모습이 특별한 재능을 갖춘 스페인 팀이 다른 팀과 차별화되는 점이다. 지금 스페인은 살아있는 전설이다. 이제 2014년 브라질 월드컵이 기다리고 있다. 그들의 작업은 아직 끝나지 않았다.

---

*이 글은 스페인어판에는 수록되어 있지 않습니다. 저자 미겔 앙헬 디아스가 유로 2012 대회 기간에 작성한 칼럼을 정리한 스페셜 챕터입니다.

　재활 훈련을 잠시 멈추고 글을 쓰기 위해 앉았습니다. 《스페인 대표팀의 비밀》의 피날레를 장식하기 위해서죠. 이 책이 지난 4년간의 눈부신 시간을 잘 추억할 수 있도록 도와주길 기대합니다. 늘 사람들은 스페인이 월드컵에서 우승하는 것은 불가능하다고 말해왔죠. 하지만 우리는 해냈습니다. 물론 쉬운 것은 하나도 없었습니다. 하지만 노력과 믿음 그리고 동료애를 기반으로 우리는 새로운 역사를 썼습니다. 지구상에 오직 세 나라의 대표팀만이 유로 대회와 월드컵, 월드컵과 유로대회를 연속으로 우승했습니다. 스페인이 그 팀 중 하나에 들었습니다. 굉장히 자랑스러운 일입니다.

　하지만 우리는 여기서 안주해서는 안 됩니다. 또 한 번의 유로 대회 우승으로 메이저 대회 3연패라는 전인미답의 경지에 이를 수 있는 기회가 찾아왔습니다. 특별한 일이고, 역사상 다시 없을 기회가 되겠죠. 얼마나 많은 시간이 지나야 이 같은 업적을 재현하는 새로운 대표팀아니면 스페인이 또 한 번 해낼 수 있겠죠이 나타날까요? 유로 2012 대회는 우리의 새로운 도전이고 우리가 승리에 지치지 않는 팀이라는 것을 보여주는 시험대가 될 것입니다. 우리 선수들 중 어느 누구도 최고가 되기 위한 싸움에 임하는 것을 망설이지 않습니다.

　사람들이 우리를 가장 강력한 우승후보라고 이야기합니다. 부담을 느끼지 않고 있습니다. 우리 말고도 우승을 차지할 수 있는 팀이 별로 존재하지 않는다고 생각한다면 어리석은 일이 될 것입니다. 결과가 이를 뒷받침하고 있습니다. 우리는 몇몇 친선 경기에서 최고의 모습을 보이지 못했습니다. 하지만 매 경기 모두 승리하는 것은 쉬운 일이 아닙니다. 게다가 우리는 상대팀에 강한 동기부여를 주는 팀이 됐죠. 상대가 우리를 꺾고 싶다는 마음으로 무장하는 것은 자연스러운 일입니다.

대표팀의 분위기는 이보다 더 좋을 수 없는 상태입니다. 계속해서 유지되고 있습니다. 늘 좋은 분위기를 만드는 것이 가장 중요하다고 생각합니다. 그것이야말로 경기장 위에서 가장 큰 도움이 되는 부분입니다. 팀의 분위기가 경기력에 그대로 반영되기 때문입니다. 다른 선수들은 우리들의 친밀한 관계를 질투합니다. 그리고 우리의 비밀을 말하라고 보채기도 하죠. 우리는 비밀을 공개하려 하는 미겔리토저자 미겔 앙헬 디아스의 애칭를 믿습니다. 그야말로 우리가 보내온 합숙 시간들을 가장 완벽하게 알고 있는 사람이라고 생각합니다. 가장 중요한 것은 우리가 하나의 팀이라는 것이죠. 우리 팀에 서열은 없습니다. 모두가 하나로 뭉친다면 모든 일을 풀어가는 것이 쉬워집니다. 우리는 지금처럼 똘똘 뭉치기 위해 여러 어려운 상황들을 이겨냈죠. 그랬기 때문에 우리를 아직도 더 강하게 만들어주는 것입니다.

아라고네스와 델보스케는 우리의 아버지와 어머니 같은 존재입니다. 둘 중 하나를 고를 수가 없는 존재죠. 루이스는 우리의 머리 속에 우리에게 충분한 능력 있다는 것을 심어주었습니다. 그와 함께 우리는 잊을 수 없는 수많은 일을 함께 겪었고, 그 이야기가 이 책에 완벽하게 담겨져 있습니다. 비센테는 더 조용한 분이셨지만 모든 일을 굉장히 빠르게 해내리라 믿고 있었습니다. 그는 서서히 그가 원하는 틀을 만들어냈고 올바른 판단을 내렸어요. 자연스럽게 새로운 동료 선수들을 대표팀에 투입했습니다. 남아공에서 우리는 전 세계에 교훈을 줬습니다. 스위스전의 패배 속에 평정심을 유지하는 것은 쉽지 않았습니다. 급작스럽게 핸들을 꺾어 방향을 바꾸는 편이 더 쉬운 해결책이 될 수도 있었겠죠. 궤도를 수정할 수도 있고요. 하지만 우리는 우리가 올바른 길을 걷고 있다고 확신했고 결국 이를 증명하며 대회를 마쳤습니다.

제 가장 친한 친구 페페 레이나는 제게 이번 유로 2012 대회에 불참하게 되어 자신을 혼자 내버려두는 것에 대해 미안해하지 말라고 말해줬습니다. 그가 즐겨 쓰는 표현대로 이는 가장 무거운 멜론 목걸이와 같습니다. 여러분이 알다시피 그와 정말 오랜 시간을 함께 지냈습니다. 그는 제겐 형제와 같은 존재입니다. 스페인이 2012년 2월 베네수엘라와 경기를 하던 때 제게 힘을 주고자 계속해서 전화를 걸어왔습니다. 전 그가 전혀 지치지 않았다고 믿습니다. 페페는 굉장히 붙임성이 좋은 친구입니다. 우리는 비행기나 버스를 탈 때 옆자리에 앉는 짝꿍이죠. 방은 개인적으로 쓰기 때문에 잠은 같이 자지 않습니다.

'포체로스스페인 대표팀의 포차 게임 모임 멤버들' 가 제게 유로 2012 대회에 참가할 수 있도록 열심히 재활 훈련을 해달라고 이야기하더군요. 저 역시 그들만큼이나 경기장에 돌아가는 것을 그리워하고 있습니다. 우리가 함께 이룬 위대한 일은 지나갔습니다. 모두가 함께 불꽃을 일으켰던 순간들이죠. 승리를 통해 값을 매길 수 없는 즐거운 시간을 보낼 수 있었습니다. 제 생애 최고의 날이었습니다.

이 책을 손에 쥐었을 때 다시 한 번 위대한 업적이 재현되고 있길 기대합니다. 제 부상에 대한 설명이 지나치게 많은 자리가 되지 않으리라 생각합니다. 이곳은 대표팀을 말하기 위한 자리고 대표팀의 분위기와 노력을 방해하고 싶지 않습니다. 하지만 만약 전 세계에 감사의 말을 전한다면 특히 동료 선수들, 지난 몇 달간 제게 애정을 보여준 선수들에게 주고 싶습니다. 전 동료들의 호흡을 가까이 느꼈고 모두의 도움 덕에 페달을 밟으며 재활 훈련을 할 수 있었습니다.

제 다음 골은 굉장히 특별할 겁니다. 제가 라 로마레다에서 프리메라 리가 데뷔골을 넣었을 때만큼이나 귀중할 것 같아요. 대표팀에서 슬로바키아를 상대로 첫 골을 넣었을 때만큼이나요. 엄청난 감정이 응축되어 폭발할 겁니다. 모든 것을 알고 있는 미겔은 제게 그 순간이 오면 특별한 골 세리머니를 준비할 것이냐고 물어왔습니다. 뭔가 할 생각이지만 아직 이곳에서는 밝히지 않겠습니다. 서프라이즈 파티로 남겨두고자 합니다. 유일하게 여러분께 말씀드릴 수 있는 것은 그 골을 정말 많은 분들에게 바치겠다는 겁니다.

이 에필로그를 마무리하는 지금 유로 2012 대회 출전을 위해 최선을 다하고 있습니다. 대표팀에서 뛰는 것은 항상 자랑스러운 일입니다. 유로와 같은 위대한 대회에 참가할 땐 더욱 더 그렇습니다. 팀과 팬이 같은 목표를 두고 하나로 뭉쳐있습니다. 가슴이 뭉클한 순간입니다. 스페인 대표팀의 모든 일이 잘 되고, 이 책에 더 많은 페이지가 새로 쓰여지길 바랍니다.

다비드 비야

부록

1

캐스트롤 랭킹

윤활류 제조 전문 업체로 세계 최정상을 달리고 있는 기업 캐스트롤은 유로 2012 대회와 2014년 브라질 월드컵의 공식 후원사다. 유로 2008 대회와 2010년 남아공 월드컵 역시 공식 후원사로 참가했다. 2009년 컨페더레이션스컵 역시 캐스트롤이 참여했고, 2013년 대회에도 참여할 예정이다.

100년이 넘는 시간 동안 자동차 시장을 선도해온 캐스트롤은 최근 국제 축구계에도 크게 기여하고 있다. 캐스트롤은 최근 축구 팀과 선수들의 경기력을 수치화해서 비교할 수 있는 '캐스트롤 랭킹Castrol Performance Index'을 만들어 발표하고 있다. 모든 기술적 통계를 분석하고 경기장 위의 모든 움직임을 수치화해 팀의 득점과 실점에 대한 긍정적이고 부정적인 영향에 대해 가늠할 수 있는 작업이다. 캐스트롤의 경기력 분석팀은 모든 데이터와 1점부터 10점까지 매겨진 선수 보고서를 제작했다. 축구 관전에 완전히 새로운 관점을 제시해주는 랭킹이다.

캐스트롤이 제작한 유로 2012 대회에 참가하는 스페인 대표 선수들의 상세 데이터를 소개한다. 홈페이지를 방문하면 보다 많은 자료를 확인할 수 있다.

모든 선수 기록은 유로 2012 대회 참가 직전 기록 기준이다.

골키퍼　이케르 카시야스 페르난데스

캐스트롤 랭킹 점수

생년월일 : 1981년 5월 20일 (마드리드) | 리그 : 스페인 | 클럽 : 레알 마드리드 | 키 : 184cm | 체중 : 79kg | 국가 대표 출전 : 131 | 대표팀 데뷔 : 2000년 6월 3일 (예테보리) 스웨덴 1 : 1 스페인 | 청소년 대표 출전 : 41경기

2011년 출전 경기수 : 11 | 출전 시간 : 465 | 무실점 경기수 : 6
실점 : 7 | 실점 시간 : 92 | 선방 : 10
경기당 선방률 : 0,9 | 페널티킥 선방률 : 0 | 경기당 실점률 : 0,6 | 펀칭 : 1

골키퍼　호세 레이나 마누엘 레이나 페레스

캐스트롤 랭킹 점수

생년월일 : 1982년 8월 31일 (마드리드) | 리그 : 잉글랜드 | 클럽 : 리버풀 | 키 : 187cm | 체중 : 85kg | 국가대표 출전 : 25 | 대표팀 데뷔 : 2005년 8월 17일 (히혼) 스페인 2:0 우루과이 | 청소년 대표 출전 : 38경기

2011년 출전 경기수 : 3 | 출전 시간 : 186 | 무실점 경기수 : 2
실점 : 1 | 실점 시간 : 186 | 선방 : 0
경기당 선방률 : 0,0 | 페널티킥 선방 : 0 | 경기당 실점률 : 0,3 | 펀칭 : 0

골키퍼　빅토르 발데스 아리바스

캐스트롤 랭킹 점수

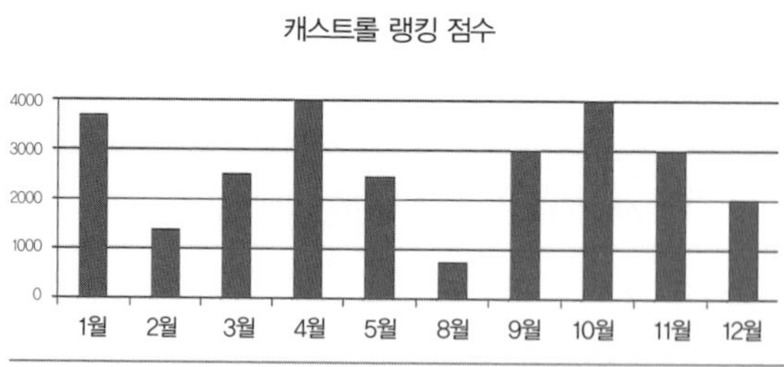

생년월일 : 1982년 1월 14일 (호스피탈렛 데 요브레갓, 바르셀로나) | 리그 : 스페인 | 클럽 : 바르셀로나 | 키 : 183cm | 체중 : 78kg | 국가대표 출전 : 8 | 대표팀 데뷔 : 2010년 6월 3일 (인스부르크) 스페인 1:0 대한민국 | 청소년 대표 출전 : 22경기

2011년 출전 경기수 : 4 | 출전 시간 : 270 | 무실점 경기수 : 2
실점 : 2 | 실점 시간 : 135 | 선방 : 6
경기당 선방률 : 1,5 | 페널티킥 선방 : 0 | 경기당 실점률 : 1,5 | 펀칭 : 1

수비수 　세르히오 라모스 가르시아

생년월일 : 1986년 3월 30일 (세비야)
리그 : 스페인 | 클럽 : 레알 마드리드
| 키 : 183cm | 체중 : 73kg | 국가대표
출전 : 86경기 | 득점 : 6 | 대표팀 데뷔
: 2005년 3월 26일 (살라망카) 스페인 3:
0 중국 | 청소년 대표 출전 : 14경기 |
득점 : 0

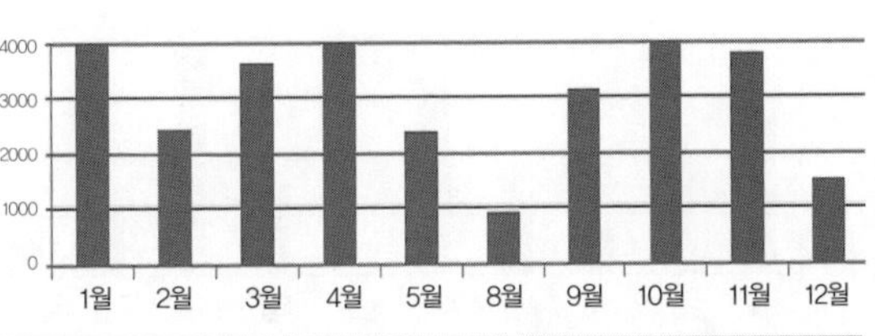

2011년 출전 경기수 : 10 | 선발 출전 : 9 | 출전 시간 : 690
득점 : 1 | 유효 슈팅 : 6 | 어시스트 : 0
유효 패스 : 550 | 볼 가로채기 : 21 | 볼 경합 성공 : 11 | 걷어내기 : 12

수비수 　카를라스 푸욜 사포르카다

생년월일 : 1978년 4월 13일 (라 포를
라 데 세구르, 예이다) | 리그 : 스페인
| 클럽 : 바르셀로나 | 키 : 180cm | 체
중 : 77kg | 국가 대표 출전 : 99 | 득점
: 3 | 대표팀 데뷔 : 2000년 11월 15일
(세비야) 스페인 1:2 네덜란드 | 청소
년 대표 출전 : 12경기 | 득점 : 0

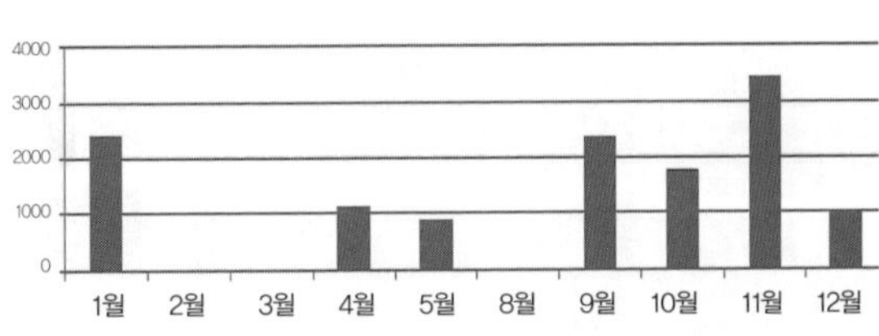

2011년 출전 경기수 : 4 | 선발 출전 : 2 | 출전 시간 : 196
득점 : 0 | 유효 슈팅 : 1 | 어시스트 : 0
유효 패스 : 109 | 볼 가로채기 : 8 | 볼 경합 성공 : 3 | 걷어내기 : 3

수비수 　제라르 피케 베르나베우

생년월일 : 1987년 2월 2일 (바르셀로
나) | 리그 : 스페인 | 클럽 : 바르셀로
나 | 키 : 193cm | 체중 : 85kg | 국가
대표 출전 : 39 | 득점 : 4 | 대표팀 데
뷔 : 2009년 2월 11일 (세비야) 스페인
2:0 잉글랜드 | 청소년 대표 출전 :
40경기 | 득점 : 8

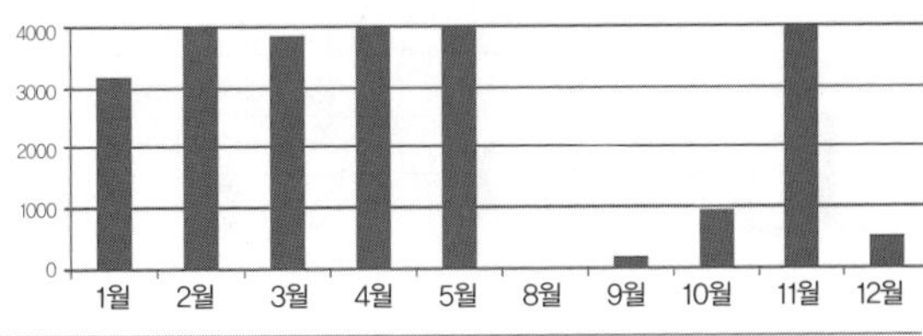

2011년 출전 경기수 : 8 | 선발 출전 : 8 | 출전 시간 : 675
득점 : 0 | 유효 슈팅 : 2 | 어시스트 : 0
유효 패스 : 463 | 볼 가로채기 : 22 | 볼 경합 성공 : 9 | 걷어내기 : 20

수비수　알바로 아르벨로아 코카

캐스트롤 랭킹 점수

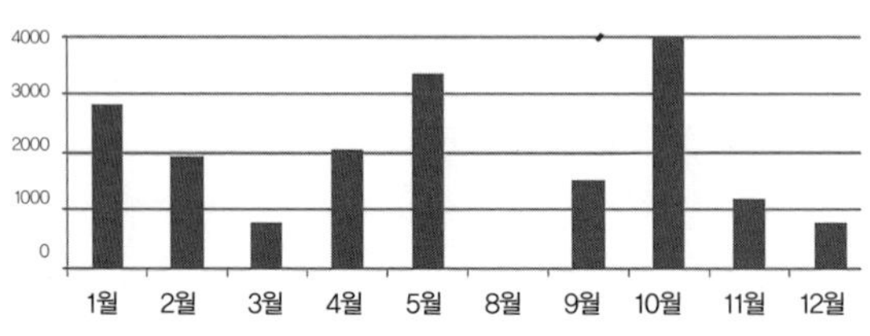

생년월일 : 1983년 1월 17일 (살라망카) | 리그 : 스페인 | 클럽 : 레알 마드리드 | 키 : 180cm | 체중 : 70kg | 국가대표 출전 : 35 | 득점 : 0 | 대표팀 데뷔 : 2008년 3월 26일 (엘체) 스페인 1:0 이탈리아 | 청소년 대표 출전 : 7경기 | 득점 : 0

2011년 출전 경기수 : 12 | 선발 출전 : 10 | 출전 시간 : 952

득점 : 0 | 유효 슈팅 : 2 | 어시스트 : 0

유효 패스 : 531 | 볼 가로채기 : 33 | 볼 경합 성공 : 30 | 걷어내기 : 5

수비수　조르디 알바 라모스

캐스트롤 랭킹 점수

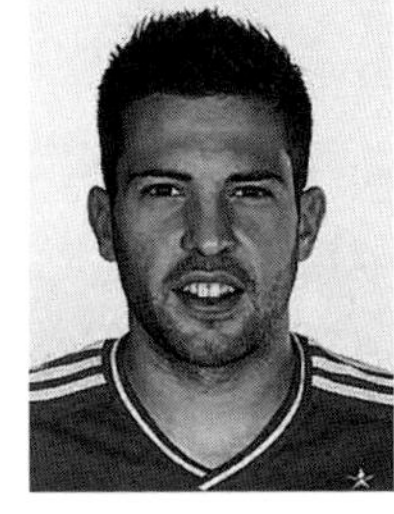

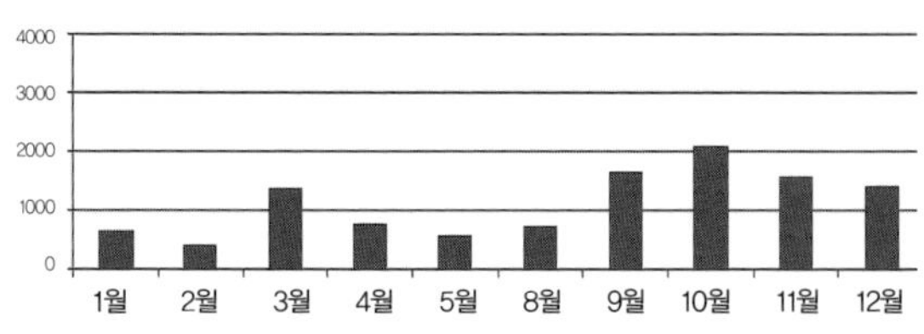

생년월일 : 1989년 5월 21일 (호스피탈렛 데 요브레갓, 바르셀로나) | 리그 : 스페인 | 클럽 : 발렌시아 | 키 : 170cm | 체중 : 63kg | 국가대표 출전 : 5경기 | 득점 : 0 | 대표팀 데뷔 : 2011년 10월 11일 (알리칸테) 스페인 3:1 스코틀랜드 | 청소년 대표 출전 : 15경기 | 득점 : 1

2011년 출전 경기수 : 2 | 선발 출전 : 2 | 출전 시간 : 180

득점 : 0 | 유효 슈팅 : 2 | 어시스트 : 1

유효 패스 : 123 | 볼 가로채기 : 2 | 볼 경합 성공 : 4 | 걷어내기 : 4

수비수　라울 알비울 토르타하다

캐스트롤 랭킹 점수

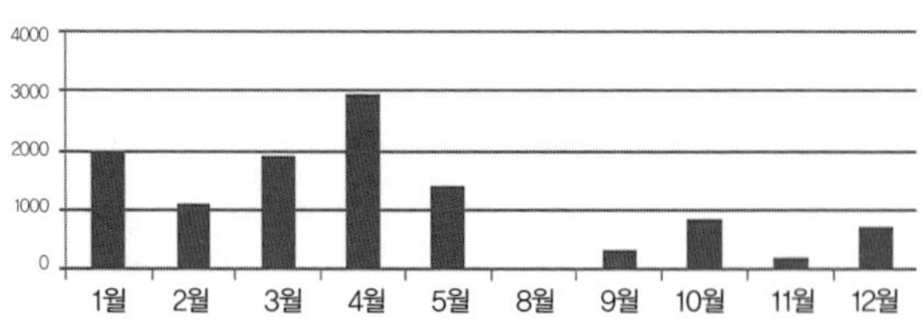

생년월일 : 1985년 9월 4일 (발렌시아) | 리그 : 스페인 | 클럽 : 레알 마드리드 | 키 : 187cm | 체중 : 84kg | 국가 대표 출전 : 34 | 득점 : 0 | 대표팀 데뷔 : 2007년 10월 13일 (아루스) 덴마크 1:3 스페인 | 청소년 대표 출전 : 18경기 | 득점 : 0

2011년 출전 경기수 : 8 | 선발 출전 : 8 | 출전 시간 : 720

득점 : 0 | 유효 슈팅 : 1 | 어시스트 : 0

유효 패스 : 426 | 볼 가로채기 : 25 | 볼 경합 성공 : 22 | 걷어내기 : 28

수비수 이그나시오 몬레알 에라소

생년월일 : 1986년 2월 26일 (팜플로나) | 리그 : 스페인 | 클럽 : 말라가 | 키 : 178cm | 체중 : 74kg | 국가대표 출전 : 7 | 득점 : 0 | 대표팀 데뷔 : 2009년 8월 12일 (스코피예) 마케도니아 2 : 3 스페인 | 청소년 대표 출전 : 13경기 | 득점 : 0

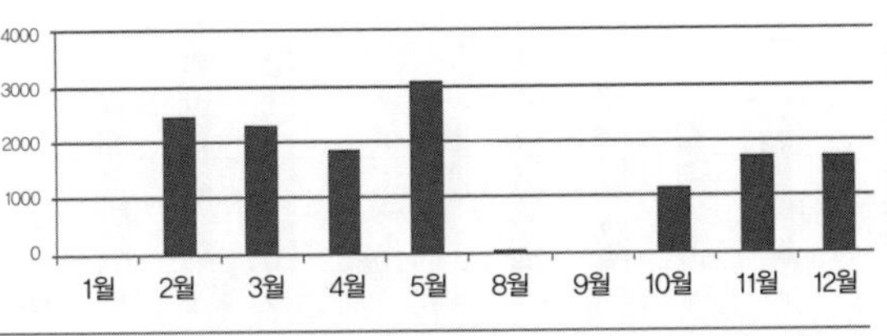

캐스트롤 랭킹 점수

2011년 출전 경기수 : 1 | 선발 출전 : 1 | 출전 시간 : 70
득점 : 0 | 유효 슈팅 : 0 | 어시스트 : 0
유효 패스 : 51 | 볼 가로채기 : 4 | 볼 경합 성공 : 1 | 걷어내기 : 0

수비수 후안프란 로드리게스 토레스

생년월일 : 1985년 1월 9일 (크레빌렌테, 알리칸테) | 리그 : 스페인 | 클럽 : 아틀레티코 데 마드리드 | 키 : 181cm | 체중 : 72kg | 국가대표 출전 : 1 | 득점 : 0 | 대표팀 데뷔 : 2012년 5월 26일 (세인트 갈렌) 스페인 2 : 0 세르비아 | 청소년 대표 출전 : 19경기 | 득점 : 0

캐스트롤 랭킹 점수

2011년 출전 경기수 : 1 | 선발 출전 : 1 | 출전 시간 : 90
득점 : 0 | 유효 슈팅 : 1 | 어시스트 : 0
유효 패스 : 58 | 볼 가로채기 : 0 | 볼 경합 성공 : 1 | 걷어내기 : 0

미드필더 세르히오 부스케츠 부르고스

생년월일 : 1988년 7월 16일 (사바델, 바르셀로나) | 리그 : 스페인 | 클럽 바르셀로나 | 키 : 189cm | 체중 : 73kg | 국가대표 출전 : 39경기 | 득점 : 0 | 대표팀 데뷔 : 2009년 4월 1일 (이스탄불) 터키 1 : 2 스페인 | 청소년 대표 출전 : 3경기 | 득점 : 1

캐스트롤 랭킹 점수

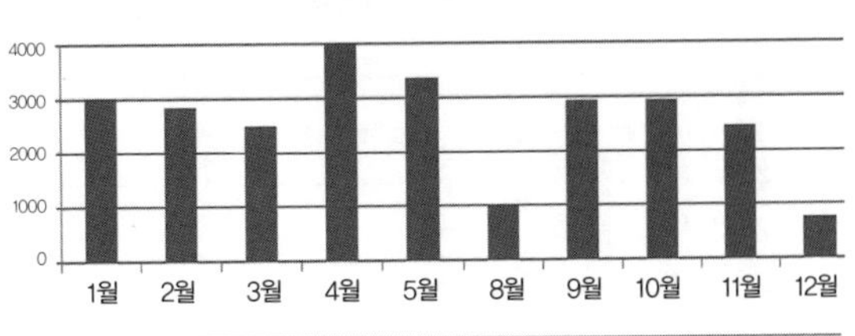

2011년 출전 경기수 : 11 | 선발 출전 : 9 | 출전 시간 : 829
득점 : 0 | 유효 슈팅 : 2 | 어시스트 : 0
유효 패스 : 899 | 드리블 : 2 | 볼 가로채기 : 23

미드필더   차비에르 에르난데스 크레우스

캐스트롤 랭킹 점수

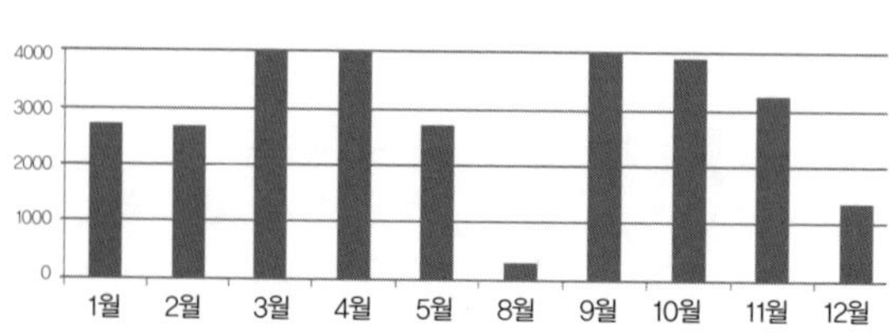

생년월일 : 1980년 1월 25일 (테라사, 바르셀로나) | 리그 : 스페인 | 클럽 : 바르셀로나 | 키 : 170cm | 체중 : 68kg | 국가 대표 출전 : 109 | 득점 : 11 | 대표팀 데뷔 : 2000년 11월 15일 (세비아) 스페인 1:2 네덜란드 | 청소년 대표 출전 : 57경기 | 득점 : 13

2011년 출전 경기수 : 9 | 선발 출전 : 9 | 출전 시간 : 589
득점 : 2 | 유효 슈팅 : 8 | 어시스트 : 3
유효 패스 : 792 | 드리블 : 2 | 볼 가로채기 : 3

미드필더   사비에르 알론소 올라노

캐스트롤 랭킹 점수

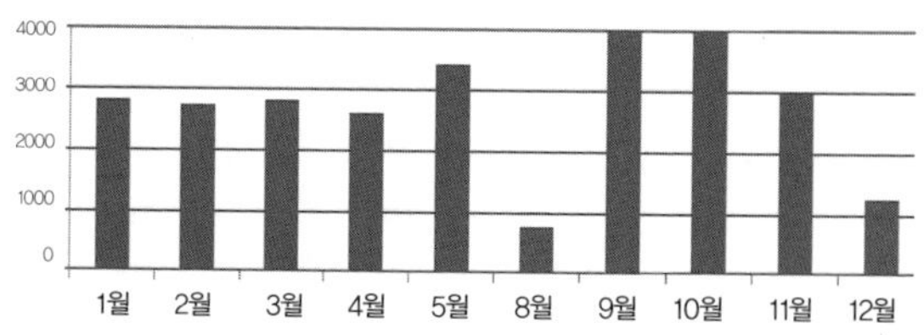

생년월일 : 1981년 11월 25일 (톨로사, 구이푸스코아) | 리그 : 스페인 | 클럽 : 레알 마드리드 | 키 : 183cm | 체중 : 75kg | 국가대표 출전 : 96 | 득점 : 13 | 대표팀 데뷔 : 2003년 4월 3일 (마드리드) 스페인 4:0 에콰도르 | 청소년 대표 출전 : 10경기 | 득점 : 0

2011년 출전 경기수 : 11 | 선발 출전 : 11 | 출전 시간 : 777
득점 : 3 | 유효 슈팅 : 16 | 어시스트 : 2
유효 패스 : 912 | 드리블 : 0 | 볼 가로채기 : 21

미드필더   안드레스 이니에스타 루한

캐스트롤 랭킹 점수

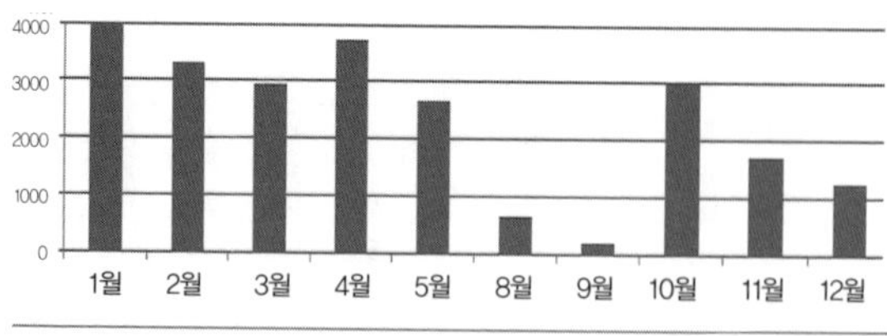

생년월일 : 1984년 5월 11일 (푸엔테알비야, 알바세테) | 리그 : 스페인 | 클럽 : 바르셀로나 | 키 : 170cm | 체중 : 60kg | 국가대표 출전 : 65 | 득점 : 13 | 대표팀 데뷔 : 2006년 5월 27일 (알바세테) 스페인 0:0 러시아 | 청소년 대표 출전 : 45경기 | 득점 : 11

2011년 출전 경기수 : 5 | 선발 출전 : 9 | 출전 시간 : 593
득점 : 1 | 유효 슈팅 : 10 | 어시스트 : 3
유효 패스 : 606 | 드리블 : 17 | 볼 가로채기 : 12

미드필더 프란세스크 파브레가스 솔레르

생년월일 : 1987년 5월 4일 (아레니스 데 마르, 바르셀로나) | 리그 : 스페인 | 클럽 : 바르셀로나 | 키 : 180cm | 체중 : 69kg | 국가대표 출전 : 65경기 | 득점 : 8 | 대표팀 데뷔 : 2006년 3월 1일 (바야돌리드) 스페인 3:2 코트디부아르 | 청소년 대표 출전 : 38경기 | 득점 : 10

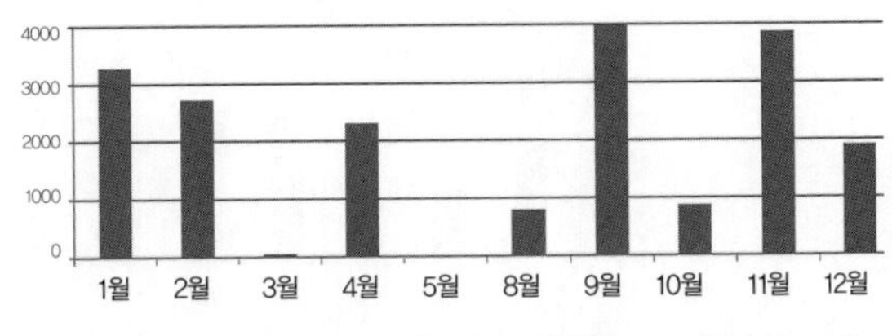

2011년 출전 경기수 : 4 | 선발 출전 : 1 | 출전 시간 : 180
득점 : 2 | 유효 슈팅 : 11 | 어시스트 : 0
유효 패스 : 178 | 드리블 : 1 | 볼 가로채기 : 3

미드필더 카소를라 페르난데스

생년월일 : 1984년 12월 13일 (루고 데 라네라, 아스투리아스) | 리그 : 스페인 | 클럽 : 말라가 | 키 : 169cm | 체중 : 66kg | 국가 대표 출전 : 43 | 득점 : 6 | 대표팀 데뷔 : 2009년 5월 31일 (우엘바) 스웨덴 2:1 페루 | 청소년 대표 출전 : 7경기 | 득점 : 2

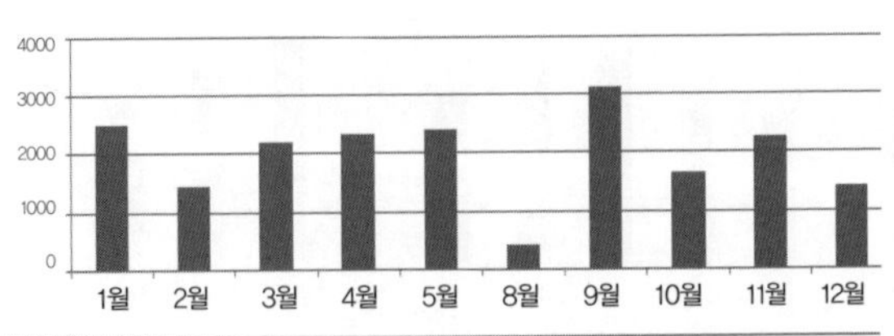

2011년 출전 경기수 : 10 | 선발 출전 : 4 | 출전 시간 : 509
득점 : 2 | 유효 슈팅 : 18 | 어시스트 : 1
유효 패스 : 412 | 드리블 : 5 | 볼 가로채기 : 5

미드필더 하비에르 마르티네스 아구이나가

생년월일 : 1988년 9월 2일 (에스테야, 나바라) | 리그 : 스페인 | 클럽 : 바르셀로나 | 키 : 174cm | 체중 : 75kg | 국가대표 출전 : 3 | 득점 : 0 | 대표팀 데뷔 : 2011년 8월 10일 (바리) 이탈리아 2:1 스페인 | 청소년 대표 출전 : 35경기 | 득점 : 12

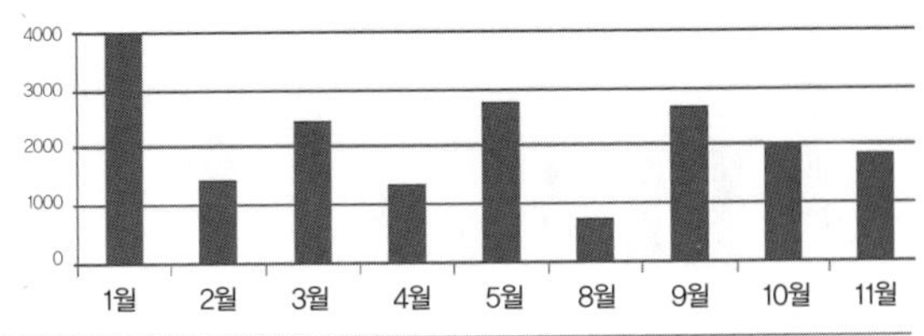

2011년 출전 경기수 : 4 | 선발 출전 : 3 | 출전 시간 : 289
득점 : 0 | 유효 슈팅 : 7 | 어시스트 : 0
유효 패스 : 116 | 드리블 : 2 | 볼 가로채기 : 7

미드필더　티아고 알칸타라 두 나시멘투

캐스트롤 랭킹 점수

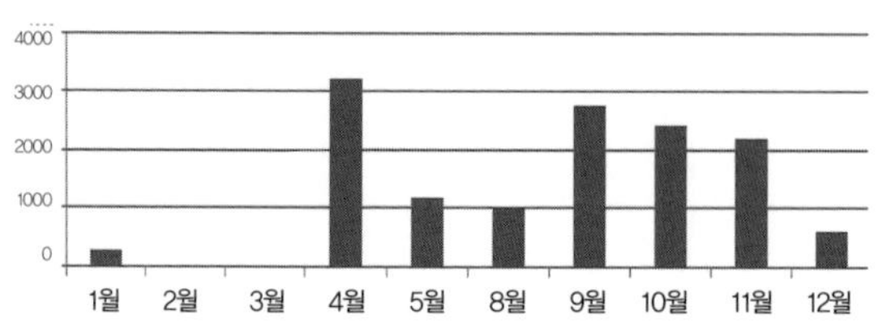

생년월일 : 1991년 4월 11일 (산 프리테트로 베르노티코, 이탈리아) | 리그 : 스페인 | 클럽 : 바르셀로나 | 키 : 174cm | 체중 : 75kg | 국가대표 출전 : 3 | 득점 : 0 | 대표팀 데뷔 : 2011년 8월 10일 (바리) 이탈리아 2:1 스페인 | 청소년 대표 출전 : 35경기 | 득점 : 12

2011년 출전 경기수 : 3 | 선발 출전 : 0 | 출전 시간 : 115

득점 : 0 | 유효 슈팅 : 0 | 어시스트 : 0

유효 패스 : 146 | 드리블 : 2 | 볼 가로채기 : 1

공격수　다비드 비야 산체스

캐스트롤 랭킹 점수

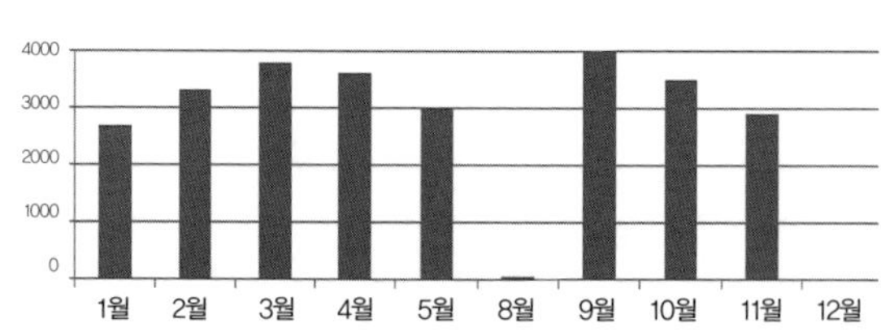

생년월일 : 1981년 12월 3일 (랑그레오, 아스투리아스) | 리그 : 스페인 | 클럽 : 바르셀로나 | 키 : 179cm | 체중 : 69kg | 국가대표 출전 : 82경기 | 득점 : 51 | 대표팀 데뷔 : 2005년 2월 9일 (알메리아) 스페인 5:0 산마리노 | 청소년 대표 출전 : 7경기 | 득점 : 0

2011년 출전 경기수 : 12 | 선발 출전 : 10 | 출전 시간 : 768

득점 : 7 | 유효 슈팅 : 59 | 어시스트 : 4

유효 패스 : 308 | 드리블 : 7 | 볼 가로채기 : 5

공격수　페르난도 호세 토레스 산스

캐스트롤 랭킹 점수

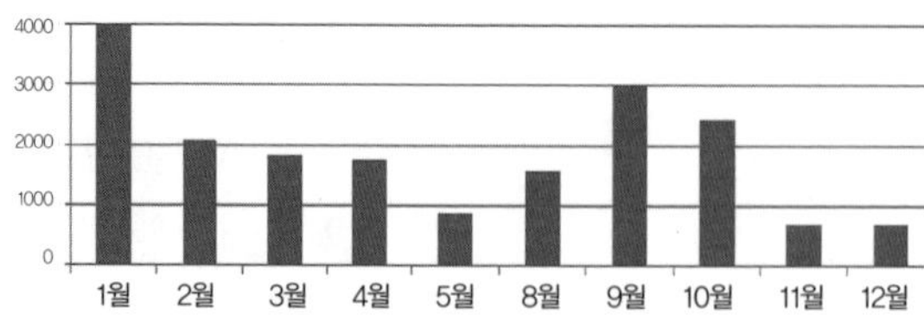

생년월일 : 1984년 3월 20일 (마드리드) | 리그 : 잉글랜드 | 클럽 : 첼시 | 키 : 183cm | 체중 : 72kg | 국가 대표 출전 : 93 | 득점 : 28 | 대표팀 데뷔 : 2003년 9월 6일 (기마랑스) 포르투갈 0:3 스페인 | 청소년 대표 출전 : 30경기 | 득점 : 22

2011년 출전 경기수 : 9 | 선발 출전 : 2 | 출전 시간 : 300

득점 : 1 | 유효 슈팅 : 12 | 어시스트 : 0

유효 패스 : 68 | 드리블 : 2 | 볼 가로채기 : 4

생년월일 : 1986년 1월 8일 (아르귀
네귄, 그란 카나리아) | 리그 : 잉글랜
드 | 클럽 : 맨체스터 시티 | 키 :
170cm | 체중 : 67kg | 국가대표 출전 :
58 | 득점 : 16 | 대표팀 데뷔 : 2006년
11월 15일 (카디스) 스페인 0 : 1 루마
니아 | 청소년 대표 출전 : 54경기 |
득점 : 23

공격수　다비드 히메네스 실바

캐스트롤 랭킹 점수

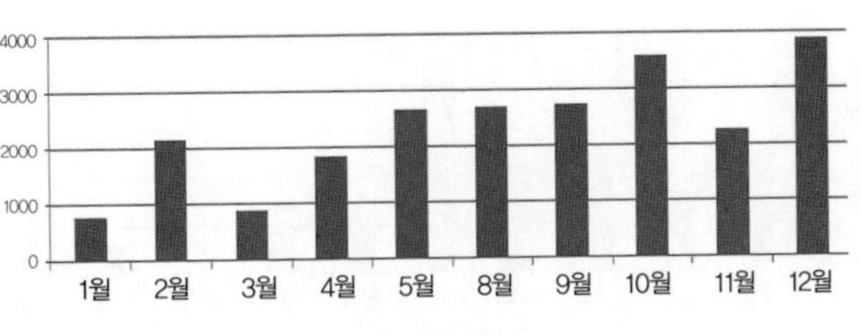

2011년 출전 경기수 : 10 | 선발 출전 : 6 | 출전 시간 : 546
득점 : 4 | 유효 슈팅 : 25 | 어시스트 : 4
유효 패스 : 446 | 드리블 : 2 | 볼 가로채기 : 3

생년월일 : 1988년 4월 28일 (부르고
스) | 리그 : 잉글랜드 | 클럽 : 첼시 |
키 : 170cm | 체중 : 60kg | 국가대표
출전 : 18 | 득점 : 5 | 대표팀 데뷔 :
2009년 3월 28일 (마드리드) 스페인 1 :
0 터키 | 청소년 대표 출전 : 31경기 |
득점 : 20

공격수　후안 마누엘 마타 가르시아

캐스트롤 랭킹 점수

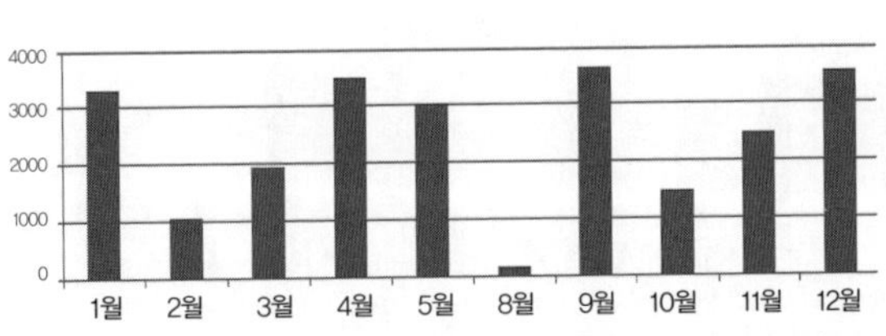

2011년 출전 경기수 : 6 | 선발 출전 : 3 | 출전 시간 : 303
득점 : 2 | 유효 슈팅 : 8 | 어시스트 : 1
유효 패스 : 258 | 드리블 : 5 | 볼 가로채기 : 0

생년월일 : 1985년 2월 26일 (팜플로나)
| 리그 : 스페인 | 클럽 : 아틀레틱 빌
바오 | 키 : 193cm | 체중 : 88kg | 국가
대표 출전 : 20경기 | 득점 : 7 | 대표팀
데뷔 : 2008년 11월 19일 (비야레알) 스
페인 3 : 0 칠레 | 청소년 대표 출전 :
16경기 | 득점 : 10

공격수　페르난도 요렌테 토레스

캐스트롤 랭킹 점수

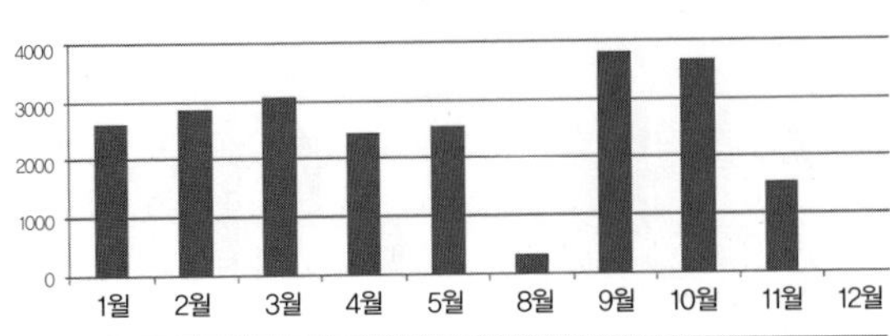

2011년 출전 경기수 : 6 | 선발 출전 : 2 | 출전 시간 : 290
득점 : 0 | 유효 슈팅 : 10 | 어시스트 : 0
유효 패스 : 55 | 드리블 : 3 | 볼 가로채기 : 1

공격수　알바로 네그레도 산체스

캐스트롤 랭킹 점수

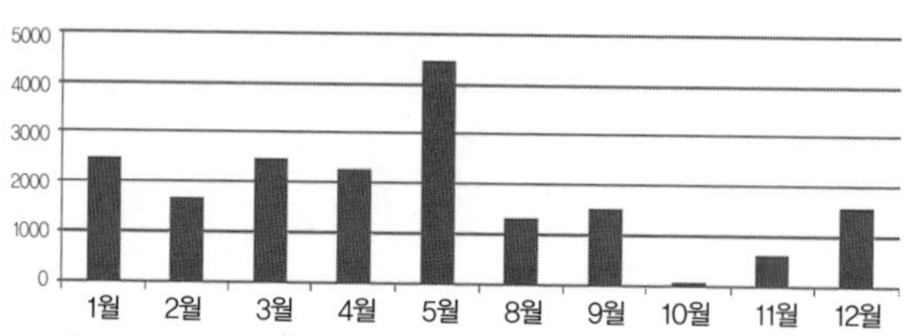

생년월일 : 1985년 8월 20일 (마드리드) | 리그 : 스페인 | 클럽 : 세비야 | 키 : 186cm | 체중 : 79kg | 국가 대표 출전 : 10 | 득점 : 6 | 대표팀 데뷔 : 2009년 10월 10일 (에레반) 독일 1 : 2 스페인 | 청소년 대표 출전 : 1경기 | 득점 : 0

2011년 출전 경기수 :3 | 선발 출전 :3 | 출전 시간 :171

득점 :3 | 유효 슈팅 :11 | 어시스트 :2

유효 패스 :27 | 드리블 :0 | 볼 가로채기 :2

공격수　페드로 로드리게스 리데스마

캐스트롤 랭킹 점수

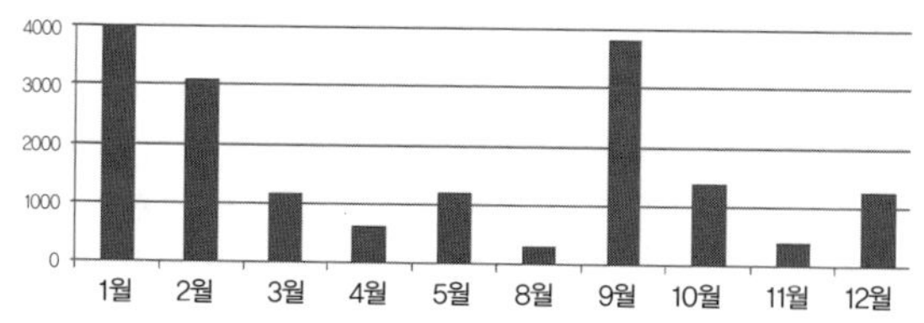

생년월일 : 1987년 6월 28일 (산타 크루스 데 테네리페) | 리그 : 스페인 | 클럽 : 바르셀로나 | 키 : 169cm | 체중 : 70kg | 국가대표 출전 : 15 | 득점 : 2 | 대표팀 데뷔 : 2010년 5월 29일 (인스부르크) 스페인 3 : 2 사우디 아라비아 | 청소년 대표 출전 : 0경기 | 득점 : 0

2011년 출전 경기수 :4 | 선발 출전 :3 | 출전 시간 :307

득점 :1 | 유효 슈팅 :6 | 어시스트 :1

유효 패스 :180 | 드리블 :8 | 볼 가로채기 :2

공격수　헤수스 나바스 곤살레스

캐스트롤 랭킹 점수

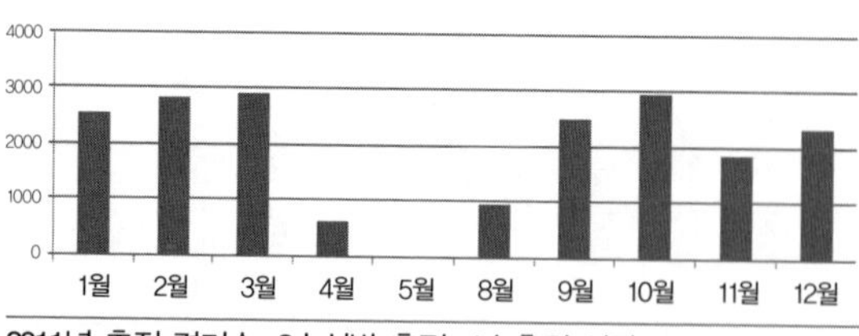

생년월일 : 1985년 11월 21일 (로스 팔라시오스, 세비야) | 리그 : 스페인 | 클럽 : 세비야 | 키 : 170cm | 체중 : 62kg | 국가대표 출전 : 17경기 | 득점 : 1 | 대표팀 데뷔 : 2009년 11월 14일 (마드리드) 스페인 2:1 아르헨티나 | 청소년 대표 출전 : 5경기 | 득점 : 3

2011년 출전 경기수 :3 | 선발 출전 :1 | 출전 시간 :153

득점 :0 | 유효 슈팅 :4 | 어시스트 :1

유효 패스 :72 | 드리블 :0 | 볼 가로채기 :2

생년월일 : 1985년 5월 27일 (발렌시
아) | 리그 : 스페인 | 클럽 : 발렌시아
| 키 : 179cm | 체중 : 81kg | 국가대표
출전 : 5 | 득점 : 2 | 대표팀 데뷔 :
2007년 6월 2일 (리가) 리투아니아 0 :
2 스페인 | 청소년 대표 출전 : 41경기

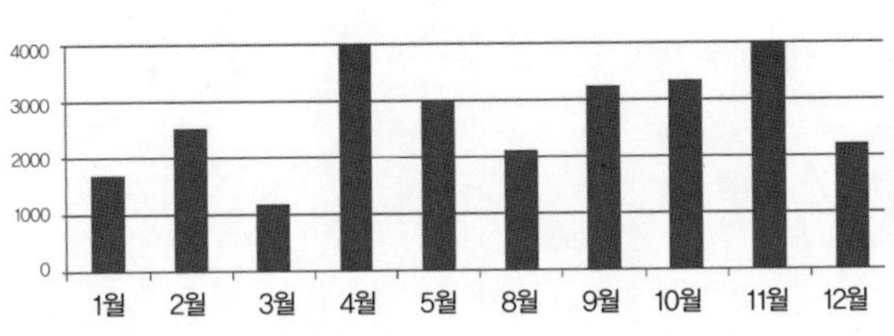

2

2006년 이후 스페인 대표팀 경기 결과

2006년 3월 1일	스페인 3-2 코트디부아르 바야돌리드; 비야, 레예스, 후아니토; 친선경기
2006년 5월 27일	스페인 0-0 러시아 알바세테; 친선경기
2006년 6월 3일	스페인 2-0 이집트 엘체; 라울, 레예스; 친선경기
2006년 6월 7일	스페인 2-1 크로아티아 히네브라; 페르니아, 토레스; 친선경기
2006년 6월 14일	스페인 4-0 우크라이나 라이프치히; 사비 알론소, 비야(2골, 페널티킥 1개), 토레스; 독일 월드컵
2006년 6월 19일	스페인 3-1 튀니지 슈투트가르트; 라울, 토레스(2골, 페널티킥 1개); 독일 월드컵
2006년 6월 23일	스페인 1-0 사우디아라비아 카이저슬라우테른; 후아니토; 독일 월드컵
2006년 6월 27일	스페인 1-3 프랑스 하노버; 비야(페널티킥); 독일 월드컵
2006년 8월 15일	아이슬란드 0-0 스페인 레이캬비크; 친선경기
2006년 9월 2일	스페인 4-0 리히텐슈타인 바다호스; 비야(2골), 토레스, 루이스 가르시아; 유로 예선
2006년 9월 5일	북아일랜드 3-2 스페인 벨파스트; 차비, 비야; 유로 예선
2006년 10월 7일	스웨덴 2-0 스페인 스톡홀름; 유로 예선
2006년 10월 11일	스페인 2-1 아르헨티나 무르시아; 차비, 비야(페널티킥); 친선경기
2006년 11월 15일	스페인 0-1 루마니아 카디스; 친선경기
2007년 2월 7일	잉글랜드 0-1 스페인 맨체스터; 이니에스타; 친선경기
2007년 3월 24일	스페인 2-1 덴마크 마드리드; 모리엔테스, 비야; 유로 예선
2007년 3월 28일	스페인 1-0 아이슬란드 마요르카; 이니에스타; 유로 예선

2007년 6월 2일   리투아니아 0-2 스페인 리가;자크레세프스키스(자책골);이니에스타;유로 예선

2007년 6월 6일   리히텐슈타인 0-2 스페인 바두스;비야(2골);유로 예선

2007년 8월 22일   그리스 2-3 스페인 살로니카;실바(2골), 마르체나;친선경기

2007년 9월 8일   아이슬란드 0-1 스페인 레이캬비크;이니에스타;유로 예선

2007년 9월 12일   스페인 2-0 리투아니아 오비에도;차비, 토레스;유로 예선

2007년 10월 13일   덴마크 1-3 스페인 아루스;타무도, 세르히오 라모스, 리에라;유로 예선

2007년 10월 17일   핀란드 0-0 스페인 헬싱키;친선경기

2007년 11월 17일   스페인 3-0 스웨덴 마드리드;캅데빌라, 이니에스타, 세르히오 라모스;유로 예선

2007년 11월 21일   스페인 1-0 북아일랜드 라스 팔마스;차비;유로 예선

2008년 2월 6일   스페인 1-0 프랑스 말라가;캅데빌라;친선경기

2008년 3월 26일   스페인 1-0 이탈리아 엘체;비야;친선경기

2008년 5월 31일   스페인 2-1 페루 우엘바;비야, 캅데빌라;친선경기

2008년 6월 4일   스페인 1-0 미국 산탄데르;차비;친선경기

2008년 6월 10일   스페인 4-1 러시아 인스부르크;비야(3골), 세스크;유로 2008

2008년 6월 14일   스페인 2-1 스웨덴 인스부르크;토레스, 비야;유로 2008

2008년 6월 18일   스페인 2-1 그리스 잘츠부르크;데라레드, 구이사;유로 2008

2008년 6월 22일   스페인 0-0 이탈리아 비엔나;유로 2008

2008년 6월 26일   스페인 3-0 러시아 비엔나;차비, 구이사, 실바;유로 2008

2008년 6월 29일   스페인 1-0 독일 비엔나;토레스;유로 2008

2008년 8월 20일   덴마크 0-3 스페인 코펜하겐;사비 알론소(2골), 차비;친선경기

2008년 9월 6일   스페인 1-0 보스니아 무르시아;실바;월드컵 예선

2008년 9월 10일   스페인 4-0 아르메니아 알바세테;캅데빌라, 비야(2골), 마르코스 세나;월드컵 예선

2008년 10월 11일   에스토니아 0-3 스페인 탈린;후아니토, 비야, 푸욜;월드컵 예선

2008년 10월 15일   벨기에 1-2 스페인 브뤼셀;이니에스타, 비야, 월드컵 예선

2008년 11월 19일   스페인 3-0 칠레 비야레알;비야, 토레스, 카소를라;친선경기

2009년 2월 11일   스페인 2-0 잉글랜드 세비야;비야, 요렌테;친선경기

2009년 3월 28일   스페인 1-0 터키 마드리드;피케;월드컵 예선

2009년 4월 1일   터키 1-2 스페인 이스탄불;사비 알론소(페널티킥), 리에라;월드컵 예선

2009년 6월 9일	아제르바이잔 0-6 스페인 바쿠;비야(3골, 페널티키 1개), 리에라, 구이사, 토레스; 친선경기
2009년 6월 14일	스페인 5-0 뉴질랜드 루스텐버그, 토레스(3골), 세스크, 비야;컨페더레이션스컵
2009년 6월 17일	스페인 1-0 이라크 블룸폰타인;비야;컨페더레이션스컵
2009년 6월 21일	스페인 2-0 남아공 블룸폰타인;비야, 요렌테;컨페더레이션스컵
2009년 6월 24일	스페인 0-2 미국 블룸폰타인;컨페더레이션스컵
2009년 6월 28일	스페인 3-1 남아공 루스텐버그;구이사(2골), 사비 알론소;컨페더레이션스컵
2009년 8월 12일	마케도니아 2-3 스페인 스코피예;토레스, 피케, 리에라;친선경기
2009년 9월 5일	스페인 5-0 벨기에 라코루냐;실바(2골), 비야(2골), 피케;월드컵 예선
2009년 9월 9일	스페인 3-0 에스토니아 메리다;세스크, 카소를라, 마타;월드컵 예선
2009년 10월 10일	아르메니아 1-2 스페인 에레반;세스크, 마타;월드컵예선
2009년 10월 14일	보스니아 2-5 스페인 제니카;피케, 실바, 네그레도(2골), 마타;월드컵 예선
2009년 11월 14일	스페인 2-1 아르헨티나 마드리드;사비 알론소(2골, 페널티킥 1개);친선경기
2010년 3월 3일	프랑스 0-2 스페인 파리;비야, 세르히오 라모스;친선경기
2010년 5월 29일	스페인 3-2 사우디아라비아 인스부르크;비야, 사비 알론소;친선경기
2010년 6월 3일	스페인 1-0 대한민국 인스부르크;헤수스 나바스;친선경기
2010년 6월 8일	스페인 6-0 폴란드 무르시아;두드카(자책골), 실바, 사비 알론소, 세스크, 토레스, 페드로;친선경기
2010년 6월 16일	스페인 0-1 스위스 더반;남아공 월드컵
2010년 6월 21일	스페인 2-0 온두라스 요하네스버그;비야(2골);남아공 월드컵
2010년 6월 25일	칠레 1-2 스페인 프레토리아;비야, 이니에스타;남아공 월드컵
2010년 6월 29일	스페인 1-0 포르투갈 시우다드 데 카보;비야;남아공 월드컵
2010년 7월 3일	파라과이 0-1 스페인 요하네스버그;비야;남아공 월드컵
2010년 7월 7일	독일 0-1 스페인 더반;푸욜;남아공 월드컵
2010년 7월 11일	네덜란드 0-1 스페인 요하네스버그;이니에스타;남아공 월드컵
2010년 8월 11일	멕시코 1-1 스페인 멕시코 D.F.;실바;친선경기
2010년 9월 3일	리히텐슈타인 0-4 스페인 토레스(2골), 비야, 실바;유로 2012 예선
2010년 9월 7일	아르헨티나 4-1 스페인 부에노스 아이레스;요렌테;친선경기
2010년 10월 8일	스페인 3-1 리투아니아 살라망카;요렌테(2골), 실바;유로 2012 예선

2010년 10월 12일   스코틀랜드 2-3 스페인 글래스고;비야(페널티킥), 이니에스타, 요렌테;유로 2012
예선

2010년 11월 17일   포르투갈 4-0 스페인 리스본;친선경기

2011년 2월 9일   스페인 1-0 콜롬비아 마드리드;실바;친선경기

2011년 3월 25일   스페인 2-1 체코 그라나다;비야(2골, 페널티킥 1개), 유로 2012 예선

2011년 3월 29일   리투아니아 1-3 스페인 카우나스;차비, 키한스카스(자책골);유로 2012 예선

2011년 6월 4일   미국 0-4 스페인 보스턴;카소를라(2골), 네그레도, 토레스;친선경기

2011년 6월 7일   베네수엘라 0-3 스페인 푸에르토 라 크루스;비야, 페드로, 사비 알론소;친선경기

2011년 8월 10일   이탈리아 2-1 스페인 바리;사비 알론소(페널티킥);친선경기

2011년 9월 2일   칠레 2-3 스페인 세인트 갈렌;이니에스타, 세스크(2골);친성경기

2011년 9월 6일   스페인 6-0 리히텐슈타인 로그로뇨;네그레도(2골), 차비, 라모스, 비야(2골);
유로 2012 예선

2011년 10월 7일   체코 0-2 스페인 프라하;마타, 사비 알론소;유로 2012 예선

2011년 10월 11일   스페인 3-1 스코틀랜드 알리칸테;실바(2골), 비야;유로 2012 예선

2011년 11월 12일   잉글랜드 1-0 스페인 런던;친선경기

2011년 11월 15일   코스타리카 2-2 스페인 산 호세;실바, 비야;친선경기

2012년 2월 29일   스페인 5-0 베네수엘라 말라가;이니에스타, 실바, 솔다도(3골);친선경기

2012년 5월 26일   스페인 2-0 세르비아 세인트 갈렌;아드리안, 카소를라(페널티킥);친선경기

2012년 5월 30일   스페인 4-1 대한민국 베른;토레스, 사비 알론소(페널티킥), 카소를라, 네그레도;
친선경기

2012년 6월 3일   스페인 1-0 중국 세비야;실바;친선경기

2012년 6월 10일   스페인 1-1 이탈리아 그단스크;세스크;유로 2012

2012년 6월 14일   스페인 4-0 아일랜드 그단스크;토레스(2골), 실바, 세스크;유로 2012

2012년 6월 18일   크로아티아 0-1 스페인 그단그크;헤수스 나바스;유로 2012

2012년 6월 23일   스페인 2-0 프랑스 도네츠크;사비 알론소(2골, 페널티킥 1개);유로 2012

2012년 6월 27일   포르투갈 0-0 스페인 도네츠크;유로 2012

2012년 7월 1일   스페인 4-0 이탈리아 키예프;실바, 알바, 토레스, 마타;유로 2012

스페인 대표팀의
비밀

초판 1쇄 펴낸 날 ㅣ 2012년 8월 17일
초판 2쇄 펴낸 날 ㅣ 2014년 1월 24일

지은이 ㅣ 미겔 앙헬 디아스
옮긴이 ㅣ 한준, 고운이
펴낸이 ㅣ 홍정우
펴낸곳 ㅣ 브레인스토어

책임편집 ㅣ 신미순
표지디자인 ㅣ 네오북
내지디자인 ㅣ 강영신
마케팅 ㅣ 한대혁, 정다운

주소 ㅣ (121-894) 서울시 마포구 서교동 381-36 1층
전화 ㅣ (02)3275-2915~7
팩스 ㅣ (02)3275-2918
이메일 ㅣ brainstore@chol.com
블로그 ㅣ http://blog.naver.com/brain_store
트위터 ㅣ https://twitter.com/brainstorepub
페이스북 ㅣ http://www.facebook.com/brainstorebooks

등록 ㅣ 2007년 11월 30일(제313-2007-000238호)